D1693625

Jörg Petry

Alkoholismustherapie

Materialien
für die
psychosoziale Praxis

Herausgegeben von
Martin Hautzinger und Franz Petermann

Jörg Petry

Alkoholismustherapie

Gruppentherapeutische Motivierungsstrategien

3., erweiterte u. aktualisierte Auflage

BELTZ
PsychologieVerlagsUnion

Anschrift des Autors

Jörg Petry
Psychosomatische Fachklinik
Münchwies
Turmstraße 50-58
66540 Neunkirchen

Lektorat
Gerhard Tinger

Herausgeber der Reihe „Materialien für die psychosoziale Praxis":

Prof. Dr. Martin Hautzinger
Psychologisches Institut der Universität Mainz
Staudingerweg 9, 55099 Mainz

Prof. Dr. Franz Petermann
Zentrum für Rehabilitationsforschung
Universität Bremen
Grazer Str. 6, 28359 Bremen

Alle Rechte, auch die des Nachdruckes, der Wiedergabe in jeder Form und der Übersetzung in andere Sprachen behalten sich Urheber und Verleger vor. Es ist ohne schriftliche Genehmigung des Verlages nicht erlaubt, das Buch oder Teile daraus auf fotomechanischem Weg (Fotokopie, Mikrokopie) zu vervielfältigen oder zu verbreiten (mit Ausnahme der in den §§ 53, 54 URG ausdrücklich genannten Sonderfälle).

© Psychologie Verlags Union 1996

Umschlagentwurf: Dieter Vollendorf, München
Druck und Bindung: Druckhaus „Thomas Müntzer", Bad Langensalza/Thüringen

ISBN 3-621-27317-4

Vorwort zur 3. Auflage

Die dritte Auflage dieses Buches stellt eine erneute Erweiterung und Aktualisierung diesen inzwischen seit zehn Jahren verbreiteten Arbeit zur Gruppentherapie des Alkoholismus dar. Neben der Einbeziehung neuerer Veröffentlichungen zu den geschilderten theoretischen Aspekten des Störungsbildes und zur Weiterentwicklung kognitiv orientierter Behandlungsverfahren des Alkoholismus wurden einzelne Abschnitte neu gegliedert und um weitere Teile ergänzt.

Dabei wurde das erste Kapitel zur kontroversen Diskussion des Krankheitskonzeptes durch eine ausführliche Darstellung und kritische Bewertung eines integrativen Suchtmodells erweitert. Bezogen auf die im zweiten Kapitel ausgeführten Forschungsergebnisse zu bestehenden kognitionspsychologischen Erklärungsansätzen des Alkoholismus erfolgte eine Neugliederung, bei der die zunehmende Bedeutung des auf Bandura zurückgehenden Konstruktes zur Selbstwirksamkeit verstärkte Berücksichtigung fand. Weiterhin wurde mit der Ergänzung um ein siebtes Kapitel dem Bedürfnis nachgekommen, die bei der Evaluation der dargestellten Gruppenprogramme verwendeten Fragebogeninstrumente genauer hinsichtlich ihrer Handhabung und teststatistischen Merkmale zu beschreiben.

Den Kern des Buches bilden weiterhin die Beschreibung der motivationspsychologisch begründeten Therapiestrategien sowie die mit geeigneten Arbeitsmaterialien versehenen vier Gruppenprogramme zur Informationsvermittlung, Verhaltensdiagnostik, Kognitiven Umstrukturierung und Rückfallgefährdung. Hinsichtlich der im sechsten Kapitel mitgeteilten eigenen Forschungsergebnisse zur Evaluation der Motivierungsprogramme wurde an der verkürzten Fassung festgehalten, da die theoretischen Hintergründe, methodischen Probleme und Einzelergebnisse ausführlich in dem im gleichen Verlag erschienenen Buch zur Behandlungsmotivation (Petry 1993) mitgeteilt wurden.

Homburg/Saar 1996   Jörg Petry

Vorwort zur 2. Auflage

Seit der ersten Veröffentlichung dieses Buches hat sich das Forschungsgebiet erheblich weiterentwickelt, ohne daß sich von einem grundsätzlichen Wandel sprechen läßt. Ausgehend von der aktuellen drogenpolitischen Diskussion scheinen jedoch kritische Positionen eine verstärkte Beachtung zu finden, so daß die einleitend vorgetragene Infragestellung des klassischen Krankheitskonzeptes an Breite gewonnen hat.

Diente die Erstauflage noch der Verbreitung des im deutschsprachigen Raum wenig bekannten sozialkognitiven Rückfallpräventionsmodells von Marlatt, so zeichnen sich inzwischen die theoretischen Schwachstellen und empirischen Grenzen dieses verhaltenstheoretischen Konzeptes ab. Auch der zugrundegelegte kognitiv-verhaltenstherapeutische Ansatz blieb von der systemtheoretisch begründeten Kritik am Informationsverarbeitungsmodell nicht unberührt und sollte entsprechend in das aktuelle Selbstregulationsmodell von Kanfer et al. (1996) eingeordnet werden. Die grundsätzliche theoretische Orientierung an der kognitiven Psychologie wurde dennoch beibehalten, wobei der dominierende Bezug zur sozialpsychologischen Einstellungsforschung durch die Einbeziehung motivationspsychologischer Vorstellungen ergänzt wurde.

Im Zentrum der vorliegenden Arbeit stehen Gruppenprogramme zur Behandlungsmotivierung, die aufgrund der zwischenzeitlich gewonnenen therapeutischen Erfahrungen und empirischen Ergebnisse teilweise modifiziert und um ein zusätzliches Programm erweitert wurden. Die Informationsvermittlung konnte trotz der Kritik an dem korrespondierenden Krankheitskonzept beibehalten werden, da sie eine breite therapeutische Wirksamkeit gezeigt hat. Das gleiche gilt für das klassisch-verhaltenstherapeutische Vorgehen zur Verhaltensanalyse nach dem Selbstkontrollmodell, während sich das Gruppenprogramm zur Kognitiven Umstrukturierung als problematisch erwiesen hat, obwohl es auf interessante indikative Fragestellungen zur konfrontativen Motivationsstrategie hinweist. Als allgemein sehr wirksam hat sich dagegen das neu entwickelte Programm zur Rückfallthematik herausgestellt.

Homburg/Saar 1993   Jörg Petry

Vorwort zur 1. Auflage

Die Entwicklung der Verhaltenstheorie und -therapie des Alkoholismus weist auf einen paradigmatischen Wechsel hin, der sich aus der Zurückdrängung klassischer lerntheoretischer Modellvorstellungen und Hinwendung zu einer kognitiv orientierten Verhaltenstherapie ergibt. Obwohl sich diese Entwicklung etwa parallel zu Ansätzen in der Depressionsforschung und -therapie entwickelt hat, haben diese Veränderungen keine vergleichbare Verbreitung im deutschsprachigen Raum gefunden. So wird es wohl kaum einen Verhaltenstherapeuten geben, dem die Ansätze von Beck zur „kognitiven Triade der Depression" und Seligman zur „erlernten Hilflosigkeit" unbekannt sind. Es werden jedoch sicherlich viele, selbst wenn sie im Suchtbereich arbeiten, nur wenig über die Beiträge von Miller, Nathan und Marlatt zu einer „sozialkognitiven Theorie des Alkoholismus" wissen. Die vorliegende Arbeit versteht sich als ein Beitrag zur Verbreitung dieser neuen theoretischen Entwicklungen sowie deren Umsetzung in therapeutisches Handeln. Dabei wird bei dem derzeitigen Entwicklungsstand der immer vorhandene Bruch zwischen theoretischer Grundlagenforschung und klinisch-psychotherapeutischer Praxis noch sehr deutlich zu Tage treten, so daß die klinische Erfahrung und Intuition bei dem therapeutischen Vorgehen noch übergewichtig sein werden.

Die Entwicklung des vorgestellten Gruppenprogramms ist über viele Jahre hinweg in mehreren Etappen erfolgt, wobei jeweils unterschiedliche Erfahrungen aus der beruflichen Praxis des Autors und theoretische Entwicklungstrends innerhalb der Verhaltenstherapie wirksam waren.

Im ersten Entwicklungsabschnitt erfolgte die kritische Auseinandersetzung mit der im Suchtbereich üblichen Form der Informationsvermittlung durch aufklärerische Großgruppenveranstaltungen, bei denen im Vortragsstil über die körperlichen Folgeerkrankungen des langjährigen Drogenmißbrauchs berichtet wird. Da dieses traditionelle Vorgehen nach allen theoretischen und empirischen Ergebnissen der Psychologie völlig unbrauchbar erschien, mußte zunächst ein abgesichertes Konzept zum effektiven Einstellungswandel im Rahmen von Gruppenveranstaltungen zur Informationsvermittlung entwickelt werden. Ergebnis dieser Entwicklung war eine als „ABC der Abhängigkeit" bezeichnete Sammlung von 30 standardisierten Gruppensitzungen.

In dem darauffolgenden Entwicklungsabschnitt stand die Anwendung verhaltenstherapeutischer Methoden im Vordergrund, um sicherzustellen, daß über den bloßen Einstellungswandel hinaus auch konkrete Verhaltensänderungen durch das Programm erzielt werden sollten. Innerhalb der Verhaltenstherapie hatte sich dabei bereits die sogenannte kognitive Wende vollzogen, was im Suchtbereich vor allem auf die Anwendung von klassischen (Selbstverstärkung) und kognitiven (Verdeckte Kontrolle) Methoden der Selbstkontrolle hinauslief. Eine daraus entstandene Erweiterung des Gruppenprogramms um weitere 20 standardisierte Gruppensitzungen berücksichtigte bereits stärker solche kognitiven Methoden der Verhaltenstherapie.

Im letzten Entwicklungsabschnitt stand dann die Auseinandersetzung mit den neueren theoretischen Ansätzen und empirischen Ergebnissen der psychologischen Alkoholismusforschung im Rahmen des „sozialkognitiven Modells" im Mittelpunkt. Daraus ergab sich dann eine sowohl inhaltliche als auch methodische Modifikation bei der praktischen Umsetzung der entwickelten Gruppensitzungen, d. h., daß bei der therapeutischen Intervention verstärkt kognitive Prozesse (Attributionen, Einstellungen und kognitive Inkonsistenzen) berücksichtigt und genuin kognitive Therapiemethoden (Attributions-, Dissonanztherapie und kognitive Verfahren) angewandt wurden.

Dielheim 1984   Jörg Petry

Nun, wir können eigentlich nur sagen, daß der Gegensatz zwischen Lernen und sich Amüsieren kein naturnotwendiger zu sein braucht, keiner, der immer bestanden hat und immer bestehen muß.

BERTOLT BRECHT, 1936

Inhalt

1.	**SICHTWEISEN DES ALKOHOLISMUS**	1
1.1	**Die traditionelle Alkoholismusforschung**	1
	Der Mythos „Krankheitskonzept"	1
	Das Tabu „Abstinenz"	2
	Die Leerformel „Multikonditionalität"	3
1.2	**Die verhaltenstheoretische Perspektive**	4
	Frühe verhaltenstherapeutische Ansätze	5
	Das sozialkognitive Modell	7
	Aktuelle Entwicklungstendenzen	8
1.3	**Ein integratives Suchtmodell**	9
2.	**THEORETISCHE ASPEKTE DES STÖRUNGSBILDES**	12
2.1	**Abwehrmechanismen**	12
	Klinische Beschreibung	12
	Empirische Befunde	13
	Theoretische Erklärungsversuche	14
2.2	**Persönlichkeitsmerkmale und spezifische Trinkdeterminanten**	15
	Kontrollüberzeugung	16
	Depressivität	17
	Selbstwirksamkeit	18
	Trinkintention	20
	Trinkmotive	21
	Wirkungserwartungen	22
2.3	**Attributionsprozesse**	24
	Ursachenvorstellungen von Alkoholismusmodellen	24
	Vergleich von Alkoholikern mit nichtabhängigen Personen	25
	Verarbeitung von Erfolg und Mißerfolg	26
2.4	**Reiz- und Informationsverarbeitung**	27
	Diskrimination der Blutalkoholkonzentration	28
	Feldabhängigkeit	29
	Externalitätshypothese	29
	Die Suche nach Reizstimulation	30
	Selbstaufmerksamkeit	31
3.	**THEORETISCHE GRUNDLAGEN DER MOTIVIERUNGSPROGRAMME**	33
3.1	**Einstellungswandel und Informationsvermittlung**	33
	Überredende Kommunikation	33
	Furcherregende Appelle	34
	Das Health-Belief-Modell	37
3.2	**Verhaltensdiagnostik und Selbstkontrolle**	38
	Das Konzept der Selbstkontrolle	39
	Ein klinisches Arbeitsmodell zur Selbstkontrolle	40
3.3	**Informationsverarbeitung und Kognitive Umstrukturierung**	41
	Das kognitive Modell	41
	Kognitive Therapieverfahren	42
	Klinische Aspekte der Kognitiven Umstrukturierung	44
3.4	**Streßbewältigung und Rückfallprävention**	45
	Das Streßbewältigungsmodell des Drogenkonsums	46
	Bestandteile des Rückfallprozesses	47
	Methoden der Rückfallprävention	48
4.	**BEHANDLUNGSMOTIVATION UND PSYCHOTHERAPIESTRATEGIEN**	50
4.1	**Modellvorstellungen zur Behandlungsmotivation**	50
	Klinische Konzepte	50
	Theoretische Modelle	51
4.2	**Therapiestrategien und Behandlungsmotivation**	53
	Psychotherapeutische Strategien	53
	Konfrontative Suchttherapie	54
5.	**GRUPPENTHERAPEUTISCHE PROGRAMME ZUR BEHANDLUNGSMOTIVIERUNG**	56
5.1	**Informationsvermittlung**	57
	Peter Frankenfeld	57
	Weltallbesucher	59
	Verschluckt	61
	Homo Spiritus	63
	Flaschendrehen	63
	Diagnosekompaß	66
5.2	**Verhaltensdiagnostik**	67
	Arztvisite	67
	Kraftfahrzeugbrief	68
	Schnappschuß	69
	Mensch in der Flasche	71

	Blick in die Zukunft	72	
	Wunschpfennige	75	
5.3	**Kognitive Umstrukturierung**	77	
	Expertenstreit	77	
	Gedankengänge	80	
	Zwei Welten	81	
	Standpunkte	83	
	Sepp Herberger	84	
	Stammbaum	85	
5.4	**Rückfallgefährdung**	87	
	Rückfallbauen	87	
	Rückfaller und Vorfaller	89	
	Tausendmal berührt	90	
	Risiko	92	
	Notfälle	95	
	R. Rückfall und E. Eisern	97	

6. EVALUATION VON MASSNAHMEN ZUR BEHANDLUNGSMOTIVIERUNG MOTIVIERUNGSPROGRAMMEN 100
6.1 **Bisherige empirische Untersuchungen** 100
6.2 **Untersuchungen zu den dargestellten Motivierungsprogrammen** 101

7. FRAGEBOGEN ZUR ERFASSUNG DER BEHANDLUNGSMOTIVATION . . . 106
7.1 **Behandlungsdisposition** 107
 Störungsstabilität 107
 Implizites Krankheitskonzept 108
 Bagatellisierung 108
 Hoffnungslosigkeit 109
 Subjektive Rückfallgefahr 109
 Alkoholwirkungserwartungen 110
7.2 **Behandlungsbereitschaft** 111
 Leidensdruck 111
 Hilfewunsch 111
 Erfolgserwartung 112
 Kosten 112

Anhang 114

Literatur 141

1. Sichtweisen des Alkoholismus

1.1 Die traditionelle Alkoholismusforschung

Innerhalb der Alkoholismusforschung und Suchttherapie bestehen weitverbreitete Mythen, Tabus und Leerformeln (Jacobi 1987), die seit den Anfängen des 19. Jahrhunderts kontrovers diskutiert werden, zunehmender empirischer Kritik unterliegen und für die alternative theoretische Vorstellungen vorliegen. Die aktuellen Zweifel an den vorherrschenden Grundannahmen des Medizinischen Modells werden auf der einen Seite durch die konstruktivistische Grundposition der Systemtheorie (Efran et al. 1988) und auf der anderen Seite durch die sozialkritische Infragestellung des bestehenden Systems der Suchtkrankenhilfe (Vogt 1991) vorgetragen. Insgesamt läßt sich die Entwicklung des Forschungsgebietes durch die immer wieder neu formulierte Kontroverse zwischen dem organischen und psychosozialen Modell beschreiben (Petry 1987). Die psychologische Position wird dabei vorwiegend durch sozialkognitive Vorstellungen (Blane & Leonard 1987), die biologische Sichtweise durch neurophysiologische Ansätze bestimmt (Wanke & Bühringer 1991; Soyka 1995).

Der Mythos „Alkoholkrankheit"

Die Vorstellung, daß es sich beim Alkoholismus um eine Krankheit handelt, wurde durch verschiedene angloamerikanische und später deutsche Psychiater gegen Ende des 18. und zu Beginn des 19. Jahrhunderts zum ersten Mal formuliert und gegen die damals vorherrschende moralische Sichtweise angeführt (Bynum 1968). Bis Mitte des 19. Jahrhunderts waren alle Bestimmungsstücke dieser Konzeption klinisch beschrieben und durch Magnus Huss als „chronischer Alkoholismus" benannt, womit das moderne Paradigma der Trunksucht geschaffen war (Spode 1986). In der zweiten Hälfte des 19. Jahrhunderts wurden dann durch Einrichtung von speziellen Trinkerasylen, medizinischen Gesellschaften und Fachzeitschriften alle organisatorischen Konsequenzen dieser Entwicklung gezogen (Lender 1979).

Nach der Überwindung der Prohibition in den Vereinigten Staaten von Amerika und der Niederschlagung des deutschen Faschismus erfolgte nach dem Zweiten Weltkrieg eine Wiederbelebung dieses Krankheitskonzeptes durch das bekannte Phasen- und Typenkonzept von Elvin Morton Jellinek (1946, 1952 und 1960). Danach handelt es sich beim Alkoholismus um eine Krankheitseinheit mit verschiedenen Erscheinungsformen, welche durch die Entwicklung von einer psychischen zu einer körperlichen Abhängigkeit gekennzeichnet ist. Dabei gilt der sogenannte Gamma-Alkoholismus als beispielhafte Erscheinungsform dieser verschiedene Phasen durchlaufenden Entwicklung. Als Bestimmungsstücke zur Erklärung der Alkoholkrankheit gelten der Toleranzerwerb, d.h. die zunehmende Abnahme der Alkoholwirkung, so daß eine immer größere Alkoholmenge konsumiert werden muß, das Alkoholverlangen, welches sich als übermächtiges Bedürfnis nach Alkohol äußert, um Entzugserscheinungen zu vermeiden und der Kontrollverlust, also die Entstehung einer durch geringe Alkoholmengen ausgelösten Kettenreaktion, die zum Trinkexzeß führt.

Dabei besteht die Leistung von Jellinek nicht so sehr in einer wesentlichen Weiterentwicklung des Krankheitskonzeptes als vielmehr in der sozialpolitischen Umsetzung des medizinischen Modells durch seine Arbeit in der Weltgesundheitsorganisation und der Gründung des Yale Center of Alcohol Studies. Die rasche und bis heute anhaltende Etablierung des Krankheitskonzeptes läßt sich jedoch nur dadurch erklären, daß es mit den historischen Erfahrungen des Alkoholproblems und mit zentralen moralischen Wertvorstellungen in der amerikanischen Gesellschaft in Übereinstimmung steht. Hinzu kam dann die rasche organisatorische Integration in das moderne Gesundheitsversorgungssystem (Roman 1988).

Die Kritik am klassischen Krankheitskonzept ist inzwischen wiederholt und systematisch vorgetragen worden. Dies reicht von der treffenden Kritik von Szasz (1979), welcher zwischen dem nicht als Krankheit einzustufenden Alkoholismus und seinen Folgeerkrankungen unterschied, über die ironisierende Arbeit von Robinson (1972), der auf den Kontrollverlust der Alkohologen hinsichtlich des Krankheitskonzeptes hingewiesen hat, bis hin zur empirischen Kritik an den zentralen theoretischen Bestimmungsstücken des Alkoholverlangens und Kontrollverlustes (Heather & Robertson 1985). Kritisiert wird dabei das einseitig organische Krankheitsverständnis, der Ethnozentrismus, welcher das Vorherrschen des Problemtrinkens mit Kontrollverlust in der amerikanischen Ambivalenzkultur verallgemeinert, die Selektivität der zugrundeliegenden Untersuchungsstichprobe, welche vorwiegend aus Mittelschichtsangehörigen aus dem Kreis der Anonymen Alkoholiker besteht, die fehlende Homogenität des von Jellinek eingesetzten Fragebogeninstrumentes und der tautologische Charakter der zugrundeliegenden theoretischen Begriffe (Fingarette 1988). Empirische Untersuchungen zur Jellinekschen Phasen- und Typenlehre haben bis heute zu keiner eindeutigen Bewertung geführt, da sich sowohl bestätigende (Schulz et al. 1992) als auch widersprechende (Funke & Siemon 1989) Befunde ergeben haben.

Unter therapeutischen Aspekten besteht durch das klassische Krankheitskonzept die Gefahr, daß der Betroffene durch die Übernahme der entsprechenden Krankenrolle seine Eigenverantwortung verliert. Insbesondere die mit dem Krankheitsmodell verbundene strikte Abstinenzforderung kann zu einer Wiedereinführung moralischer Bewertungen führen, die eigentlich überwunden werden sollten. Die am Medizinischen Modell orientierte Alkoholismusbehandlung ist zusätzlich noch durch verschiedene Probleme gekennzeichnet, wozu das Kontrollparadoxon gehört, welches darin besteht, daß ein völliger Kontrollverlust als zentrale Ursache des Alkoholismus angenommen wird, in der Behandlung jedoch vom Betroffenen eine strikt selbstkontrollierte Abstinenz gefordert wird (Marlatt 1985; Petry 1987b). Inzwischen wird deshalb auch von Kontrollminderung gesprochen, da auch Alkoholabhängige ihren Substanzgebrauch im Einzelfall in bestimmten Bereichen vorübergehend kontrollieren können (Schmidt 1995).

Das Tabu „Abstinenz"

Das wohl größte Tabu innerhalb der Alkoholismusforschung und Suchttherapie, dessen Wurzeln wiederum im 19. Jahrhundert liegen, stellt die therapeutische Strategie der lebenslangen Abstinenz dar. Zunächst bestand in den damals gegründeten Mäßigkeitsvereinen entsprechend ihrer Bezeichnung das Bestreben, die zunehmende Gefährdung der Bevölkerung durch den vorherrschenden Branntweinkonsum zu vermindern. Erst später verbreitete sich die Erkenntnis, daß eine Trinkerheilung nur durch lebenslange Totalabstinenz zu erzielen ist. Mattmüller (1979) beschreibt am Beispiel des Schweizer Pfarrvikars Rochard, als dem Begründer des Blauen Kreuzes, des zunehmenden Engagements von Teilen der Ärzteschaft gegen den Alkoholismus und der damals einschränkenden gesetzgeberischen Maßnahmen die Einführung des Abstinenzprinzips in Europa. Die große Schwierigkeit dieses Vorhabens ergab sich aus der Tatsache, daß nicht nur in der Bevölkerung, sondern auch innerhalb der Medizin das Bier und der Wein als wichtige Bestandteile der Ernährung und als Heilmittel zugleich galten. Hinzu kam, daß die Herstellung nichtvergorener Getränke als Alternative kaum verbreitet war.

Die Festschreibung der völligen Abstinenz als einzige Strategie gegen den Alkoholmißbrauch erhielt zum Beginn dieses Jahrhunderts weltanschaulichen Charakter, was sich am besten an der Prohibitionspolitik in den zwanziger und dreißiger Jahren ablesen läßt. Später wurde das Abstinenzprinzip durch Gründung der Anonymen Alkoholiker im Jahre 1935, die sich rasch weltweit ausbreiteten, und die erwähnten sozialpolitischen Aktivitäten Jellineks gefestigt. Im deutschsprachigen Bereich ist im Gegensatz zu der Entwicklung in den angloamerikanischen Ländern nach wie vor die Abstinenz der einzig legitime Ansatz, da sich die bestehenden Behandlungsangebote vorwiegend auf ausgebildete Formen der Alkoholabhängigkeit konzentrieren und bisher kaum die gemäß Cahalan (1970) weiter definierte Gruppe der Problemtrinker einbezogen wird. Erst in jüngster Zeit zeichnet sich eine neue Diskussion ab, die sich zunächst jedoch durch Wiedereinführung der Methadonbehandlung auf den Bereich chronischer Formen der Rauschmittelabhängigkeit bezieht (Gerlach & Schneider 1991).

Die im engeren Sinne wissenschaftliche Diskussion um die alternativen Therapiestrategien des kontrollierten Trinkens oder der lebenslangen Abstinenz entstand jedoch erst in den sechziger Jahren (Heather & Robertson 1983; Marlatt 1987; Petry 1989). Obwohl bereits früher schon entsprechende Arbeiten erschienen waren, hat erst die Veröffentlichung von Davies (1962) die Kontroverse ausgelöst, ob behandelte Alkoholiker zu körperlich und sozial unproblematischen Trinkformen zurückfinden können. Auch wenn die Ergebnisse von Davies durch eine 30 Jahre umfassende Nachuntersuchung relativiert worden sind (Edwards 1985), läßt sich das Phänomen bei Alkoholikern seitdem nicht mehr bestreiten. Reinert und Bowen (1968) prägten dafür den Begriff des kontrollierten Trinkens, worunter sie gezielt kontrollierende Formen des Trinkens durch Alkoholiker verstehen, die aufgrund ihrer Abhängigkeitsentwicklung über keine spontane Trinkkontrolle mehr verfügen. Von besonderer Bedeutung war das Erscheinen des sogenannten Rand-Reports, welcher über eine größere Untersuchungsstichprobe aus 44 abstinenzorientierten Behandlungszentren berichtete. Nachdem die Befunde der ersten anderthalbjährigen Katamnese (Armor et al. 1976) aufgrund methodischer Mängel mit Recht umstritten waren, können nach entsprechenden Verbesserungen die Ergebnisse der Vierjahreskatamnese (Polich et al. 1981) als aussagekräftig angesehen werden. Danach erwies sich die erzielte Besserungsrate als sehr instabil, da über 90% der Patienten mindestens einmal rückfällig geworden waren. Mit 18% zeigte ein erheblicher Teil der Patienten über ein halbes Jahr vor dem Erfassungszeitpunkt Trinkmuster, die keine Anzeichen für eine körperliche Abhängigkeit oder soziale Auffälligkeiten aufwiesen.

Diese Ergebnisse lassen sich nach der vergleichbaren katamnestischen Untersuchung von Küfner et al. (1986; 1988) nicht auf den deutschsprachigen Raum übertragen, da sich hier erheblich günstigere Abstinenzraten (46%) und nach enger Definition über den gesamten vierjährigen Katamnesezeitraum nur bis zu 2,6% kontrollierte Trinkformen finden lassen. Dabei handelt es sich jedoch um eine andere Stichprobe von körperlich abhängigen Alkoholikern, die einer im angloamerikanischen Bereich kaum verbreiteten längerfristigen stationären Behandlung unterzogen wurden. Darüber hinaus unterliegen diese Ergebnisse einer umfassenden Methodenkritik (Skarabis 1986; Waldow 1989).

In den siebziger Jahren wurden die ersten Untersuchungen über Behandlungsprogramme, die ausdrücklich das kontrollierte Trinken bei ihren Klienten anstrebten, veröffentlicht. Eine der ersten Arbeiten stammt von Lovibond und Caddy (1970), deren Ansatz darin bestand, Alkoholikern mittels verschiedener Feedbackmethoden diskriminative Fähigkeiten zur Einschätzung der eigenen Blutalkoholkonzentration zu vermitteln. Ziel des Trainings war es, das Trinkverhalten so steuern zu können, daß es zu keiner Überschreitung einer mittleren Blutalkoholkonzentration kam. Etwas später erschien die allgemein bekannt gewordene Arbeit von Sobell und Sobell (1973), welche die Effektivität von Methoden der Aversionstherapie und Reizkontrolle im Vergleich zu damals herkömmlichen Therapieansätzen nachweisen konnte. Dabei wurden im Rahmen eines Kontrollgruppenplans die alternativen Therapiestrategien des kontrollierten Trinkens und der völligen Abstinenz gegenübergestellt. Vorangegangen waren Untersuchungen über das Trinkverhalten nichtabhängiger Alkoholkonsumenten, d.h. deren Getränkewahl, bevorzugte Trinkintervalle usw., so daß kontrolliertes Trinken nicht mehr über die Einhaltung einer bestimmten Blutalkoholkonzentration, sondern den Erwerb so gefundener normaler Trinkmuster definiert wurde.

In der Folge kam es vor allem im Zusammenhang mit einer kritischen Nachuntersuchung (Pendery et al. 1982) zu einer polemischen Auseinandersetzung, die sich auf die Untersuchungen der Sobells bezog. Marlatt (1983) konnte diese Kritik weitgehendst entkräften, da die Studie durchaus dem damaligen wissenschaftlichen Standard entsprach. Gleichzeitig verwies er darauf, daß es sich um die indikative Fragestellung handelt, welche Klienten sich am besten für die beiden alternativen Therapiestrategien eignen. Inzwischen liegen ausreichende Untersuchungen vor, um festzustellen, daß der Prozentsatz von Alkoholikern, die zu unproblematischen Trinkformen zurückkehren können, durch die Dauer des Untersuchungszeitraums, der Art der Abhängigkeitsdefinition und die gewählten Kriterien für kontrolliertes Trinken bestimmt wird, wobei die Anwendung des Kontrollierten Trinkens auf fortgeschrittene Formen der Abhängigkeit empirisch als kontraindiziert anzusehen ist (Taylor et al. 1986). Weiterhin bestehen empirisch begründete Richtlinien zur Anwendung der Therapiestrategie des kontrollierten Trinkens, da diese bei jüngern Klienten mit geringerer Schwere der Abhängigkeit und guter sozialer Integration am erfolgversprechendsten ist. Gleichzeitig spielen jedoch auch subjektive Kriterien eine Rolle, da kontrolliert Trinkende eine spezifische interne Kontrollorientierung aufweisen, nach der sie das Krankheitskonzept, den Besuch von Selbsthilfegruppen und die Übernahme der Krankheitsrolle ablehnen (Elal-Lawrence 1986). Die Indikationsstellung muß also auch unter dem motivationalen Aspekt der Behandlungsbereitschaft gesehen werden.

Die Leerformel „Multikonditionalität"

Die verbreitetste Leerformel, auf die sich jeder Alkoholismusforscher und Suchttherapeut bezieht, stellt das Konzept der Multikonditionalität der Abhängigkeitsentwicklung dar (Feuerlein 1989). Es handelt sich um eine Vorstellung, welche sich an dem klassischen Infektionsmodell mit seiner Trias „Erreger-Wirt-Milieu" orientiert (Halbach 1959). Nach ihr wird die Entstehung der Alkoholabhängigkeit als wechselseitiges Zusammenwirken von drei Bedingungskomplexen gesehen: der Droge Alkohol, der Eigenschaft des konsumierenden Individuums und den Besonderheiten des umgebenden Sozialfeldes.

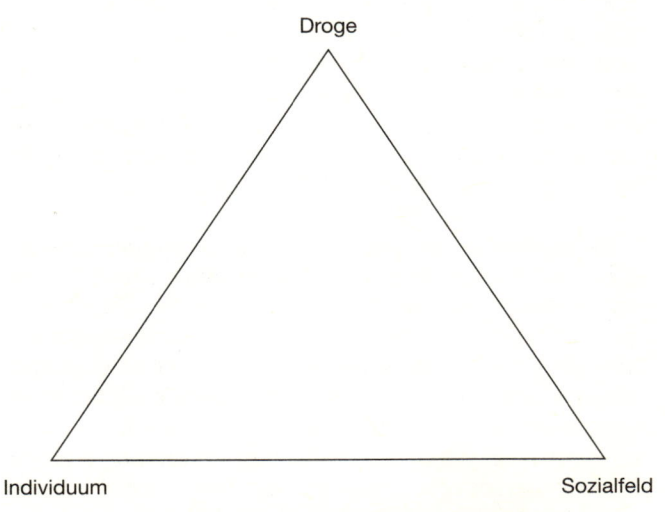

Abb. 1. Das Bedingungsgefüge der Drogenabhängigkeit (nach Feuerlein 1989)

Eine als „Vulnerability-Acceptance-Hypothese" bezeichnete Variante dieses Modells geht auf Jellinek (1960) zurück. Danach hängt die Form und das Ausmaß des Drogenmißbrauchs von zwei sich ergänzenden Faktorengruppen ab, d. h. der psychoorganischen Anfälligkeit des Individuums und der soziokulturellen Verfügbarkeit der Droge. Das eine Extrem stellt dabei die Situation eines Robinson Crusoe (Smart 1983) dar, welcher aufgrund der geringen Verfügbarkeit von Drogen auf seiner einsamen Insel über eine extreme individuelle Anfälligkeit verfügen müßte, um eine Drogenabhängigkeit zu entwickeln. Das andere Extrem bildet eine gesellschaftliche Situation der umfassenden Verfügbarkeit einer oder mehrerer Drogen, so daß ein großer Prozentsatz der Bevölkerung und damit auch Individuen mit geringer Anfälligkeit der Gefahr einer Abhängigkeitsentwicklung ausgesetzt ist. Man denke an die bildliche Darstellung der Gin-Lane von Hogarth zum Alkoholismusproblem im 18. Jahrhundert in England (Hinz 1984). Es handelt sich also um ein einfaches Diathese-Streß-Konzept, nach dem primär eine körperliche Disposition vorliegen muß, damit sich später wirksam werdende Belastungen negativ auswirken können (Tarter & Edwards 1987). Dabei geht es um eine sehr vereinfachte, globale und empirisch kaum überprüfbare Hypothese, die keine genauen Vorhersagen auf die jeweilige Gewichtung und die Interaktion der beiden Bedingungsfaktoren erlaubt (Bastine 1990).

Ebenfalls sehr abstrakte, jedoch etwas komplexere Vorstellungen entstammen der Systemtheorie. Bei dem homöostatischen Modell von White und v. Wartburg (1972) werden als die drei Grundelemente der Mensch, die Umwelt und das Verhalten berücksichtigt. Der Mensch wird als biologisches System definiert, welches mit vielfältigen physischen, geistigen, sozialen und kulturellen Umweltfaktoren in Wechselwirkung steht. Das Verhalten wird als zeitlich erfolgende Zustandsänderung innerhalb eines dynamischen Systems von Input-Output-Relationen gesehen. Eine verwandte Modellvorstellung, die einen stärkeren Bezug zur therapeutischen Praxis aufweist, geht auf van Dijk zurück (1977), der die biochemischen, hirnorganischen, seelischen und sozialen Teufelskreise beschreibt, die zu einer zunehmenden Verfestigung des Suchtverhaltens führen.

Bezogen auf die praktische Suchttherapie spiegelt sich das Konzept der Multikonditionalität als multiprofessionell getragene Breitbandtherapie wider. Dabei werden, insbesondere im Rahmen der längerfristigen stationären Entwöhnungsbehandlungen, sehr unterschiedliche therapeutische Verfahren von der Physiotherapie, Gestaltungstherapie und Soziotherapie bis hin zu verschiedenen psychotherapeutischen Verfahren zu einem Behandlungspaket zusammengefaßt, wobei bisher unklar bleibt, ob sich die inhaltlich teilweise widersprechenden Therapiemethoden möglicherweise in ihren Wirkungen gegenseitig stören. Dies wird jedoch kaum im Sinne der Therapieprozeßforschung erfaßt, da sich das Interesse auf die leichter dokumentierbare Erfolgsforschung konzentriert. Deshalb wird auch nicht von Polypragmasie gesprochen, d.h. von der versuchsweisen Erprobung verschiedener therapeutischer Verfahren aufgrund unzureichenden ätiologischen Wissens, sondern statt dessen die schulübergreifende Psychotherapie und interdisziplinäre Zusammenarbeit betont.

Zusammenfassend läßt sich feststellen, daß innerhalb der Alkoholismusforschung und Suchttherapie nach wie vor drei Grundvorstellungen dominieren, deren Wurzeln sich bis ins 19. Jahrhundert verfolgen lassen, obwohl vorliegende empirische Untersuchungen und theoretische Überlegungen inzwischen zu einer zunehmenden Kritik daran geführt haben. Es handelt sich um das organische Krankheitskonzept des Alkoholismus mit seinen zentralen Bestimmungsstücken des Toleranzerwerbs, Alkoholverlangens und Kontrollverlustes, welches durch die herausragenden Leistungen von Jellinek weltweite Verbreitung gefunden hat, obwohl es eine zweifelhafte empirische Basis besitzt und zudem eine hohe Kulturspezifität aufweist. Die zweite Grundvorstellung besteht in dem Behandlungsprinzip der lebenslangen Abstinenz, die zum Zeitpunkt ihrer Entstehung gegen Ende des 19. Jahrhunderts einen wesentlichen Fortschritt in der Behandlung des Alkoholismus darstellte, inzwischen jedoch dazu führen kann, in Teilbereichen wie der sekundären Prävention einer zunehmenden Differenzierung des Therapieangebotes im Wege zu stehen. Als dritte Modellvorstellung wird von der Multikonditionalität des Alkoholismus ausgegangen, d.h. der Interaktion zwischen der Droge, ihrem Konsumenten und seinem Umfeld, wobei diese Annahme aufgrund ihrer Abstraktheit und Globalität nur einen geringen Erklärungswert besitzt und, bezogen auf die Therapie des Alkoholismus, die Gefahr eines unreflektierten Eklektizismus beinhaltet.

1.2 Die verhaltenstheoretische Perspektive

Bei der Abgrenzung des verhaltenstheoretischen Modells vom klassischen Krankheitskonzept verweist Marlatt (1985) auf den Vorschlag von Brickman et al. (1982), der vier Betrachtungsweisen, die sich aus der Analyse implizit vorhandener Zuschreibungen von Verantwortlichkeit in der Therapeut-Klient-Beziehung ergeben, unterscheidet. Im Mittelpunkt steht die Frage der vorhandenen Schuld, d.h. der Verantwortung für die Entstehung des vorhandenen Problems, und der Kontrollfähigkeit, d.h. der Verantwortung für die notwendige Problembewältigung.

Nach dem moralischen Modell ist die betroffene Person sowohl für das Problem als auch für seine Lösung verantwortlich, während nach dem medizinischen Modell das Individuum weder mit der Problementstehung noch seiner Lösung belastet wird. Nach dem Aufklärungsmodell ist der Einzelne zwar für die Problementstehung, nicht jedoch für seine Bewältigung zuständig, während er nach dem kompensatorischen Modell nicht für die Problementstehung, jedoch für seine Überwindung verantwortlich ist. Das sozialkognitive Konzept des Alkoholismus wird von Marlatt dem kompensatorischen Modell zugeordnet, da der Alkoholiker nicht die schrittweise Entstehung der Abhängigkeit zu verantworten hat, die daraus resultierenden Schwierigkeiten jedoch nur bewältigen kann, wenn er die Verpflichtung für deren Veränderung übernimmt. Er zitiert dazu (a.a.O. 1985: 15) die Redensart „You are not responsible for being down, but you are responsible for getting up".

Frühe verhaltenstherapeutische Ansätze

Der folgende Überblick über die Entstehung und frühe Entwicklung der Verhaltenstherapie der Alkoholabhängigkeit orientiert sich an den Darstellungen von Marlatt (1978) und Nathan (1982).

Die Anfänge der Verhaltenstherapie des Alkoholismus beriefen sich auf die Prinzipien der klassischen Konditionierung im Sinne Pawlows (1927). Die dabei im Zentrum stehende Methode war die Aversionstherapie. Beginnend mit der ersten Anwendung der elektrischen Aversionstherapie durch den sowjetischen Arzt Kantorovich (1929) lag der Höhepunkt sowohl des klinischen Einsatzes als auch der wissenschaftlichen Erforschung dieser Methode in den vierziger und fünfziger Jahren. Ein herausragendes Beispiel ist die Arbeit von Lemere und Voegtlin (1950) zur chemischen Aversionstherapie, die nicht mit der später verbreiteten medikamentösen Antabustherapie verwechselt werden darf. Eine Weiterentwicklung stellte die in den sechziger Jahren eingeführte symbolische Aversionstherapie durch Cautela (1970) dar. Einen Überblick über den damaligen Stand der aversiven Therapiemethoden beim Alkoholismus findet sich bei Wilson (1978).

Während die Aversionstherapie im deutschsprachigen Raum nie von besonderer Bedeutung war und nach Watzl (1991) in keiner Suchtklinik praktiziert wird, hat sie im angloamerikanischen Raum eine gewisse Tradition, beschränkt sich jedoch eher auf private Kliniken mit einer prognostisch günstigeren Klientel (Saxe et al. 1985). Nach einer Übersichtsarbeit zur vergleichenden Kosteneffektivität verschiedener Methoden der Alkoholismusbehandlung (Holder et al. 1991) erweisen sich bis auf die verdeckte Sensibilisierung weder die elektrische noch die chemische Aversionstherapie als effektiv. Nach Riley et al. (1987) konnten außer bei prognostisch günstigen Patienten weder längerfristige noch in Verbindung mit anderen Methoden zusätzliche Effekte der aversiven Methoden nachgewiesen werden.

Diese Autoren weisen auch darauf hin, daß dabei unklar bleibt, ob mögliche Wirkungen dieser Techniken auf Konditionierungsmechanismen und/oder kognitiven Prozessen beruhen. Nach der zunehmenden Orientierung der Lerntheorie am Informationsverarbeitungsmodell erscheint die immer noch häufig getroffene Gegenüberstellung von Konditionierung und Kognition zudem als unangemessen, da es sich bei Lernvorgängen immer um ein komplexes Ineinandergreifen von automatisierten und bewußt gesteuerten Prozessen handelt (Rapee 1991). Angesichts der geringen Effektivität und begrenzten Einsetzbarkeit der Aversionstherapie sollten die von allen Autoren diskutierten ethischen Probleme zu einem Verzicht auf diese Verfahren führen, da sie weder die durch aversive Erlebnisse geprägte Psychodynamik des Alkoholismus berücksichtigen noch ausreichend hinsichtlich ihrer Auswirkungen auf die Therapeut-Klient-Beziehung untersucht worden sind.

Beginnend in den fünziger Jahren wurde in einem zweiten Entwicklungsabschnitt durch die Übertragung der Lerntheorie von Hull (1943) auf die Alkoholproblematik die Spannungs-Reduktions-Theorie des Alkoholismus aufgestellt (Conger 1956). Diese besser als Hypothese zu bezeichnende Vorstellung fand dann eine rasche Verbreitung, was daher rühren dürfte, daß sie sich zum einen mit der medizinischen Betrachtungsweise des Alkohols als einem dämpfenden Pharmakon vereinbaren läßt und sich zum anderen in kultursoziologische Ansätze, nach denen die Funktion des Alkohols in der Verarbeitung gesellschaftlicher Widersprüche zu suchen ist (Schulz 1990), integrieren läßt. Lender (1987) weist in diesem Zusammenhang auf die historischen Wurzeln der Entspannungs-Reduktions-Hypothese im 19. Jahrhundert hin.

Die später erfolgte kritische Bewertung dazu vorliegender experimenteller Untersuchungen durch Cappell und Herman (1972), nach denen alle bisherigen Überprüfungen dieser Hypothese entweder zu uneindeutigen oder widersprüchlichen Resultaten geführt haben, kann immer noch als zutreffend angesehen werden (Cappell & Greeley 1987). Auch der bereits sehr früh erfolgte Hinweis von Mendelson (1964), daß Alkoholiker im Laufe der Suchtentwicklung mit Spannungszunahme und Dysphorie reagieren, konnte ebenfalls später bestätigt werden (Freed 1978) und wird inzwischen auf dem Hintergrund der Gegenprozeßtheorie diskutiert (Shipley 1987), was der großen Popularität dieser eindimensionalen Vorstellung bis heute jedoch wenig Abbruch getan hat.

Eine gewisse Fortführung der Spannungs-Reduktions-Hypothese erfolgt auch im Rahmen der sozialkognitiven Lerntheorie, wonach angenommen wird, daß die durch soziale Lernprozesse erworbene Erwartung über einen entspannenden Effekt des Alkohols durchaus verhaltenswirksam sein kann (Donovan & Marlatt 1980), wobei es sich jedoch nicht um einen direkten physiologischen Effekt des Alkohols handelt, sondern um eine durch kognitive Mechanismen vermittelte Erwartungswirkung.

Die weitere Entwicklung wurde dann ab Mitte der sechziger Jahre durch die Untersuchungen von Mello und Mendelson (1965) ausgelöst. Unter Bezug auf die Theorie der operanten Konditionierung begann die systematische Erforschung und Beschreibung topographischer Merkmale normaler und pathologischer Trinkmuster. Dabei wurde zum ersten Mal in der psychologischen Alkoholismusforschung Alkohol gezielt an davon abhängige Klienten verabreicht, um die verhaltensmäßigen Auswirkungen des Alkoholkonsums zu erfassen.

Zu Beginn wurden laborexperimentelle Untersuchungen durchgeführt, bei denen Alkoholiker in einer kontrollierten Lebenssituation (operant ward setting) beobachtet wurden, um den relativen Verstärkerwert des Alkohols im Vergleich zu anderen Verstärkern wie z.B. sozialem Kontakt zu bestimmen. Die Probanden hatten einfache motorische Aufgaben auszuführen, mit denen sie sich Alkohol oder andere Bekräftiger verdienen konnten. Ein anderer Ansatz führte zur Einrichtung von Bars in Suchtkliniken (experimental bar), um den Trinkstil, d.h. dessen Schnelligkeit, Intensität und Verteilung sowie die gewählte Getränkart bei Alkoholikern im Vergleich zu sozialen Trinkmustern, zu erfassen. Eine weitere Untersuchungsmethode bestand in der verdeckten Versuchsanordnung zur Geschmacksbeurteilung (taste-rating task), bei der unter dem Vorwand, daß verschiedene alkoholische Getränke auf unterschiedlichen Geschmacksdimensionen zu beurteilen seien, die von den Versuchspersonen getrunkene Alkoholmenge unbemerkt erfaßt und in Abhängigkeit von verschiedenen Einflußgrößen wie Streß oder Frustrationen analysiert wurde.

Alle diese Untersuchungen erbrachten als Ergebnis, daß sich Alkoholiker von nichtabhängigen Personen sowohl auf der mikro- als auch auf der makroskopischen Verhaltensebene in ihren Trinkmustern unterscheiden. Später wurde durch Verhaltensbeobachtungen im sozialen Feld die Übertragbarkeit dieser Befunde auf das Trinkverhalten unter realen Bedingungen überprüft. Ein Überblick über diese Forschungsergebnisse, die auch als empirische Grundlage für verhaltenstherapeutische Ansätze zum kontrollierten Trinken angesehen wurden, findet sich bei Nathan und Lisman (1976).

In einem weiteren Entwicklungsabschnitt am Ende der sechziger und zu Beginn der siebziger Jahre wurde eine Vielzahl verhaltenstherapeutischer Methoden entwickelt und als sogenannte Breitbandtherapie (Lazarus 1965) zu einem umfassenden Behandlungsansatz integriert. Eine erste kritische Bewertung dieses Vorgehens, die sich auch auf die damals erschienenen Arbeiten zum sogenannten kontrollierten Trinken bezog, erfolgte durch Hamburg (1975). Nach späterer Einschätzung (Childress et al. 1985) fehlen jedoch ausreichend kontrollierte Studien, um die Gesamteffektivität solcher Interventionen beurteilen zu können. Auch von Riley et al. (1987) werden die multimodalen Ansätze noch skeptisch beurteilt, da ein Mehr an Behandlung nicht unbedingt auch eine bessere Behandlung darstellen muß, woraus sie die Empfehlung ableiten, noch stärker den indikativen Wert einzelner Behandlungskomponenten zu erforschen. Das wesentliche Verdienst der frühen Versuche zu einer breitgefächerten Therapie besteht jedoch darin, die Symptomzentriertheit der klassischen Verhaltenstherapie mit der damit verbundenen Anwendung isolierter Einzeltechniken auf dem Gebiet der Alkoholismusbehandlung überwunden zu haben. Seitdem richten sich verhaltenstherapeutische Interventionen nicht mehr allein auf das Trinkverhalten selbst, sondern konzentrieren sich verstärkt auf den Aufbau alternativer Verhaltensweisen und beziehen so zunehmend komplexere Problembereiche ein, die mit dem Alkoholmißbrauch in Verbindung stehen.

Am Beginn dieser Entwicklung stand die systematische Desensibilisierung (Kraft & Al-Issa 1968), die bereits erwähnte verdeckte Sensibilisierung von Cautela (1970) und der Einsatz von Münzverstärkersystemen (Narrol 1967). Diese komplexeren verhaltenstherapeutischen Methoden gaben den Anstoß zur Entwicklung von sozialen Kompetenztrainings, die sich zunächst auf spezifische Problemfelder wie Partnerschaft oder die berufliche Situation bezogen und später dann zur Einübung von allgemeinen Problemlösungsfähigkeiten führten. Den theoretischen Bezugspunkt bildete das damalige Selbstkontrollmodell von Kanfer (1971), auf welches sich mit entsprechender Verzögerung auch die bundesrepublikanische Verhaltenstherapie des Alkoholismus bezog (Feldhege 1980). Eine Darstellung dieser Entwicklungsphase findet sich in dem Übersichtsreferat von Franks (1970) sowie in dem damals wichtigsten Lehrbuch der klinischen Verhaltenstherapie des Alkoholismus von Miller (1976).

Am Ende dieses Abschnittes stand auf der theoretischen Ebene die Einbeziehung sozialer Determinanten des Trinkverhaltens und die Betonung kognitiver Vermittlungsprozesse bei der Entstehung und Aufrechterhaltung der Alkoholabhängigkeit. Damit bestanden die Grundlagen für einen Wechsel von der klassischen

Lerntheorie und Verhaltenstherapie des Alkoholismus zu einer sozialkognitiven Betrachtungsweise.

Das sozialkognitive Modell

Die Anwendung der sozialkognitiven Lerntheorie auf das Gebiet des Alkoholismus wurde Ende der sechziger Jahre durch die Arbeit von Bandura (1969: 528ff.) angeregt, wobei zu Beginn noch sehr stark Bezug auf die Spannungs-Reduktions-Hypothese genommen wurde. Einen weiteren Bezugspunkt stellt die bereits erwähnte Erweiterung der Alkoholismusdefinition durch den Soziologen Calahan (1970) dar. Der von ihm geprägte Begriff des Problemtrinkers betonte, daß es verschiedene Erscheinungsformen des Alkoholmißbrauchs gibt, die sehr unterschiedliche Ursachen haben können und nicht immer eine Abhängigkeitsentwicklung im engeren Sinne aufweisen müssen. Nach Albrecht (1973) liegen der sozialkognitiven Modellvorstellung drei wesentliche Grundannahmen zugrunde.

Zunächst besteht die inzwischen allgemein akzeptierte Tatsache, daß normale und problematische Trinkmuster in Abhängigkeit von kulturellen und sozialen Einflußgrößen eine große Variabilität aufweisen. Bereits von Bales (1946 und 1962) wurde anhand der extrem unterschiedlichen Alkoholismusraten unter amerikanischen Iren und Juden auf die Bedeutsamkeit der ethnischen Zugehörigkeit für das Konsumverhalten hingewiesen, wobei die sozial geprägten Einstellungen zum Alkohol sowie normative Regeln über den Umgang mit Alkohol und den aus dem Konsum resultierenden Verhaltensänderungen die wesentlichen Bindeglieder zwischen soziodemographischen Merkmalen und Trinkgewohnheiten bilden.

Eine weitere Grundannahme besagt, daß Art und Umfang normalen und problematischen Trinkverhaltens im Sozialisationsprozeß erworben werden. Dabei werden in der Adoleszenz als dem dafür bestimmenden Lebensabschnitt durch den Einfluß der Eltern und der Altersbezugsgruppe die Trinknormen und Erwartungshaltungen geprägt. Einen Überblick über experimentelle und empirische Untersuchungen zu den bedeutsamen Variablen des zugrundeliegenden Lernprozesses im Sinne Banduras, d.h. den Merkmalen des Modells, Konsequenzen des Modellverhaltens und Besonderheiten des Beobachters, geben Collins und Marlatt (1981).

Ein zusätzlicher Gesichtspunkt stützt sich auf Ergebnisse, nach denen das aktuelle Trinkverhalten direkt durch soziale Interaktionsprozesse gesteuert wird. Nathan und Lisman (1976) referieren experimentelle Untersuchungen, welche die Abhängigkeit der Trinkrate vom Ausmaß des sozialen Austausches aufzeigen sowie die Art und Weise belegen, in der soziale Gruppennormen das Trinkverhalten beeinflussen. Nach Kilty (1980) ergibt sich die Bedeutung des Alkoholkonsums in Anlehnung an die Gefühlstheorie von Schachter (1964) sowohl aus der Ausgangsstimmung des Konsumenten als auch den sozialen Kontextmerkmalen, die Hinweise enthalten, wie sich die Alkoholwirkung in Abhängigkeit von der sozialen Situation und Interaktion subjektiv interpretieren läßt.

Die theoretische Erweiterung zu einer sozialkognitiven Lerntheorie des Alkoholismus erfolgte auf dem Hintergrund der sogenannten Erwartungs-Wert-Theorien (Krampen 1982; Mielke 1984). Nach diesem allgemeinpsychologischen Modell wird in Anlehnung an Rotter (1975; 1982) die Verhaltenswahrscheinlichkeit als eine Funktion der kognitiven Erwartung des Individuums, daß ein bestimmtes Resultat als Ergebnis des eigenen Verhaltens auftritt, des wahrgenommenen Wertes dieses Handlungsergebnisses und der Art der psychologischen Situation angesehen. Von Mischel (1973; 1984) erfolgt eine noch umfassendere sozialkognitive Analyse der Persönlichkeit, nach der in Abgrenzung von klassischen Eigenschaftskonzeptionen die Bedeutsamkeit der Interaktion zwischen Person und Situation gegenüber der isolierten Betrachtung situativer und persönlicher Variablen betont wird. Er beruft sich dabei auf empirische Ergebnisse, wonach das menschliche Verhalten eine geringe individuelle Konsistenz über verschiedene Situationen und Verhaltensmodalitäten aufweist. Bandura (1977, 1986) unterscheidet zusätzlich zwischen Ergebniserwartungen, die sich auf den Verhaltenseffekt beziehen, und Selbstwirksamkeitserwartungen, welche die Bewertung der eigenen Verhaltenskompetenz beinhalten. Er nimmt an, daß sich das menschliche Verhalten durch eine evolutionär erworbene große Plastizität auszeichnet, und postuliert ein komplexes Bedingungsgefüge selbstregulatorischer Prozesse, die aus der triadischen Interaktion zwischen Verhalten, Person und Umgebung resultieren.

Bei dem aus diesen allgemeinpsychologischen Vorstellungen abgeleiteten sozialkognitiven Modell des Trinkverhaltens und der Alkoholabhängigkeit (George & Marlatt 1983) wird von vier wesentlichen Bestimmungsstücken ausgegangen. Den Ausgangspunkt stellen sogenannte Risikosituationen dar, d.h. alle Ereignisse, bei denen sich eine Person hilflos oder unter Kontrolle von anderen Personen, Gruppen oder Umwelteinflüssen fühlt. Damit im Zusammenhang stehen Selbstwirksamkeitserwartungen über vorhandene Bewältigungsfertigkeiten, die als Alternative zum Alkoholkonsum gesehen werden, und Alkoholwirkungserwartungen, die gewünschte Alkoholwirkungen als Lösungsmöglichkeiten in der Risikosituation beinhalten. Weiterhin wird noch von der Bedeutsamkeit der in spezifischen Situationen vorhandenen Trinkzwänge und der jeweiligen Verfügbarkeit des Alkohols ausgegangen.

Eine praktische Anwendung dieses Ansatzes bildet die sozialkognitive Rückfallanalyse als alternative Erklärungsmöglichkeit zum organisch bedingten Kontrollverlust (Marlatt 1978b). Dabei wird angenommen, daß ein Alkoholiker nach einer selbstauferlegten Abstinenzphase eine Streßsituation erlebt, die er nach seiner Beurteilung nicht bewältigen kann, und daß er den verfügbaren Alkohol als Lösungsmöglichkeit wahrnimmt. Wenn es in dieser Situation zu einem Alkoholkonsum kommt, entsteht das sogenannte Abstinenzverletzungssyndrom, da das Selbstbild als Abstinenter in Frage gestellt und der erneute Alkoholkonsum als persönlicher Mißerfolg erlebt wird, woraus sich dann ein möglicher Trinkexzeß ergeben kann.

Zur gezielten Erforschung der Bedeutsamkeit der angenommenen Erwartungswirkungen wurde innerhalb der Alkoholismusforschung ein neues experimentelles Untersuchungsparadigma entwickelt. Es handelt sich um den sogenannten ausbalancierten Placeboversuchsplan, bei dem nach einem Vier-Felder-Schema die Hälfte der Versuchspersonen Tonicwasser und die andere Hälfte eine Tonicwasser-Wodka-Mischung erhielt, wobei in jeder Gruppe jeweils genau die Hälfte die Erwartung hat, daß sie Alkohol oder keinen Alkohol konsumiert.

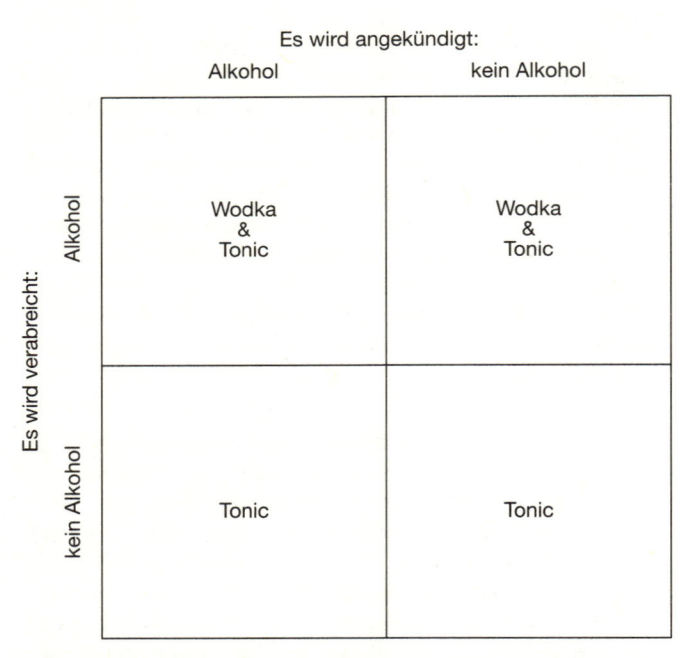

	Es wird angekündigt:	
	Alkohol	kein Alkohol
Es wird verabreicht: Alkohol	Wodka & Tonic	Wodka & Tonic
kein Alkohol	Tonic	Tonic

Abb. 2. Der ausbalancierte Placeboversuchsplan (nach Malatt et al. 1973)

Bei dieser Versuchsanordnung wird sichergestellt, daß die Probanden nicht wissen, ob sich Alkohol oder kein Alkohol in dem konsumierten Getränk befindet, wobei sie zu der Annahme geführt werden, daß es sich um eine Geschmacksbeurteilungsaufgabe handelt. Auf diese Weise ist es möglich, den kognitiven Erwartungseffekt von der physiologischen Drogenwirkung zu trennen (Marlatt & Rohsenow 1980). Die meisten der bis heute vorgelegten Untersuchungen kommen zu dem Resultat, daß bis zu einer mittleren Blutalkoholkonzentration die erlebte Alkoholwirkung sowie daraus resultierende Verhaltensweisen zumindest genauso bedeutsam sind wie die physiologischen Wirkungen des Alkohols selbst. Dies wurde inzwischen in vielfältigen Verhaltensbereichen (Stimmungslage, Spannungsreduktion, Aggressivität, sexuelle Erregbarkeit und Schmerzwahrnehmung) untersucht und in Meta-Analysen dargestellt (Hull & Bond 1986; Critchlow 1986). Eine kritische Beurteilung der dabei zugrundeliegenden theoretischen Grundannahmen erfolgte inzwischen von Webb et al. (1993) und Oei und Baldwin (1994).

Aktuelle Entwicklungstendenzen

Nach neueren Veröffentlichungen zur Lerntheorie (Revenstorf & Metsch 1986) und Verhaltenstherapie (Vollmer 1988; Marlatt 1989; Watzl 1991; Petry 1993b) des Alkoholismus werden zwei Forschungsschwerpunkte betont. Zum einen sieht man unter Bezug auf die sozialkognitive Lerntheorie Selbstwirksamkeitserwartungen als entscheidende Bedingungen der zielgerichteten (Bandura & Cervone 1983) Bewältigung von Suchtproblemen an und zum anderen wird der individuelle Verlauf des dabei notwendigen Veränderungsprozesses unter Hinweis auf die Modellvorstellung von Prochaska und DiClemente (1982) betont. Die beiden Autoren hatten aufgrund empirischer Untersuchungen zur selbstinitiierten Einstellung des Rauchens die dabei typischerweise zu durchlaufenden Stadien der Besinnung, Entscheidung, Durchführung und Beibehaltung unterschieden. Später konnten sie (DiClemente et al. 1985) in einer Längsschnittstudie belegen, daß die rauchspezifische Selbstwirksamkeit eine gute Vorhersagevalidität besitzt, da eine hohe Selbstwirksamkeit sowohl mit dem Prozeß des Aufhörens als auch der Aufrechterhaltung des Nichtrauchens einherging. Inzwischen liegen auch für den Bereich des Alkoholismus Untersuchungen vor (Rist & Watzl 1983; Burling et al. 1989; Fäh et al. 1991; Scheller & Lemke 1994), die den positiven Zusammenhang zwischen der spezifischen Selbstwirksamkeit während der Behandlung und dem katamnestisch erfaßten Behandlungserfolg belegen.

Die therapeutische Praxis geht einen eher pragmatischen Weg bei der Behandlung von Alkoholikern, indem nach wie vor die Breitbandtherapie dominiert (O'Farrell & Langenbucher 1987). Dabei werden die klassischen verhaltenstherapeutischen Methoden, vor allem verschiedene Formen des Kompetenztrainings (Selbstsicherheit, Kommunikationsfähigkeiten, Streßbewältigung, Gefühlswahrnehmung und allgemeine Problemlösungskompetenz) mit neueren kognitiven Verfahren integriert (Monty et al. 1989; 1990). Ein besonderer Augenmerk richtet sich, angestoßen durch die auf diesem Gebiet bahnbrechenden Arbeiten von Marlatt (Marlatt & Gordon 1985), auf das Rückfallgeschehen (Körkel & Lauer 1988, 1995) und die inzwischen systematisch erfolgende Rückfallprävention (Watzl & Cohen 1989). Einen weiteren Interessenschwerpunkt bildet die Entwicklung von Motivierungsstrategien bei Suchtkranken (Petry 1993, 1994) in der Kontaktphase. Davies (1981) konnte dazu anhand empirischer Untersuchungen zum Erstinterview zeigen, daß sich die bekannten Verleugnungstendenzen bei Alkoholikern als Reaktion auf einen von Suchttherapeuten häufig praktizierten abweisenden Gesprächsstil verstehen lassen. Miller (1983; Miller & Rollnick 1991) hat im Gegensatz dazu Methoden einer nichtkonfrontativen Motivationsstrategie entwickelt und daraus eine erfolgreiche Kurzintervention (Miller 1989) für Problemtrinker abgeleitet.

Die stärker kognitiv ausgerichtete Verhaltenstherapie (Petry 1994b) konzentriert sich zunehmend auf den Bereich der sekundären Prävention bei Heranwachsenden (Brown et al. 1989; Botwin et al. 1990) und bei sogenannten Problemtrinkern in einer frühen Phase der Suchtentwicklung (Rollnik 1985). Dabei werden Therapieverfahren angewendet, die sich in Anlehnung an Ellis (1993) und Beck et al. (1992) auf die Veränderung suchtspezifischer kognitiver Verzerrungsmuster richten und darüber hinaus kognitiv-behaviorale Methoden zur Bewältigung von Problemen (Depressionen, Ängste, Ärger, Kopfschmerzen und Schlafstörungen) einbeziehen, die mit dem Trinkproblem in Verbindung stehen können (Emery & Fox 1981). Dabei wurden auch Behandlungsstrategien für bisher nicht beachtete Zielgruppen entwickelt (Petry 1994c). Andere Verfahren zielen in Anlehnung an Meichenbaum (1995) stärker auf den Abbau negativer und den Aufbau positiver, zukunftorientierter Selbstaussagen (Oei & Jackson 1984). Ein weiterer Ansatz besteht unter Bezug auf die Streßtheorie von Lazarus (1966) in der Förderung kognitiver Bewältigungsstrategie zum Aufbau einer streßreduzierenden Umbewertung von suchtspezifischen Risikosituationen (Sanchez-Craig et al. 1987).

Zusammenfassend ergibt sich innerhalb der Verhaltenstherapie des Alkoholismus in Abgrenzung zum medizinischen Modell eine eigenständige Theorie- und Therapieentwicklung. Anfänglich handelte es sich dabei um verschiedene Methoden der Aversionstherapie, die aufgrund ihrer inzwischen nachgewiesenen geringen bzw. nur eingeschränkten Effektivität und ethischer Bedenken an Bedeutung verloren haben und sich im deutschsprachigen Raum überhaupt nicht durchsetzen konnten. Auch die in den Anfängen dominierende Spannungs-Reduktions-Hypothese des Trinkverhaltens hat aufgrund zunehmender empirischer Kritik an Bedeutung verloren bzw. unterliegt einer kognitiv orientierten Uminterpretation. Die durch verhaltenstheoretische Vorstellungen inspirierte experimentelle Erforschung des Trinkverhaltens von Alkoholikern im Vergleich zu sozialen Trinkern führte dann in der Folge zum Einsatz vielfältiger verhaltenstherapeutischer Methoden, die später zur Strategie der Breitbandtherapie integriert wurden.

Im Rahmen sogenannter Erwartungs-Wert-Modelle, die das Verhalten einer Person in Abhängigkeit von positiv bewerteten Handlungsergebnissen und deren erwarteter Erreichbarkeit definieren, wurde, insbesondere durch die Arbeiten von Marlatt, eine soziokognitive Modellvorstellung des Alkoholismus entwickelt. Das Trinkverhalten wird dabei innerhalb seines soziokulturellen Kontextes betrachtet und in seiner Entstehung und Aufrechterhaltung als Resultat sozialer Interaktionsprozesse angesehen. Gleichzeitig wird die Bedeutung kognitiver Erwartungsmuster bei der Steuerung des Trinkverhaltens betont, was sich durch empirische Ergebnisse, die mit dem neu entwickelten ausbalancierten Placeboversuchsplan gewonnen wurden, stützen läßt. Eine besonders praxisrelevante Anwendung der soziokognitiven Lerntheorie des Alkoholismus besteht in der systematischen Rückfallprävention bei Problemtrinkern und bereits körperlich abhängigen Alkoholikern. Neuere Entwicklungen betonen die Bedeutsamkeit von Selbstwirksamkeitserwartungen in den verschiedenen Stadien des selbst- oder fremdinitiierten Veränderungsprozesses bei Suchtmittelabhängigen und der Anwendung stärker kognitiv orientierter Verfahren im Bereich der sekundären Prävention.

1.3 Ein integratives Suchtmodell

Aus der kontrovers geführten Diskussion zwischen Vertretern des klassisch-medizinischen Modells und alternativer soziokognitiver Modellvorstellungen (Petry 1987, 1987b) haben sich Ansätze zu einem integrativen Suchtmodell ergeben. Dabei besteht der Versuch, den Prozeß der Entstehung und Überwindung süchtigen Verhaltens als Wechselwirkung zwischen organischen und psychischen Besonderheiten einer Person und den äußeren Lebens- und Umwelteinflüssen zu verstehen. Ein solches Konzept wurde neuerdings von McMurran (1994) vorgelegt, wobei die Entstehung, Aufrechterhaltung und Überwindung einer Suchtentwicklung prinzipiell als Lernprozeß aufgefaßt wird. Dabei liegt die Betonung also auf der psychologischen Perspektive, wie dies bereits von Orford (1985) anhand der Analyse unterschiedlicher, auch nichtstoffgebundener Süchte vorgeschlagen wurde.

Den Ausgangspunkt bildet die Grundannahme, daß süchtiges Verhalten, wie andere Verhaltensweisen auch, durch eine Vielzahl von Faktoren bedingt ist und daß die Bedeutsamkeit dieser Einflußgrößen zwischen Personen, aber auch für eine Person zu verschiedenen Zeitpunkten, variiert. Bezogen auf kulturelle Gegebenheiten verweist McMurran auf die historischen und kulturellen Unterschiede bei der gesellschaftlichen Kontrolle von Drogen, wodurch sowohl die Konsummöglichkeiten als auch verhaltenswirksame Normen und Einstellungen bestimmt werden. Bezogen auf familiäre und soziale Einflußgrößen verweist sie auf den Erziehungseinfluß und die Vorbildwirkung des Elternhauses und die große Bedeutung sozialer Bezugsgruppen für die Entstehung von Drogenkonsummustern. Eine weitere Bedingungsgröße bildet der persönliche Lebensstil, wozu der Umgang mit Geld, Freizeit, Arbeit und die Art der sozialen Einbindung gehört. Als unmittelbare Umwelteinflüsse benennt sie die Wohnumgebung, das Schulmilieu und die vorherrschenden Formen sozialer Geselligkeit. Sie verweist weiterhin auf den Einfluß bestehender persönlicher Kompetenzen, bezogen auf soziale Beziehungen, den Arbeitsbereich und die Freizeitgestaltung mit den damit korrespondierenden Einstellungen, Gefühlen und Bewertungen über den Konsum von Suchtmitteln. Hinsichtlich organischer Faktoren benennt sie genetisch determinierte Unterschiede im Alkoholstoffwechsel, insbesondere bestehende Rassen- und Geschlechtsunterschiede, da eine geringe Alkoholverträglichkeit als Schutzfaktor wirken kann. Umgekehrt sind Personen, die anlagebedingt eine hohe Alkoholtoleranz aufweisen, d. h. besonders viel Alkohol vertragen, gefährdet, eine Alkoholproblematik zu entwickeln (Schuckit 1994). Aufgabe eines psychologischen Suchtmodells sollte es sein, den Prozeß zu verstehen, durch den diese verschiedenen Faktoren Einfluß auf das individuelle Verhalten haben. Dabei sollte unterschieden werden zwischen der Entstehung und Aufrechterhaltung des Konsums von Suchtmitteln (Oei & Baldwin 1994) sowie der Entwicklung einer Abhängigkeit von einer Droge und der Überwindung problematischen Drogenkonsums in der natürlichen Umgebung, um daraus dann effektivere therapeutische Interventionsmethoden abzuleiten. Dabei ist zu beachten, daß es bisher keine allumfassende Theorie gibt, die in der Lage wäre, diesen komplizierten Entwicklungs- und Veränderungsprozeß zu verstehen.

McMurran definiert abhängiges Verhalten anhand von zwei Kriterien. Danach handelt es sich um einen Prozeß zunehmender Involviertheit, der durch kurzfristige Gewinne motiviert ist, die wichtiger als die langfristigen negativen Konsequenzen sind. Weiterhin entwickelt sich in diesem Prozeß eine zunehmende Einschränkung der Verhaltenskontrolle, die subjektiv als Unfähigkeit erlebt wird, aus dem Teufelskreis des Suchtverhaltens mit den daraus erwachsenden Problemen und der damit zusammenhängenden Verstärkung des Suchtverhaltens, auszusteigen. Dies entspricht dem Konzept von Orford (1985), wonach das suchtspezifische Gleichgewicht zwischen Eingebundensein und Einschränkungen in Abhängigkeit von dem sich verändernden Kosten-Nutzen-Verhältnis gestört wird, so daß zunehmende Kosten zur Zunahme von Scham- und Schuldgefühlen führen, die das Suchtverhalten noch verstärken.

Bezogen auf die Entstehung und Aufrechterhaltung süchtigen Verhaltens resümiert McMurran, daß beim Heranwachsenden normalerweise durch neue familiäre und berufliche Entwicklungsaufgaben ein anderes Gleichgewicht entsteht, welches zu einem Rückzug aus sozialen Bezugsgruppen, die Drogen konsumieren, führt. Im Gegensatz dazu besteht insbesondere bei Jugendlichen, die den Drogenkonsum zur Bewältigung von psychischen Belastungen einsetzen, die Gefahr einer Suchtentwicklung. Die Entwicklung einer Abhängigkeit ist dann dadurch charakterisiert, daß im Sinne nichtbewußter Informationsverarbeitungsprozesse die auslösenden Reizsituationen und aufrechterhaltenden Konsequenzen nicht mehr wahrgenommen werden (Oei & Baldwin 1994) und die Problemlösungskompetenzen zusätzlich durch drogenbedingte Einschränkungen der kognitiven Funktionen gestört werden. Bei Versuchen, das Suchtverhalten enzuschränken, werden die bestehenden persönlichen Schwierigkeiten verstärkt wahrgenommen, so daß es zu einer Einschränkung der Selbstwirksamkeit kommt und gleichzeitig durch das Fortbestehen positiver Wirkungserwartungen das Suchtverhalten als Problemlösungsstrategie beibehalten wird. Diese Einschränkungen der Fähigkeiten zur Selbstregulation führen dann zu defensiven Bewältigungsstrategien durch die Umbewertung eigener Verhaltensweisen und deren Konsequenzen im Sinne einer zunehmenden Verleugnungstendenz.

Bei der Ableitung therapeutischer Interventionsmethoden läßt sich aus den Untersuchungen zur selbstkontrollierten Überwindung süchtigen Verhaltens ableiten, daß es auf die Stärkung individueller Entscheidungsprozesse ankommt, die eine Lösung von drogenbezogenen Lebensstilen und einer Veränderung des Selbstkonzeptes im Sinne einer positiven Selbstbewertung beinhalten. Dabei ist zentral, daß es sich um einen mehrstufigen Prozeß handelt, wie er von Prochaska und DiClemente (1982) beschrieben wurde. Die Interventionsmethoden zu Beginn des Veränderungsprozesses müssen danach völlig anders aussehen als in der Umsetzungsphase und der späteren Verarbeitung von Rückschritten. Zu Beginn müssen nichtkonfrontative Motivationsstrategien im Sinne Millers (1983) im Vordergrund stehen, während in der Umsetzungsphase bestehende Kompetenzen und Problemlösungsfähigkeiten gestärkt und bei der Verarbeitung von Rückschritten rückfallpräventive Maßnahmen im Sinne Marlatts (1985) entwickelt werden sollten. Eine langfristige Stabilisierung beinhaltet dann umfassendere Veränderungen des Lebensstils, d. h. der Veränderung des sozialen Stützsystems, der Freizeitstrukturierung und der familiären und partnerschaftlichen Beziehungen.

Abschließend stellt sich bei einem solchen integrativen Modell die von Herwig-Lempp (1984) genannte Problematik, ob es wirklich möglich ist, Konzepte aus verschiedenen wissenschaftlichen Disziplinen zu integrieren. Er bezeichnet die zugrundeliegende Annahme als „Tortenmodell", d. h., daß unterschiedliche Theorien, die verschiedene Aspekte ein- und desselben Gegenstandes herausgreifen, sich ähnlich verhalten wie die verschiedenen Stücke einer Torte, die sich aus dem Ganzen herausschneiden lassen. Er betont dabei die konstruktivistische Perspektive, d. h., daß es sich um gedankliche Konstruktionen handelt, die den Gegenstand auf dem Hintergrund spezifischer Vorannahmen definieren. Auch wenn man die Annahmen des radikalen Konstruktivismus nicht teilt (Nüse et al. 1991; Hörmann 1994), besteht bei integrativen Modellen wie dem psychologischen Modell von McMurran die Gefahr, daß die gewählte theoretische Perspektive den Gegenstand einseitig erfaßt. In diesem Sinne erscheint die an der Lerntheorie orientierte verhaltenstheoretische Perspektive von McMurran zu eng, indem sie zwar auf entwicklungsbedingte, motivationale und volitive Bedingungen verweist, dabei aber auf die enge Begrifflichkeit der klassischen und sozialkognitiven Lerntheorie zurückgreift. Eine begriffliche Integration wäre nur möglich, wenn man Suchtverhalten prinzipiell als zielgerichtete Handlung versteht, die durch ein komplexes System motivationaler Bedürfnisstrukturen und handlungskontrollierender Funktionen bestimmt ist, wie dies von Kuhl (1983) allgemein und von Krauss (1985), Perlwitz (1987) sowie Cox und Klinger (1988) für Suchtverhalten dargestellt wurde.

Zusammenfassend zeigt sich inzwischen eine zunehmende Tendenz, den kontroversen Diskurs über die Erklärung süchtigen Verhaltens zu verlassen und integrative Modelle zu entwickeln. Als ein Beispiel wurde das psychologische Suchtmodell von McMurran dargestellt, welches die vielfältigen organischen, psychischen und sozialen Bedingungsfaktoren der Entstehung, Aufrechterhaltung und Überwindung süchtigen Verhaltens zu integrieren versucht. Als Vorteil dieses Modells läßt sich die entwicklungspsychologische Perspektive ansprechen, die es erlaubt, die Veränderung des intraindividuellen Bedingungsgefüges zu erfassen, um zu differenzierteren Behandlungsstrategien zu gelangen. Im Zentrum stehen dabei individuelle Lernprozesse, die im Kontext kultureller Gegebenheiten und individueller Lebensstile sowie organischer Prädispositionen die fortschreitende Entwicklung von schwer zu durchbrechenden Teufelskreisen beschreiben. Als wesentlicher Nachteil dieser Konzeption muß die enge begriffliche Orientierung an der Lerntheorie problematisiert werden, die zu einer einseitigen begrifflichen Einengung des Gegenstandes führt. Als mögliche Weiterentwicklung bieten sich handlungstheoretische Konzepte an, nach denen Suchtverhalten als zielgerichtete Handlung aufgefaßt wird, so daß die jeweils bestehende hierarchische Bedürfnisstruktur eines Individuums und seine willensgesteuerten Funktionen besser erfaßt werden können.

2. Theoretische Aspekte des Störungsbildes

Die sozialkognitive Lerntheorie des Alkoholismus betont die Bedeutung kognitiver Vermittlungsprozesse, insbesondere von Erwartungen bei der Entstehung und Aufrechterhaltung abhängigen Verhaltens. Daneben müssen noch weitere kognitive Faktoren wie Abwehrmechanismen, Einstellungsstrukturen, Attributionsprozesse und Reizverarbeitungsmechanismen berücksichtigt werden. Dabei stellt sich die Frage, welche dieser kognitiven Prozesse für das vorliegende Störungsbild des Alkoholismus spezifisch sind, um als Grundlage zu dessen Charakterisierung und Veränderung zu dienen. Die im folgenden dargestellten empirischen Befunde und theoretischen Ansätze zu den dafür relevanten Einflußfaktoren lassen sich derzeit noch kaum zu einem einheitlichen Modell integrieren, scheinen jedoch für den klinisch tätigen Praktiker teilweise geeignet, vorläufige Interventionsstrategien abzuleiten.

2.1 Abwehrmechanismen

Klinische Beschreibung

Verschiedene Abwehrmechanismen, insbesondere die Verleugnung, sind jedem Suchttherapeuten vor allem aus der Motivationsarbeit zu Beginn der Behandlung vertraut. So gilt die Bagatellisierung der vielfältigen negativen Konsequenzen des Suchtverhaltens neben dem bestehenden Leidensdruck als eines der wichtigsten Leitkriterien zur Beurteilung der Behandlungsmotivation. Auch als theoretisches Bestimmungsstück wird vor allem innerhalb der Persönlichkeitstheorie der Abwehrstruktur eine besondere Bedeutung beigemessen. So wird in Anlehnung an Blane (1968, 1970) die Verleugnung neben der Suchtmittelabhängigkeit selbst und der depressiv-neurotischen Grundstörung als eines der drei konstitutionellen Merkmale der Alkoholabhängigkeit angesehen.

Bei dem Thema der Abwehrstruktur muß man sich zunächst natürlich auf die psychoanalytische Theorienbildung (S. Freud 1926; A. Freud 1936) beziehen, deren spezifische Terminologie auf diesem Gebiet vorherrschend ist. Da die vorliegende Arbeit in der verhaltenstheoretischen Tradition steht, soll auf eine genauere Darstellung der psychoanalytischen Theorieentwicklung verzichtet werden. Aktuelle Überblicke finden sich bei Rost (1987) und Bilitza (1993).

Eine klinisch sehr anschauliche Charakterisierung der spezifischen Abwehrmechanismen bei Alkoholikern, die in der psychodynamischen Tradition steht, findet sich bei Wallace (1978). Die von ihm beschriebene „preferred defence structure" wird als Resultat der Suchtentwicklung aufgefaßt, die es dem Alkoholiker erlaubt, angesichts der bedrohlichen Konsequenzen des Suchtmittelmißbrauchs seine psychische Stabilität aufrechtzuerhalten. Darüber hinaus geht Wallace davon aus, daß auch bei der Bewältigung der Suchtproblematik durch die Entscheidung für eine abstinente Lebensweise dieselben Abwehrmechanismen erforderlich sind, um die dabei auftretenden Belastungen zu kompensieren.

Der zentrale Abwehrmechanismus ist die Verleugnung, welche über ihre sinnvolle Anpassungsfunktion hinaus von Alkoholikern zu einer übergeneralisierten Überlebensstrategie ausgebaut wird. Als weiterer typischer Abwehrmechanismus gilt die Projektion, bei der im Sinne eines Assimilationsprozesses bei anderen Menschen nur solche Eigenschaften wahrgenommen werden, die der eigenen Person ähnlich sind. Aus der damit verbundenen Ausblendung negativer Merkmale resultieren viele sozial erwünschte Eigenschaften von Alkoholikern. Weiterhin besteht eine starke Tendenz zum Alles-oder-Nichts-Denken mit einer Vorliebe für strukturelle Sicherheit. Dies läßt sich an starren Stereotypisierungen ablesen, die zu inflexiblen Entscheidungsstrategien führen können. Als ebenfalls charakteristisch gilt die Konfliktvermeidung, worunter die Bevorzugung sozial ausgleichender Interaktionsformen anstatt angemessenem Wettbewerbsverhalten verstanden wird. Neben anderen typischen Abwehrmechanismen wie der selektiven Aufmerksamkeit, nichtanalytischen Denkstrukturen, passiven Problemlösungsstrategien und der Tendenz zur Besessenheit beschreibt Wallace noch die Rationalisierung, die oft bis zu magisch anmutendem Wunschdenken führen kann. Dabei handelt es sich nicht nur um Rechtfertigungsmechanismen des problematischen Trinkverhaltens, sondern auch um Glorifizierungen der selbstgewählten Abstinenz.

Die beschriebenen Abwehrmechanismen werden nicht als dispositionelle Merkmale der Alkoholabhängigkeit angesehen, sondern stellen reaktive Verarbeitungsformen der Suchtentwicklung dar, die zwar als typisch gelten können, keinesfalls jedoch bei jedem Alkoholiker vollständig auftreten müssen. Wichtig erscheint die Betonung, daß diese Abwehrmechanismen sowohl der Verarbeitung negativer Erlebnisse der Suchtentwicklung als auch der Aufrechterhaltung einer stabilen Abstinenz dienen. Bei den daraus abgeleiteten therapeutischen Schlußfolgerungen wird von Wallace betont, daß im Umgang mit diesen Anpassungsmechanismen unter Vermeidung einer zu starken Konfrontation die Notwendigkeit zur Aufrechterhaltung der psychischen Stabilität anerkannt wird.

Empirische Befunde

Der Versuch zur Erfassung von Abwehrmechanismen im psychodynamischen Sinne erfolgte vor allem mittels des „Defence Mechanism Inventory" (Gleser & Ihilevich 1969; Gleser & Sacks 1973). Dieses Instrument besteht aus Geschichten, die Konflikt- und Streßsituation unterschiedlicher Art beschreiben, wobei zu jeder Geschichte mehrere Antwortalternativen bestehen, welche fünf verschiedene Abwehrmechanismen charakterisieren. Bei der „Wendung gegen ein Objekt" erfolgt die Konfliktlösung durch das Richten der eigenen Aggressionen gegen eine reale oder angenommene Frustrationsquelle, bei der „Projektion" werden eigene Aggressionen durch die negative Bewertung eines äußeren Objektes gerechtfertigt, bei der „Prinzipialisierung" handelt es sich um Mechanismen der Isolation, Intellektualisierung und Rationalisierung, bei der „Wendung gegen das Selbst" richtet sich die Aggression gegen die eigene Person und bei der „Umkehrung" erfolgt die Abwehr durch Verneinung, Reaktionsbildung, Unterdrückung und Verleugnung.

Die frühen Versuche der Anwendung dieses Fragebogens auf die Alkoholproblematik (O'Leary et al. 1975; Donovan et al. 1977; Rohsenow et al. 1978) haben zu keinen eindeutigen Resultaten geführt, was neben der nicht ausreichend belegten Zuverlässigkeit und faktoriellen Validität des Fragebogens auch durch die inhaltliche Vieldeutigkeit und Heterogenität der vorgeschlagenen Kategorisierung von Abwehrmechanismen bedingt sein kann. Entsprechend hat sich auch eine deutsche Version von Hoffmann und Martius (1987) bei einer Stichprobe von organisch geschädigten und psychiatrischen Patienten nicht bewährt. Auch Versuche, solche Abwehrmechanismen mittels Selbsteinschätzungsfragebogen zu erfassen (Schauenburg et al. 1991), verweisen auf erhebliche Validitätsprobleme, was die Autoren auf das grundsätzliche Dilemma beziehen, unbewußte Vorgänge mittels Fragen nach dem offenen Verhalten operationalisieren zu wollen.

Versuche, die suchtspezifische Abwehrtendenz bei Alkoholikern empirisch zu erfassen, liegen bisher kaum vor. In einer Untersuchung zur Teilnahmebereitschaft an Selbsthilfegruppen (Pfrang & Schenk 1982) wurde eine sechs Items umfassende Bagatellisierungsskala verwendet. Eine umfangreichere Skala zur Bagatellisierung, die vom Autor (siehe Anhang) entwickelt wurde, wies eine gute Reliabilität auf und erbrachte durch eine signifikant negative Korrelation mit der Therapiemotivation erste Hinweise zur Validität (Petry 1985). Inzwischen fanden sich weitere empirische Ergebnisse, die für die konvergente und diskriminante Validität dieses Fragebogens sprechen (Petry 1993). Danach erlebt der Betroffene die eigene Abhängigkeit mit zunehmender Bagatellisierungstendenz als weniger stabil, fühlt sich weniger durch die positiven Wirkungen des Alkohols angeregt und hält sich für weniger rückfallgefährdet. Mit fortschreitender Suchtentwicklung, zunehmender Abhängigkeitssymptomatik und häufigeren Behandlungserfahrungen zeigt sich eine geringere Verleugnungstendenz.

Im angloamerikanischen Bereich wurde von Goldsmith und Green (1988) der Versuch unternommen, die vorhandene Verleugnungstendenz bei Alkoholikern aufgrund eines Interviews zu skalieren. Dieser Ansatz wurde von John (1991) kritisiert, da nach seiner Einschätzung trotz der erzielten guten Übereinstimmung zwischen den Beurteilern die zugrundeliegenden Informationen zu heterogen seien. John (1989) hat deshalb einen eigenen Fragebogen entwickelt, der auf Selbstbeurteilungen beruht und den Versuch beinhaltet, verschiedene suchtspezifische Abwehrmechanismen wie Leugnung, Bagatellisierung, Rationalisierung, Projektion und Verschiebung zu erfassen. Erste empirische Untersuchungen dazu (John 1989b) bestätigen aufgrund der gefundenen Zusammenhänge zwischen Einstellungen und Normen der Patienten, ihrer Abstinenzabsicht, der Phasenentwicklung ihrer Abhängigkeit und der Abwehrtendenz die Validität des Fragebogens.

In einem immer noch aussagekräftigen Übersichtsreferat von Küfner (1982) werden verschiedene empirische Untersuchungszugänge zum Phänomen der suchtspezifischen Verleugnungstendenz berichtet. Dazu wurde zunächst die Zuverlässigkeit von subjektiven Angaben zur Suchtentwicklung im Sinne ihrer zeitlichen Stabilität untersucht und die Gültigkeit dieser Angaben durch Überprüfung der Übereinstimmungen zwischen verschiedenen Erhebungsmethoden, selbst- und fremdkatamnestischen Daten sowie subjektiven Angaben und objektiven Außeninformationen erfaßt. Dabei ergibt sich ganz im Gegensatz zu üblichen Ansichten die Tatsache, daß die meisten Untersuchungen von einer großen Übereinstimmung von in der Regel 80 und 90% zwischen Selbstbeurteilungsaussagen und anderen Informationsquellen berichten. Insgesamt zeigen bisherige Untersuchungen eine relativ gute Reliabilität und Validität der Selbstauskünfte von Alkoholikern über ihr Trinkverhalten (Barbor et al. 1987).

Bei genauerer Analyse der vorhandenen Diskrepanzen ergeben sich wiederum unerwartete Befunde, da in der Regel ein Überwiegen der Überbejahungstendenz symptomatischen Verhaltens und weniger eine Unterbejahung gefunden wurde. Dies mag jedoch davon herrühren, daß diese Studien in der Regel mit Alkoholikern, die sich in stationärer Behandlung befanden, durchgeführt wurden, so daß die festgestellte Überbejahungstendenz eher als ein behandlungsbedingter Aspekt der Behandlungsmotivation zu betrachten ist. Dies wird durch Ergebnisse aus der sogenannten Kontaktphase, d.h. der Entscheidungssituation für oder gegen eine Behandlung, bestätigt, während der sich eher Unterbejahungstendenzen nachweisen lassen.

Auch bei der Erfassung unspezifischer Verleugnungstendenzen mittels üblicher Kontrollskalen (L, K und F-Skala des MMPI oder der Offenheitsskala des FPI) zeigen Alkoholiker eine erniedrigte Abwehrtendenz, sie stellen sich also selbstkritischer und offener als die Normalbevölkerung dar. Man könnte dies wiederum so interpretieren, daß dabei weniger eine geringere Abwehrbereitschaft erfaßt wird als eine zu Beginn der Behandlung typische Verminderung des Selbstwertgefühls, was zu einer selbstkritischen Beurteilung der Suchtproblematik führt.

Insgesamt zeigen die dargestellten Befunde, daß die klinisch so bedeutsamen suchtspezifischen Abwehrmechanismen noch nicht ausreichend untersucht worden sind. Es bestätigt sich die bekannte Tatsache, daß die einfacher zu operationalisierenden Phänomene wie das Bagatellisieren besser erforscht wurden als die komplexeren Abwehrmechanismen, die größere methodische Probleme aufwerfen. Insgesamt findet sich bisher keine generelle Bestätigung der häufig diskutierten größeren Abwehrbereitschaft oder Verleugnungstendenz bei Alkoholikern. Einige Befunde deuten sogar eher auf das Gegenteil hin, wobei jedoch die Entwicklungsphase der Abhängigkeit bzw. der Untersuchungszeitpunkt von entscheidender Bedeutung zu sein scheinen. So finden sich in der Motivationsphase zu Beginn einer Behandlung eher stärker ausgeprägte Verleugnungstendenzen, während in der späteren Veränderungsphase eine geringere Abwehrbereitschaft als bei normalen Vergleichspersonen vorliegt.

Theoretische Erklärungsversuche

Wenn man einmal von der psychoanalytischen Betrachtungsweise absieht, so findet man auf der theoretischen Ebene eine ebenfalls noch wenig geklärte Situation, da es bisher noch keine einheitliche Modellvorstellung über die Abwehrprozesse bei Alkoholikern gibt. Um dies zu verdeutlichen, sollen abschließend drei Erklärungsansätze referiert werden, die zwar gewisse Berührungspunkte aufweisen, insgesamt jedoch noch deutlich in der jeweils sehr unterschiedlichen Theorietradition stehen.

Von Legnaro (1980) wird auf dem Hintergrund des Etikettierungsmodells die Funktion der Abwehrmechanismen bei Alkoholikern betrachtet. Sobald sich Trinkformen entwickelt haben, die gegen bestehende soziale Normen verstoßen, wird dem Betroffenen durch seine Bezugsgruppe und gesellschaftlich legitimierte Instanzen das Etikett „Alkoholiker", d.h. eine sozial abweichende Rolle, zugewiesen. Aufgrund des damit verbundenen Stereotyps erfährt der so Kategorisierte eine Stigmatisierung, die auch mit realen Diskriminierungen verbunden sein kann, welche eine starke Kränkung beinhalten. Die bekannten Verleugnungsmechanismen lassen sich als Reaktion auf die damit verbundene Infragestellung des Selbstkonzeptes als „normales" Mitglied der sozialen Gemeinschaft verstehen. Sie werden noch dadurch verstärkt, daß der Betroffene das negative Stereotyp über den „Alkoholiker" selbst bereits internalisiert hat.

Auf dem Hintergrund der Gefühlstheorie von Schachter (Schachter & Singer 1962), nach der Gefühle als Resultat der Interaktion einer unspezifischen physiologischen Erregung mit aktuell vorhandenen Hinweisreizen des sozialen und situativen Kontextes angesehen werden, wurde von Tarter et al. (1984) eine biopsychologische Abwehrtheorie zum Alkoholismus entwickelt. Vorhandene Abwehrprozesse lassen sich als Reaktion auf ein durch die Suchtentwicklung erworbenes Defizit der Wahrnehmung interner Reize verstehen. Die Theorie basiert auf drei grundlegenden Annahmen, für die sich erste empirische Hinweise finden lassen. Zunächst wird bei Alkoholikern von einer instabilen Erregungsregulation ausgegangen, was sich durch die eingeschränkte psychophysiologische Reaktivität auf Streßreize belegen läßt. Daraus folgt als weitere Annahme, daß Alkoholiker nur eingeschränkt interozeptive Reize diskriminieren können, was sich an der geringeren Beurteilungsfähigkeit der eigenen Blutalkoholkonzentration im Vergleich zu sozialen Trinkern ablesen läßt. Daraus wird als letzte Annahme abgeleitet, daß bei Alkoholikern eine eingeschränkte Gefühlswahrnehmung besteht, was sich darin äußert, daß Streßsituationen zwar richtig wahrgenommen werden, die damit verbundene physiologische Reaktion jedoch eingeschränkt ist. Suchtspezifische Abwehrmechanismen lassen sich somit als Ausdruck einer gestörten Verarbeitung von emotional bedeutsamen Informationen, die sich aus dem sozialen Kontext ergeben, verstehen.

Eine weitere Erklärungshypothese zur Abwehr als Grundmerkmal der Alkoholabhängigkeit wurde von John

(1991) unter Bezug auf die Selbstwertschutztheorie vorgelegt. Die suchtspezifische Abwehr wird als psychischer Schutz des Alkoholikers zur Stabilisierung seines durch den Alkohol geprägten Lebenssystems verstanden. Sie hat die Funktion, bedrohliche Informationen über den Alkoholmißbrauch selbst und seine negativen körperlichen, sozialen und psychischen Folgen kognitiv zu verarbeiten. John verweist auf empirische Befunde, nach denen Alkoholiker im Laufe ihrer Trinkentwicklung an Selbstwert verlieren. Die Theorie des Selbstwertschutzes kann die suchtspezifische Abwehr erklären, da sie annimmt, daß Menschen grundsätzlich motiviert sind, ihr Selbstwertgefühl zu stützen bzw. zu erhöhen und daß diese Motivation um so stärker ist, je niedriger das vorhandene Selbstwertgefühl einer Person ist (Stahlberg et al. 1993). Somit führt nicht die Alkoholabhängigkeit selbst, sondern das damit verbundene Gefühl der Selbstwertbedrohung zu verstärkten Abwehrmechanismen. John führt einschränkend an, daß sich dieser Ansatz nicht auf die kognitiven und interaktionalen Anteile, sondern nur den emotionalen Aspekt des Handlungsprozesses bezieht.

Zusammenfassend wird in der praktischen Suchttherapie von einer "preferred defence structure" ausgegangen, die verschiedene suchtspezifische Abwehrmechanismen beinhaltet. Bei der empirischen Überprüfung dieser Annahme bestehen immer noch erhebliche Probleme, diese komplexen kognitiven Verarbeitungsmechanismen reliabel und valide zu erfassen. Erfolgreicher waren dagegen bisherige Versuche, suchtspezifische Abwehrmechanismen, insbesondere die Verleugnungstendenz, mittels Selbstbeurteilungsfragebögen zu erheben. Aus dem Versuch, die Verleugnungstendenz bei Alkoholikern über die Übereinstimmung von Selbstaussagen mit unabhängig erhobenen Außeninformationen zu definieren, ergab sich als wichtigstes Ergebnis, daß von keiner generell erhöhten Verleugnungsbereitschaft bei Alkoholikern auszugehen ist. Nach diesen Befunden machen Alkoholiker insgesamt relativ zuverlässige Angaben über ihre Suchtentwicklung und zeigen bei Abweichungen von unabhängig erhobenen Daten zu gleichen Teilen Überbejahungs- und Unterbejahungstendenzen des symptomatischen Verhaltens. Lediglich während der sogenannten Kontaktphase, d.h. im Vorfeld eines Behandlungsversuches, finden sich Hinweise für das als typisch geltende Bagatellisierungsphänomen. Neben der klassischen psychoanalytischen Abwehrtheorie existieren inzwischen mehrere Erklärungsversuche über suchtspezifische Abwehrprozesse, die trotz vorhandener Berührungspunkte noch nicht zu einem allgemeinen Modell integriert sind. Der eher soziologisch geprägte Erklärungsversuch verweist auf die Entstehung von Abwehrmechanismen als Reaktion auf die negativ sanktionierte Rolle des „Alkoholikers". Ein an den empirischen Ergebnissen psychophysiologischer Forschungen orientierter Zugang interpretiert vorhandene Abwehrmechanismen als Ausdruck einer gestörten Informationsverarbeitung, insbesondere aufgrund der bei Alkoholikern nachgewiesenen Defizite in der Gefühlswahrnehmung. Schließlich findet sich noch ein sozialpsychologischer Begründungsversuch unter Bezug auf die Theorie des Selbstwertschutzes, wonach Abwehrmechanismen als Reaktion auf eine durch die negativen Folgen der Suchtentwicklung bedingte Bedrohung des Selbstwertes zu verstehen sind.

2.2 Persönlichkeitsmerkmale und spezifische Trinkdeterminanten

Die psychodiagnostische Suche nach einer Alkoholikerpersönlichkeit im Sinne des Eigenschaftsmodells hat zu keinen befriedigenden Ergebnissen geführt und unterliegt als Forschungsstrategie einer grundsätzlichen Kritik (Antons & Schulz 1990). Das wissenschaftliche Interesse hat sich von daher auf die Erfassung generalisierter Einstellungs- und Erwartungsstrukturen im Sinne stabiler kognitiver Persönlichkeitsmerkmale und spezifischer kognitiver Trinkdeterminanten, d. h. auf den Alkoholkonsum gerichteter Erwartungen, Motive und Intentionen, verschoben. Dabei besteht die Annahme, durch die Erfassung solcher kognitiver Merkmale zu besseren Vorhersagen des Trinkverhaltens zu gelangen und konsistentere Beziehungen zum Behandlungsverlauf und -erfolg zu finden, so daß sich differenziertere Veränderungsstrategien ableiten lassen (Krampen 1986).

In Untersuchungen zu generalisierten Erwartungs- und Einstellungsstrukturen bei Alkoholikern wurden bisher vielfältige Variablen erfaßt wie z. B. die subjektive Zukunftsperspektive (Smart 1968) oder die Rigidität (Krampen & Nispel 1978). Im Vordergrund bisheriger empirischer Forschung standen jedoch drei Merkmale, die im folgenden ausführlicher dargestellt werden sollen. Es handelt sich um die aus der sozialkognitiven Lerntheorie abgeleitete Kontrollüberzeugung (Rotter 1966, 1982), das aus der experimentellen Lernforschung entstandene Konstrukt der erlernten Hilflosigkeit (Abramson et al. 1978; Seligman 1995) als ein zentraler Aspekt der Depressivität von Alkoholikern und die auf die Selbstwirksamkeitstheorie von Bandura (1977, 1986) bezogene Selbstwirksamkeit.

Bei der Betrachtung kognitiver Trinkdeterminanten geht es um die Beziehung zwischen spezifischen volitiven, motivationalen und kognitiven Zustandsmustern und dem realen Trinkverhalten. Dabei handelt es sich um ein sehr komplexes Gefüge miteinander verbundener und schwer abgrenzbarer Faktoren, von denen im folgenden drei genauer beschrieben werden sollen. Es handelt sich zunächst um die Erfassung derjenigen Einflußgrößen, welche die Trinkintention als direkte Verhaltensdeterminante bestimmen, weiterhin um die individuell unterschiedlichen Trinkmotive, welche das Ausmaß des Alkoholkonsums steuern, und schließlich um solche Wirkungserwartungen, die sowohl das Ausmaß als auch die Auswirkungen des Alkoholkonsums bestimmen.

Kontrollüberzeugung

Hinsichtlich der Kontrollüberzeugung kann man Individuen danach unterscheiden, inwieweit sie Ereignisse als durch ihr eigenes Verhalten verursacht (internal orientiert) ansehen oder durch äußere Bedingungen bestimmt (external orientiert) erleben (Krampen 1982). Die Kontrollüberzeugung läßt sich als eine aus früheren Erfahrungen entstandene generalisierte Erwartungshaltung auffassen, welche vor allem in neuartigen Situationen, für die noch keine kognitiven Repräsentationen bestehen, verhaltenswirksam ist. Rohsenow und O'Leary (1978) berichten in einem Übersichtsreferat über die frühen Untersuchungen zur Kontrollüberzeugung bei Alkoholikern im Vergleich zu nichtabhängigen Personen und deren Veränderung als Folge einer Behandlung. Zunächst wird die Bedeutung des Konstruktes für die Alkoholismusforschung aus der Tatsache abgeleitet, daß Alkoholiker offensichtlich die Kontrolle über ihr Trinkverhalten und die damit zusammenhängenden Lebensprobleme verloren haben, häufig jedoch subjektiv von dem Gegenteil überzeugt sind, so daß die Suchttherapie anstrebt, dem Betroffenen ein realistisches Gefühl für seine eigene Verantwortung und innere Kontrollfähigkeit zu vermitteln.

Zur Frage einer suchtspezifisch ausgeprägten Kontrollüberzeugung bestehen zunächst drei unterschiedliche Hypothesen. Danach läßt sich vermuten, daß Alkoholiker eher external orientiert sind, da sie ihr Trinkverhalten und ihre Lebensgestaltung nicht mehr kontrollieren können, gleichzeitig die Verantwortung aber durch die Zurückführung auf äußere Umstände negieren (Butts & Chotlos 1973). Nachdem zu dieser Vermutung erste widersprechende Untersuchungsergebnisse vorlagen (Goss & Morosko 1970), wurde eine eher internale Kontrollüberzeugung für Alkoholiker angenommen, da der Alkohol ein sehr potenter unmittelbarer Verstärker ist und deshalb subjektiv als eine verfügbare Problemlösungsmöglichkeit erlebt wird. Als weitere Annahme wird davon ausgegangen, daß Alkoholiker zwar über eine internale Kontrollüberzeugung verfügen, diese jedoch einen unrealistischen Charakter besitzt, da der Betroffene nur glaubt, sein Trinken und die davon betroffene Lebenssituation unter Kontrolle zu haben, daß es sich dabei jedoch um eine Fehleinschätzung bzw. Verzerrung der realen Gegebenheiten handelt (Gonzali & Sloan 1971).

Die frühen empirischen Untersuchungen zur Klärung dieser Hypothesen (Rohsenow & O'Leary 1978) zeigen beim Vergleich zwischen Alkoholikern und nichtabhängigen Konsumenten inkonsistente Ergebnisse und lassen sich aufgrund methodischer Probleme kaum interpretieren. Spätere Untersuchungen (Donovan & O'Leary 1983; Rohsenow 1983) mit parallelisierten Kontrollgruppen sowie korrelative Studien zur Kontrollüberzeugung in Abhängigkeit von der Art und Schwere des Trinkverhaltens deuten auf eine eher externale Ausprägung der Kontrollüberzeugung bei Alkoholikern hin (Petry 1986). Nach einem Literaturüberblick von Krampen und Fischer (1988) ergibt sich eine Bestätigung dieser Tendenz. Die Autoren führen die erzielte Ergebniskonsistenz darauf zurück, daß die Kontrollüberzeugung inzwischen mehrdimensional erfaßt wird, indem neben der unipolaren Internalität zwischen einer unipolaren sozial bedingten Externalität und einer unipolaren fatalistischen Externalität unterschieden wird, wobei unter Alkoholikern im Vergleich zu sozialen Trinkern die fatalistische Externalität vor und am Anfang von Behandlungen deutlich erhöht ist. Ein weiterer Grund für die Auflösung früherer Widersprüchlichkeiten wird in der inzwischen erfolgten suchtspezifischen Erfassung der Kontrollüberzeugung (Oziel et al. 1972) gesehen. Von besonderer Bedeutung hat sich dabei die „Drinking-Related Locus of Control Scale" erwiesen (Donovan & O'Leary 1978), die auch in einer deutschsprachigen Version vorliegt (Wienberg 1980).

Bei der Erfassung des Einflusses der Behandlung auf die Kontrollüberzeugung bei Alkoholabhängigen stehen sich wiederum gegensätzliche Ausgangshypothesen gegenüber. Zum einen wird eine eher internale Orientierung angestrebt, da der Betroffene dadurch in die Lage versetzt werden soll, die Verantwortung für sich und seine Lebensgestaltung zu übernehmen, zum anderen wird eine stärker externale Orientierung gefördert, um den Suchtmittelabhängigen von seinen Selbstvorwürfen und Schuldgefühlen zu entlasten. Die bisher vorliegenden Ergebnisse sprechen dafür, daß die stationäre Alkoholismustherapie mit einer Veränderung der ursprünglich eher externalen suchtspezifischen Kontrollüberzeugung zu einer stärker internalen Orientierung zum Entlassungszeitpunkt verbunden ist (Walker et al. 1979; Abbott 1984). Nach Krampen und Fischer (1988) ist diese Internalitätssteigerung jedoch mit Vorsicht zu interpretieren, da es Hinweise auf eine Korrelation zwischen Internalität und sozialer Erwünschtheit gibt, so daß es sich dabei auch um einen Erwünschtheitseffekt im Rahmen einer stationären Hospitalisierung handeln kann.

In einer Untersuchung von Mariano et al. (1989) konnten die bisher vor allem an Behandlungsstichproben gewonnenen Ergebnisse in ihrer Generalisierbarkeit bestätigt werden. Die Untersuchungsstichprobe bestand aus einer ethnischen Minderheit von amerikanischen Indianern. Erwartungsgemäß ließ sich bestätigen, daß Problemtrinker eine geringere persönliche Kontrolle ihres Alkoholkonsums, d.h. eine erhöhte suchtspezifische Externalität, aufwiesen als soziale Trinker und trockene Alkoholiker, die sich nicht voneinander unterschieden. Dabei fand sich ein Geschlechtsunterschied, indem Männer im Vergleich zu Frauen eine erhöhte Externalität, d.h. geringere persönliche Kontrolle über ihren Alkoholkonsum, aufwiesen.

Eine aktuelle deutschsprachige Untersuchung (Scheller & Lemke 1994) konnte keine erhöhte externale Kontrollüberzeugung bei behandelten Alkoholikern im Vergleich zu nichtabhängigen Kontrollpersonen und mehrjährig alkoholabstinenten Mitgliedern einer Selbsthilfegruppe finden. Sie weisen jedoch darauf hin, daß sich die untersuchten Alkoholiker bereits längere Zeit in Behandlung befanden, so daß die möglicherweise vor dem Behandlungsbeginn verstärkt beobachtbare externale Kontrollüberzeugung bereits durch die therapeutischen Prozesse abgebaut worden war. Dies könnte bedeuten, daß die externale Kontrollüberzeugung genauso wie die Verleugnungstendenz kein generelles suchtspezifisches Merkmal ist, sondern lediglich phasenspezifisch auftritt. Eine verstärkt auftretende Tendenz zur Verleugnung und externalen Kontrollüberzeugung in der sogenannten Kontakphase ließe sich dann nach der kritischen Interpretation von Miller (Miller & Rollnick 1991) nicht mehr als Persönlichkeitsmerkmal von Alkoholikern, sondern als Reaktion auf eine zu starke konfrontative Therapiestrategie zu Beginn der Behandlung verstehen.

Depressivität

Bei der Depressivität als weiterem kognitiven Persönlichkeitsmerkmal ergeben sich unterschiedliche Aspekte, die mittels verschiedener Fragebogeninstrumente erfaßt wurden. Nach Barnes (1979) lassen sich die depressiv-neurotische Persönlichkeitsstörung und das negative Selbstkonzept als zwei wesentliche Merkmale der Alkoholikerpersönlichkeit unterscheiden. Ein weiterer Gesichtspunkt ergibt sich aus der klinisch bedeutsamen Erhöhung der Selbstmordtendenz bei Alkoholikern (Berglund 1984; Murphy & Wetzel 1990). Diese drei übergeordneten Aspekte sollen im folgenden unter Betonung des kognitiven Anteils dargestellt werden.

Die Bedeutsamkeit der Depressivität als zentrales Persönlichkeitsmerkmal von Alkoholikern wurde bereits von Blane (1968) betont und ließ sich in der Folge auch immer wieder empirisch belegen (Pottenger et al. 1978; Parker et al. 1987; Windle & Miller 1989). Dabei variiert die Häufigkeit der unter Alkoholikern festgestellten Depressivität in Abhängigkeit von dem dabei verwendeten Erfassungsmodus. So berichten Hesselbrock et al. (1983) anhand einer Stichprobe von stationär behandelten Alkoholikern, daß sich mit Hilfe des DSM-III (American Psychiatric Association 1980) 27%, aufgrund des BDI (Beck Depression Inventory von Beck et al. 1961) 54% und mittels der D-Skala des MMPI (Hathaway & McKinley 1951) 62% als depressiv klassifizieren ließen. Diese relativ geringe Übereinstimmung läßt sich methodisch darauf zurückführen, daß der BDI und die D-Skala des MMPI im Vergleich zum DSM-III viele falsch positiven Zuordnungen aufweisen, weil sie auf der einen Seite zu wenig zwischen akuten depressiven Verstimmungszuständen und der Depressivität als stabilem Persönlichkeitsmerkmal und auf der anderen Seite nicht zwischen alkoholspezifischen und allgemeinen depressiven Symptomen differenzieren. Die diagnostische Heterogenität verweist natürlich auch auf die Tatsache, daß es sich bei den depressiv strukturierten Alkoholikern nur um eine Untergruppe der Gesamtpopulation handelt (Schuckit 1985) und die depressive Symptomatik unter Abstinenz rasch und in großem Umfang zurückgeht (Brown & Schuckit 1988).

Von Steer et al. (1982) wurde die Faktorenstruktur des BDI an einer Stichprobe von stationär behandelten Alkoholikern untersucht. Sie unterscheiden danach eine Tendenz zur selbstbestrafenden Eigenbewertung von einer pessimistischen Suizidneigung. Der statistische Vergleich dieses Befundes mit den Untersuchungsergebnissen von anderen Stichproben erbrachte bei dem kognitiven Verzerrungsmuster der negativen Selbstbewertung eine gute Übereinstimmung, während die mit dem BDI erfaßten affektiven Bestandteile der depressiven Grundstörung weniger Übereinstimmung erkennen ließen. Sie schließen daraus, daß die kognitive Komponente der depressiven Grundstörung besonders typisch für Alkoholiker ist.

Dieser spezielle kognitive Aspekt läßt sich besonders gut mit der von Beck et al. (1974) entwickelten Hopelessness-Scale erfassen, die von Krampen (1979, 1994) erfolgreich ins Deutsche (H-S-Skala im Anhang) übertragen wurde. Hoffnungslosigkeit wird dabei als Pessimismus, d.h. negative Zukunftserwartung, aufgefaßt, die aus wiederholt gescheiterten Problemlösungsversuchen resultiert. Dies entspricht dem Konzept der erlernten Hilflosigkeit von Seligman (1995), wonach die Erfahrung, daß wichtige Verstärkungsmöglichkeiten nicht durch eigene Anstrengung erreichbar sind, als Vorbedingung für eine depressive Störung anzusehen ist. Krampen (1980) konnte die suchtspezifisch erhöhte Tendenz zur Hoffnungslosigkeit durch den Vergleich von Alkoholikern mit nichtabhängigen Kontrollpersonen bestätigen. Gleichzeitig fand er die erwartete positive Beziehung zur external ausgerichteten Kontrollüberzeugung, da bei Vorliegen beider Einstellungstendenzen übereinstimmend die Umwelt als nicht kontrollierbar erlebt wird.

Das negative Selbstkonzept als weiterer Aspekt der suchtspezifischen Depressivität war lange Zeit lediglich eine klinisch verbreitete Annahme. Erst Berg (1971) konnte durch den Vergleich von stationär behandelten Alkoholikern mit einer Kontrollgruppe sozialer Trinker, die hinsichtlich der bestehenden Neurotizismustendenz parallelisiert waren, einen eindeutigen Beleg für das verstärkt negative Selbstkonzept bei Alkoholikern erbringen. Gleichzeitig vermochte er zu zeigen, daß Alkoholabhängige ihr Selbstwertgefühl unter Alkoholeinfluß stärken konnten, während soziale Trinker mit gleichen Ausgangswerten durch den Alkoholkonsum ein negativeres Selbstwertgefühl entwickeln.

Nach Cox (1987) weisen die darauf folgenden empirischen Befunde darauf hin, daß Alkoholiker zu Beginn der Behandlung ein deutlich negatives Selbstwertgefühl aufweisen, was sich auch anhand der Diskrepanz zwischen ihrer Selbstwahrnehmung und ihrem Selbstideal belegen läßt. Von Berglas (1987) wird jedoch einschränkend betont, daß es trotz dieser Befunde viele Suchtkranke gibt, die ein erhöhtes Selbstwertgefühl aufweisen.

Weitere Untersuchungen widmen sich dem Zusammenhang zwischen Selbstwertgefühl und Behandlungsprozeß. So konnten Charalampous et al. (1976) belegen, daß Alkoholiker mit geringerem Selbstwertgefühl im Gegensatz zu denen mit relativ erhöhtem Selbstwert stärker nach Behandlungsmöglichkeiten suchen. Von Burtle et al. (1974) wurde gezeigt, daß ein verhaltenstherapeutisches Programm zur Verbesserung des Selbstwertgefühls einen positiven Effekt auf die Abstinenzdauer hatte, wobei jedoch keine Kontrollgruppe einbezogen war. Krampen und Nispel (1981) fanden bei einem katamnestischen Vergleich zwischen abstinenten und rückfällig gewordenen Patienten eine Beziehung zwischen positiverem Selbstwert und größerem Behandlungserfolg. In einer weiteren Untersuchung von Cooper (1983) konnte zwar eine Verbesserung des Selbstwertgefühls in Form einer Abnahme der Diskrepanzen zwischen Selbst- und Idealbild im Behandlungsverlauf nachgewiesen werden, es bestand jedoch keine Beziehung zwischen ursprünglich vorhandenem Selbstwertgefühl und späterem Behandlungserfolg.

Als dritter Aspekt der Depressivität bei Alkoholikern wurde auf die erhöhte Selbstmordtendenz bei Alkoholikern hingewiesen. Dabei zeigte sich das Konstrukt der Hoffnungslosigkeit als wichtige Determinante der Suizidgefährdung bei Alkoholikern. So berichten Beck et al. (1976), daß bei alkoholabhängigen und nichtabhängigen Patienten, die wegen Selbstmordversuchen in psychiatrischer Behandlung waren, die Hoffnungslosigkeit der zentrale Bedingungsfaktor von Selbstmordtendenzen war. Dies konnte in einer späteren prospektiven Studie an einer Stichprobe von ambulant behandelten Alkoholikern bestätigt werden, da die Hoffnungslosigkeit eine bessere Vorhersage auf Selbstmordversuche erlaubte als die mit dem BDI erfaßte Depressivität und frühere Selbstmordversuche (Beck et al. 1982). In einer weiteren zehnjährigen prospektiven Untersuchung von Beck et al. (1985) konnte dies auch für Suizide bestätigt werden. Nach einer weiteren Untersuchung weisen Beck et al. (1989) jedoch darauf hin, daß die Beziehung zwischen Depression, Hoffnungslosigkeit, Suizidtendenzen und Alkoholismus mit Selbstmordversuchen bzw. Selbstmorden eher komplexer Natur ist.

Selbstwirksamkeit

Nach der sozialkognitiven Lerntheorie von Bandura (1977, 1986) beeinflussen kognitive Erwartungen die Auftretenswahrscheinlichkeit und Beständigkeit menschlichen Verhaltens und damit auch die Bewältigung problematischer Verhaltensweisen innerhalb eines therapeutischen Prozesses. Ausgehend von seiner Unterscheidung zwischen Ergebniserwartungen, d. h. der Annahme einer Person, daß ein gegebenes Verhalten zu einem gewissen Resultat führt, und Selbstwirksamkeitserwartung, d. h. der Selbsteinschätzung, die dafür erforderlichen Verhaltensweisen praktizieren zu können, wird die Selbstwirksamkeit im Bereich der Bewältigung von Suchtproblemen als ein zentrales prädiktives Merkmal angesehen. Von Rollnick und Heather (1982) wurde das Konzept der Selbstwirksamkeit auf das suchttherapeutische Abstinenzprinzip bezogen und dabei zwischen positiven Selbstwirksamkeitserwartungen, d. h. der Selbsteinschätzung, die angestrebte Abstinenz aufrechterhalten zu können, und negativen Selbstwirksamkeitserwartung, d. h. der angenommenen Unfähigkeit, das Alkoholproblem durch eine abstinente Lebensweise bewältigen zu können, unterschieden. Innerhalb des therapeutischen Prozesses müssen dabei sowohl bestehende negative Erwartungsmuster, die aus gescheiterten Bewältigungsversuchen resultieren und zu einer erlernten Hilflosigkeit führen können, abgebaut werden als auch positive Erwartungen über die Abstinenz als Bewältigungsstrategie gefördert werden, um zu einer dauerhaften Stärkung der Kompetenzüberzeugungen und des Selbstwertes zu gelangen. In den darauf aufbauenden Rückfallpräventionsmodellen von Marlatt (1985) und Annis (1986) bestimmen die mit einem ersten Alkoholkonsum verbundenen Selbstwirksamkeitserwartungen darüber, ob es zu einer Bewältigung eines solchen vorübergehenden „Ausrutschers" oder zu einem erneuten Trinkexzeß kommt. Darauf baut die allgemeinere Annahme auf, daß die bestehende Selbstwirksamkeit ein zentraler Prädiktor für das spätere Verhalten in suchtspezifischen Risikosituationen ist.

Empirische Untersuchungen zur Überprüfung dieser Annahmen wurden zunächst vor allem in bezug auf die Nikotinabhängigkeit durchgeführt. Dabei wurde die bis heute gebräuchliche Methode zur Erfassung der suchtspezifischen Selbstwirksamkeit entwickelt, indem aufgrund der Analyse von typischen Konsum- bzw. Rückfallsituationen die Versuchspersonen meist auf einer von 0 bis 100 reichenden Prozentskala, die in Intervalle eingeteilt wird, zu beurteilen haben, wie groß sie die Wahrscheinlichkeit einschätzen, daß sie in einer solchen Situation ihrem Konsumverlangen widerstehen können. Dabei fand DiClemente (1981), daß fünf Monate nach Abschluß einer Raucherentwöhnung die erfolgreichen Exraucher signifikant höhere suchtspezifische Selbstwirksamkeitswerte aufwiesen als die rückfälligen Patienten. In einer weiteren Untersuchung von Condiotte und Lichtenstein (1981) konnte belegt werden, daß sich die suchtspezifische Selbstwirksamkeit durch eine Behandlung verbessern ließ. Der Selbstwirksamkeitswert bei der Entlassung erlaubte eine gute Vorhersage auf das Eintreten der Rückfälle und die Dauer bis zum ersten Rückfall, und es zeigte sich eine gute Übereinstimmung zwischen den als schwer bewältigbar beurteilten Konsumsituationen mit den später real eingetroffenen Rückfallsituationen. In einer Untersuchung von McIntyre et al. (1983) fand sich eine signifikante Korrelation des am Ende der Behandlung erfaßten spezifischen Selbstwirksamkeitswertes mit dem Konsumstatus nach drei und sechs Monaten, nicht jedoch zwölf Monate nach Beendigung der Behandlung.

In einer Längsschnittstudie von DiClemente et al. (1985) bewies ein rauchspezifischer Selbstwirksamkeitsfragebogen seine Vorhersagevalidität in bezug auf den Änderungsprozeß beim selbstinitiierten Einstellen des Rauchens. Entsprechend dem Veränderungsmodell von Prochaska und DiClemente (1982) war die suchtspezifische Selbstwirksamkeit mit dem Durchlaufen der postulierten Veränderungsstadien so verbunden, daß mit höherer Selbstwirksamkeit sowohl der Prozeß des Aufhörens als auch die Aufrechterhaltung des Nichtrauchens einherging. In einer prospektiven Untersuchung von Lawrance und Rubinson (1986) konnte mittels eines suchtspezifischen Selbstwirksamkeitsfragebogens das Rauchverhalten von Jugendlichen einschließlich des ersten Konsumbeginns vorhergesagt werden. Diese frühen Untersuchungen bestätigen also die Annahme, daß das Konstrukt der suchtspezifischen Selbstwirksamkeit eine gute Vorhersagevalidität besitzt und bestehende Selbstwirksamkeitserwartungen im Rahmen eines therapeutischen Prozesses positiv beeinflußt werden können.

Bezogen auf die Alkoholproblematik wurde eine der ersten Untersuchungen von Rist und Watzl (1983) durchgeführt. Dabei hatten Alkoholikerinnen, die sich in stationärer Behandlung befanden, verschiedene Rückfallsituationen danach zu beurteilen, wie schwer es ihnen fallen würde, jeweils nicht zu trinken (Rückfallrisiko) und das dabei erlebte Ausmaß an Unbehagen einzuschätzen (spezifische Assertivität), wobei gleichzeitig noch eine generelle, d. h. nicht alkoholbezogene Assertivität erfaßt wurde. Es zeigte sich der bereits bekannte Anstieg der rückfallbezogenen Selbstwirksamkeit und Selbstsicherheit während einer Behandlung. Patienten, die innerhalb von drei Monaten nach der Entlassung rückfällig geworden waren, wiesen eine geringere rückfallspezifische Selbstwirksamkeit und spezifische Assertivität zum Entlassungszeitpunkt auf, während sie sich in der generellen Assertivität nicht voneinander unterschieden.

Von Burling et al. (1989) wurde die Interpretation der empirischen Ergebnisse zur Beziehung zwischen Selbstwirksamkeit und Behandlungserfolg dagegen in Zweifel gezogen. Sie stützen sich dabei auf eigene Befunde, wonach zwar die suchtspezifische Selbstwirksamkeit in Übereinstimmung mit bisherigen Ergebnissen während der Behandlung zunimmt und bei abstinenten Patienten größer als bei Rückfälligen ist, fanden jedoch, daß entgegen der bestehenden Erwartung eine geringere Selbstwirksamkeit zu Beginn der Behandlung eine positive Beziehung zum Durchhalten während der Behandlung (Aufenthaltsdauer; regulärer Abschluß) aufwies und sich der Behandlungserfolg nicht aus höheren Selbstwirksamkeitserwartungen gegen Ende der Behandlung, sondern aufgrund des Zuwachses an Selbstwirksamkeit während der Behandlung vorhersagen ließ. Sie interpretieren dies so, daß relativ hohe rückfallbezogene Selbstwirksamkeitserwartungen während des Behandlungsbeginns möglicherweise eine Unterschätzung der aus einer Suchtproblematik resultierenden Schwierigkeiten darstellt und daß diese Patienten deshalb weniger unternehmen, um ihre Probleme zu bewältigen, so daß sich kein Gewinn an Selbstwirksamkeit im Rahmen einer Behandlung ergibt. Dies könnte bedeuten, daß bei einer hohen Selbstwirksamkeit die wahrgenommene Rückfallgefährdung durch eine suchtspezifische Bagatellisierungstendenz überlagert wird. Ein Hinweis darauf erbringt der vom Autor (Petry 1993) erhobene Befund, wonach die mit dem „Fragebogen zur Rückfallgefahr" (siehe Anhang) erhobene suchtspezifische Selbstwirksamkeit mit dem Fragebogen zur „Beurteilung meines Alkoholismus" (siehe Anhang), der die suchtspezifische Bagatellisierungstendenz erfaßt, signifikant korreliert, d. h. eine hohe rückfallbezogene Selbstwirksamkeit mit einer erhöhten Bagatellisierungstendenz einhergeht, wobei die gemeinsame Varianz jedoch nur 11% beträgt.

Neuere deutschsprachige Untersuchungen konnten zwar die Ergebnisse bisheriger Untersuchungen bestätigen, weisen jedoch auch auf die Komplexität des bestehenden Bedingungsgefüges und vorhandene methodische Einschränkungen hin. In der Studie von Fäh et al. (1991) konnte der postulierte positive Zusammenhang zwischen Selbstwirksamkeit und Alokoholabstinenz belegt werden, da sowohl die Zahl der Abstinenztage innerhalb von sechs Monaten nach Therapieende mit der Höhe der vorhandenen Selbstwirksamkeit anstieg, als auch Personen, die einen kurzfristigen Rückfall bewältigen konnten, gegen Behandlungsende höhere Selbstwirksamkeitswerte aufwiesen als Personen mit schwereren Rückfällen. In einer Untersuchung von Slusarek (1993) zur Streßbewältigung bei rückfälligen und nichtrückfälligen Alkoholabhängigen, die Mitglieder einer Selbsthilfegruppen waren, erbrachte der Vergleich wiederum, daß die nichtrückfälligen Alkoholiker signifikant höhere Selbstwirksamkeitserwartungen aufwiesen als die rückfällig gewordenen Personen. Bei den vor und nach einer rückfallkritischen Situation erhobenen Selbstwirksamkeitserwartungen zeigte sich zwar entsprechend den Modellannahmen von Marlatt (1985) bei den nichtrückfälligen Alkoholikern mehrheitlich ein Anstieg der Selbstwirksamkeit, es wiesen jedoch auch einige Personen nach erfolgreich bewältigter Risikosituation eine geringere Selbstwirksamkeit auf, da sie sich durch die Anforderung ihrer Rückfallgefahr bewußter wurden. Bezogen auf die rückfällig gewordenen Alkoholkranken fand sich häufiger ein Anstieg der Selbstwirksamkeitserwartungen nach der Risikosituation als eine Verminderung der Selbstwirksamkeit, wie man eigentlich hätte erwarten müssen. Dies mag damit zusammenhängen, daß diese Personen aus dem Scheitern neue Erfahrungen gewinnen konnten, von denen sie eine verstärkte Sicherheit zur Bewältigung zukünftiger Risikosituationen ableiten konnten.

In einer ebenfalls auf die Streßbewältigung bezogenen Untersuchung von Scheller und Lemke (1994) zeigte der Vergleich von in Behandlung befindlichen Alkoholikern, abstinent lebenden Mitgliedern einer Selbsthilfegruppe und nichtabhängigen Kontrollpersonen, daß die Alkoholikergruppe signifikant niedrigere Selbstwirksamkeitswerte aufwies als die Mitglieder der Selbsthilfegruppe und die Kontrollpersonen, welche sich hinsichtlich der Selbstwirksamkeit nicht unterschieden. Bei der Interpretation dieses Ergebnisses weisen sie einschränkend darauf hin, daß damit die Selbstwirksamkeit nicht zwingend als brauchbarer Prädiktor für die Aufrechterhaltung der Abstinenz anzusehen ist, da sich die behandelten Alkoholiker von den ehemaligen Alkoholikern möglicherweise in bezug auf weitere Merkmale unterscheiden können, die wiederum Einfluß auf die Selbstwirksamkeitserwartungen der beiden Untersuchungsgruppen haben können. Um ein solches komplexeres Bedingungsgefüge zu erfassen, wurde eine Untersuchung von Schindler und Körkel (1994) durchgeführt, die neben der Selbstwirksamkeit auch stabilere Persönlichkeitsmerkmale bei in Behandlung befindlichen jungen Alkoholikern einbezog. Dabei zeigte sich, daß jüngere Alkoholabhängige zwar die relative Gefährdung durch verschiedene Risikosituationen richtig einschätzen, sich aber weniger rückfallgefährdet erleben als ältere Alkoholiker, was auf bestehende Verleugnungstendenzen

zurückgehen kann. Bezogen auf die erfaßten Persönlichkeitsmerkmale bestand bei stärker depressiven und sozial ängstlichen Alkoholabhängigen eine verminderte suchtspezifische Selbstwirksamkeit, da es sich jedoch nur um einen mäßigen Zusammenhang mit einer beschränkten Varianzaufklärung handelt, gehen die Autoren davon aus, daß die Selbstwirksamkeit ein eigenständiges Konstrukt bildet. Bezogen auf das Rückfallpräventionsmodell von Marlatt (1985) gehen sie aufgrund des gefundenen Zusammenhangs zwischen der Attribution des letzten Rückfalls als Resultat einer persönlichen Willensschwäche mit einer geringeren Selbstwirksamkeit, von einer Bestätigung aus, da Alkoholabhängige, die zu einer internalen, stabilen und globalen Rückfallattribution neigen, ihre Zuversicht, künftige Risikosituationen meistern zu können, untergraben. Für die therapeutische Praxis leiten sie die Forderung ab, bei der Stärkung von Selbstwirksamkeitserwartungen an den Verarbeitungsmustern des letzten Rückfalles anzuknüpfen, um durch gezielte Reattributionen die Kompetenzüberzeugungen zu fördern. Sie weisen dabei jedoch einschränkend darauf hin, daß es sich, wie bei vielen Untersuchungen zur Selbstwirksamkeit, lediglich um eine retrospektive Querschnittsuntersuchung handelt, so daß erst Längsschnittstudien zu eindeutigeren Aussagen über die Ursachen und Wirkungen der Selbstwirksamkeitserwartungen führen können.

Trinkintention

Bei der Erfassung der Trinkintentionen wird der Zusammenhang zwischen Einstellungen und Verhalten als eine der Grundfragen der Einstellungsforschung berührt. Dabei kommt der Theorie von Ajzen und Fishbein (1977) besondere Bedeutung zu. Nach diesem Einstellungsmodell kann man eine Übereinstimmung zwischen Einstellungen und Verhalten nur dann erwarten, wenn diejenigen Einstellungen erfaßt werden, die sich unmittelbar auf das entsprechende Verhalten beziehen. Das Trinkverhalten läßt sich also nur mittels Meinungen und Bewertungen vorhersagen, die sich auf den Konsum alkoholischer Getränke und damit verbundener Konsequenzen, nicht jedoch auf den Alkoholismus allgemein, Fragen des Alkohols im Straßenverkehr oder den Zustand der Trunkenheit beziehen. Das Trinkverhalten wird als intentional betrachtet, d.h. in Abhängigkeit von der Absicht, dieses Verhalten auszuführen, sofern die äußeren Bedingungen eine entsprechende Wahlmöglichkeit erlauben. Die Verhaltensabsicht als zentrale Determinante des Trinkverhaltens wird als Resultat der Einstellung zum Verhalten, welches sich aus den Meinungen über die Verhaltenskonsequenzen und deren Bewertung ergibt, und der subjektiven Normen, d.h. Meinungen über die Erwartung anderer Personen sowie der Motivation, diesen Erwartungen zu entsprechen, angesehen. Dieses Bedingungsgefüge läßt sich in

Form einer multiplen Regressionsgleichung darstellen, bei der die Intention als direkte Determinante des Verhaltens aus der empirisch gewichteten Summe von Einstellungen und Normerwartungen vorhersagbar ist.

Kilty (1978) konnte bei drei verschiedenen Stichproben abhängiger und nichtabhängiger Personen eine gute Übereinstimmung mit den Vorstellungen von Ajzen und Fishbein belegen, indem sich das Trinkverhalten aus der gewichteten Summe einstellungsmäßiger und normativer Faktoren vorhersagen ließ. Dabei ergaben sich erhebliche Geschlechtsunterschiede hinsichtlich des Einstellungsgefüges, welches das Trinkverhalten bestimmt. Dies konnte von Budd und Spencer (1984) bestätigt werden, die an einer studentischen Stichprobe fanden, daß sich Frauen bei ihrer Trinkintention eher durch ihre Einstellungen gegenüber dem Trinken und weniger durch ihre Annahmen über sozial gegebene Erwartungen leiten ließen, während bei Männern eher der angenommene soziale Druck als die eigenen Einstellungen zum Alkoholkonsum für die Trinkintention bedeutsam waren.

Die Annahmen von Ajzen und Fishbein konnten in einer Untersuchung von McCarty et al. (1983) gestützt werden, da sich ergab, daß spezifische Einstellungen eine bessere Verhaltensvorhersage erlauben als dies bei generellen Einstellungen der Fall war. Eine weitere Bestätigung ergibt sich aus der Untersuchung von Leigh (1989), in der trinkspezifische Einstellungen einen größeren Einfluß auf das Konsumverhalten hatten, als dies bei den weniger verhaltensspezifischen Trinkerwartungen der Fall ist. Da es sich bei diesen Untersuchungen jedoch um korrelative Querschnittsstudien handelt, bleibt unklar, ob entsprechend dem Modell von Ajzen und Fishbein die Einstellungen das Verhalten beeinflussen oder ob es sich umgekehrt verhält. Nach der Untersuchung von Bentler und Speckart (1981) konnte mit einem speziellen Versuchsplan belegt werden, daß den Einstellungen eine kausale Priorität gegenüber dem Verhalten zukommt, was sich jedoch nur für einen Teil der untersuchten Verhaltensbereiche nachweisen ließ.

In den Studien von Bentler und Speckart (1979) und Lacy (1981) ließ sich zwar wiederum die Trinkintention gut aus den vorhandenen Einstellungen zum Verhalten und den sozialen Normerwartungen vorhersagen, entgegen der Modellannahme erwies sich jedoch das frühere Konsumverhalten als zusätzliche direkte Determinante der Verhaltensintention. Insgesamt fanden sich jedoch in den referierten Untersuchungen deutliche Hinweise auf die Brauchbarkeit des Einstellungsmodells von Ajzen und Fishbein für den Bereich des normalen und süchtigen Alkoholkonsums. Nach dem Übersichtsreferat von Crawford (1987) läßt sich dies auch auf den Bereich anderer Genuß- und Rauschdrogen übertragen.

Trinkmotive

Ein zweiter Aspekt des trinkspezifischen kognitiven Systems ergibt sich aus der Untersuchung von Trinkmotiven, d.h. den Gründen zum Alkoholkonsum bzw. der Funktion des Alkohols für das Individuum. Ausgehend von der Studie von Bales (1946) zu den kulturell bedingten Unterschieden der Alkoholismusrate bei jüdischen und irischen Amerikanern wird zwischen einem sozial integrierten, d.h. unter starker ritueller Kontrolle stehendem Alkoholkonsum, und einem sozial dysfunktionalen, der individuellen Streßreduzierung dienendem Alkoholkonsum unterschieden. So wurde von Mulford und Miller (1960) die Unterscheidung zwischen persönlichen und sozialen Trinkmotiven getroffen und das aus persönlichen Defiziten resultierende „escape-drinking" als problemhaft definiert. In den epidemiologischen Untersuchungen von Cahalan et al. (1969) wurde auf die enge Verbindung solcher persönlichen Trinkmotive mit starkem Trinken hingewiesen (Schulz 1990). Auf dem Hintergrund dieser Annahmen erfolgte dann eine Fülle von empirischen Untersuchungen, die im Überblick von Crawford (1987) referiert wurde. Dazu sollen zwei Beispiele dargestellt werden.

In der Studie von Stein und Bowman (1977) wurde in Übereinstimmung mit der Arbeit von Cahalan et al. (1969) eine „Escape-Drinking Scale" und eine „Social Drinking Scale" entwickelt. Anhand einer Untersuchungsstichprobe von männlichen Patienten eines Behandlungszentrums für Alkoholiker konnte die befriedigende interne Konsistenz und Unabhängigkeit der beiden Skalen belegt werden. Die persönlichen Trinkmotive zeigten eine nur sehr geringe positive Korrelation (r = .31) zum Trinkverhalten, während die sozialen Trinkmotive keinen entsprechenden signifikanten Zusammenhang aufwiesen. Darüber hinaus zeigte sich eine kaum bedeutsame Korrelation der persönlichen Trinkmotive zur sozialen Anpassung und für beide Skalen eine sehr geringe zeitliche Konstanz über einen 15monatigen Zeitraum.

Beide Klassen von Trinkmotiven wiesen somit eine nur geringe prädikative Validität, bezogen auf das Trinkverhalten und die soziale Anpassung, auf. In der Untersuchung von Cutter und O'Farrell (1984) wurde eine Erweiterung der von Mulford und Miller (1960) entwickelten „Definitions of Alcohol Scale" verwendet und anhand einer Stichprobe von männlichen und weiblichen Angestellten eines medizinischen Behandlungszentrums zusammen mit einem Meßinstrument zur Erfassung gewöhnlichen Trinkverhaltens faktorenanalysiert, um das Ausmaß der Überlappung beider Bereiche zu erfassen. Dabei zeigte sich ein Zusammenhang zwischen persönlichen Trinkmotiven mit Formen des Alleintrinkens, was als Bestätigung für die zugrundegelegte Hypothese persönlich motivierter Formen abweichenden Trinkens interpretiert wurde.

Die Gegenüberstellung der beiden Untersuchungen illustriert die zusammenfassende Beurteilung bisheriger empirischer Forschung durch Crawford (1987), der auf die durch methodische Unterschiede bedingte Inkonsistenz der Befundlage hinweist und betont, daß bisher gefundene Korrelation zwischen Trinkmotiven und dem Konsumverhalten keinesfalls kausal zu interpretieren sind, da weder alle „escape drinker" auch starke Trinker sind und stärkere Alkoholkonsumenten nicht unbedingt „escape drinker" sein müssen. Zusätzlich übt er daran Kritik, daß viele Studien die Trinkmotive retrospektiv erfassen und dabei durch die Itemvorgabe bestimmter Trinkmotive mögliche alternative Reaktionen ausschließen. Von Schulz (1990) wird eine noch grundsätzlichere Kritik an diesem Forschungsansatz vorgetragen. Er führt aus, daß auch Normalkonsumenten vorübergehend aus persönlichen Motiven trinken, die erlebte Alkoholwirkung stark kontextabhängig ist und die Trennung zwischen sozialen und persönlichen Trinkmotiven sich nicht rechtfertigen läßt, da das persönliche Wirkungstrinken von den Konsumenten durch sozial akzeptierte Begründungen maskiert wird.

In einer Arbeit von Abbey et al. (1993) wird nach einer Literaturübersicht über die Beziehung zwischen Trinkmotiven und Stärke des Alkoholkonsums festgestellt, daß es sowohl empirische Hinweise darauf gibt, wonach soziale Motive im Sinne der Geselligkeitssuche zu einem verstärkten Trinkverhalten führen können, als auch persönliche Motive im Sinne der Problembewältigung bei stärkeren Alkoholkonsumenten häufiger zu finden sind. Sie interpretieren dies auf dem Hintergrund einer interaktionalistischen Perspektive und stellen fest, daß sowohl psychische Faktoren wie Streßbewältigung als auch soziale Faktoren wie Geselligkeit und Vorbildwirkungen mit dem Alkoholkonsum verbunden sind. Darüber hinaus betonen sie die Bedeutung der Wechselwirkung zwischen Motivation und situativem Kontext und formulieren die Hypothese, daß vor allem dann Alkohol konsumiert wird, wenn eine passende Übereinstimmung zwischen aktuellen persönlichen Trinkmotiven und der jeweiligen Lebenssituation besteht. Wenn eine Person also vorwiegend Alkohol konsumiert, um Streß zu bewältigen, wird dies besonders in Zeiten vermehrter Belastungen auftreten, falls sie jedoch vorwiegend aus sozialen Motiven trinkt, wird dies gerade in Zeiten größerer sozialer Aktivität der Fall sein.

In der dazu durchgeführten, gut kontrollierten Untersuchung von erwachsenen Alkoholkonsumenten, in welcher die Trinkmotive, die aktuelle Streßbelastung und der Alkoholkonsum sozialer Bezugspersonen sowie mehrere Indikatoren für die Stärke des Trinkverhaltens erfaßt und das Geschlecht, ethnische Zugehörigkeit und Alter als weitere Einflußvariablen einbezogen wurden, konnte mittels Regressionsanalyse die Bedeutsamkeit der vermuteten Interaktion zwischen Trinkmotiven und äußerer Lebenssituation belegt werden. Wenn entweder die Bewältigungsmotive stark ausgeprägt waren und gleichzeitig eine starke Belastungssituation bestand oder die sozialen Motive dominierten und gleichzeitig soziale Bezugspersonen verstärkt tranken, war der Alkoholkonsum am stärksten. Die Autoren verweisen auf die methodische Einschränkung, daß es sich nur um eine Querschnittsuntersuchung handelt und die zusätzliche Varianzaufklärung durch die beschriebene Wechselwirkung mit zwei Prozent sehr gering ist.

Wirkungserwartungen

Als letzter Gesichtspunkt zur alkoholspezifischen Erwartungsstruktur soll der Einfluß von Wirkungserwartungen auf das Trinkverhalten beschrieben werden. Auf die Bedeutung des ausbalancierten Placeboversuchsplanes (Marlatt & Rohsenow 1980) als experimentellem Forschungsparadigma, mit dem die Bedeutung von Erwartungseinflüssen auf das Trinkverhalten belegt werden konnte, wurde bereits hingewiesen. Nach den dazu vorliegenden Ergebnissen (Hull & Bond 1986) ist der Erwartungseffekt am stärksten bei sozial kontrollierten Verhaltensweisen wie z.B. der sexuellen Erregbarkeit, während die physiologische Wirkung eher sozial nicht reglementierte Bereiche wie z. B. kognitive Verarbeitungsprozesse betrifft. Daraus wird geschlossen, daß der Erwartungseffekt selbstentlastende Funktionen besitzt, indem er das Ausleben sozial eingeschränkter, aber erwünschter Impulse ermöglicht.

Die damit in Zusammenhang stehende, allerdings empirisch orientierte Forschungstradition führte zur Entwicklung von Fragebogen, welche die Alkoholwirkungserwartungen erfassen. Den Ausgangspunkt bildete der von Brown et al. (1980) entwickelte „Alcohol Expectancy Questionnaire", mit dem ein Zusammenhang zwischen positiven Wirkungserwartungen wie sozialer und körperlicher Freude, sexueller Anregung, Entspannung usw. und dem Trinkverhalten nachgewiesen werden konnte (Brown et al. 1987). Als modifizierte deutsche Version wurde vom Autor (Petry 1989b, 1993) der „Fragebogen zur Alkoholwirkung" (siehe Anhang) für die Evaluation von Rückfallpräventionsprogrammen vorgelegt.

Ein grundsätzliches Problem der bisherigen Untersuchungen zur Bedeutung von Alkoholwirkungserwartungen liegt in der zugrundeliegenden vereinfachten Annahme, daß der Einfluß des sozialen Kontextes auf das Trinkverhalten durch die beschriebenen Alkoholwirkungserwartungen vermittelt wird. Um diese bisher nicht untersuchte Modellannahme zu überprüfen, haben Webb et al. (1993) an einer größeren Stichprobe von Jugendlichen die Beziehung zwischen sozialen (Trinkgewohnheiten des Freundeskreises und elterliche Einstellung zum Alkoholkonsum von Jugendlichen) und persönlichen (Toleranz gegenüber Devianz und Reizsuche) Risikofaktoren, Alkoholwirkungserwartungen und dem Trinkverhalten erfaßt. Die Überprüfung der Angemessenheit ihres dazu angenommenen Modells über die Beziehung zwischen diesen Variablen mit Hilfe der Analyse linearer Strukturgleichungsmodelle (Kriz & Lisch, 1988) ergab, daß sowohl die sozialen als auch die persönlichen Risikofaktoren neben einer über Alkoholwirkungserwartungen vermittelten auch eine direkte Beziehung zum Trinkverhalten aufweisen. Es ist also davon auszugehen, daß es sich um ein komplexes Bedingungsgefüge handelt, in das die bestehenden Alkoholwirkungserwartungen eingebettet sind.

Obwohl durch Critchlow-Leigh (1989) auf weitere ungelöste methodologische Probleme hingewiesen wurde, insbesondere die unzureichende theoretische Begründung der verwendeten Fragebogeninstrumente, die Notwendigkeit, dabei sowohl positive als auch negative Wirkungserwartungen zu erfassen und neben der erlebten Wirkung noch unabhängig davon deren Attraktivität einzubeziehen ist, kann inzwischen von einem sehr differenzierten Wissensstand ausgegangen werden.

So konnte in einer prospektiven Studie von Christiansen et al. (1989) belegt werden, daß sich bei Jugendlichen der Beginn des Trinkverhaltens, das Ausmaß des Trinkverhaltens und das Auftreten problematischer Trinkmuster aufgrund der erfaßten Alkoholwirkungserwartung vorhersagen ließ. Von Connors et al. (1988) werden Untersuchungen referiert, die belegen, daß die während einer Behandlung erhobenen Alkoholwirkungserwartungen Vorhersagen auf die spätere Rückfälligkeit erlauben. Nach Critchlow-Leigh (1990) lassen sich erhebliche Unterschiede zwischen Männern und Frauen und Personen unterschiedlicher sexueller Orientierung bei den sexualbezogenen Alkoholwirkungserwartungen und dem damit zusammenhängenden Trinkverhalten, den sexuellen Verhaltensweisen und Gefühlen nachweisen. So besteht bei Frauen im Gegensatz zu Männern z.B. keine Beziehung zwischen Wirkungserwartungen und sexuellen Kontakten unter Alkoholeinfluß. Von Waldow (1989) wurde in diesem Zusammenhang darauf hingewiesen, daß bei dem sozialkognitiven Modell von Marlatt, für das die Verknüpfung zwischen Alkoholwirkungserwartungen und darauffolgendem Alkoholkonsum von zentraler Bedeutung ist, der Einfluß sozialer Kontextvariablen vernachlässigt wird, da Frauen aufgrund ihrer speziellen Rolle trotz erhöhter Alkoholwirkungserwartungen ihren Alkoholkonsum kontrollieren, um unerwünschte sexuelle Annäherungen besser abwehren zu können.

Noch weitergehend wurde von Oei und Baldwin (1994) die mangelnde theoretische Einordnung des bisherigen Untersuchungsansatzes zur Beeinflussung des Trinkverhaltens durch Alkoholwirkungserwartungen kritisiert und ein umfassendes kognitives Modell zum Erwerb und zur Aufrechterhaltung des Trinkverhaltens vorgeschlagen. Nach diesem Zwei-Prozeß-Modell zum Alkoholkonsum und -mißbrauch dominiert in der Aneignungsphase eine kontrollierte Informationsverarbeitung, da durch instrumentelle Lernvorgänge individuelle Alkoholwirkungserwartungen erworben, im kognitiven System gespeichert und aufgrund neuer Trinkerfahrungen fortlaufend modifiziert werden. Diese bilden dann die Grundlage für Entscheidungen über das Trinkverhalten, wobei ein bewußtes Abwägen bestehender positiver und negativer Ergebniserwartungen erfolgt. In der Aufrechterhaltungsphase erfolgt dazu im Gegensatz eine automatisierte Informationsverarbeitung, da aufgrund klassisch konditionierter Assoziationen zwischen Reizkonstellationen, Wirkungserwartungen und dem Trinkverhalten ein fester Aktionsplan kognitiv gespeichert ist. Wenn ein solcher Plan aufgrund der erworbenen Assoziationen situativ ausgelöst wird, erfolgt eine schwer zu unterbrechende Handlungssequenz, die keiner bewußten Kontrolle mehr unterliegt.

Zusammenfassend läßt sich feststellen, daß bei der Erfassung generalisierter kognitiver Persönlichkeitsmerkmale noch erhebliche theoretische Defizite und methodische Schwierigkeiten bestehen. Hinsichtlich der Kontrollüberzeugung als generalisierter Erwartungshaltung deuten inzwischen die besser kontrollierten Studien, welche die Mehrdimensionalität des Konstruktes berücksichtigen und bereichspezifisch orientiert sind, auf eine eher externale Kontrollüberzeugung bei Alkoholikern hin. Die therapeutisch erwünschte Zunahme in Richtung einer internalisierten Kontrollüberzeugung konnte zwar empirisch abgesichert werden, muß jedoch möglicherweise als Hospitalisierungseffekt interpretiert werden. Auch die erhöhte Tendenz zur Hoffnungslosigkeit konnte bei Alkoholikern im Vergleich zu Normalkonsumenten abgesichert werden und weist in Verbindung mit der positiven Korrelation zur externalen Kontrollüberzeugung auf die Bedeutsamkeit des Konzeptes der erlernten Hilflosigkeit bei Alkoholikern hin. In diesen Zusammenhang ließe sich auch die bestehende Beziehung zwischen Hoffnungslosigkeit und erhöhter Suizidtendenz bei Alkoholikern einordnen. Bezogen auf das nachgewiesene negative Selbstkonzept bei Alkoholikern bleibt bis heute offen, ob die im Rahmen einer Behandlung erzielten positiven Veränderungen sich auch in erhöhten Erfolgsraten niederschlagen. Obwohl sich in vielen Untersuchungen der positive Zusammenhang zwischen rückfallbezogener Selbstwirksamkeit und erzieltem Abstinenzerfolg immer wieder bestätigen ließ, bleibt bisher offen, ob zu Beginn einer Behandlung bestehende Selbstwirksamkeitserwartungen von einer selbstüberschätzenden Bagatellisierungstendenz überlagert sind.

Im Bereich der volitiven, motivationalen und kognitiven Trinkdeterminanten ließen sich die Annahmen des allgemeinen Einstellungsmodells von Ajzen und Fishbein über die Beziehung zwischen Einstellungen zum Verhalten und sozialen Normerwartungen und der Verhaltensintention mit dem daraus resultierenden Verhalten im Bereich des Alkohol- und Drogenkonsums weitgehendst bestätigen. Die Unterscheidung zwischen persönlichen und sozialen Trinkmotiven sowie der Zusammenhang zwischen einer eskapistischen Motivationsstruktur mit abweichendem Problemtrinken ließ sich bisher empirisch nicht ausreichend absichern und unterliegt der grundsätzlichen Kritik, daß die sozialen Trinkmotive möglicherweise lediglich der Maskierung des weitverbreiteten Wirkungstrinkens dienen. Der experimentell nachgewiesene Einfluß von Erwartungen auf das Trinkverhalten konnte inzwischen auch durch empirische Untersuchungen, bei denen Alkoholwirkungserwartungen mittels Fragebogen erfaßt werden, große Bestätigung finden, da sich sowohl Beziehungen zum Ausmaß des Trinkens, des Auftretens problematischer Trinkformen und der Rückfälligkeit von behandelten Alkoholikern erheben ließen. Dabei wird jedoch die mangelnde theoretische Einordnung dieses Untersuchungsansatzes und die vereinfachende Vermittlungshypothese zunehmend kritisch diskutiert.

2.3 Attributionsprozesse

Attributionsprozesse beziehen sich auf die Art und Weise, in der ein naiver Alltagsbeobachter Schlußfolgerungen über die hinter äußeren Ereignissen stehenden Ursachen zieht, um Regelmäßigkeiten in seiner Umgebung zu finden, an denen er sich orientieren kann. Die Attributionstheorien beschäftigen sich mit den kognitiven Verarbeitungsmechanismen, nach denen Informationen zur Ursachenzuschreibung herangezogen werden (Weiner 1984; Heckhausen 1989). Die dazu entwickelten Modellvorstellungen von Heider (1958), Jones und Davis (1965) und Kelley (1972) beziehen sich auf die Fremdwahrnehmung im interpersonellen Austausch und wurden durch die Theorie von Bem (1972) auf Selbstwahrnehmungsprozesse übertragen.

Nach den Annahmen von Jones und Davis (1965) und Walster (1966) ist zu erwarten, daß bei ungewöhnlichen Ereignissen eher der Akteur verantwortlich gemacht wird, um die eigene Angst vor negativen Erlebnissen abzuwehren. Dies entspricht auch der Theorie zum Gerechtigkeitsmotiv von Lerner und Miller (1978), nach der das Opfer eines negativen Ereignisses dies auch verdient hat, um den Glauben an eine gerechte Welt aufrechterhalten zu können. Die Reaktionen Außenstehender müßten nach Modellvorstellungen zur sozialen Kontrolle abweichenden Verhaltens (Stoll 1968) beim Vorliegen einer absichtlichen Normverletzung eher strafender Natur sein. Nach der Attributionstheorie von Weiner (1972) muß bei einer unterstellten Absicht für das Herbeiführen eines negativen Ereignisses ebenfalls mit stärkeren negativen Affekten bei Betroffenen und Beobachtern gerechnet werden. Dem widerspricht jedoch Shaver (1975), da nach seiner Meinung bei einem intentionalen Akt die Schuld des Opfers bereits geklärt ist, so daß es keiner weiteren Schuldzuweisung bedarf.

Die Bedeutung der Attributionstheorie für das Alkoholismusproblem und seine Behandlung leitet sich daraus ab, daß es sich beim Alkoholismus um ein besonders gravierendes negatives Ereignis handelt, welches zu schwerwiegenden Konsequenzen für den Betroffenen, seine sozialen Bezugspersonen und die Gesellschaft führt. Attributionstheoretisch führen stark negative Lebensereignisse zu einem Bedürfnis nach kausaler Erklärung, um das eigene Verhalten rechtfertigen zu können. In der klinischen Praxis muß deshalb bei den Alkoholabhängigen, den unmittelbaren Bezugspersonen und den Suchttherapeuten mit verzerrenden Attributionen zur Aufrechterhaltung ihres jeweiligen Selbstkonzeptes gerechnet werden. Hierin dürften die Wurzeln der moralischen Sichtweise des Alkoholismus liegen, wonach der Alkoholiker für sein Verhalten verantwortlich gemacht und ihm eine Behandlungsnotwendigkeit abgesprochen wird (Mulford & Miller 1964; Sterne & Pittman 1965; Davies 1979).

Zur Anwendung der beschriebenen attributionstheoretischen Vorstellungen auf die Alkoholismusproblematik liegen Übersichtsreferate von McHugh et al. (1979), Commings (1984) und dem Autor (Petry 1986) vor. Dabei werden die impliziten Ursachenattributionen verbreiteter Alkoholismusmodelle untersucht, Alkoholiker und nichtabhängige Personen hinsichtlich ihrer Kausalattributionen verglichen und die attributive Verarbeitung von Erfolgen und Mißerfolgen bei Suchtkranken untersucht.

Ursachenvorstellungen von Alkoholismusmodellen

McHugh et al. (1979) analysieren die verbreitetsten Alkoholismusmodelle unter attributionstheoretischen Gesichtspunkten. Sie beschreiben das aus dem späten 18. und 19. Jahrhundert stammende moralische Modell, welches den Alkoholiker als willensschwach ansieht, womit eine internale, intentionale und stabile Kausalattribution mit daraus resultierenden negativen Affekten gegenüber Alkoholikern und eine Befürwortung strafender Reaktionen bei geringer Heilserwartung verbunden ist. Bei dem psychologischen Modell werden nach den

Autoren verschiedene internale und stabile Ursachen angenommen, indem der psychodynamische Ansatz unbewußte Konfliktmuster, der persönlichkeitstheoretische Ansatz pathologische Persönlichkeitsmerkmale und der klassische lerntheoretische Ansatz Streß- und Angstzustände betont, wobei die Lerntheorie durch die stärkere Betonung situativer Bedingungen eine größere Veränderbarkeit annimmt. Das soziokulturelle Modell geht nach dieser Betrachtungsweise durch die Hervorhebung sozialer Kontextvariablen und kultureller Einflußfaktoren von externalen, instabilen und veränderbaren Ursachenbedingungen aus. Das medizinische Modell hebt mit der Annahme organischer Defizite wie z. B. der neurophysiologischen Ausstattung eines Individuums die internen Ursachen der Alkoholproblematik hervor, wobei die Annahme einer erblichen Komponente keine Schuldzuweisung impliziert. Schließlich analysieren die Autoren noch die Modellvorstellung der Anonymen Alkoholiker, nach welcher der Betroffene von der Verantwortung für die Entstehung seiner Krankheit freigesprochen, jedoch für die zukünftige Lösung seiner Alkoholproblematik verantwortlich gemacht wird.

Da sich diese attributionstheoretische Betrachtungsweise eher auf die frühen Vorstellungen dieser unterschiedlichen Konzepte bezieht, muß man heute davon ausgehen, daß verschiedene theoretische Ansatzpunkte stärker die Komplexität der Alkoholproblematik berücksichtigen, indem sie das Zusammenwirken verschiedener Bedingungsfaktoren annehmen. Dies entspricht auch der attributionstheoretischen Vorstellung von Kelley (1973), welche davon ausgeht, daß extrem negative Ereignisse durch das kognitive Schema für mehrfach notwendige Ursachen erklärt werden.

Inzwischen liegen empirische Untersuchungen vor, welche die impliziten Ursachenvorstellungen über den Alkoholismus bei ärztlichen Suchttherapeuten (Casswell & McPherson 1983) der Allgemeinbevölkerung (Furnham & Lowick 1984; Caetano 1987) und bei Alkoholabhängigen selbst (Commings 1984) erfaßt haben. Die dort dargestellten Ergebnisse verweisen auf eine Dominanz des medizinischen und moralischen Modells, wobei eine zunehmende Akzeptanz des medizinischen Modells mit entsprechend positiverer Beurteilung der Behandlungsaussichten festzustellen ist. Diese beiden Grundvorstellungen schließen sich jedoch bei einer Mehrheit nicht gegenseitig aus, da Alkoholiker sowohl als moralisch schwach als auch krank angesehen werden (Caetano 1987). Weiterhin scheinen relativ große Übereinstimmungen zwischen vorhandenen subjektiven Alkoholismustheorien zu bestehen, indem multikonditionale Ursachenvorstellungen im Vordergrund stehen.

Vergleich von Alkoholikern mit nichtabhängigen Personen

Beim Vergleich der Ursachenattributionen von Alkoholikern mit außenstehenden nichtabhängigen Personen sind die Untersuchungen von Jones und Nisbett (1972) zum Beobachter-Akteur-Effekt von Bedeutung. Bei ihrem systematischen Vergleich der Fremd- und Selbstwahrnehmung stellten sie fest, daß Beobachter eher geneigt sind, dispositionelle Eigenschaften des Handelnden als Verhaltensursache anzunehmen, während Akteure stärker externale Umwelteinflüsse zur Erklärung heranziehen. Dieser systematische Unterschied erklärt sich aus der relativen Auffälligkeit der Person bzw. Situation bei der jeweils anderen Wahrnehmungsperspektive (Stroebe 1980).

Die empirischen Untersuchungen zu Unterschieden der Kausalattribution zwischen betroffenen Alkoholikern und Nichtabhängigen erbrachten anfänglich inkonsistente Resultate, indem sich der Beobachter-Akteur-Effekt zunächst bestätigen ließ (Robinson 1976), während andere Untersuchungen von McHugh (1979) und Beckman (1979) keine Unterschiede zwischen den beiden Gruppen ergaben. Dies erklärt sich möglicherweise dadurch, daß sich diese Arbeiten zu wenig an dem klassischen Untersuchungsparadigma von Storms (1973) orientiert haben.

Eine differenziertere Studie von Vuchinich et al. (1982) orientierte sich an dem klassischen Untersuchungsdesign. Dabei wurde eine Gruppe von Alkoholikern und Nichtalkoholikern, die sich nur in ihrem Trinkverhalten unterschieden, hinsichtlich der Kausalattributionen einer eigenen und einer auf Videofilmen gezeigten Trinkepisode einer Zielperson verglichen. Die Hälfte der beiden Gruppen hielt die zu beurteilende Zielperson für einen Alkoholiker bzw. für eine nichtabhängige Person. In Voruntersuchungen waren vier internale (Drogenwirkung, Selbstwert, Gefühle, Krankheitsprozeß) und externale (sozialer Druck, Lebensprobleme, Trinksitten, soziale Anlässe) Ursachengruppen unterschieden worden. Dabei ließen sich sowohl Einzelwerte zu den genannten Ursachen als auch Summenwerte zu den externalen und internalen Kausalattributionen sowie ein Differenzwert der beiden Gesamtwerte bilden. Die Alkoholiker zeigten bei der Selbstbeurteilung höhere Werte bei drei internalen und zwei externalen Ursachen, einen höheren internalen Summenwert und einen größeren Differenzwert (internale Tendenz), während sich die externalen Gesamtwerte zwischen den beiden Gruppen nicht unterschieden. Bei der Beurteilung der Zielperson zeigten beide Gruppen bei dem Alkoholiker lediglich eine stärkere Bewertung des Krankheitsprozesses. Dies läßt sich als Resultat der Verbreitung des Krankheitskonzeptes interpretieren. Die nichtabhängigen Versuchspersonen zeigten bei beiden Zielpersonen eine größere Bewertung des Gefühlsfaktors. Zur Erfassung des Beobachter-Akteur-Effektes wurden die Selbstbeurteilungen und Fremdbeurteilungen in bezug auf die jeweils übereinstimmende Zielperson verglichen. Die Alkoholiker zeigten bei der Selbstbeurteilung eine größere Bewertung des Krankheitsprozesses als Ursache und hatten einen höheren Summendifferenzwert (internale Tendenz) bei der Selbstbeurteilung im Vergleich zur Fremdbeurteilung. Die nichtabhängigen Versuchspersonen zeigten, bezogen auf die ihnen vergleichbare Zielperson, eine stärkere Bewertung internaler Ursachen. Aus diesen Ergebnissen läßt sich ableiten, daß sich bei den Nichtalkoholikern Attributionen finden, die in Übereinstimmung mit dem Beobachter-Akteur-Effekt stehen, während die Alkoholiker bei der Beurteilung des eigenen Verhaltens eine stärkere Tendenz zur internalen Attribution zeigen.

Bezieht man dieses Ergebnis auf Fragestellungen der praktischen Suchttherapie, so findet sich eine gute Übereinstimmung mit dem von Marlatt (1978b, 1985a) beschriebenen „abstinence violation effect". Nach dieser Vorstellung treten bei einem Alkoholiker, der sich zur Abstinenz entschlossen hat, durch einen Rückfall ein kognitiver Dissonanzeffekt und eine interne Schuldattribution auf, die beim Fehlen alternativer Bewältigungsstrategien zum Weitertrinken führen. Die Alkoholiker weisen also problematische internale Selbstattributionen auf, die das Trinkverhalten rechtfertigen und somit aufrechterhalten.

In einer Studie von Dowd et al. (1986) wurde der Attributionsstil bei in Behandlung befindlichen Alkoholikern, stabil abstinent lebenden Alkoholikern und nichtabhängigen Personen verglichen. Dabei wurden zwölf hypothetische Situationen, von denen jeweils die Hälfte einen negativen und positiven Ausgang nahm, hinsichtlich der Internalität und Stabilität der zugrundeliegenden Ursachen beurteilt. Während sich, bezogen auf die negativen Ereignisse, keine Unterschiede fanden, zeigten die nichtabhängigen Personen und die abstinent lebenden Alkoholiker übereinstimmend eine stärker globale und stabile Attribution für positive Ereignisse, während die behandelten Alkoholiker die positiven Ereignisse als stärker situationsspezifisch und zeitlich vorübergehend beurteilten. Die Autoren vermuten aufgrund des fehlenden Unterschiedes zwischen Nichtalkoholikern und wieder genesenden Alkoholikern, daß sich als Einfluß der Behandlung eine Verschiebung der Ursachenattribution für positive Ereignisse von spezifischen und instabilen Faktoren zu globalen und stabilen ergeben kann. Sie empfehlen deshalb, daß sich die Behandlung von Alkoholikern eher darauf konzentrieren sollte, globale und stabile Attributionen für positive Ereignisse zu fördern, und weniger auf die Überwindung internaler, stabiler und globaler Attributionen für negative Ereignisse gerichtet sein sollte.

Verarbeitung von Erfolg und Mißerfolg

Bei der Fragestellung nach der attributiven Verarbeitung von Mißerfolgen und Erfolgen durch Alkoholiker finden sich zwei teilweise im Widerstreit befindliche Ansätze, die im folgenden dargestellt werden. Die eine Untersuchungstradition beruft sich auf die Attributionstheorie von Weiner (1976), wonach sich Erfolge und Mißerfolge auf vier Ursachen zurückführen lassen, und zwar die Begabung, die Anstrengung, die Aufgabenschwierigkeit und das Glück. Diese vier Ursachenmöglichkeiten können hinsichtlich der Personenabhängigkeit (internal versus external) und Stabilität (stabil versus variabel) klassifiziert werden. Die Begabung und Anstrengung lassen sich als internal und stabil und die Aufgabenschwierigkeit und das Glück als external und variabel beurteilen.

Elig und Frieze (1975) folgern daraus, daß bei einer stabilen Ursachenattribution eine Erwartung resultiert, wonach bereits erzielte Verhaltensresultate in Zukunft weiter auftreten werden und bei einer internalen Attribution ein Erfolgs- und Mißerfolgserlebnis zur stärkeren Gefühlsreaktion wie Stolz oder Scham führen. Bezogen auf das Selbstwertgefühl wird abgeleitet, daß ein hohes Selbstwertgefühl resultiert, wenn Erfolge internal und stabil und Mißerfolge external und instabil attribuiert werden. Alkoholiker werden aufgrund ihres geringen Selbstwertgefühls Mißerfolge internal und stabil attribuieren und daraus resultierende Selbstvorwürfe und geringe zukünftige Erfolgserwartungen aufweisen, während sie gleichzeitig Erfolg external und instabil attribuieren, woraus geringe Zukunftserwartungen und eine geringe Selbstverstärkung resultieren müßten. Empirische Bestätigungen für diese Vermutung ergeben sich aus der Untersuchung von Jessor et al. (1968), wonach Problemtrinker eine verminderte Zukunftserwartung hinsichtlich der Erfüllung eigener Bedürfnisse aufweisen. Weiterhin konnte Barry (1974) bestätigen, daß Alkoholiker eine ausgeprägte Tendenz zu Mißerfolgserwartungen und Vermeidungstendenzen von Erfolgserlebnissen aufweisen. Von Frieze und McHugh (1977) wird das verminderte Selbstwertgefühl bei Alkoholikern als Möglichkeit interpretiert, Erfolgs- und Mißerfolgserlebnisse attributiv zu entwerten.

Ein zweiter Ansatz bezieht sich auf die Attributionstheorie von Kelley (1972), wonach bei der Ursachenattribution auf kausale Schemata zurückgegriffen wird, die es beim Vorliegen unvollständiger Kovariationsinformationen erlauben, das Auftreten oder Ausbleiben eines Effektes auf verschiedene Teilursachen zurückzuführen. Beim Vorliegen ungewöhnlicher Ereignisse wird das Kausalschema multipler notwendiger Ursachen angewandt. Im Leistungsbereich wäre dies ein Mißerfolg bei einfachen Aufgaben und ein Erfolg bei schwierigen Aufgaben. Dabei wird dann sowohl auf eine vorhandene oder fehlende Schwierigkeit als auch auf eine vorhandene oder fehlende Anstrengungsbereitschaft geschlossen. Hat man jedoch noch zusätzliche Informationen vorliegen, kann man eine der beiden fördernden Ursachen wie die Fähigkeit hoch ansetzen und nach dem Abwertungsprinzip die Anstrengung gering veranschlagen.

Bezogen auf den Alkoholmißbrauch haben Jones und Berglas (1978) dazu das Konzept des „self-handicapping" entwickelt. Sie gehen davon aus, daß die Selbstbehinderung dazu dient, ein vorteilhaftes Selbstkonzept zu bewahren, indem versucht wird, die persönliche Verantwortung für Mißerfolge zu verringern und die Verantwortung für Erfolge zu erhöhen. Der Alkoholmißbrauch kann dabei die Funktion haben, das eigene Selbstwertgefühl aufrechtzuerhalten, da der Alkohol vor der Verantwortung für Mißerfolge schützt und bei unerwarteten Erfolgen eine positive Selbstzuschreibung ermöglicht, indem Mißerfolge auf den negativen Einfluß des Alkohols zurückgeführt werden und Erfolge als Ausdruck der eigenen Kompetenz angesehen werden. Tucker et al. (1981) konnten diese Annahmen bestätigen. Die Versuchsanordnung sah so aus, daß bei Leistungsaufgaben manipulierte Rückmeldungen über die Ergebnisse gegeben wurden und gleichzeitig die Möglichkeit bestand, Alkohol zu konsumieren. Dabei wurde gefunden, daß Versuchspersonen, deren Leistungsrückmeldung nicht kontingent mit ihrem Verhalten war, die also über ihre Leistungsfähigkeit verunsichert wurden, mehr Alkohol konsumierten, wenn sie dazu Gelegenheit hatten, als Versuchspersonen, die eine kontingente Leistungsrückmeldung erhielten.

Von McHugh und Frieze (1979), die in der zuerst genannten Forschungstradition stehen, wurden Ergebnisse vorgelegt, die ihrer Meinung nach den Vorhersagen des Selbstbehinderungsansatzes widersprechen, da Alkoholiker sowohl Erfolge als auch Mißerfolge stärker internal attribuieren als nichtabhängige Personen. Berglas (1987) weist darauf hin, daß sich diese Ergebnisse nicht auf ihre Modellvorstellung beziehen lassen, da sich die Selbstbehinderungshypothese zunächst nicht auf Alkoholiker, sondern nur auf Alkoholmißbrauch bezieht und daß es sich beim Konsum von Alkohol als Reaktion auf einen Mißerfolg nicht um eine Selbstbehinderung handelt, da diese Strategie darauf abzielt, das positive Selbstkonzept aufrechtzuerhalten. Das Ziel der Selbstbehinderung besteht also nicht in der Verarbeitung vergangener Mißerfolge, sondern in der Aufrechterhaltung des Selbstwertes aufgrund früherer Erfolgserfahrungen. Sie schreiben dem auch eine klinische Bedeutung zu, indem sie darauf hinweisen, daß trotz des geringeren Selbstwertgefühls bei Alkoholikern im Vergleich zu sozialen Trinkern bei einer genauen Analyse sichtbar wird, daß dennoch viele Alkoholiker ein hohes Selbstwertgefühl aufweisen, d.h. erfolgreiche Personen ohne frühere Mißerfolgserlebnisse dem Risiko unterliegen, eine Alkoholabhängigkeit zu entwickeln.

Die Bedeutung der Attributionstheorien für das Problem des Alkoholismus ergibt sich aus der Tatsache, daß schwerwiegende negative Ereignisse ein starkes Bedürfnis nach kausaler Erklärung und Rechtfertigung auslösen. Dabei lassen sich zunächst verschiedene implizite Alkoholismusvorstellungen hinsichtlich der darin enthaltenen Kausalattributionen analysieren. Als wesentliches Ergebnis findet sich dazu, daß eine zunehmende Akzeptanz des medizinischen Modells besteht, wobei jedoch gleichzeitig auch eine moralische Sichtweise vorhanden sein kann. Am verbreitetsten sind dabei Vorstellungen, die von einem multikonditionalen Ursachenmodell ausgehen.

Beim Vergleich der Ursachenattributionen von Alkoholikern und nichtabhängigen Personen erweist sich der Beobachter-Akteur-Effekt als besonders bedeutsam, wonach aus der Beobachterperspektive dem Handelnden eher dispositionelle Eigenschaften als Verhaltensursache zugeschrieben werden, während der Akteur eher externale Umwelteinflüsse zur Erklärung heranzieht. Die Attributionen von Nichtalkoholikern scheinen in Übereinstimmung mit dieser Annahme zu sein, während Alkoholiker im Gegensatz dazu das eigene Verhalten stärker internal attribuieren. Dies entspricht klinischen Modellvorstellungen, wonach Alkoholiker eher zu problematischen persönlichen Schuldzuweisungen neigen.

Bezogen auf die attributive Verarbeitung von Erfolgs- und Mißerfolgserlebnissen durch Alkoholiker liegen derzeit alternative Ansätze vor, die jedoch aufgrund unterschiedlicher Untersuchungsansätze nicht völlig aufeinander beziehbar sind. Bei der Untersuchung von behandlungsbedürftigen Alkoholikern wird davon ausgegangen, daß diese aufgrund ihres geringen Selbstwertgefühls Mißerfolge internal und stabil und Erfolge external und instabil attribuieren, wozu sich empirische Belege finden lassen. Bei der Selbstbehinderungshypothese wird angenommen, daß der Alkoholmißbrauch dazu dient, das positive Selbstwertgefühl aufrechtzuerhalten, indem Mißerfolge dem Alkohol angelastet und Erfolge auf eigene Fähigkeiten zurückgeführt werden. Dabei wird der Alkoholmißbrauch nicht als Resultat von Mißerfolgserlebnissen verstanden, sondern dient der Aufrechterhaltung eines positiven Selbstwertgefühls, welches wiederum als mögliche Bedingung für die Entwicklung einer späteren Alkoholabhängigkeit angesehen wird.

2.4 Reiz- und Informationsverarbeitung

Im Gegensatz zu den vorangegangenen Problemstellungen handelt es sich bei der Frage nach suchtspezifischen Besonderheiten der Reizverarbeitung um ein sehr heterogenes Forschungsgebiet. Die Gemeinsamkeit besteht darin, Alkoholiker mit nichtabhängigen Personen hinsichtlich der Aufnahme und Verarbeitung interner und externer Reize zu vergleichen und eine Beziehung zwischen unterschiedlichen Reizverarbeitungsmechanismen mit dem Trinkverhalten herzustellen. Neuerdings bezieht sich diese Forschungstradition auf das sogenannte Suchtgedächtnis (Böning 1994), wozu jedoch nur erste Teilergebnisse vorliegen (Stetter et al. 1995).

Diskrimination der Blutalkoholkonzentration

Die Untersuchungen zur Erfassung der Fähigkeit von Alkoholikern, ihre eigene Blutalkoholkonzentration zu beurteilen, stehen in der verhaltenstherapeutischen Tradition zur Entwicklung des sogenannten kontrollierten Trinkens als Alternative zum Abstinenzprinzip. Alkoholiker sollten dabei mittels Feedbackmethoden erlernen, ihre eigene Blutalkoholkonzentration besser diskriminieren zu können und darüber zu einer Kontrolle ihres Trinkverhaltens zu gelangen (Lovibond & Caddy 1970). Dabei wurde dieser Ansatz nach Caddy (1978) dadurch stimuliert, daß es mit Hilfe sogenannter Breathelizer relativ einfach möglich wurde, durch Erfassung der Atemalkoholkonzentration zu einer relativ exakten Bestimmung der Blutalkoholkonzentration zu gelangen. Die subjektive Beurteilung der eigenen Blutalkoholkonzentration durch den Konsumenten stellt eine sehr komplexe Aufgabe dar, da die Höhe der Blutalkoholkonzentration nicht nur von der Trinkdauer und Trinkmenge, sondern auch vom Füllungszustand des Magen-Darm-Traktes und dem Körpergewicht abhängt. Dies bedeutet, daß eine Einschätzung der eigenen Blutalkoholkonzentration nur bei einer genauen Wahrnehmung der damit verbundenen interozeptiven, propriozeptiven und exterozeptiven Reize möglich ist.

Caddy (1978b) gibt einen Überblick über die Untersuchungsergebnisse zum Diskriminationstraining der Blutalkoholkonzentration bei Alkoholikern im Vergleich zu sozialen Trinkern. Danach können soziale Trinker durch unmittelbares Feedback lernen, ihre Blutalkoholkonzentration sehr genau zu diskriminieren. Dabei macht es keinen Unterschied, ob dazu Hilfen zur internen Reizdiskrimination mittels Gefühl- und Empfindungsskalen oder externe Hinweise mittels Schemata zur Beziehung zwischen Alkoholdosis und Blutalkoholkonzentrationswerten vorgegeben werden. Sie erreichen bereits gute Diskriminationsleistungen durch eine Anleitung zur Berechnung der Blutalkoholkonzentration mittels eines entsprechenden Rechenschiebers (Alco-Calculator) ohne jegliche Rückmeldung über die reale Blutalkoholkonzentration.

Alkoholiker scheinen dazu im Gegensatz weniger gut in der Lage zu sein, durch die Rückmeldung ihrer Blutalkoholkonzentration eine ausreichende Diskriminationsfähigkeit zu erlangen. Zusätzlich scheint bei Alkoholikern ein Training, welches externe Hinweise gibt, effektiver zu sein als die Hilfestellung mittels interner Reize. Caddy (1978) weist darauf hin, daß die entsprechenden Untersuchungen ausschließlich Blutalkoholkonzentrationen bis zu 0,8 Promille einbezogen haben. Da aufgrund des Trinkverhaltens von Alkoholikern jedoch davon auszugehen ist, daß diese häufig einen sehr schnellen und starken Anstieg der Blutalkoholkonzentration erleben, muß vermutet werden, daß sie die subtilen und wechselnden Hinweisreize, an denen sich soziale Trinker orientieren, nicht wahrnehmen können. Die referierten Ergebnisse lassen also nicht zwingend auf ein Defizit bei der Reizverarbeitung schließen, sondern könnten allein Ergebnis der zunehmenden Toleranzentwicklung im Rahmen des Suchtprozesses sein. Ein methodisches Problem dieser Untersuchungen ist auch darin zu sehen, daß die verschiedenen internen und externen trinkrelevanten Hinweise bei den zugrundegelegten Versuchsanordnungen nicht ausreichend isoliert worden sind.

Weitere Befunde weisen auf eine zusätzlich bei Alkoholikern bestehende Besonderheit der Informationsverarbeitung von internen und externen Reizen hin. So scheinen Alkoholiker weniger gut zwischen dem Geschmack verschiedener alkoholischer Getränke differenzieren zu können (Settle 1979) und nicht nur bezogen auf Alkohol, sondern auch hinsichtlich nichtalkoholischer Getränke zu einer vermehrten Flüssigkeitsaufnahme zu neigen (Marlatt et al. 1973). Dies ließe auf Defizite bei der für die Durstregulation wichtigen externen und internen Reizverarbeitung schließen. Darüber hinaus gibt es Hinweise, daß Alkoholiker nicht nur Besonderheiten hinsichtlich der Trinkregulation, sondern allgemeine Defizite bei der Verhaltensregulation aufweisen. Nach Tarbox (1983) haben Alkoholiker Probleme hinsichtlich der kognitiven Kontrolle, d.h. der Fähigkeit, sich auf relevante kognitive Hinweisreize, die mit irrelevanten Reizen konkurrieren, zu konzentrieren und hinsichtlich der internen Reizprüfung, d.h. der Verwertung interner diskriminativer Reize, die einer Reaktion vorausgehen. Ähnliche Befunde ergeben sich aus der verhaltenstherapeutischen Praxis zum Selbstkontrolltraining, nach denen bei Alkoholikern eine generelle Einschränkung ihrer Selbstkontrollfähigkeit vorzuliegen scheint (Sanchez-Craig 1975).

Caddy (1978b) zieht daraus die Schlußfolgerung, daß bei Alkoholikern als Ursache oder Folge ihrer Abhängigkeitsentwicklung ein psychophysiologisches Defizit der internen Reizverarbeitung besteht, wie es später auch von Tarter et al. (1984) postuliert wurde. Dies führt dazu, daß sich Alkoholiker bei ihrer Handlungsregulation eher an externen Reizen orientieren. Er verweist in diesem Zusammenhang auf das Konstrukt der Feldabhängigkeit und die Externalitätshypothese zum Verständnis der Adipositas hin, die sich ebenfalls auf Besonderheiten der Reizverarbeitung beziehen.

Feldabhängigkeit

Bei der Feldabhängigkeit (Witkin et al. 1962) handelt es sich um einen interindividuell variierenden kognitiven Stil, der mit der Fähigkeit zur Herauslösung von Einzelheiten aus den umgebenden Reizbedingungen des Wahrnehmungsfeldes zu tun hat. Als feldabhängig gelten Individuen, die sich stärker von dem Wahrnehmungsgrund beeinflussen lassen und als feldunabhängig diejenigen, welche Reizgegebenheiten getrennt vom Wahrnehmungsfeld erfassen können. Später wurde dieser zunächst wahrnehmungspsychologische Ansatz zum Konstrukt der psychologischen Differenziertheit erweitert, bei dem persönliche und soziale Eigenschaften, die mit der Wahrnehmungsorganisation korrelieren, erfaßt wurden. Danach lassen sich Individuen auf einem Kontinuum anordnen, je nachdem, ob sie Ereignisse eher global und diffus erfassen oder mehr analytisch und strukturiert erleben.

Sugerman und Schneider (1976) stellen in einem Übersichtsreferat die Befunde zum Alkoholismus dar. Sie verweisen zunächst darauf, daß die Feldabhängigkeit bei Alkoholikern häufiger als bei allen anderen psychopathologischen Gruppen untersucht worden ist und daß sich dabei die größere Feldabhängigkeit von Alkoholikern empirisch sehr durchgängig belegen ließ. Dies verwundert um so mehr, da es sich beim Alkoholismus um eine sehr heterogene Gruppe handelt und die verschiedenen Versuchsanordnungen zur Erfassung der Feldabhängigkeit nur mäßig miteinander korrelieren. Dieser Befund bedeutet jedoch nicht, daß alle Alkoholiker feldabhängiger sind als entsprechende Vergleichspersonen, sondern lediglich, daß die Verteilung der Werte bei Alkoholikern zum feldabhängigen Pol hin verschoben ist. Bei der intensiven Forschung auf diesem Gebiet wurde von der Fragestellung ausgegangen, ob es sich bei der größeren Feldabhängigkeit bei Alkoholikern um ein prädisponierendes oder aus der Suchtentwicklung resultierendes Merkmal handelt. Dabei wurde zunächst die Stabilität der bei Alkoholikern vorhandenen größeren Feldabhängigkeit untersucht. Es wurde also erfaßt, ob die Dauer der Suchtentwicklung, der Abstinenzzeitraum, die akute Wirkung des Alkohols oder eine Behandlung der Alkoholabhängigkeit zu einer Verringerung der bestehenden Feldabhängigkeit führen, was für eine entwicklungsbedingte Entstehungsgeschichte sprechen würde. Aus den dabei gewonnenen eher widersprüchlichen Resultaten zogen sie den Schluß, daß die getroffene Gegenüberstellung von Ursache und Wirkung eine zu große Vereinfachung darstellt. Sie verweisen dabei auf die Untersuchung zur sensorischen Deprivation bei Alkoholikern von Jacobson (1971), dessen Befunde gegen beide Grundannahmen sprechen und zu der Hypothese geführt haben, daß der Alkohol zur Unterdrückung interozeptiver Reize, die in Konflikt mit exterozeptiven Reizen stehen, führt. Der Alkohol wird danach als ein psychophysiologischer Verstärker von feldabhängigem Verhalten angesehen.

In einer Untersuchung von Query (1983) wurde die Hypothese überprüft, ob sich trockene Alkoholiker im Anschluß an eine Behandlung als feldunabhängiger erweisen. Die Feldabhängigkeit wurde mit Hilfe des von Witkin (1969) beschriebenen „Embedded Figures Test" erfaßt. Dabei erwies sich die Feldabhängigkeit als keine stabile Prädiktorvariable für den Behandlungserfolg. Dies ließe sich dahingehend interpretieren, daß es sich bei der Feldabhängigkeit zwar um ein suchtspezifisches Merkmal handelt, daß es jedoch aufgrund seiner großen Stabilität relativ resistent gegen Behandlungseinflüsse ist.

Externalitätshypothese

Das Konzept der Externalität wurde zunächst auf das Gebiet der Übergewichtigkeit angewandt. Nach Schachter (1968) können Übergewichtige interne Hinweisreize, die für die Nahrungsaufnahme von Bedeutung sind, im Gegensatz zu Normalgewichtigen weniger gut wahrnehmen und lassen sich deshalb eher von nahrungsrelevanten Umgebungsreizen bei ihrem Eßverhalten leiten. Diese Hypothese ist durch vielfältige Untersuchungen zur Ansprechbarkeit von Übergewichtigen auf Ge-schmacksmerkmale von Speisen, äußere Reize wie der Zeit zwischen Mahlzeiten und inneren Reizen wie der Magenfüllung belegt (Brand & Clotz 1982). Die letztgenannten Autoren weisen jedoch auf die inzwischen erfolgte Kritik der theoretischen Interpretation Schachters hin. Eine alternative Interpretation könnte auch darin bestehen, daß Externalität versus Internalität kein eindimensionales Konstrukt darstellt, sondern daß es sich um zwei unabhängige Faktoren handelt. Übergewichtige würden sich danach nur durch externe Reize steuern lassen, wenn zwischen internen und externen Reizen eine Diskrepanz besteht. Bei gleichsinnig verlaufenden Hinweisreizen wäre sowohl eine interne Reaktionssteuerung bei Übergewichtigen als auch eine externe Reaktionssteuerung bei Normalgewichtigen möglich. Eine weitergehende Kritik richtet sich gegen die Dichotomisierung in externe und interne Reize, da externe Reize nur handlungsrelevant werden, wenn ihnen vom wahrnehmenden Individium Signalcharakter beigemessen wird (Grunert 1993).

Brand-Jacobi (1982) hat die Externalitätshypothese auf das Trinkverhalten bei Alkoholikern angewandt und dazu eine spezielle experimentelle Versuchsanordnung entwickelt. Dabei sollten in einem Trinkversuch behandelte Alkoholiker, trockene Alkoholiker und vergleichbare Kontrollpersonen aus einem Glasbehälter Orangensaft trinken bis ihr Durst gelöscht war. Mittels einer verdeckten Apparatur konnte sowohl die konsumierte Trinkmenge genau erfaßt als auch der Flüssigkeitspegel willkürlich manipuliert werden. Darüber hinaus wurde zur

Erfassung der Generalisierung auf andere Verhaltensbereiche in einem Fahrradversuch der Tachometer eines Standfahrrads in ähnlicher Weise in negativer und positiver Richtung verzerrt. Als Ergebnis zeigte sich, daß die behandelten Alkoholiker beim Trinkversuch im Vergleich zu den trockenen Alkoholikern und den Kontrollpersonen deutlich stärker von den äußeren Reizbedingungen beeinflußt wurden. Dies ergab sich jedoch nur bei der positiven Verzerrungsbedingung, d.h., wenn der Flüssigkeitspegel als äußerer Reiz zum Weitertrinken aufforderte. Damit läßt sich dieser Befund also gerade auf solche Situationen beziehen, die vom Aufforderungscharakter her zu einem Rückfall führen können. Die Generalisierung auf andere Verhaltensweisen konnte sowohl für die behandelten als auch die trockenen Alkoholiker nachgewiesen werden, da beide, wiederum nur bei der positiven Verzerrungsbedingung, eine stärkere Außenreizabhängigkeit als die Kontrollpersonen aufwiesen. Das diskrepante Ergebnis zwischen Trinkversuch und Fahrradversuch bei den trockenen Alkoholikern, die weniger tranken als die stationären Alkoholiker und die Kontrollpersonen, deutet darauf hin, daß diese sich vor der Tendenz zur Außenreizabhängigkeit durch Kontrolle ihres Trinkverhaltens zu schützen versuchen.

Die Suche nach Reizstimulation

Das Konzept der Suche nach Reizstimulation (sensation-seeking) von Zuckerman (1971, 1979) geht von physiologisch bedingten Unterschieden hinsichtlich des Bedürfnisses nach Reizstimulierung aus. Zur Erfassung dieses Merkmales hat er einen Fragebogen entwickelt, der vier faktorenanalytisch gefundene Unterskalen umfaßt. Es handelt sich um das Bedürfnis nach neuen und ungewöhnlichen Erlebnissen (experience-seeking), das Bedürfnis nach gefährlichen und abenteuerlichen Aktivitäten (thrill-and-adventure-seeking), das Bedürfnis sich durch Übertretung sozialer Normen auszuleben (disinhibition) und die erlebte Langeweile mit dem Wunsch nach vermehrter Abwechslung (boredom-susceptibility). In empirischen Untersuchungen (Zuckerman 1976) konnte er die vermutete Beziehung zwischen erhöhter Tendenz zur Reizsuche und vermehrtem Alkoholkonsum belegen. Dabei ließ sich dieser Unterschied jedoch nur zwischen Abstinenten und Alkoholkonsumenten, nicht jedoch zwischen Problemtrinkern und sozialen Trinkern belegen. In einer Untersuchung von Schwartz et al. (1982) konnte auch bei sozialen Trinkern in einer verdeckten Versuchsanordnung, bei der angeblich der Zusammenhang zwischen Gruppenprozessen und Alkoholkonsum untersucht werden sollte, eine positive Beziehung zwischen Ausmaß des Reizsuchebedürfnisses und des Alkoholkonsums nachgewiesen werden.

Schenk und Grohe (1984) konnten mittels der diskriminanzanalytischen Unterscheidung von behandelten Alkoholikern, Schizophrenen und Depressiven belegen, daß sich die Alkoholiker mittels der Sensation-Seeking-Skalen besonders gut identifizieren ließen, wobei der Disinhibitionsfaktor von besonderer Bedeutung war. Sie schließen daraus, daß es sich beim Alkoholismus nicht einfach um eine neurotische Störung handelt, sondern um ein Krankheitsbild, welches durch ein besonderes Bedürfnis gekennzeichnet ist, die eigenen Wünsche entgegen bestehenden Sozialnormen auszuleben. Von Galizio et al. (1984) wurde darüber hinaus gefunden, daß sich das Sensation-Seeking-Konzept dazu eignet, die heterogene Alkoholikerpopulation in klinisch bedeutsame Untergruppen einzuteilen. Sie fanden eine Gruppe mit einem stark erhöhten Bedürfnis nach Reizsuche, die sich vor allem aus jüngeren Alkoholikern zusammensetzte, welche gleichzeitig andere illegale Drogen regelmäßig konsumieren und eine Untergruppe mit geringerem Reizsuchbedürfnis, welches sich jedoch über den Normwerten befand. Dabei handelte es sich um ältere Personen, die dem typischen Bild des fortgeschrittenen Alkoholikers entsprachen.

Auf die Verbindung zwischen der Tendenz zur Reizsuche und dem Gebrauch von illegalen Drogen hatte bereits Zuckerman (1976) selbst hingewiesen, da sich die Reizsuche als bedeutsamer für die Konsumenten stimulierender und halluzinogener Drogen erwiesen hatte als für den Alkoholkonsum. Dies konnte durch Kern et al. (1986) bestätigt werden, die mit Hilfe verschiedener Skalen zur Reizstimulation und Reizverarbeitung verschiedene Typen definierten, die sich in ihrer Präferenz für verschiedene Drogen unterschieden. Danach zeichnen sich Personen, die stimulierende Drogen benutzen, durch eine stärkere Tendenz zur Reizsuche aus, während Personen, die zentrale dämpfende Drogen benutzen, ein geringeres Bedürfnis zur Reizsuche aufweisen. Zur letzteren Gruppe rechnen sie Alkoholkonsumenten, bei denen also der Alkoholkonsum zur Vermeidung jeglicher Reizstimulation eingesetzt wird. Die Autoren betonen, daß diese Schlußfolgerungen noch sehr vorläufiger Natur sind, so daß der Widerspruch zu den oben referierten Befunden noch nicht ausreichend abgeklärt ist.

Zuckerman (1994) referiert neuerdings über eine Vielzahl von Untersuchungen, die sich auf den Zusammenhang zwischen den verschiedenen Aspekten des Bedürfnisses nach Reizstimulation und dem Ausmaß des Alkoholkonsums sowie der Entwicklung einer Alkoholproblematik beziehen. In den bisherigen Längsschnittstudien erwies sich danach die Suche nach Reizstimulation im Vergleich mit den Merkmalen Angst und Depression als einer der wichtigsten Prädiktoren für eine spätere Suchtentwicklung, insbesondere bei männlichen Jugendlichen und Heranwachsenden. Gleichzeitig fanden sich vor allem in der Anfangsphase eines zunehmenden Alkoholkonsums positive korrelative Zusammenhänge zwischen der Stärke des Bedürfnisses nach Reizstimulation und der Quantität des Alkoholkonsum sowie entsprechende Unterschiede zwischen starken Alkoholkonsumenten und Nicht- bzw. Wenigkonsumenten. Dabei ist jedoch zu berücksichtigen, daß es sich häufig um eine Verbindung zwischen Alkoholkonsum und dem Gebrauch anderer Drogen wie Tabak, Cannabis, Amphetaminen, Kokain u. a. handelt. Weiterhin muß bei der Interpretation dieser Befunde einbezogen werden, daß der Fragebogen von Zuckerman einige Items enthält, die sich auf den Alkohol- und Drogenkonsum als Ausdruck der Suche nach Reizstimulation beziehen, so daß ein Teil des Zusammenhanges auf einer Itemüberlappung basiert, was nur in wenigen Studien korrigiert wurde. Bezogen auf männliche Alkoholiker berichtet Zuckerman von Arbeiten, nach denen eine verstärkte Reizsuche vor allem bei einem Alkoholikertyp zu finden ist, dessen Suchtentwicklung früh beginnt, chronisch verläuft, der aggressiv-antisoziale Tendenzen aufweist und zum gleichzeitigen Konsum mehrerer, insbesondere aufputschender Drogen neigt, während bei Alkoholikern, deren Suchtentwicklung später beginnt und mit neurotischen Störungen verbunden ist, eine geringere Tendenz zur Reizstimulation besteht.

Selbstaufmerksamkeit

Für die Beziehung zwischen Informationsverarbeitung und Alkoholkonsum ist die Theorie der objektiven Selbstaufmerksamkeit von Duval und Wicklund (1972) von Bedeutung. Sie beschäftigt sich mit inneren Zuständen und daraus resultierenden Verhaltensweisen, die entstehen, wenn eine Person durch äußere Reize wie die Wahrnehmung des eigenen Spiegelbildes dazu angeregt wird, ihre Aufmerksamkeit verstärkt auf sich selbst zu richten. Dabei wird davon ausgegangen, daß in diesem Zustand der erhöhten Selbstaufmerksamkeit eine Aktualisierung von Verhaltensstandards erfolgt, die für das eigene Verhalten von Bedeutung sind. Es erfolgt also ein Vergleich zwischen aktuellem Verhalten und bestehenden inneren Standards, was beim Auftreten von Diskrepanzen zu einem als unangenehm erlebten Zustand führt. Wenn die daraus folgende Tendenz zur Vermeidung der Selbstaufmerksamkeit nicht möglich ist, führt dies zu einer Annäherung des aktuellen Verhaltens oder der damit verbundenen Kognitionen an den bestehenden Verhaltensstandard.

Von Hull (1981, 1987) wurde dazu ein selbstaufmerksamkeitstheoretisches Modell des Alkoholkonsums vorgelegt. Er geht von einer Modifikation der ursprünglichen Theorie aus, indem er betont, daß die Selbstaufmerksamkeit mit der Informationsverarbeitung korrespondiert, indem die Bewertung von neuen Informationen hinsichtlich der Selbstrelevanz direkt zum Zustand einer erhöhten Selbstaufmerksamkeit führt. Dies trifft immer dann zu, wenn der Betroffene mit bewertenden Informationen über vergangene Verhaltensweisen konfrontiert wird, da nur dann eine Selbstbewertung mit entsprechenden affektiven Reaktionen und Verhaltensänderungen resultiert. Bezogen auf den Alkoholkonsum postuliert Hull, daß durch den Alkohol die kognitiven Prozesse der Informationseinspeicherung, die für die Selbstaufmerksamkeit von Bedeutung sind, gestört werden, da der Alkohol zu einer Unterbrechung der Auswahl selbstrelevanter Informationen führt. Alkoholkonsum ist also mit einem Zustand verminderter Selbstaufmerksamkeit verbunden, was hinsichtlich der Konfrontation mit vergangenen Mißerfolgserlebnissen dem Selbstschutz dient, gleichzeitig jedoch Vergleichsprozesse mit sozialen Verhaltensstandards verhindert, so daß unangepaßte Verhaltensweisen vermehrt auftreten. Hull referiert dazu experimentelle Untersuchungen, die seine Grundannahme bestätigen. Dazu gehört die Störung von Einspeicherungsprozessen durch den Alkoholkonsum, vermehrte Verhaltensabweichungen von sozialen Normen nach Alkoholkonsum und die verminderte negative Selbstbewertung bei Mißerfolgen unter Alkoholeinfluß. Nach seinen Schlußfolgerungen besteht ein wesentliches Motiv zum Alkohol darin, eine verminderte Selbstaufmerksamkeit zu erzielen, um negative Selbstbewertungen, insbesondere nach Mißerfolgen, zu vermeiden.

Von Wilson (1983) wurde das Selbstaufmerksamkeitsmodell von Hull kritisiert, indem er zunächst Untersuchungsergebnisse zitiert, die den genannten Grundannahmen widersprechen. Grundsätzlich richtet sich seine Kritik vor allem dagegen, daß Hull nur den unmittelbaren Einfluß des Alkohols auf kognitive Funktionen einbezieht und nicht die empirisch belegte Bedeutung kognitiver Erwartungsstrukturen und situativer Einflußgrößen berücksichtigt. Er schlägt deshalb eine sozialkognitive Erweiterung des Modells vor, nach der die notwendige Selbstbewertung nicht eine direkte Funktion der Selbstaufmerksamkeit ist, sondern weitere kognitive Vermittlungsglieder angenommen werden. So plädiert er für die Einbeziehung von Attributionsprozessen, da eine Person sich nur dann selbst bewerten kann, wenn sie sich für ihr eigenes Verhalten auch verantwortlich fühlt.

Eine weitere Kritik an dem Modell von Hull ergibt sich hinsichtlich der Generalisierbarkeit seiner laborexperimentellen Untersuchung auf das Trinkverhalten in realen Lebenssituationen. So konnte von Chassin et al. (1988), die das Trinkverhalten und das Entstehen von problematischen Trinkformen bei Heranwachsenden untersuchten, keine Bestätigung des Selbstaufmerksamkeitsmodells gefunden werden. Sie fanden keine Hinweise, daß der Alkoholkonsum der Heranwachsenden, die eine stärker ausgeprägte Selbstaufmerksamkeit aufweisen, dazu dient, den als unangenehm erlebten Zustand nach Mißerfolgsrückmeldungen abzubauen. Sie stellen jedoch die Fruchtbarkeit des Selbstaufmerksamkeitsmodells nicht grundsätzlich in Frage, indem sie darauf hinweisen, daß für Heranwachsende der Alkoholkonsum in der natürlichen Lebensumwelt ein sozial unerwünschtes Verhalten darstellt, was für die erwachsenen Versuchspersonen von Hull nicht zutraf. Weiterhin vermuten sie, daß außerhalb der Laborsituation zusätzliche kognitive Bewältigungsstrategien verfügbar sind, die zur Verarbeitung von Mißerfolgserlebnissen dienen, so daß der entlastende Einfluß des Alkohols nicht erforderlich ist.

Die zur Reiz- und Informationsverarbeitung referierten Ergebnisse deuten darauf hin, daß bei Alkoholikern von Defiziten in der internen Reizverarbeitung auszugehen ist, was sich am Beispiel der verminderten Fähigkeit zur Diskrimination der eigenen Blutalkoholkonzentration aufzeigen läßt. Obwohl die größere Feldabhängigkeit der Alkoholikergruppe empirisch abgesichert ist, hat sie sich aufgrund ihrer großen Stabilität als relativ behandlungsresistent erwiesen. Auch die zunächst auf Übergewichtige bezogene Externalitätshypothese kann man teilweise auf die Alkoholproblematik anwenden, da in Behandlung befindliche Alkoholiker eine problematische Orientierung an äußeren Reizbedingungen aufweisen. Dies scheint mit allgemeinen Defiziten bei der Durstregulation in Verbindung zu stehen. Hinsichtlich einer möglichen Erhöhung des Bedürfnisses nach Reizstimulation sind die Befunde derzeit noch widersprüchlich und lassen sich eher auf die Konsumenten von illegalen, insbesondere stimulierenden Rauschdrogen anwenden. Die Annahme, daß der Alkoholkonsum die Funktion hat, unangenehme Zustände, welche sich aus einer erhöhten Selbstaufmerksamkeit ergeben, zu vermindern, konnte zwar durch einige laborexperimentelle Befunde bestätigt werden, läßt sich jedoch noch nicht auf das Trinkverhalten in der natürlichen Lebensumgebung übertragen. Insgesamt scheinen die Forschungsansätze zur Beziehung zwischen Informationsverarbeitungsprozessen und Alkoholkonsum derzeit noch sehr heterogen, so daß die bisherigen empirischen Ergebnisse aufgrund mangelnder Vergleichbarkeit noch sehr inkonsistent sind. Obwohl die ursprünglichen Untersuchungen zur subjektiven Beurteilung der Blutalkoholkonzentration unmittelbar mit der therapeutischen Praxis verbunden waren, lassen sich aus den meisten Befunden nur wenige direkte Schlußfolgerungen für die therapeutische Praxis ziehen.

3. Theoretische Grundlagen der Motivierungsprogramme

Nach der Darstellung von theoretischen Modellen zur Erklärung der Entstehung und Aufrechterhaltung des Alkoholismus, die Hinweise geben können, an welchen Stellen eine therapeutische Veränderung zur Überwindung der Problematik ansetzen kann, sollen im folgenden theoretische Grundlagen aufgezeigt werden, auf denen sich mögliche therapeutische Zugangsweisen zur Förderung des Veränderungsprozesses ergeben. Wiederum erfolgt eine Auswahl, die sich aus dem theoretischen Bezug zur kognitiven Psychologie und der therapeutischen Orientierung an der Verhaltenstherapie ergibt. Dabei wird für jedes der vier später beschriebenen Motivierungsprogramme eine jeweils besonders geeignete klinische Modellvorstellung dargestellt, die sich aus den Ergebnissen unterschiedlicher psychologischer Grundlagendisziplinen, insbesondere der kognitiv orientierten Sozialpsychologie und Lerntheorie, ableiten läßt.

3.1 Einstellungswandel und Informationsvermittlung

Bei der Vermittlung von Informationen über Art und Wirkungen von Drogen sowie der Entstehung einer Abhängigkeit mit ihren negativen Konsequenzen für das Individuum und seine soziale Umgebung gibt es eine lange Tradition im Rahmen der primären Prävention. Dabei handelt es sich um pädagogische Maßnahmen mit Aufklärungscharakter, die sich z.B. im schulischen Bereich an Jugendliche wenden, welche über die Gefahren ihres beginnenden Konsums verschiedener Drogen wie Nikotin, Alkohol und Rauschmittel informiert werden sollen. Dabei wird traditionellerweise das Krankheitskonzept des Alkoholismus zugrundegelegt, indem die psychotropen Wirkungen verschiedener Drogen dargestellt, auf die schrittweise Entwicklung einer Abhängigkeit von solchen bewußtseinsverändernden Substanzen hingewiesen und vor den möglichen körperlichen, persönlichen und sozialen Konsequenzen gewarnt wird. Das methodische Vorgehen orientiert sich oft an direktiv-pädagogischen Formen des Frontalunterrichts, der sich oft an größere Gruppen wendet. Vom Autor (Petry 1981) wurde auf die Probleme dieses Vorgehens hingewiesen, da in der Regel zu wenig einschlägige Ergebnisse, vor allem aus der Einstellungsforschung, berücksichtigt werden. So findet oft eine Einwegkommunikation statt, die Informationsverarbeitungskapazität der Zuhörer wird nicht ausreichend berücksichtigt, dem Problem schichtspezifischer und fachsprachentypischer Sprachbarrieren wird zu wenig Aufmerksamkeit geschenkt und es werden Bumerangeffekte ausgelöst, die aus zu großen Diskrepanzen zwischen den Einstellungen des Vermittlers und seiner Adressaten resultieren.

Darüber hinaus wird die Wirksamkeit solcher aufklärerischen Präventionsmaßnahmen in der Regel überschätzt. Nach einer Übersichtsarbeit von Moskowitz (1989) besteht nur eine sehr geringe Evidenz, daß die pädagogische Wissensvermittlung auf diesem Gebiet zu effektiven Verhaltensveränderungen führt. Er konstatiert, daß in diesem Bereich eher Maßnahmen zur Verringerung der Verfügbarkeit des Alkohols und der sozialen Kontrolle alkoholbezogenen Verhaltens durch gesetzliche Maßnahmen wie der Besteuerung von alkoholischen Getränken oder verkehrspolitische Einschränkungen zu erwünschten Verhaltensänderungen führen. Edwards et al. (1994) gehen davon aus, daß der wissenschaftlich schwer nachweisbare Langzeiteffekt von Aufklärungsmaßnahmen in der Veränderung des öffentlichen Problembewußtseins besteht, so daß die genannten gesetzlichen Maßnahmen zur Einschränkung des Alkoholkonsums besser akzeptiert werden. Obwohl die vorliegende Arbeit sich nicht mit solchen primärpräventiven Maßnahmen beschäftigt, sondern im Bereich der tertiären Prävention, d.h. der Rückfallprophylaxe bei bereits suchtmittelabhängigen Personen angesiedelt ist, soll auf diesen Aspekt hingewiesen werden, denn auch in diesem Anwendungsbereich wird die theoretische Ableitung solcher Interventionen vernachlässigt, da entsprechende Informationsprogramme von ihrem Inhalt her zunächst per se als wirksam angesehen werden. Im folgenden soll deshalb aus der sozialpsychologischen Einstellungsforschung unter besonderer Berücksichtigung des Problems der furchterregenden Appelle ein klinisches Modell zur effektiven Informationsvermittlung abgeleitet werden.

Überredende Kommunikation

Das Paradigma der klassischen Einstellungsforschung wurde im Rahmen des Yale-Forschungsprogramms unter Leitung von Hovland (Janis & Hovland 1959) entwickelt. Um den Einfluß verschiedener Faktoren auf die

Einflußgrößen

Kommunikation
- Fachkompetenz
- Glaubwürdigkeit
- Status
- Ethnische Zugehörigkeit
- Religion

Botschaft
- Reihenfolge
- Ein- vs. zweiseitig
- Appellcharakter
- Explizit vs. implizit

Adressat
- Beeinflußbarkeit
- Ausgangsposition
- Intelligenz
- Selbstbewußtsein
- Persönlichkeit

interne Prozesse

- Aufmerksamkeit
- Verständnis
- Annahme

Effekte

Einstellungswandel
- Meinungsänderung
- Wahrnehmungsänderung
- Gefühlsänderung
- Verhaltensänderung

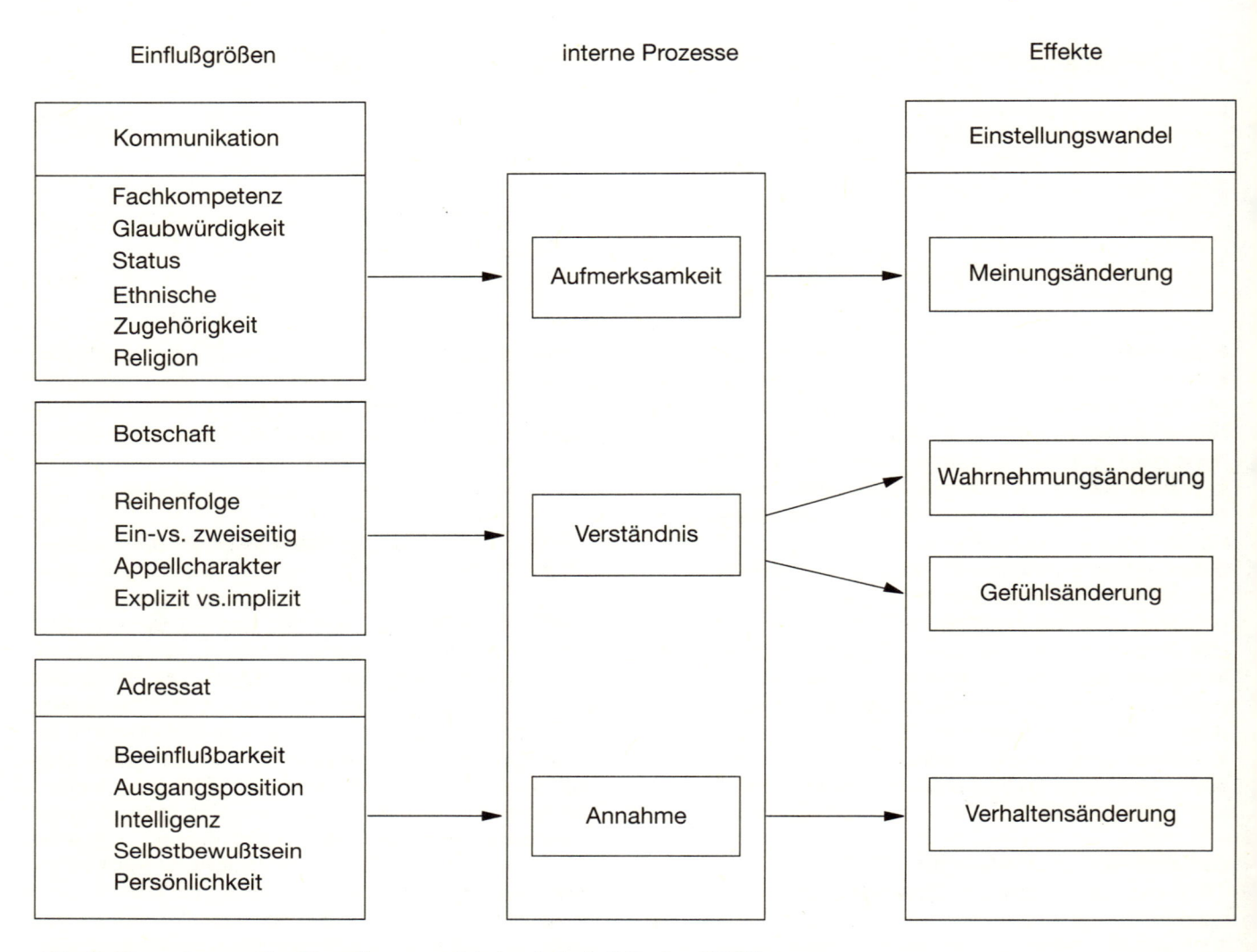

Abb. 3. Determinanten des Einstellungswandels (nach Janis & Hovland 1959)

Effektivität von überredender Kommunikation zu erfassen, ging diese Forschungsgruppe von einem einfachen Modell zur Informationsvermittlung aus, indem sie die Frage stellte: „Wer sagt was zu wem mit welcher Wirkung". Es wird also zwischen einem Kommunikator (wer), der Nachricht (was) und dem Empfänger (wem) unterschieden, wobei der Einstellungswandel durch die Informationsaufnahme, deren Verständnis und die Annahme durch den Empfänger vermittelt ist.

Dieses allgemeine Modell wurde von McGuire (1968) präzisiert, indem der Prozeß des Einstellungswandels durch Überredung in die beiden Bestandteile der Rezeption (Aufnahme und Verständnis) und der Akzeptanz unterteilt und die weitergehenden Stufen des Beibehaltens und der resultierenden Verhaltensänderung ausgeklammert wurden, da diese nicht als unmittelbares Resultat einer Kommunikation anzusehen sind. Von entscheidender Bedeutung ist, daß die beiden Einflußgrößen der Rezeption des Nachrichteninhaltes und der Akzeptierung dieser Inhalte durch den Empfänger von jeweils unterschiedliche Faktoren beeinflußt werden. In der Folge wurde dann eine Vielzahl empirischer Untersuchungen durchgeführt, welche den unabhängigen Einfluß verschiedener Faktoren auf den Einstellungswandel zu erfassen suchten, wozu verschiedene Merkmale des Kommunikators, die Art und Form der Nachrichtengestaltung und persönliche Eigenschaften der Zielgruppe gehörten. Die dabei gewonnenen Ergebnisse finden sich in der einschlägigen sozialpsychologischen Literatur (Stroebe 1980; Stroebe & Jonas 1992). Eines dieser Merkmale erscheint für die vorliegende Fragestellung von besonderer Relevanz, so daß darauf näher eingegangen werden soll.

Furchterregende Appelle

Da bei dem Problem des Alkoholmißbrauchs und der Abhängigkeit die langfristigen negativen Folgen dieses selbstschädigenden Verhaltens besonders deutlich in Erscheinung treten, wird dem Appellcharakter der Kommunikation im Rahmen der präventiven Informationsvermittlung besondere Bedeutung beigemessen. Die Entwicklung der Einstellungsforschung zum Vergleich von sachlichen Appellen mit einer furchterregenden Kommunikation wurde durch die klassische Arbeit von Janis und Feshbach (1953) angeregt. In dieser Untersuchung erhielten Schüler einen Vortrag über die Folgen schlechter Zahnpflege, wobei mit Hilfe von Dias und entsprechenden Argumenten drei verschiedene Abstufungen der Furchterregung einer ansonsten identischen Kommunikation verwirklicht wurden. Als Resultat ergab sich, daß eine Woche später die Empfehlungen zur Zahnpflege bei geringerer Furchterregung eher befolgt wurden.

Theoretisch war zunächst von der Trieb-Reduktions-Hypothese zur Auswirkung solcher furchterregenden Kommunikationen ausgegangen worden, wonach die in einem furchterregenden Appell enthaltene Warnung zu einem inneren Spannungszustand führen sollte, der durch Ausführen der jeweils empfohlenen Gegenmaßnahme abgebaut werden kann. Da dies nicht die ursprünglichen Befunde erklären konnte, wurde zusätzlich angenommen, daß eine Interaktion zwischen Furchterregung und Effektivität der empfohlenen Gegenmaßnahme besteht, so daß eine hohe Furchterregung nur bei großer Effektivität der Gegenmaßnahme zu größeren Einstellungs- und Verhaltensänderungen führt. Bei einer geringen Effektivität dieser Maßnahme wird eine gegenteilige Wirkung erwartet, indem eine Abwertung des Kommunikators durch den Empfänger erfolgt. Da sich diese Annahmen empirisch nicht ausreichend bestätigen ließen, hat die Trieb-Reduktions-Hypothese zunehmend an Bedeutung verloren. Die späteren Untersuchungsergebnisse ergaben im Gegensatz zu dem Befund von Janis und Feshbach insgesamt eine positive Beziehung zwischen Ausmaß der Furchterregung und des resultierenden Einstellungswandels und, bezogen auf Verhaltensänderungen, eine Tendenz zur Wirksamkeit von Furchtappellen, wenn die vorgeschlagene Schutzmaßnahme spezifisch genug war. Eine Einschränkung ergibt sich aus dem Vorschlag von Triandis (1975), der von einer invertierten U-Kurve beim Zusammenhang zwischen Furchtintensität und Ausmaß des Einstellungswandels ausgeht. Danach lösen Furchtappelle mittlerer Stärke den stärksten Einstellungswandel aus, da zu geringe Furcht ein kaum ausreichendes Interesse für die Aufnahme provoziert und eine zu starke Furchterregung die Akzeptanz der Kommunikation durch Abwehrprozesse einschränkt.

In der Folge wurde die Überbetonung des emotionalen Aspektes bei der furchterregenden Kommunikation kritisiert und auf die Notwendigkeit zur Einbeziehung kognitiver Prozesse hingewiesen. Den Ausgangspunkt dazu bildete die Unterscheidung von Leventhal (1970) zwischen Gefahrenkontrolle und Furchtkontrolle, so daß der emotionale und kognitive Aspekt getrennt werden konnte, was zu der Schlußfolgerung führte, daß die kognitiven Konsequenzen eines Furchtappells wichtiger zu sein scheinen als die affektiven Auswirkungen. Stroebe und Jonas (1990) verweisen in diesem Zusammenhang auf die Schutzmotivationstheorie.

Nach der ursprünglichen Schutzmotivationstheorie von Rogers (1975) wird der Einstellungswandel durch Furchtappelle im Sinne des Erwartungs-Wert-Modells als Resultat von drei Faktoren angesehen. Es handelt sich um das Ausmaß der Schädlichkeit des angedrohten Ereignisses, der Auftretenswahrscheinlichkeit dieses Ereignisses und der Effektivität der vorgeschlagenen Schutzmaßnahme. Danach erfolgt der größte Einstellungswandel, wenn der erwartete Schaden groß, sein Eintreten sehr wahrscheinlich ist und die vorgeschlagene Gegenmaßnahme als sehr wirksam durch den Empfänger wahrgenommen wird. Bei der experimentellen Überprüfung dieser Modellvorstellung fanden Rogers und Mewborn (1976) anhand einer studentischen Stichprobe, bei der mittels verschiedener Kommunikationen u.a. das Rauchverhalten verändert werden sollte, zwar keine Bestätigung des angenommenen multiplikativen Zusammenhangs dieser drei Variablen, jedoch eine gewisse Bestätigung der zugrundeliegenden Grundannahmen. Es zeigte sich, daß bei hoher Effektivität der vorgeschlagenen Schutzmaßnahme eine größere Bereitschaft zu ihrer Ausführung erzielt wurde, während die beiden anderen Variablen nur dann einen entsprechenden Einstellungswandel erzielten, wenn gleichzeitig die Bedingung einer hohen Effektivität der Schutzmaßnahme gegeben war.

Inzwischen wurde die Schutzmotivationstheorie durch Maddux und Rogers (1983) erweitert, indem als vierte Variable die Selbstwirksamkeit im Sinne Banduras (1977) einbezogen wurde. Es muß danach also auch noch berücksichtigt werden, inwieweit die Zielperson sich zutraut, das zur Erzielung des erwünschten Ergebnisses notwendige Verhalten ausführen zu können. Bei der empirischen Überprüfung dieser erweiterten Schutzmotivationstheorie in einer Untersuchung über die Veränderung des Rauchverhaltens bei Studenten erwiesen sich die Effektivität der vorgeschlagenen Schutzmaßnahme und die Selbstwirksamkeitserwartung als die beiden entscheidenden Einflußgrößen. Aus den gefundenen Wechselwirkungen zwischen allen Variablen ließen sich zwei bevorzugte Entscheidungsstrategien herausarbeiten. Es handelt sich um eine Vorbeugungsstrategie, bei der das Eintreten des negativen Ereignisses nur eine geringe Wahrscheinlichkeit hat, die vorgeschlagene Maßnahme jedoch als effektiv und leicht verwirklichbar erlebt wird („Ich kann es ja vorsichtshalber versuchen") und eine Übervorsichtigkeitsstrategie, bei der unter der Bedingung, daß das negative Ereignis sehr wahrscheinlich ist, eine Einstellungsänderung bereits erfolgt, wenn entweder die Effektivität der Maßnahme oder deren Ausführbarkeit gegeben ist („Ich kann durch einen Versuch nichts verlieren, aber viel gewinnen").

Zum Einstellungswandel unter spezieller Berücksichtigung des Appellcharakters der Kommunikation liegen die meisten Arbeiten aus dem Bereich der primären Prävention vor, d.h. bezogen auf Schüler und Studenten mit beginnendem Alkohol- und Drogenkonsum. Von Fritzen und Maser (1975) wurde die Stärke des Furchtappells (hoch versus niedrig) und die Betroffenheit des Kommunikators (Alkoholiker versus Nichtalkoholiker) variiert und hinsichtlich der Auswirkungen auf den Wissenserwerb, die Einstellung zum Trinkverhalten und das berichtete Trinkverhalten erfaßt. Dabei wirkte sich die Höhe der Furchterregung nicht auf den Wissenserwerb aus, während eine starke Furchterregung zu negativeren Einstellungen zum Trinkverhalten führte. Es zeigte sich jedoch kein Einfluß des Furchtappells auf das berichtete Trinkverhalten, wobei sich allerdings eine Wechselwirkung mit der Betroffenheit des Kommunikators fand, indem ein geringer Furchtappell durch einen Alkoholiker den größten Einfluß auf das Trinkverhalten hatte, während ein hoher Furchtappell durch einen Nichtalkoholiker am wenigsten wirksam war.

In einer Untersuchung von Hornung (1976) zur Einstellung gegenüber Haschisch, bei der die Furchterregung des Appells in drei Stufen und die Glaubwürdigkeit des Kommunikators in zwei Stufen variiert wurde, fanden sich unterschiedliche Resultate in Abhängigkeit von den abhängigen Einstellungsvariablen. Bezogen auf die kognizierte Gefährlichkeit von Haschisch erwies sich ein mittlerer Grad der Furchterregung als am wenigsten effektiv, während sich, bezogen auf den Konsumwunsch, keine Unterschiede in Abhängigkeit vom Ausmaß der Furchterregung zeigten, dafür aber bei einem glaubwürdigeren Kommunikator ein geringerer Konsumwunsch auftrat. Der Autor resümiert, daß seine Ergebnisse keine eindeutigen Schlüsse auf die Gestaltung von Aufklärungsmaßnahmen zulassen. Von In Albon (1982) wird über eine experimentelle Studie mit Schülern berichtet, nach der eine furchterregende Botschaft sowohl bezüglich der Einstellungen gegenüber dem Alkohol als auch der einstellungsbezogenen Verhaltensweisen eine größere Wirksamkeit hervorrief als die nicht furchterregende Botschaft. Nach Williams et al. (1985), welche die Furchterregung des Appells und die Glaubwürdigkeit des Kommunikators variierten, zeigte sich, bezogen auf den Wissenserwerb, ein positiverer Effekt bei einem geringen Furchtappell und einem glaubwürdigen Kommunikator, während sich keine Einstellungsänderungen erzielen ließen.

Bezogen auf die für die vorliegende Arbeit relevanten Untersuchungen zur tertiären Prävention liegen nur wenige Untersuchungen vor. Dazu wurde von Brown (1979) die Auswirkung einer furchterregenden Kommunikation bei behandelten Alkoholikern im Vergleich zu einer Kontrollgruppe erfaßt. Inhaltlich wurde dabei der Zusammenhang zwischen Hirnschädigung und Alkoholmißbrauch angesprochen. Als Resultat zeigte sich eine Zunahme der negativen Einstellung zum eigenen Trinkverhalten, nicht jedoch zum Trinkverhalten anderer Personen, was besonders bei Alkoholikern mit einer verstärkten Tendenz zur Konformität auftrat. Die Auswirkung auf das Konsumverhalten selbst wurde nicht erfaßt.

In einer Studie von Steele und Southweck (1981) konnte in einem Kontrollgruppenplan mit starken und moderaten Alkoholkonsumenten die Furchterregung (hoch versus niedrig) gleichzeitig mit der vorliegenden Ursachenattribution (Alkoholismus als erlernte Verhaltensstörung versus unheilbare Krankheit) variiert werden. Dabei zeigte sich, daß vor allem bei den starken Alkoholkonsumenten die Furchterregung zu einer Verstärkung der Absicht führte, den Alkoholkonsum unter der Bedingung einzuschränken, daß der Alkoholismus als erlernte Verhaltensstörung dargestellt wurde. Auf der Verhaltensebene zeigten sich jedoch gegenteilige Effekte, da bei den starken Alkoholkonsumenten eine Zunahme des Alkoholkonsums registriert wurde und bei der Kontrollgruppe die furchterregende Kommunikation mit einer Abnahme der sonst positiven Korrelation zwischen der Absicht, den Alkoholkonsum einzustellen und den realen Verhaltensänderungen verbunden war. Aufgrund dieser Befunde kann vermutet werden, daß bei einer furchterregenden Kommunikation die Gefahr besteht, positive Selbstwirksamkeitserwartungen und Selbstkontrollfähigkeiten zu untergraben, so daß trotz der Absicht, die negativen Folgen des Trinkens zu vermeiden, dies nicht in entsprechendes Verhalten umgesetzt wird bzw. sogar gegenteilige Reaktionen ausgelöst werden.

Die Inkonsistenz der Ergebnisse zur furchterregenden Kommunikation verweist auf die Schwierigkeit, die Komplexität des Einstellungswandels durch überredende Kommunikation zu erfassen, so daß bei dem Herausgreifen einzelner Variablen nicht mit eindeutigen Ergebnissen zu rechnen ist. Weiterhin scheinen die Ergebnisse kaum generalisierbar, da sie je nach der Untersuchungsstichprobe, Art der vorgegebenen Kommunikationsinhalte und Wahl der abhängigen Variablen stark variieren. Es ließe sich auch auf die theoretische Kritik von Fishbein und Ajzen (1975) an der klassischen Einstellungsforschung verweisen, wonach die mangelnde Übereinstimmung zwischen erfragten Einstellungen und gezeigtem Verhalten aus deren unterschiedlicher Spezifität resultiert. Eine größere Korrespondenz wäre nur zu erwarten, wenn sich die in Verbindung gebrachten Einstellungen und Verhaltensweisen gleichermaßen auf eine spezifische Handlung, Situation und ein spezifisches Objekt bezögen. Es macht also wenig Sinn, Einstellungen zum Alkohol und den Folgen des Alkoholmißbrauchs zu verändern, ohne auf die Einstellungen und subjektiven Normen einzugehen, welche die Verhaltensabsicht und darüber das Trinkverhalten bestimmen (Fishbein et al. 1980). Inzwischen scheint sich der Forschungsschwerpunkt aufgrund dieser Einwände auf Fragestellungen zu dem im folgenden dargestellten Health-Belief-Modell verschoben zu haben.

Das Health-Belief-Modell

Ursprünglich war das Health-Belief-Modell auf die Verbesserung von präventivem Gesundheitsverhalten gerichtet und wurde erst später auf das Complianceverhalten von Patienten mit unterschiedlichen körperlichen Erkrankungen erweitert. Inzwischen wird zwischen einem klassischen und einem erweiterten Health-Belief-Modell unterschieden. Das ursprüngliche Konzept wurde von sozialpsychologisch orientierten Autoren in den fünfziger Jahren entwickelt und vor allem von Rosenstock (1966) formuliert. Dabei werden vier kognitive Variablen als entscheidende Determinanten des Complianceverhaltens angesehen. Zunächst handelt es sich um die wahrgenommene Empfänglichkeit (perceived susceptibility) für die betreffende Erkrankung, d.h. die subjektive Wahrscheinlichkeit, mit der man von der Krankheit betroffen sein könnte. Des weiteren ist der wahrgenommene Schweregrad (perceived seriousness) der Krankheit von Bedeutung, also das Ausmaß der mit der Krankheit verbundenen Beeinträchtigungen für den Betroffenen. Daneben ist von Bedeutung, wie der wahrgenommene Nutzen (perceived benefits) der gegen die Krankheit gerichteten Maßnahmen, d.h. die Effektivität der Verhinderungs- oder Behandlungsmaßnahme, beurteilt wird. Schließlich müssen noch die wahrgenommenen Hindernisse (perceived barriers) berücksichtigt werden, d.h. die aufzubringenden Kosten, welche mit den erforderlichen Bewältigungsschritten verbunden sind. Nach dieser Vorstellung wird also angenommen, daß die Zielperson um so eher etwas zur Verhütung oder zur Veränderung einer Krankheit unternimmt, je höher die Erkrankungswahrscheinlichkeit und der angenommen Schweregrad der Erkrankung ist und je effektiver und am wenigsten aufwendig die notwendigen Gegenmaßnahmen beurteilt werden. Alle übrigen Einflußgrößen werden bei der ursprünglichen Formulierung des Health-Belief-Modells nur als indirekt wirksame Einflußgrößen angesehen, wozu neben soziodemographischen Merkmalen wie z.B. die Schichtzugehörigkeit, das Vorliegen von Hinweisreizen wie z.B. die vorhandenen medizinischen Behandlungsmöglichkeiten gehören.

Die Erweiterung des Health-Belief-Modells erfolgte aufgrund der Auswertung von empirischen Untersuchungen zur Überprüfung der ursprünglichen Modellformulierung. Rosenstock (1974) zieht aus einer Übersichtsarbeit den Schluß, daß sich zwar die Bedeutung der vorgeschlagenen kognitiven Einflußgrößen bestätigen ließ, gleichzeitig jedoch einzelne Ergebnisse für eine Erweiterung sprechen. So zeigte sich, daß neben den kognitiven Bewertungsfaktoren auch die Besorgnis um die eigene Gesundheit, d.h. eine allgemeine Gesundheitsmotivation berücksichtigt werden muß. Weiterhin erwies sich die Annahme einer linearen Beziehung zwischen den determinierenden Variablen als zu einfach, da gesundheitsbezogenes Verhalten eher bei einem ausgewogenen und nicht polarisierten Gleichgewicht zwischen Gesundheitsmotiv, erlebter Bedrohung durch die Erkrankung und dem subjektiven Kosten-Nutzen-Verhältnis der Gegenmaßnahme zu erwarten ist. Darüber hinaus wurde verstärkt der Prozeßcharakter von Entscheidungen für gesundheitsfördernde oder -hemmende Verhaltensweisen betont, welche sich aus der Interaktion zwischen Individuum und äußeren Ereignissen ergibt. Das erweiterte Health-Belief-Modell geht in seiner aktuellen Formulierung davon aus, daß gesundheitsbezogenes Verhalten durch ein komplexes Bedingungsgefüge von Gesundheitsmotivation, subjektiv erlebter Bedrohung durch die Erkrankung, erwarteter Wirksamkeit der Maßnahme, persönlicher Sperren gegenüber dem Bewältigungsverhalten, sozialem Druck oder Unterstützung und vorhandenen Hinweisreizen bestimmt wird.

Die Anwendung des Health-Belief-Modells auf den Bereich des Alkoholismus erfolgte zuerst durch Hingsen et al. (1980), die in einer Haushaltsbefragung 5.000 Bewohner eines Stadtbezirks von Boston hinsichtlich ihrer Trinkgewohnheiten, Trinkprobleme und Behandlungsversuche im Querschnitt erfaßten. Von den 1,8% der Befragten, die sich als Problemtrinker einstuften, waren 30% irgendwann einmal und 15% zum Untersuchungszeitpunkt in Behandlung, während 55% sich trotz eines angegebenen Suchtproblems nicht in Behandlung begeben hatten. In einer zwei Jahre darauf erfolgten Nachuntersuchung an derselben Stichprobe wurden von Hingsen et al. (1982) die Angaben von 271 Bewohnern, welche zu einem der beiden Untersuchungszeitpunkte ein Alkoholproblem angegeben hatten, genauer verglichen. Dabei zeigte sich, bezogen auf die Vorhersagen des Health-Belief-Modells, daß die Problemtrinker, die keine Behandlung aufgesucht hatten, ihr Problem als weniger schwerwiegend und leichter bewältigbar beurteilten als die Behandlungsnutzer, während sich die Bewertungen einer Therapiemaßnahme hinsichtlich erwartetem Erfolg und erforderlichen Mühen nicht bedeutsam unterschieden.

In einer Untersuchung von Rees et al. (1984) wurden die neu überwiesenen Patienten einer Suchtambulanz fortlaufend untersucht, wobei die wahrgenommene Schwere des Trinkverhaltens im Sinne negativer Konsequenzen von Bedeutung für die Differenzierung von

Behandlungsaufnehmern, schnellen und langsamen Abbrechern und Durchhaltern war. In einer nachfolgenden Untersuchung (Rees 1985) erwiesen sich von den vor Behandlungsbeginn erfaßten Gesundheitsüberzeugungen die wahrgenommene Schwere der Trinkproblematik und der erwartete Erfolg der Behandlungsmaßnahme, nicht jedoch die subjektiv erlebte Gefährdung und die wahrgenommenen Behandlungsbarrieren als entscheidend für das Complianceverhalten. In einer weiteren Untersuchung von Rees (1986) erbrachte der Versuch, das Complianceverhalten durch Veränderung der Gesundheitsüberzeugung zu verbessern, zwar erwünschte Einstellungsänderungen, aber keine Verhaltensverbesserungen. In einer retrospektiven Studie von Bardsley und Beckman (1988) ergab der Vergleich von behandelten und unbehandelten Problemtrinkern lediglich, daß die Patienten eine größere wahrgenommene Schwere ihres Suchtproblems aufwiesen und häufiger von auslösenden Hinweisreizen vor der Behandlung berichteten. Insgesamt zeigt sich somit in allen empirischen Untersuchungen, daß jeweils einzelne Gesundheitsüberzeugungen, insbesondere die Schwere des Trinkproblems, d.h. vermehrt vorhandene negative Konsequenzen, Beziehungen zum Complianceverhalten aufweisen.

Bereits durch Rosenstock (1974) wurden die Grenzen des Health-Belief-Modells aufgezeigt, indem er darauf hinwies, daß sich kaum zwei Studien finden lassen, welche die jeweils benannten Gesundheitsüberzeugungen mit identischen Fragen operationalisieren. Das erweiterte Health-Belief-Modell hat inzwischen eine solche Fülle und Heterogenität von Variablen postuliert, daß es bei dem vorherrschenden empiristischen Untersuchungszugang kaum verwundert, wenn immer wieder einzelne signifikante Beziehungen gefunden werden, deren Stabilität und Generalisierbarkeit jedoch zweifelhaft ist. Da bisher experimentelle Untersuchungen fehlen, muß der von Taylor (1982) vorgetragene Einwand, daß es sich bei den Gesundheitsüberzeugungen möglicherweise nicht um vorausgehende Bedingungen, sondern parallel zum Complianceverhalten verlaufende kognitive Veränderungen handelt, beachtet werden. Als Beleg konnte er an einer Gruppe von Hypertonie-Patienten zeigen, daß nicht die vor Beginn der medikamentösen Therapie erfaßten, sondern die in der Mitte des Behandlungszeitraums erhobenen Gesundheitsüberzeugungen das spätere Complianceverhalten vorhersagen konnten.

Von Weisner (1987) wurde zusätzlich auf Probleme aufmerksam gemacht, die sich auf die Übertragung dieses präventiven Gesundheitsmodells auf die Alkoholismustherapie beziehen. Sie verweist darauf, daß es sich bei den in Behandlung befindlichen Alkoholikern um eine ganz andere Gruppe handelt als die vorwiegend untersuchten Adressaten von präventiven Maßnahmen, da sie sich vor allem im Ausmaß der Stigmatisierung ihrer Erkrankung unterscheiden. Es ist also anzunehmen, daß bei Alkoholikern ganz andere Barrieren gegenüber einer Alkoholismusbehandlung bestehen, so daß auch eine andersartige Gewichtung der relevanten Gesundheitsüberzeugungen zu vermuten ist.

Die Versuche zur Veränderung selbstschädigenden Drogenkonsums mittels Informationsvermittlung über die Wirkungsweise von Rauschmitteln und die negativen Folgen des Drogenmißbrauchs haben insbesondere im Bereich der primären Prävention eine lange Tradition. Trotz der inhaltlichen Evidenz, die diesem Vorgehen zukommt, wird die Effektivität solcher Maßnahmen inzwischen skeptisch beurteilt, da sie sich als wenig verhaltenswirksam erwiesen haben. Darüber hinaus wurden in diesem Bereich zu wenig die Ergebnisse der sozialpsychologischen Einstellungsforschung berücksichtigt, z.B. die Tatsache, daß eine zu große Diskrepanz zwischen dem Inhalt der vermittelten Botschaft und den Einstellungen der Adressaten zu Bumerangeffekten führen kann.

Für den Bereich präventiver Aufklärungsmaßnahmen hat sich vor allem das Thema des Appellcharakters einer Botschaft als wichtige Fragestellung ergeben. Die bisher vorliegenden Ergebnisse sprechen insgesamt dafür, daß eine stärker furchterregende Kommunikation von größerem Einfluß ist, wenn sie mit spezifischen Verhaltensmaßregeln verknüpft ist. Bezogen auf den Alkoholmißbrauch und die bereits vorhandene Alkoholabhängigkeit sind die Ergebnisse jedoch eher inkonsistent, so daß sich das Forschungsinteresse verstärkt auf umfassendere Modellvorstellungen verschoben hat, die ein komplexes Gefüge kognitiver Variablen einbeziehen. Dazu gehört das Health-Belief-Modell, welches zunächst eine Beziehung zwischen Gesundheitsüberzeugungen und Complianceverhalten hergestellt hat und später aufgrund empirischer Überprüfungen zu einer stärkeren Betonung der Gesundheitsmotivation, des Einflusses sozialer Bezugspersonen und der wahrgenommenen Möglichkeiten des medizinischen Versorgungsangebotes geführt hat.

3.2 Verhaltensdiagnostik und Selbstkontrolle

Ausgehend von der Arbeit von Kanfer und Saslow (1965) hat sich in der Verhaltenstherapie ein eigenständiger diagnostischer Ansatz entwickelt, der sich von der persönlichkeitstheoretischen Testpsychologie abgrenzt (Reinecker 1994). Im Zentrum dieses Vorgehens steht die Verhaltensanalyse, welche in ihrer klassischen Form (Lutz 1978) die Beschreibung des symptomatischen Verhaltens, dessen vorausgehende und nachfolgende Reizbedingungen, seine Entwicklungsgeschichte und frühere Kontrollversuche zur Überwindung des Problemverhaltens beinhaltet, um daraus die angestrebten Therapieziele sowie die erforderlichen Veränderungsschritte abzuleiten. Dieses Vorgehen bleibt auch fester Bestandteil der modernen Verhaltenstherapie, wobei jedoch im Rahmen einer umfassenderen Problemanalyse (Bartling et al. 1991) auch die inneren Prozesse der Handlungssteuerung und zielgerichtete Handlungspläne berücksichtigt werden.

Aus der klinischen Praxis entstand schon früh die Erkenntnis, daß die Verhaltensanalyse an sich starke therapeutische Wirksamkeit besitzt, da sie bereits zu erheblichen Veränderungen des symptomatischen Verhaltens führen kann. Darüber hinaus erwies sich die aktive Teilnahme des Klienten als entscheidende Voraussetzung zur Realisierung dieser Methode, was zur Entwicklung von Selbstmodifikationsansätzen geführt hat (Teegen et al. 1996), bei denen der Klient zur Durchführung einer selbständigen Verhaltensanalyse angeleitet wird, um sein eigener Verhaltenstherapeut zu werden. Damit verbindet sich die Verhaltensdiagnostik mit wesentlichen Bestandteilen des Konzeptes der Selbstkontrolle, da dabei ebenfalls die aktive Teilnahme des Klienten gefördert wird, indem er zur Selbstbeobachtung als erstem Schritt zur Selbstkontrolle angeregt wird (Scheele 1981).

Das Konzept der Selbstkontrolle

Die Verhaltenstherapie hat in ihrer Entwicklung verschiedene Stadien von den ursprünglich behavioristischen Vorstellungen über kognitiv orientierte Ansätze bis zu den heutigen handlungstheoretischen Modellvorstellungen durchlaufen. Bereits die behavioristische Verhaltenstherapie hat sich, obwohl sie vorwiegend Fremdkontrollmethoden angewandt hat, mit dem Problem der Selbstkontrolle beschäftigt und Methoden entwickelt, die sie nicht mehr theoretisch integrieren konnte. Das entscheidende Verdienst dieser frühen Phase lag in der Kritik an dem bis dahin verbreiteten persönlichkeitstheoretischen Konzept der „Willenskraft", d.h. einer Eigenschaft, welche man entweder besitzt oder nicht, indem sie die Selbstkontrolle als eine erlernbare Fertigkeit postuliert hat (Reinecker 1978). Dabei wurde jedoch durch Skinner (1953) Selbstkontrolle noch im Rahmen der Gesetzmäßigkeiten fremdkontrollierter Lernprozesse definiert. Er unterscheidet bei der Beschreibung von Selbstkontrollprozessen die zu kontrollierende Reaktion (das Problemverhalten) von der kontrollierenden Reaktion (die Selbstkontrollreaktion) und definiert danach Selbstkontrolle als Einsatz der Selbstkontrollreaktion zur Beeinflussung derjenigen Bedingungen, die das Problemverhalten aufrechterhalten.

Dieser klassische Ansatz zur Selbstkontrolle war jedoch nicht mehr in der Lage zu erklären, wie es zum Entschluß zur Selbstkontrolle, der damit verbundenen Entscheidungs- und Bewertungsprozesse sowie der Aufrechterhaltung und dem Abbruch des Selbstkontrollprozesses kommen kann. Hartig (1974) verweist auf dieses Paradoxon der Selbstkontrolle, wonach entgegen allen Gesetzen der klassischen Lerntheorie ein in der Vergangenheit positiv verstärktes Verhalten mit hoher Auftretenswahrscheinlichkeit durch ein Verhalten mit einer niedrigen Auftretenswahrscheinlichkeit abgelöst wird. Dies erinnert an das abenteuerliche Kunststück des Freiherrn von Münchhausen, der es schaffte, nachdem er samt seinem Pferd bis zum Hals im Morast steckte, sich mit der Stärke seines eigenen Armes an seinem eigenen Zopf samt dem Pferd, welches er zwischen den Knien hielt, aus dem Sumpf herauszuziehen. An dieser Stelle bleibt zur Lösung des Dilemmas nur noch die Möglichkeit, von einem bewußtseinsfähigen Individuum auszugehen, welches aufgrund kognitiver Vermittlungsprozesse in der Lage ist, das eigene Verhalten zu kontrollieren.

In diesem Sinne geht Meichenbaum (1975) von einem dreistufigen Modell der Selbstkontrolle aus, bei dem in der ersten Stufe neue Gefühle und Gedanken wahrgenommen werden, welche die motivationale Basis für eine Veränderung bilden, so daß in einer zweiten Stufe Gedanken auftreten, die mit dem bisherigen Verhalten nicht vereinbar sind, was zur Verhaltensänderung führt. Durch Beurteilungsprozesse im Sinne von Ursachenattributionen werden im dritten Schritt dann die erzielten Verhaltensveränderungen stabilisiert. Aus diesem kognitiv erweiterten Selbstkontrollmodell wurden in der Folge neue verhaltenstherapeutische Methoden entwickelt, die über die klassische Reizkontrolle und Selbstverstärkung hinaus verschiedene Möglichkeiten der sogenannten verdeckten Kontrolle in die Verhaltenstherapie einbezogen (Mahoney 1979).

Aus der Kritik an der kognitiven Verhaltenstherapie (Jaeggi 1979; Scheele 1981) haben sich handlungstheoretische Konzepte der Selbstkontrolle entwickelt, die in der Lage sind, sowohl die vorangehenden motivationalen Bedingungen als auch die problemzentrierten Informationsverarbeitungsprozesse sowie die Bewertungsreaktionen zu integrieren, indem von einem aktiv handelnden Subjekt ausgegangen wird. Als Beispiel dafür kann das aktuelle Selbstregulationsmodell von Kanfer et al. (1990) gelten, welches sich aus mehrfachen Überarbeitungen von ursprünglich in der behavioristischen Tradition stehenden Vorstellungen entwickelt hat.

Danach setzt Selbstregulation dann ein, wenn alltägliche Gewohnheiten in ihrem Verhaltensfluß unterbrochen werden oder gesetzte Zielvorstellungen nicht erreicht werden. In dieser Situation richtet das Individuum die Aufmerksamkeit auf sein eigenes Verhalten und sammelt im ersten Schritt Informationen über seine momentanen Handlungen (Selbstbeobachtung), vergleicht dies mit vorhandenen Standards (Selbstbewertung), woraus sich dann ein Rückkopplungsprozeß ergibt, bis die Reaktion den persönlichen Standards entspricht (Selbstverstärkung). Darüber hinaus können sich daraus Veränderungen vorhandener Standards bzw. die Etablierung von Erwartungen für ähnliche Verhaltensmuster ergeben. Dieser Selbstkontrollvorgang setzt gleichzeitig Attributionsprozesse voraus, da eine Veränderung nur möglich ist, wenn die Situation als kontrollierbar erlebt wird, d.h. veränderbare Ursachen angenommen werden. Für die klinische Praxis bedeutsam erscheint auch noch die Unterscheidung zwischen Rückmeldungsprozessen, die sich aus dem unmittelbaren Handeln ergeben und solchen, die lediglich von einer Handlungsantizipation ausgehen. Im letzteren Fall können verzerrende Vorstellungen und Befürchtungen eine Veränderung blockieren, da sie direkte Rückmeldungen über neue Verhaltensweisen verhindern.

Ein klinisches Arbeitsmodell zur Selbstkontrolle

Nach Kanfer et al. (1990) besitzt die Selbstkontrolle als ein Spezialfall der Selbstregulation besondere klinische Relevanz. Als wesentliches Merkmal der Selbstkontrolle wird angesehen, daß die vorhandenen Verhaltensalternativen für die Person konflikthaft sind. Selbstkontrolle läßt sich nach Hartig (1974: 327) definieren „als einen Vorgang, bei dem ein Individuum in einer Konfliktsituation, in der für eine bestimmte Reaktion sowohl positive als auch negative Konsequenzen zu erwarten sind, durch eigenständiges Einleiten einer alternativen, kontrollierenden Verhaltensweise die Auftretenswahrscheinlichkeit des konfliktbehafteten, zu kontrollierenden Verhaltens verändert." Von entscheidender Bedeutung für das Selbstkontrollverhalten sind also innere motivationale Prozesse, was nicht bedeutet, daß keine Umgebungseinflüsse vorliegen. So kann das Selbstkontrollverhalten z.B. durch soziale Rückmeldungen ausgelöst werden, die eine Diskrepanz zwischen eigenem Verhalten und normativen Standards beinhaltet. Auch die Aufrechterhaltung der Selbstkontrolle hängt oft wesentlich von den Reaktionen der sozialen Bezugsgruppe oder auch den Auswirkungen auf das körperliche und persönliche Wohlbefinden ab.

Das Problem der Selbstkontrolle besitzt aus mehreren Gründen besondere Bedeutung für den Bereich der Suchtmittelabhängigkeit. So benennt Marlatt (1985) im Rahmen seines Rückfallpräventionsmodells das zentrale „Problem der unmittelbaren Gratifikation". Er versteht darunter die durch positive Alkoholwirkungserwartungen vermittelte Rückfallgefahr, wenn dem Wunsch nach unmittelbarer Bedürfnisbefriedigung durch den erneuten Alkoholkonsum nachgegeben wird. Von Schneider (1982) wird auf die Beziehung zur Entstehungsgeschichte abhängigen Verhaltens hingewiesen, für die eine Vielzahl von gescheiterten Selbstkontrollversuchen typisch ist. Dies ergibt sich aus der Tatsache, daß mit zunehmendem Drogenmißbrauch immer mehr negative Folgen entstehen, was dazu führt, daß Versuche unternommen werden, das Trinkverhalten unter Kontrolle zu bekommen. Da es sich dabei häufig um inadäquate Problemlösungsstrategien handelt, die angesichts der bestehenden psychischen und physischen Abhängigkeit scheitern, wird auf entlastende kognitive Bewältigungsstrategien wie Selbstrechtfertigungen des Trinkverhaltens und leere Versprechungen gegenüber Sozialpartnern zurückgegriffen. Von Feldhege (1980) wird weiterhin darauf hingewiesen, daß die Rauschmittelabhängigkeit ein Verhaltensmuster darstellt, welches unter starker Fremdkontrolle steht und zu einer zunehmenden Einschränkung des Verhaltensrepertoirs führt. Diese anwachsende Konzentration auf den Drogenkonsum führt durch den zunehmenden Abbau von alternativen Verhaltensmöglichkeiten zu einer Einschränkung der Fähigkeit zur Selbstkontrolle.

Auf Kanfer (1977) geht eine Unterscheidung von Selbstkontrollsituationen hinsichtlich ihrer zeitlichen Dimension zurück. Danach gibt es selbstkontrollierte Wahlsituationen, bei denen der Konflikt nach der getroffenen Entscheidung beendet ist und Situationen, in denen über einen längeren Zeitabschnitt aversive Bedingungen ertragen oder positiven Konsequenzen widerstanden werden muß. Dieser letzte Situationstyp der Selbstkontrolle läßt sich besonders gut auf das Problem der Entscheidung für eine abstinente Lebensweise bei vorhandener Suchtmittelabhängigkeit beziehen. Bei dem Versuch, unmittelbar negative Konsequenzen zu ertragen, um langfristig positive Fortschritte zu erzielen, spricht man von „heldenhaftem Verhalten", welches darin bestehen kann, daß die körperlich unangenehmen Folgen der Einstellung des Suchtmittelkonsums in Form von Entzugserscheinungen und die negativen sozialen Reaktionen auf die gewählte Außenseiterrolle durchgestanden werden, um die längerfristig zu erzielenden gesundheitlichen, persönlichen und sozialen Vorteile einer abstinenten Lebensweise zu erreichen. Bei dem Verzicht auf Verhaltensweisen mit unmittelbar positiven Konsequenzen zur Verhinderung langfristig negativer Folgen spricht man vom „Widerstand gegen Versuchungen", indem der Drogenkonsument auf die angenehmen oder entlastenden Wirkungen des Suchtmittelkonsums verzichtet, um die daraus resultierenden negativen Folgen für seine Gesundheit und seine soziale Existenz zu vermeiden.

Zusammenfassend läßt sich feststellen, daß die klassisch orientierte Verhaltenstherapie einen fruchtbaren Beitrag zur Suchttherapie leistet, was sich an der Verknüpfung der Verhaltensanalyse mit Methoden der Selbstkontrolle belegen läßt. Die entscheidende Gemeinsamkeit ist dabei in der Selbstaktivierung der Klienten zu suchen, so daß die verhaltensanalytische Selbstbeobachtung bereits zu erheblichen Veränderungen des Problemverhaltens führen kann. Dabei konnte insbesondere durch die Arbeiten von Kanfer der klassische Selbstkontrollansatz inzwischen zu einem umfassenden Handlungsregulationsmodell weiterentwickelt werden, welches dem komplexen Gefüge innerer und äußerer Verhaltensbedingungen gerecht wird.

Im Zentrum dieses Modellansatzes stehen Rückkopplungsprozesse, die zu einer ständigen Weiterentwicklung der individuellen Verhaltensstandards führen und Erwartungsmuster für ähnliche Problemsituationen etablieren. Dem praktisch tätigen Kliniker stehen dabei inzwischen eine Vielzahl von Selbstkontrollmethoden zur Verfügung, die von der einfachen Selbstverstärkung bis zu Methoden der verdeckten Kontrolle reichen. Da der Selbstkontrollansatz zusätzlich einfach zu vermittelnde Modellvorstellungen zur Verfügung stellt, können damit die Klienten zur eigenverantwortlichen Selbstmodifikation angeleitet werden. Ein Beispiel dafür stellt die Unterscheidung zwischen den beiden Selbstkontrollsituationen des „Widerstandes gegen eine Versuchung" und des „heldenhaften Verhaltens" dar, welche sich besonders zur Charakterisierung der Überwindung von Suchtproblemen eignet.

3.3 Informationsverarbeitung und Kognitive Umstrukturierung

Die kognitive Psychologie hat sich in den achtziger Jahren zu einer zentralen psychologischen Disziplin entwickelt (Anderson 1989) und hat dadurch auch eine wichtige Bedeutung für die klinische Psychologie gewonnen, indem sie die Vorstellungen über die Ätiologie, Diagnose und Therapie psychischer Störungen verändert hat (Williams et al. 1988). Daneben wurden in der Psychotherapie zunehmend kognitive Ansätze und Verfahren entwickelt (Mahoney & Freeman 1985), die aus sehr unterschiedlichen Therapieschulen hervorgegangen sind und inzwischen zunehmend auch in die Alkoholismusbehandlung Eingang gefunden haben.

Das kognitive Modell

Nach Gardner (1989) gehen die verschiedenen Kognitionswissenschaften, d.h. die philosophische Erkenntnistheorie, kognitive Psychologie, künstliche Intelligenzforschung, Linguistik, Anthropologie und die Neurowissenschaften, von zwei gemeinsamen Grundannahmen aus. Zum einen wird informationsverarbeitenden Systemen die Fähigkeit unterstellt, die Welt in bestimmter Weise kognitiv abzubilden (mentale Repräsentation) und zum anderen werden elektronische Rechenmaschinen als Modell zum Verständnis menschlichen Verhaltens herangezogen (Computer-Metapher). Die menschliche Informationsverarbeitung wird also als ein symbolischer Verrechnungsprozeß konzipiert.

Bei der Übertragung dieses Modells auf den Bereich der klinischen Psychologie kommt der Depressionsforschung eine Schrittmacherfunktion zu. Dies läßt sich darauf zurückführen, daß in diesem Bereich schon sehr früh mit dem Konzept der „erlernten Hilflosigkeit" ein ätiologisches Modell für depressives Verhalten vorgelegt wurde (Seligman 1995) und wenig später ein breit anwendbares therapeutisches Verfahren zur Behandlung depressiver Störungen (Beck et al. 1992). Nach dem kognitionstheoretischen Konzept von Beck (1972; Hautzinger et al. 1989; Olcovius & Reinhard 1990) ist jede depressive Entwicklung durch eine kognitive Störung gekennzeichnet, die als sogenannte kognitive Triade der Depression, eine negativ verzerrte Bewertung der eigenen Person, ihrer gegenwärtigen Situation und ihrer zukünftigen Möglichkeiten beinhaltet.

Durch die darin enthaltenen Fehlinterpretationen werden positive Aspekte der eigenen Person abgewertet, ergeben sich negative Interaktionen mit der Umgebung und werden angesichts von Problemen Mißerfolge erwartet. Die selbstquälerischen Einstellungen werden vor allem dadurch aufrechterhalten, daß sich von Kindheit an durch negative Erfahrungen, z.B. Verlusterlebnisse, im Laufe der Lebensgeschichte entsprechende kognitive Schemata verfestigt haben. Diese stabilen Repräsentationen vergangener Erfahrungen, welche die Informationsverarbeitung steuern, äußern sich in typischen kognitiven Verzerrungsmustern. So neigen Depressive dazu, negative Erfahrungen selektiv wahrzunehmen und unangemessen zu generalisieren, sich selbst in absoluter und dichotomer Weise negativ zu beurteilen und systematisch positive Aspekte zu ignorieren. Aus diesen zugrundeliegenden dysfunktionalen Verarbeitungsformen entwickeln sich automatisch ablaufende Gedanken, die immer wieder um Themen wie Hoffnungslosigkeit, Selbstkritik und auch Selbstmord kreisen.

Es ließe sich, bezogen auf die im zweiten Kapitel dargestellten Befunde, in analoger Weise eine kognitive Triade des Alkoholismus postulieren, indem man von einer zumindest phasenspezifischen Abwehrtendenz bei Alkoholikern ausgeht (John 1989), eine verstärkte Neigung zur Externalität annimmt (Krampen & Fischer 1988) und auf die verschiedenen Aspekte einer depressiven Störung bei Alkoholikern verweist (Barnes 1979). Dabei ist zu berücksichtigen, daß diese drei Merkmale keineswegs immer und für alle Alkoholabhängigen zutreffen müssen und daß die dazu vorliegenden empirischen Befunde derzeit teilweise noch inkonsistent sind. Für den klinisch tätigen Suchttherapeuten lassen sich jedoch aus dieser Annahme therapeutische Interventionsstrategien ableiten, die darauf gerichtet sind, diese kognitiven Determinanten des abhängigen Verhaltens zu modifizieren.

Die klinische Fruchtbarkeit der Übertragung dieser aus der kognitiven Psychologie abgeleiteten Annahmen auf das Gebiet der klinischen Psychologie muß jedoch durch einige kritische Überlegungen eingeschränkt werden. So wurde von Beidel und Turner (1986) darauf hingewiesen, daß die Grundannahme von der Verursachung emotionaler Probleme durch gestörte Informationsverarbeitungsprozesse empirisch nicht ausreichend abgesichert ist, da entsprechende Gruppenvergleiche im Querschnitt keine eindeutigen Resultate erbracht haben und erste Längsschnittstudien eher vermuten lassen, daß es sich bei dysfunktionalen Kognitionen um begleitende Phänomene handelt. Von Ingram und Kendell (1986) wurde zusätzlich festgestellt, daß die klinisch tätigen Forscher von einem empirischen Untersuchungsansatz ausgehen, indem sie Fragebögen konstruieren, die mittels Selbstaussagen ihrer Klienten selbstschädigende Einstellungen und verzerrte Denkmuster erfassen, die eigentlich wenig mit den experimentell erforschten Variablen der Informationsverarbeitung, z.B. der Verarbeitungsdauer und der Güte des Verarbeitungsresultates, zu tun haben.

Kognitive Therapieverfahren

Als kognitive Therapie werden nach van Quekelberghe (1982) all diejenigen therapeutischen Verfahren bezeichnet, die sich vorrangig mit den subjektiven Einschätzungs- und Bewertungsprozessen von Ereignissen durch den Klienten beschäftigen. Das Ziel dieser therapeutischen Maßnahmen besteht in der Entwicklung von realitätsadäquateren Neueinschätzungen und der damit verbundenen Aktualisierung von entsprechenden Bewältigungsfertigkeiten (Ingram 1986).

Das konkrete therapeutische Vorgehen bei der kognitiv orientierten Therapie weist einige Unterschiede auf, die sich aus den Traditionen der jeweils zugrundeliegenden Schulrichtungen ableiten und mit den Namen besonders herausragender Kliniker verbunden sind. Im folgenden werden vier Gruppen solcher kognitiven Therapiestrategien kurz dargestellt.

Eine Schulrichtung der kognitiven Therapie bezieht sich auf die Entwicklung der rational-emotiven Therapie durch Ellis (1993). Als zentrale Grundannahme wird davon ausgegangen, daß sich emotionale Störungen daraus ergeben, daß bestimmte Situationen von verschiedenen Personen subjektiv unterschiedlich bewertet werden. Ein klinisches Beispiel dafür ist die Metapher vom Wasserglas, dessen Füllungszustand aus einer optimistischen Perspektive als noch halb voll und aus einer pessimistischen Perspektive als bereits halb leer bewertet wird. Ellis vertritt die Auffassung, daß Wahrnehmungen und Emotionen durch individuelle Glaubenssysteme beeinflußt werden und postuliert einige irrationale Grundüberzeugungen wie das Bedürfnis nach überragender Kompetenz oder den Wunsch nach einer besonders positiven Behandlung durch die Umgebung, welche selbstschädigend sind, d.h. zu negativen Emotionen wie Angst und Depressionen führen, da sie nicht realitätsgerecht sind.

Durch den therapeutischen Disput werden diese irrationalen Annahmen des Klienten in Frage gestellt, um zu situationsadäquateren Kognitionen zu gelangen und vorhandenes Vermeidungsverhalten abzubauen. Dabei kommen neben kognitiven Verfahren wie z.B. dem sokratischen Dialog auch emotive Strategien wie Mutproben und verhaltensorientierte Maßnahmen wie gestufte Verhaltensübungen zur Anwendung. Die rational-emotive Therapie wurde zunächst von einzelnen Klinikern (Shippers 1982; Merkle & Wolf 1994) auf den Alkohol- und Drogenmißbrauch angewandt. Inzwischen liegt von Ellis et al. (1988) ein umfangreiches therapeutisches Handbuch zur rational-emotiven Therapie des Alkoholismus und der Drogenabhängigkeit vor.

Eine zweite Gruppe kognitiver Therapieverfahren geht auf den Ansatz von Beck (Beck 1972; Beck et al. 1992) zurück. Wie bereits dargestellt, wird von der Grundannahme ausgegangen, daß eine Reihe verzerrender Denkmuster als Bedingungen der Entstehung und Aufrechterhaltung depressiver Störungen anzusehen sind. Im Rahmen seines kognitiv-behavioralen Ansatzes wird versucht, diese typischen depressiven Kognitionen und die damit verbundene Inaktivität des Klienten durch Bearbeitung vergangener und aktueller Erlebnisse und die Stellung von Hausaufgaben zu überwinden. Ziel ist es dabei, die logischen Inkonsistenzen der depressiven Denkweise und die mangelnde Übereinstimmung mit der Realität bewußt zu machen, um daraus alternative kognitive und behaviorale Bewältigungsfertigkeiten zu entwickeln und einzuüben.

Als Beispiel für das therapeutische Vorgehen kann die Spaltentechnik genannt werden (Beck et al. 1978). Dabei erhalten die Klienten die Aufgabe, emotionale Erlebnisse in Protokollen anhand vorgegebener Einteilungen zu analysieren. So müssen sie getrennt das jeweilige Ereignis, bezogen auf seinen situativen Kontext, beschreiben, davon unabhängig das dabei auftretende Gefühl benennen und die gleichzeitig ablaufenden sogenannten automatischen Gedanken möglichst genau erinnern. In einem zweiten Schritt können wiederum in einem zweispaltigen Protokoll die in den automatischen Gedanken enthaltenen unvernünftigen Denkweisen herausgearbeitet und vernünftigen Kognitionen gegenübergestellt werden. Darauf baut sich dann die Aufgabe auf, in realen Lebenssituationen beim Auftreten unvernünftiger Gedanken diese sofort in Frage zu stellen, um sie durch alternative Kognitionen zu ersetzen, so daß schrittweise neue positive affektive Zustände erlebt werden und frühere Passivitätstendenzen oder Vermeidungsstrategien aufgegeben werden können.

Eine interessante Anwendung dieser Therapieform auf die Alkoholabhängigkeit wurde von Emery und Fox (1981) vorgelegt. Sie betrachten nicht nur mögliche kognitive Verzerrungen bei den betroffenen Patienten, sondern auch bei den behandelnden Suchttherapeuten. Als gemeinsame therapiehinderliche Kognitionen nennen sie die Annahme, daß Alkoholiker manipulativ, nicht zielorientiert und dependent seien, so daß man sie jederzeit konfrontieren müsse, und arbeiten dazu alternative Vorstellungen heraus. Neben diesen suchtspezifischen kognitiven Verzerrungsmustern beschäftigen sie sich vorwiegend mit kognitiven Bedingungen, die zu Angst, Depressionen und Anspannung führen oder mit Schmerzzuständen und Schlafstörungen verbunden sind sowie Schwierigkeiten in der sozialen Interaktion auslösen, da sie davon ausgehen, daß solche Probleme im Zusammenhang mit der Überwindung des Alkoholmißbrauchs stehen.

Als eine weitere Schulrichtung von kognitiven Therapieverfahren sind diejenigen anzusprechen, die sich direkt aus der klinischen Verhaltenstherapie, d.h. im Rahmen der Überwindung der klassischen Verhaltenstherapie durch die kognitive Wende, entwickelt haben. Dazu gehören die Verfahren zur Veränderung verdeckter Auslöser des offenen Verhaltens, wie sie vor allem von Mahoney (1979) beschrieben wurden. Zu nennen ist die Methode der „coverant control", bei der das Problemverhalten dadurch reduziert werden soll, daß damit unvereinbare innere Gedanken eingeübt werden (Homme 1965) und die auf Wolpe (1958) zurückgehende Technik des Gedankenstopps, bei der eine Konzentration auf problemauslösende Gedanken erfolgt, die zunächst von außen mittels eines starken Reizes unterbrochen werden und anschließend vom Klienten durch eine stumme Selbstanweisung kontrolliert werden können.

Weiterhin ist das Selbstinstruktionstraining von Meichenbaum (1995) zu nennen, bei dem angenommen wird, daß fehlangepaßte innere Selbstgespräche Verhaltensstörungen auslösen, da diese inneren Dialoge eine handlungssteuernde Funktion besitzen. Eine weitere Methode wird als Kognitive Umstrukturierung benannt (Goldfried & Davieson 1979), bei der irrationale Annahmen u.a. dadurch überwunden werden sollen, daß der Therapeut als advocatus diaboli den Standpunkt dieser irrationalen Argumente übernimmt, um den Klienten zu motivieren, diese in Frage zu stellen. Ein weiterer Ansatzpunkt stellt das Problemlösungstraining (D'Zurilla & Goldfried 1971; D'Zurilla 1986) dar, bei dem auf der Grundlage eines allgemeinen Problemlösungsmodells, nach welchem die typischen aufeinanderfolgenden Phasen von Problemlösungsprozessen unterschieden werden, dem Klienten realitätsgerechte Problemlösungsstrategien für Alltagsprobleme vermittelt werden (Kämmerer 1983, 1986).

Bezogen auf die Suchtproblematik wurden von Feldhege (1980) im Rahmen eines Selbstkontrollansatzes die eher traditionellen Verfahren der kognitiven Verhaltenstherapie angewandt. Ein aktuellerer Ansatz zur kognitiven Verhaltenstherapie von Suchtproblemen, der sich an dem Streßbewältigungsmodell von Lazarus (Lazarus 1966; Lazarus & Folkman 1984) orientiert, wurde von Sanchez-Craig et al. (1987) vorgelegt.

Eine vierte Gruppe kognitiver Verfahren läßt sich auf die Anwendung von kognitiven Theorien, die innerhalb der Sozialpsychologie entwickelt wurden, zurückführen (Brehm 1980; Försterlin 1986). Dabei handelt es sich um Methoden der Dissonanztherapie (Haisch et al. 1983), die sich auf die Theorie der kognitiven Dissonanz von Festinger (1957) und deren theoretische Weiterentwicklung durch Brehm und Cohen (1962) beziehen. Die therapeutische Anwendung besteht in der Induktion kognitiver Dissonanzen, indem der Klient mit Informationen konfrontiert wird, die im Widerspruch zu vorhandenen Kognitionen stehen. Bei der Veränderung des problematischen Verhaltens ist es von Bedeutung, daß die Selbstverpflichtung des Klienten für alternative Verhaltensweisen und die veränderten Denkweisen aus einer Situation der Entscheidungsfreiheit heraus erzielt wird und äußere Rechtfertigungen des neuen Verhaltens vermieden werden, um die intrinsische Motivation zur Verhaltensänderung zu stärken.

Die Anwendung dissonanztherapeutischer Prinzipien auf Suchtprobleme wurde zunächst von Eiser (1978) vorgenommen, der zwischen konsonanten Rauchern, die keine Absicht aufweisen, ihr Rauchverhalten einzuschränken, da sie die negativen Konsequenzen des Nikotinmißbrauchs negieren, und dissonanten Rauchern, die trotz der Zustimmung zu negativen Aussagen über das Rauchen ihr Verhalten nicht einschränken können, unterschieden hat, woraus sich jeweils unterschiedliche Therapiestrategien ergeben. Von Miller (1983) wurde das Dissonanzkonzept auf die Probleme der Behandlungsmotivierung bei Alkoholikern angewandt, indem er verschiedene therapeutische Techniken entwickelt hat, die in einer nichtkonfrontativen Weise Dissonanzen bei Alkoholikern erhöhen, um sie zu einer Verhaltensänderung zu veranlassen (Miller 1989).

In einer neueren Untersuchung von Hoyer (1995) wurde unter Bezug auf die Dissonanztheorie von Festinger (1978) die Ambivalenz der Einstellung gegenüber dem kontrollierten Umgang mit Alkohol bei behandelten Alkoholikern und abstinenten Mitgliedern einer Selbsthilfegruppe vergleichend erfaßt. Mit Hilfe eines speziell konstruierten Einstellungsfragebogens wurden die positiven und negativen Einstellungen einer Person zum „gemäßigten Alkoholkonsum" in Form von kognitiven Triaden mit verschiedenen Lebensbereichen wie Freizeit, Sozialkontakt und Unabhängigkeit in Beziehung gesetzt. Aus der relativen Anzahl imbalancierter Triaden zu deren Gesamtzahl innerhalb des gewählten Begriffsfeldes konnte die Konflikthaftigkeit der Einstellung zum kontrollierten Umgang mit Alkohol operationalisiert werden. Obwohl sich die untersuchten Patienten nicht hinsichtlich der allgemein negativen Einstellung zum „gemäßigten Alkoholkonsum" von den abstinenten Alkoholikern unterschieden, wies ihr entsprechendes kognitives Feld eine größere Dissonanz auf, so daß bei der Entscheidung für eine abstinente Lebensweise mit größeren Nachentscheidungskonflikten zu rechnen ist. Hoyer empfiehlt deshalb für die Therapie eine gründliche Bearbeitung des jeweils bestehenden Einstellungssystems, indem die kurz- und längerfristigen Vor- und Nachteile der Fortsetzung oder der Einstellung des Alkoholkonsums mit Hilfe der von Janis und Mann (1977) entwickelten Entscheidungsmatrix analysiert werden sollten. Wenn also bei einem Alkoholiker in der Kontaktphase die Meinung besteht, daß ein „gemäßigter Alkoholkonsum" für seine Sozialkontakte förderlich ist, sollte im Rahmen der therapeutischen Konfrontation mit den Vor- und Nachteilen des Alkoholkonsums die Einstellung gefördert werden, daß ein fortgesetzter Alkoholkonsum langfristig die soziale Kontaktfähigkeit einschränken kann, wenn sich ein erneuter Suchtprozeß entwickelt. Die zentrale Aussage der Arbeit von Hoyer besteht darin, daß eine individuelle Analyse des gesamten kognitiven Feldes erfolgen sollte und ganz im Sinne des Motivierungsansatzes von Miller und Rollnick (1991) auch die wahrgenommenen Vorteile des Alkoholkonsums einbezogen werden müssen, um zu stabilen Verhaltensänderungen zu gelangen.

Ein zweiter Ansatz besteht in der therapeutisch angeleiteten Reattribution (Haisch 1983), die sich aus den Attributionstheorien ableiten läßt (Weiner 1976). Dabei wird angenommen, daß es sich bei emotionalen oder psychosomatischen Störungen um das Resultat von Mißattributionen handelt, welche durch entlastende Attributionen zu ersetzen sind. Dies können im Fall depressiver Störungen externale, spezifische und veränderbare Ursachenattributionen sein, um die problematischen internalen und stabilen Ursachenattributionen, die sich als Schuldgefühle äußern, abzubauen. Es kann jedoch auch, z.B. bezogen auf Suchtprobleme, erforderlich sein, internale Attributionen zu fördern, um die Eigenverantwortung zu stärken und um der Abwehr dienende Externalisierungen zu vermeiden.

Die Methoden der Attributionstherapie wurden von Haisch et al. (1985) auf die Therapie des Übergewichts angewandt und von Marlatt (Marlatt & Gordon 1980; Marlatt & Gordon 1985) auf das Problem der Rückfälligkeit bei Alkoholikern bezogen. Nach einer neueren Untersuchung von Schindler und Körkel (1994) zur Selbstwirksamkeit bei jungen Alkoholikern findet sich dazu der Hinweis, daß bei depressiveren Patienten, die ihren letzten Rückfall intern und stabil im Sinne einer bestehenden Willensschwäche attribuieren, eine geringere rückfallbezogene Selbstwirksamkeit besteht. Daraus läßt sich, in Übereinstimmung mit dem Rückfallpräventionsmodell von Marlatt (1985), eine differentielle Reattributionsstrategie ableiten. Danach erscheint es bei Alkoholikern, die eine erhöhte Depressivität und verminderte Selbstwirksamkeit aufweisen, sinnvoll, eine externale und variable Attribution bei der Bearbeitung von Rückfällen zu fördern, um Schuldgefühle zu verhindern, die zu einer Fortsetzung des Rückfallprozesses führen können.

Klinische Aspekte der Kognitiven Umstrukturierung

Zunächst ist bei der Anwendung kognitiver Therapiestrategien und -methoden auf ethische Probleme hinzuweisen, da dabei die Gefahr einer manipulativen Beeinflussung des Klienten besteht. Als Beispiel für eindeutige Verletzungen des therapeutischen Bündnisses wurde von Kopel und Arkowitz (1975) auf die frühe Anwendung attributionstheoretischer Prinzipien hingewiesen. Bei dieser vor allem auf emotionale Störungen und psychosomatische Beschwerden angewandten Attributionstherapie waren systematische Fehlattributionen ausgelöst worden, indem die Klienten durch manipulierte Rückmeldung über ihre Körperreaktionen getäuscht wurden, um entlastende Attributionsprozesse in Gang zu setzen. Dies widerspricht eindeutig der Transparenz als einem der zentralen verhaltenstherapeutischen Prinzipien.

Eine adäquate Grundstrategie der kognitiven Verhaltenstherapie ist in der Durchführung eines „sokratischen Dialoges" zu sehen. Der griechische Philosoph Sokrates war für seine sogenannte Hebammenmethode (Heckmann 1983) bekannt. Dabei hat er mit Hilfe des geschickten Gebrauchs von Fragen und des induktiven Denkens seine philosophischen Grundvorstellungen an seine Schüler vermittelt. Er ließ seine Gesprächspartner zunächst einen in Frage stehenden Begriff nach ihren Vorstellungen definieren, um sie danach durch dialogisches Infragestellen zu veranlassen, dazu im Gegensatz stehende Ausnahmen von der ursprünglichen Definition anzuerkennen. Die Diskrepanz zwischen der alten Definition und dazu im Widerspruch stehenden Tatsachen führte seine Schüler selbständig zu neuen und umfassenderen Begriffsbildungen. Die Einführung dieses methodischen Zugangs in die Psychotherapie erfolgte ursprünglich durch Matross (1974). Sie erfüllt wichtige Funktionen vor allem der kognitiv orientierten Therapie, da zum einen zu Beginn kognitive Dissonanzen hergestellt werden, die zu nachfolgenden Einstellungsänderungen führen müssen, um ein neues kognitives Gleichgewicht zu erlangen, und verursachen darauf aufbauend einen wichtigen Attributionseffekt, indem der Betroffene die Einstellungsänderung sich selbst und nicht seinem therapeutischen Partner zuschreibt.

Bei der inhaltlichen Zielsetzung der kognitiven Therapie der Suchtmittelabhängigkeit ist darauf besonders zu achten, daß die aus der suchtspezifischen kognitiven Triade, d.h. der erhöhten Abwehrbereitschaft, Externalität und Depressivität, ableitbaren Veränderungen nicht immer in die dazu entgegengesetzte Richtung gelenkt, sondern durch die individuellen Verhaltensanalyse des Klienten bestimmt sein müssen.

Bezogen auf die Abwehrbereitschaft bei Alkoholikern wurde bereits einschränkend darauf hingewiesen, daß sich diese vor allem auf die Kontaktphase beschränkt, d.h. nicht generell von einer erhöhten Verleugnungstendenz auszugehen ist. Weiterhin wurde festgestellt, daß die klinisch vorfindbaren Abwehrmechanismen nicht nur eine suchtstabilisierende Funktion haben können, sondern gleichzeitig zur Aufrechterhaltung der psychischen Identität des Betroffenen beitragen, also notwendige Verarbeitungsmechanismen der negativen Erlebnisse der Suchtentwicklung darstellen und darüber hinaus auch positive Funktionen im Rahmen der Stabilisierung einer abstinenten Lebensweise besitzen. Es ist also vor einer vorschnellen Konfrontation zu warnen, die sich auf solche vom Therapeuten wahrgenommene Abwehrhaltungen richtet.

Hinsichtlich der Tendenz zur Externalität läßt sich feststellen, daß sowohl eine Änderung zu einer größeren Internalisierung als auch zu einer größeren Externalisierung wünschenswert sein kann. So kann die Tendenz zur Internalisierung sowohl positive Aspekte haben, indem der Betroffene bereit ist, eine größere Verantwortung für sich und seine Lebensgestaltung zu übernehmen, als auch dysfunktional sein, wenn sie in Form von Selbstvorwürfen zu einer Verminderung des ohnehin bei Abhängigen herabgesetzten Selbstwertgefühls führt. Die Notwendigkeit zur Förderung einer Externalisierung läßt sich am Beispiel der Rückfallprävention erläutern. So kann es sinnvoll sein, bei der Erklärung von Rückfällen eine externale und variable Attribution zu fördern, um Vorstellungen über eine fehlende Kontrollfähigkeit zu verhindern, die zu einer Fortsetzung des Rückfallprozesses führen können. Auf der anderen Seite muß vermieden werden, daß der Abhängige sein Rückfallverhalten nur auf externe Faktoren zurückführt, indem er den Alkohol für seinen Mißerfolg verantwortlich macht, da damit wiederum seine Eigenverantwortlichkeit für die notwendige Verhaltensänderung untergraben wird.

Zusammenfassend läßt sich feststellen, daß die Übertragung der Grundannahmen des Informationsverarbeitungsmodells trotz der dabei bestehenden theoretischen Einschränkungen und der noch fehlenden empirischen Absicherung zur Entwicklung vielfältiger therapeutischer Strategien bei der Behandlung des Alkoholismus geführt hat. Dabei kann in Anlehnung an die Entwicklung innerhalb der Depressionsforschung und -therapie vorläufig eine kognitive Triade des Suchtmittelmißbrauchs angenommen werden. Es läßt sich zunächst davon ausgehen, daß sich in bestimmten Phasen der Suchtentwicklung verstärkt Abwehrtendenzen finden lassen, die eine Verhaltensänderung blockieren können. Darüber hinaus deuten immer mehr empirische Belege daraufhin, daß die Suchtproblematik mit Externalisierungstendenzen verbunden ist, die zur Aufrechterhaltung des Drogenmißbrauchs beitragen. Schließlich finden sich deutliche Belege für eine ausgeprägte Tendenz zur Depressivität bei Alkoholikern. Da bei allen diesen drei Aspekten kognitive Mechanismen von zentraler Bedeutung sind, eröffnet dies der kognitiv orientierten Verhaltenstherapie Möglichkeiten zur Veränderung interner Bedingungen, welche das Suchtverhalten aufrechterhalten.

Dabei ist jedoch vor zu pauschalen Therapiestrategien, die zu wenig die individuellen Bedingungen des Betroffenen berücksichtigen, zu warnen. Am Beispiel der Attributionstherapie läßt sich gut aufzeigen, daß bei der Behandlung von Suchtproblemen sowohl problematische Internalisierungen (Schuldgefühle) als auch problematische Externalisierungen (Schuldprojektion) abgebaut und konstruktive Internalisierungen (Übernahme der Verantwortung) als auch konstruktive Externalisierungen (Entlastungen von Mißerfolgen) gefördert werden müssen, um zu einer stabilen Verhaltensänderung beizutragen.

3.4 Streßbewältigung und Rückfallprävention

Bei der Darstellung der Geschichte verhaltenstherapeutischer Ansätze zum Alkoholismusproblem wurde bereits auf das Rückfallpräventionsmodell von Marlatt und seine Begründung in der sozialkognitiven Lerntheorie eingegangen. Im folgenden soll deshalb mit dem Streßbewältigungsmodell eine andere Wurzel dieses Konzeptes dargestellt werden, die daraus abgeleiteten Bestandteile des Rückfallprozesses beschrieben und therapeutische Strategien und Methoden der Rückfallprävention erläutert werden (Petry 1989, 1991).

Das Streßbewältigungsmodell des Drogenkonsums

Der Streßbegriff wurde ursprünglich durch Cannon (1940) eingeführt und durch die spätere Arbeit von Selye (1956) verbreitet. Nach heutiger Ansicht entsteht Streß aus einem Ungleichgewicht zwischen Anforderungen der Umgebung und den vorhandenen Bewältigungsmöglichkeiten des Individuums. Auslösende Bedingungen für Streß sind in kritischen Lebensereignissen, dauerhaften Belastungen und alltäglichen Konflikten und Anforderungen zu suchen. Bei der Beschreibung der Streßreaktion dominieren physiologische Konzepte, die versuchen, somatische, verhaltensbezogene und erlebnismäßige Indikatoren für eine allgemeine Aktivierung des Organismus zu erfassen. Die ursprünglichen Streßkonzepte wurden inzwischen überwunden, da die stimulusorientierten Definitionen nicht die großen interindividuellen Reaktionsunterschiede erklären, und die reaktionsorientierten Ansätze der Gefahr eines logischen Zirkels unterliegen (Semmer 1988).

Aus der daran geübten Kritik entstand das sogenannte transaktionale Streßmodell von Lazarus (Lazarus & Launier 1981; Lazarus & Folkmann 1987). Nach dieser Streßtheorie hängt die Wahl der Bewältigungsreaktion von der inneren Bewertung der Streßsituation ab, indem diese entweder als Herausforderung/Gewinn gesehen wird, was zu vermehrten Anstrengungen führt, oder als Bedrohung/Schaden, was eher Vermeidungsreaktionen zur Folge hat. In einer zweiten Bewertungsstufe werden noch die eigenen Fähigkeiten in bezug auf die Bewältigungschancen für eine bestehende Anforderung eingeschätzt. Eng verbunden mit dem Streßkonzept ist der Bewältigungsbegriff, worunter alle Versuche des Individuums gefaßt werden, ein bestehendes Ungleichgewicht durch Einsatz eigener Kräfte auszugleichen. Innerhalb des entsprechenden Forschungsgebietes liegen vielfältige, bisher jedoch noch wenig systematisierte Ansätze zur Einteilung verschiedener Stadien, Strategien und Stile des Bewältigens vor (Prystav 1981; Krohne 1988).

Für den Bereich des Suchtmittelkonsums und -mißbrauchs haben Wills und Shiffman (1985) ein Streßmodell vorgeschlagen, nach welchem eine Streßreaktion sowohl von Differenzen hinsichtlich der subjektiven Bewertung als auch von der individuellen physiologischen Reaktivität abhängt. Sie unterscheiden zwischen allgemeiner Streßbewältigungskompetenz und spezifischen Fähigkeiten zur Bewältigung von Versuchungen. Zu diesen letzteren Fertigkeiten zählen sie im kognitiven Bereich z.B. das Denken an die negativen Konsequenzen des unerwünschten Verhaltens und im behavioralen Bereich die Suche nach alternativen Befriedigungsquellen oder sozialer Unterstützung. Nach ihrer Ansicht stellt der Drogenkonsum eine neutrale Bewältigungsreaktion dar, da das subjektive Wohlbefinden sowohl durch Über- als auch Untererregung gestört wird und sowohl der Alkohol als auch das Nikotin bekanntermaßen aufgrund ihrer zweiphasigen Wirkung beruhigende wie anregende Wirkung ausüben. Längerfristig betrachten sie den Drogenkonsum jedoch als eine ineffektive Bewältigungsform. Aus einer neueren empirischen Untersuchung von Cooper et al. (1988) kann man eine gute Bestätigung dieses Modells ableiten.

Inzwischen liegen auch Überlegungen und erste Befunde zur Anwendung dieser Modellvorstellung auf den Rückfallprozeß vor. Zunächst erscheint plausibel, daß die Einstellung des Rauschmittelkonsums durch eine abhängige Person eine Fülle von Anforderungen stellt, für die verschiedenste Bewältigungsmechanismen notwendig sind. Zunächst muß den allgemeinen Anforderungen des Lebens nachgekommen werden, weiterhin bestehen die körperlichen und seelischen Entzugssymptome und es müssen positive Alternativen für die unterbrochenen Suchtgewohnheiten erschlossen werden. Zusätzlich sollen spezielle Versuchungssituationen, die mit angenehmen oder unangenehmen Gefühlszuständen oder positiven und negativen sozialen Interaktionen zu tun haben, gemeistert werden. Dem entsprechen die empirischen Befunde von Marlatt und Gordon (1980), wonach sowohl angenehme als auch unangenehme Ereignisse die Rückfallwahrscheinlichkeit erhöhen. Weitere Untersuchungen von Litman et al. (1979), Abrams (1983) und Rosenberg (1983) weisen darauf hin, daß negative Lebensereignisse zu einer erhöhten Rückfallgefahr führen.

Wills und Shiffman (1985) benennen einige Bewältigungsreaktionen, die speziell für den Umgang mit Versuchungssituationen geeignet sind. Dabei unterscheiden sie kognitive und behaviorale Methoden wie Ablenkung und Meidung in spezifischen Situationen von Bewältigungsformen wie Selbstverstärkung und Durchsetzungsverhalten, welche die allgemeine Selbstsicherheit steigern. Sie postulieren, daß solche Bewältigungsfertigkeiten die Rückfallwahrscheinlichkeit vermindern, wobei vor allem die vorhandene Vielfalt von Verhaltensalternativen von Bedeutung ist. Dazu im Gegensatz steht ein Befund von Davies und Glaros (1986), wonach spezielle Rückfallpräventionsprogramme bei Rauchern nur geringfügige Effekte erbracht haben.

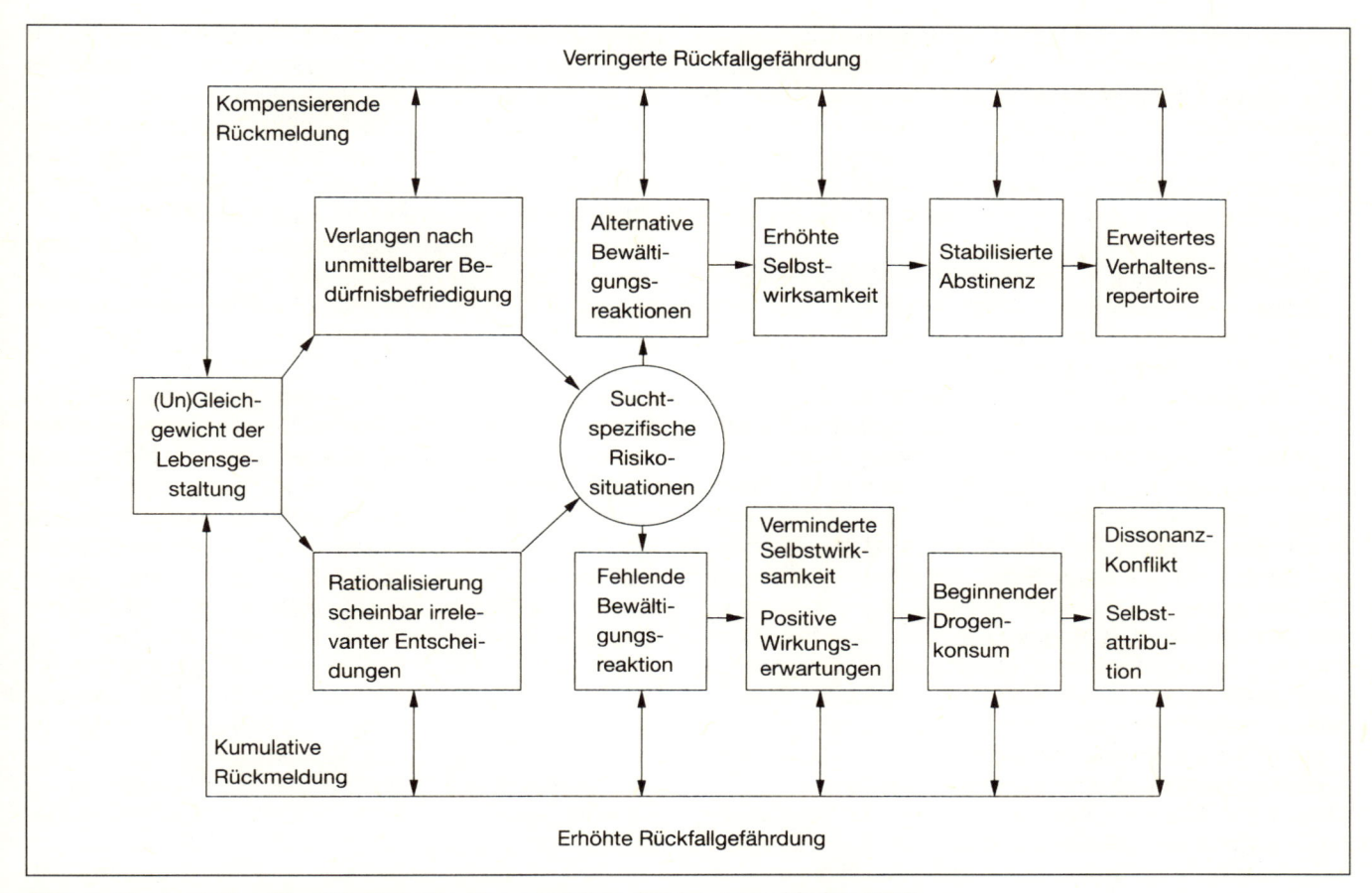

Abb. 4. Das sozialkognitive Rückfallpräventionsmodell (in Anlehnung an Marlatt 1985)

Bestandteile des Rückfallprozesses

Marlatt und Gordon (1985) beschreiben in ihrem sozialkognitiven Rückfallpräventionsmodell die verschiedenen Bestandteile des Rückfallprozesses. Als Ausgangspunkt für einen Rückfall wird der aus einem Ungleichgewicht der Lebensgestaltung resultierende Streß angesehen, der sich aus dem Überwiegen von belastenden Anforderungen über befriedigende Erlebnisse in der Tagesroutine ergibt. Der Versuch, dabei ein inneres Gleichgewicht wieder herzustellen mit dem kompensatorischen Wunsch des Sichgehenlassens schafft als Folge ein komplexes System affektiv-kognitiver Rückfallvorläufer. Der affektive Anteil äußert sich als intentionaler Drang, Alkohol zu konsumieren und als motivationales Verlangen, die Drogenwirkung zu erleben, womit das suchtspezifische Problem der unmittelbaren Bedürfnisbefriedigung vorliegt. Der kognitive Anteil resultiert daraus, daß aufgrund einer fehlenden Verfügbarkeit des Alkohols oder gegen den Alkohol gerichteter sozialer Kontrolle keine unmittelbare Bedürfnisbefriedigung möglich ist, so daß die vorhandenen Bedürfnisse in die Phantasie abgedrängt oder mit scheinbar irrelevanten Entscheidungen überspielt werden. Solche Teilentscheidungen äußern sich in suchtunspezifischen Verhaltensweisen, die im Sinne eines nichtbewußten Planes auf die Risikosituation und damit den Rückfall hinsteuern. Aufgrund der dabei auftretenden Schuldgefühle werden diese Vorentscheidungen durch Rationalisierungen legitimiert und in Teilaspekten verleugnet.

Die Mehrzahl der Rückfälle läßt sich auf eine relativ geringe Anzahl von Risikosituationen reduzieren, wovon die häufigsten mit zwischenmenschlichen Konflikten, sozialem Konformitätsdruck, innerem Verlangen und negativen Gefühlszuständen zu tun haben. Unter Risikosituationen versteht man dabei alle Anforderungen, welche die subjektive Kontrollwahrnehmung, die sich im Laufe der Abstinenz entwickelt hat, bedrohen oder die Rückfallwahrscheinlichkeit erhöhen.

Je nachdem ob in der Risikosituation dem Individuum kognitiv oder behaviorale Bewältigungsreaktionen verfügbar sind oder fehlen, erhöht bzw. erniedrigt sich die Rückfallwahrscheinlichkeit. Die Bewältigung einer Risikosituation führt also zu einer zunehmenden Stabilisierung der Abstinenz, während das Fehlen einer Verarbeitungsreaktion einen erneuten Alkoholkonsum auslöst. Durch das Scheitern in einer Risikosituation wird die Selbstwirksamkeit vermindert, d.h., daß die Erwartung der Bewältigung künftiger Streßsituationen sinkt, womit der Alkoholkonsum eine verstärkte Attraktivität als Bewältigungsstrategie erhält. Wenn das Individuum in dieser Situation noch positive Wirkungserwartungen hegt, d.h. sich vom Alkoholkonsum eine unmittelbar angenehme Wirkung verspricht, führt dies mit großer Wahrscheinlichkeit zum beginnenden Alkoholkonsum.

Wie sich der dann kaum noch vermeidbare Drogenkonsum weiterentwickelt, hängt wesentlich von der affektiv-kognitiven Reaktion des Individuums ab, insbesondere von seiner Ursachenwahrnehmung. Je nachdem, ob der erste Konsum als Ausdruck der zugrundeliegenden Erkrankung oder des Zusammenbruchs der Willenskraft angesehen wird oder als natürliches Versehen eines langen Lernprozesses, aus dem sich Hinweise zur Verhaltenskorrektur ableiten lassen, führt dies zu einem Rückschritt in Form eines fortgesetzten Alkoholmißbrauchs oder zu einem Fortschritt einer stabilisierten Abstinenz. Die zu einem erneuten Rückfall in exzessiven Alkoholkonsum führenden Prozesse hat Marlatt als „Abstinenzverletzungseffekt" beschrieben. Dabei entsteht zunächst ein Dissonanzkonflikt, da eine Diskrepanz zwischen den Kognitionen über das eigene Selbstkonzept als Abstinenter mit dem realen Verhalten des wieder aufgenommenen Drogenkonsums entsteht. Die daraus resultierende Dissonanz wird als schuldhaft erlebt, was zur Veränderung des Verhaltens und der Kognitionen führen muß, indem das Selbstkonzept als Abstinenter geopfert und das in ähnlichen Situationen erworbene Trinkverhalten wieder aufgenommen wird. Der zweite Mechanismus beinhaltet einen Selbstattributionseffekt, indem das Individuum den Rückfall auf persönliche Schwäche zurückführt, d.h. eine globale, interne und stabile Attribution vornimmt, welche zu einem Zustand der Hilflosigkeit führt und somit im Sinne einer sich selbst erfüllenden Prophezeiung einen unkontrollierten Trinkexzeß auslösen kann.

Das in der Abbildung 4 dargestellte Modell betont die Tatsache, daß die aufeinanderfolgenden Bestandteile des Rückfallprozesses auf ihre Vorläufer zurückwirken, indem die häufigere Konfrontation mit Risikosituationen, fehlende Bewältigungsreaktionen, eine verminderte Selbstwirksamkeit, verstärkte Wirkungserwartungen, der erneute Alkoholkonsum und der damit verbundene Abstinenzverletzungseffekt das Ungleichgewicht in der Lebensgestaltung erhöhen und die kognitiven Rückfallvorläufer verstärken bzw. bei einer Problembewältigung gegensinnige positive Wirkungen auslösen.

Methoden der Rückfallprävention

Curry und Marlatt (1987) ordnen in Anlehnung an das Änderungsmodell von Prochaska und DiClemente (1982) verschiedenen Änderungsabschnitten bestimmte therapeutische Strategien und Methoden zu. In dem Besinnungs- und Entscheidungsabschnitt, d.h. bezogen auf die motivationalen Prozesse der Selbstverpflichtung, kommt es vor allem auf die Steigerung der Selbstsicherheit an. In der Umsetzungsphase, d.h. mit der beginnenden Abstinenz, muß vor allem die Selbstwirksamkeit erhöht werden. Während der folgenden Beibehaltungsphase, d.h. dem Widerstand gegen äußere Versuchungen und das innere Verlangen zum Drogenkonsum, müssen vor allem Selbstkontrollkräfte aufgebaut werden.

Bei der Stärkung der Selbstsicherheit stellt sich häufig das Problem, daß Klienten Schwierigkeiten haben, sich selbst als Nichttrinker vorzustellen. Um dies zu verändern, wird zunächst die Entwicklung zum Trinker erfaßt, um darauf aufbauend mittels Imagination ein Selbstbild als aktiver Bewältiger der eigenen Suchtentwicklung zu fördern. Da sich die Selbstunsicherheit oft aus den negativen Bewertungen früher gescheiterter Kontrollversuche ableitet, wird im Sinne der Reattribution die Überwindung des eigenen Suchtproblems als schrittweiser Lernprozeß vermittelt, bei dem man aus jedem Fehler dazulernen kann. Ein weiteres Hilfsmittel stellt der Rückgriff auf die Reisemetapher dar, bei der die Fortschritte und Gefahren der Rückfallbewältigung mit einer langen und beschwerlichen Reise in ein unbekanntes Land verglichen werden. Es läßt sich dann noch auf die von Janis und Mann (1977) entwickelte Entscheidungsmatrix zurückgreifen, bei der in einem Mehrfelderschema die unmittelbaren und langfristigen positiven und negativen Konsequenzen des Trinkverhaltens und der Abstinenz analysiert werden, um immer wieder neu die Veränderungsmotivation zu stärken.

Beim Aufbau von Selbstwirksamkeit in der Umsetzungsphase soll der Betroffene seine individuellen Risikosituationen erkennen und dafür geeignete Bewältigungsfertigkeiten erlernen. Dazu können mittels Verhaltensanalyse oder spezieller Fragebogeninstrumente die suchtspezifische Selbstwirksamkeit und vorhandene Bewältigungskompetenzen erfaßt werden. Vorhandene Defizite können mittels Rollenspiel, Kompetenztrainings und dem Erlernen von Problemlösungsstrategien überwunden werden. Zur Herstellung eines Gleichgewichts im Lebensstil werden sogenannte positive Abhängigkeiten gefördert, d.h. neue Möglichkeiten der Freizeitgestaltung und der Entspannung aufgezeigt, um ein Gegengewicht zu alltäglichen Belastungen und Pflichten zu schaffen.

Während der Beibehaltungsphase, in der Selbstkontrollfähigkeiten von besonderer Bedeutung sind, stellt das Wiederauftreten des Alkoholverlangens in Verbindung mit Risikosituationen ein besonderes Problem dar. Zunächst sollte dazu eine Reattribution erfolgen, indem darauf hingewiesen wird, daß das Alkoholverlangen kein körperlich verursachter beginnender Rückfall ist, sondern eine normale Reaktion darstellt, aus der sich Hinweise auf mögliche Gefährdungen ergeben, so daß rechtzeitig geeignete Bewältigungsreaktionen eingesetzt werden können. Mittels der speziellen Imaginationstechnik des „urge surfings" kann die Beherrschung des Verlangens, das mit einer Welle verglichen wird, auf der man zu reiten lernen kann, geübt werden. Dazu wird der Klient angeleitet, sein inneres Verlangen sich entwickeln zu lassen, um z.B. durch die Methode des Gedankenstopps die Kontrolle darüber zu gewinnen. Bei der notwendigen Bearbeitung des Abstinenzverletzungseffektes werden die schuldgefühlbeladenen Internalisierungen durch entlastende Attributionen abgemildert, indem der Rückfall als ein einmaliges, vorübergehendes und situativ bedingtes Ereignis interpretiert wird. Als therapeutische Methode schlägt Marlatt die Samurai-Technik vor, bei der mittels Imagination die Versuchung als äußerer Feind betrachtet wird, der in vielfältig verkleideter Gestalt auftritt, und der Klient sich mit einem Samurai vergleichen sollte, welcher mit dem „Schwert der Aufmerksamkeit" bestehende Gefahren rechtzeitig erkennt und zu bewältigen sucht.

Im Gegensatz zu der am klassischen Krankheitskonzept orientierten Vorstellung des Rückfalls als einem vor allem durch organische Faktoren verursachten Kontrollverlust wird der Alkoholrückfall als Bewältigungsprozeß verstanden. In Anlehnung an das Streßmodell von Lazarus wird die Bewältigung eines Rückfalls in Abhängigkeit von vorangehenden Bewertungsprozessen der auslösenden Situation und vorhandener Bewältigungskompetenzen gesehen. Das daraus abgeleitete Rückfallpräventionsmodell von Marlatt geht in Zusammenhang mit einem bestehenden Ungleichgewicht der Lebensgestaltung von speziellen affektiv-kognitiven Vorläufern des Rückfalls aus und nimmt an, daß der erneute Alkoholkonsum durch eine verminderte Selbstwirksamkeit und bestehende positive Alkoholwirkungserwartungen vermittelt wird. Der weitere Rückfallverlauf wird dann entscheidend von den attributiven Bewertungen der Rückfallursachen bestimmt, indem bei einer schuldbeladenen internen und stabilen Attribution ein möglicher Trinkexzeß ausgelöst werden kann.

In Anlehnung an das Veränderungsmodell von Prochaska und DiClemente werden die therapeutischen Strategien und Methoden der Rückfallprävention erläutert. Zu Beginn des Veränderungsprozesses, bei dem motivationale Bedingungen von besonderer Bedeutung sind, sollten vor allem Techniken zur Steigerung der Selbstsicherheit eingesetzt werden. Während der mittleren Veränderungsphase, in der die abstinente Lebensweise beginnt, sollten Methoden zur Erhöhung der Selbstwirksamkeit vermittelt und in der anschließenden Beibehaltungsphase verstärkt Selbstkontrollmethoden zur Bewältigung des Alkoholverlangens eingeübt werden.

4. Behandlungsmotivation und Psychotherapiestrategien

Die Frage nach der Behandlungsmotivation von Suchtkranken als der Bereitschaft und Fähigkeit, sich im Rahmen einer Therapeut-Klient-Beziehung den Mühen einer Veränderung des eigenen Erlebens und Verhaltens zu unterziehen, wurde lange durch eine pessimistische Einstellung bezüglich der Behandlungschancen von Alkoholikern bestimmt. Dies hat dazu geführt, daß die Behandlungsmotivation als eine entweder vorhandene oder fehlende Eigenschaft des Betroffenen definiert wurde, die über die Teilnahme oder Nichtteilnahme an einer Therapie entschied. Das Problem wurde also einseitig dem Klienten zugewiesen und nicht als eine wichtige therapeutische Aufgabe während des gesamten Behandlungsprozesses angesehen.

Dies hat oft dazu geführt, daß Entwicklungen innerhalb der Psychotherapieforschung, die darauf gerichtet waren, die Anwendung therapeutischer Verfahren auf die individuellen Bedürfnisse des Klienten abzustimmen und flexibel im Behandlungsverlauf zu handhaben, nicht ausreichend berücksichtigt wurden. So nahm man zu wenig zur Kenntnis, daß es neben der im Suchtbereich weitverbreiteten Konfrontationsstrategie auch andere übergeordnete therapeutische Handlungsmöglichkeiten gibt, die es dem Klienten erleichtern, kritische Phasen innerhalb des Therapieprozesses zu bewältigen. Die im nächsten Kapitel beschriebenen Gruppenprogramme zur Informationsvermittlung, Verhaltensdiagnostik, Kognitiven Umstrukturierung und Rückfallgefährdung sind dazu im Gegensatz aus der Motivationspsychologie abgeleitet und als alternative Therapiestrategien konzipiert.

4.1 Modellvorstellungen zur Behandlungsmotivation

Klinische Konzepte

Klinische Vorstellungen zur Behandlungsmotivation bei Suchtmittelabhängigen wurzeln entweder in verschiedenen Therapietraditionen, wie das bei der psychodynamischen und verhaltenstheoretischen Schulrichtung der Fall ist, oder sind als implizite oder explizite Konzepte aus der praktischen Arbeit mit Suchtmittelabhängigen entstanden, wie dies auf das Eigenschaftsmodell und das Phasenkonzept der Behandlungsmotivation zutrifft.

Aus der psychoanalytischen Therapie haben sich Vorstellungen ergeben, nach denen die Behandlungsmotivation begrifflich als Eignung zur Psychotherapie gefaßt wird (Argelander 1970). Ausgehend von den Anforderungen einer psychodynamisch orientierten Therapie werden persönliche Eigenschaften der Klienten definiert, welche vorhanden sein müssen, um von dieser Art der Behandlung profitieren zu können. Die Behandlungsmotivation wird entsprechend als Therapeutenurteil über diese beim Klienten wahrnehmbaren Eigenschaften operationalisiert. Das bekannteste Beispiel dafür ist der Beurteilungsfragebogen zur Therapiemotivation von Sifneos (1971), der von Riedel und Ehinger (1979) auf die Alkoholproblematik übertragen wurde. Bei diesem Vorgehen wird also nicht nach den inneren motivationalen Prozessen des Klienten gefragt, sondern die vom Therapeuten zu treffende Indikationsentscheidung in den Vordergrund gestellt. Empirische Ergebnisse (Berzins et al. 1970) verweisen darauf, daß die Erfassung solcher Patientenmerkmale, auch wenn dies über Selbstbeurteilungsskalen geschieht, zur Auswahl von YAVIS-Patienten führt, da sie positive Korrelationen mit sozialen und persönlichen Kompetenzen im Sinne von bereits vor der Therapie vorhandenen Bewältigungsfertigkeiten aufweisen.

Aus der behavioristischen Tradition, die sich vor allem in der frühen Complianceforschung ausgewirkt hat, entwickelte sich ein Ansatz, nach dem allein das behandlungskonforme Verhalten als Indikator für die Behandlungsmotivation gilt. Dabei wird aus der Verhaltensintensität auf die zugrundeliegende Motivationsstärke geschlossen, indem von der vereinfachenden Annahme einer linearen Beziehung zwischen Ausmaß der Behandlungsaktivität und dem Ausprägungsgrad der Behandlungsmotivation ausgegangen wird (Aharan et al. 1967). Als gängigste behaviorale Motivationsindikatoren gelten nach Gibbs und Flanagan (1977) der vorhandene Kontakt zu einer Selbsthilfegruppe, die bestehende Abstinenzdauer zum Aufnahmezeitpunkt, die Freiwilligkeit der Behandlungsaufnahme und die Bereitschaft, Medikamente wie Disulfiram einzunehmen. Die daraus abgeleiteten therapeutischen Maßnahmen beschränken sich entsprechend darauf, mittels klassisch-verhaltenstherapeutischer Methoden die Häufigkeit von Behandlungskontakten zu verbessern (Koumans et al. 1967).

Ein weitverbreitetes implizites Konzept zur Behandlungsmotivation bei Alkoholikern geht von einer stabilen Disposition aus, d.h. einer Eigenschaft, die beim Klienten entweder vorhanden oder nicht vorhanden ist. Am prägnantesten ist diese Vorstellung als "unmotivated patient syndrom" von Nir und Cutler (1978) beschrieben worden. Dieses Konzept wurde schon sehr früh anhand empirischer Untersuchungen durch Sterne und Pittman (1965) und später durch Davies (1981) als statisches Modell der Behandlungsmotivation kritisiert, indem auf seine selektive Funktion hingewiesen wurde. Aufgrund der gefundenen Korrelation mit der moralischen Sichtweise wurde zusätzlich auf die Gefahr der sich selbst erfüllenden Prophezeiungen aufmerksam gemacht. Inzwischen liegt ein empirischer Beleg für einen entsprechenden Pygmalioneffekt vor, wonach prognostische Vorurteile der Therapeuten realen Einfluß auf die Entwicklung ihrer Patienten haben (Leake & King 1977). Diese Betrachtungsweise besitzt jedoch eine große Hartnäckigkeit, was damit zusammenhängen kann, daß sie Ausdruck des bereits beschriebenen Beobachter-Akteur-Effektes ist und für die Therapeuten eine Entlastungs- und Selbstrechtfertigungsfunktion erfüllt.

Ein ebenfalls bis heute sehr weit verbreitetes klinisches Konzept zur Behandlungsmotivation geht von der Genesung des Suchtmittelabhängigen als Phasenabfolge aus. Zurückgehend auf das von Jellinek (1946) vorgelegte Entwicklungsmodell einer stufenweisen Zuspitzung der Suchtentwicklung und der von den Anonymen Alkoholikern betonten Rock-Bottom-Hypothese, d.h. dem krisenhaften Zusammenbruch in körperlicher, seelischer und moralischer Hinsicht als zu durchlaufendem Tiefpunkt jeder Suchtkarriere, wird in Anlehnung an die Arbeit von Glatt (1958) auf die spiegelbildlich abgestufte Restitution im Rahmen eines Behandlungsprozesses hingewiesen. Im deutschsprachigen Raum wurde eine solche Phasenlehre der Behandlungsmotivation zuerst von Feuerlein (1989) vorgelegt, indem er nacheinander anzustrebende Zwischenziele innerhalb des Behandlungsprozesses unterschied, was in ähnlicher Form durch Hänsel (1981, 1983) als fünfstufiger Entwicklungsprozeß der Veränderungs- und Behandlungsmotivation dargestellt wurde. Wie im Bereich der Entwicklungspsychologie (Oerter 1973, Schmidt 1977) besteht bei solchen Phasenkonzepten die Problematik, daß es bisher empirisch noch nicht gelungen ist, Entwicklungsprozesse in qualitativ unterscheidbare und aufeinander folgende Sequenzen einzuteilen, da die meisten Veränderungen eher kontinuierliche Abläufe darstellen, die durch vielfältige innere und äußere Bedingungen determiniert sind. Ein wichtiger aufzugreifender Grundgedanke eines Phasenmodells der Behandlungsmotivation besteht jedoch darin, diese als einen aus der Suchtentwicklung entstehenden Prozeß zu begreifen und die therapeutischen Interventionen in Abhängigkeit vom Verlauf und damit von verschiedenen Behandlungsabschnitten zu gestalten.

Theoretische Modelle

Innerhalb der dargestellten klinischen Modelle wurde bisher jedoch kaum der Versuch unternommen, das Konstrukt der Behandlungsmotivation bei Alkoholikern im Sinne der modernen Motivationstheorie (Heckhausen 1989) zu definieren. Es wurde also kaum erfaßt, warum sich Alkoholiker das Ziel einer Behandlung setzen oder es unterlassen, wie sich die Bereitschaft, ein solches Ziel zu verfolgen oder aufgeben, zeitlich verändert und warum die Umsetzung vorhandener Behandlungsabsichten jeweils gelingt oder scheitert. Einem möglichen Bezugspunkt zu einer theoretischen Bestimmung der Behandlungsmotivation stellten die aufgrund der sogenannten Ach-Lewin-Kontroverse lange dominierenden kognitiven Motivationstheorien dar (Schmalt 1986). Bekanntlich definierte Ach (1910) den Willensakt als Ausdruck einer Kraft, welche sich gegen die äußeren Schwierigkeiten der Problemsituation durchsetzt, während Lewin (1922, 1926 und 1946) von der Wechselwirkung zwischen persönlichen Bedürfnissen und dem äußeren Aufforderungscharakter der Anreizsituation ausging.

Aus dieser letzteren Auffassung entwickelten sich die bis heute verbreiteten Erwartung-Wert-Modelle, nach denen das Verhalten in Entscheidungssituationen durch die subjektiv erlebte Wahrscheinlichkeit und den jeweils wahrgenommenen Anreiz bestimmt wird. Dabei kann das von Atkinson (1957 und 1964) für den Bereich der Leistungsmotivation entwickelte Risiko-Wahl-Modell als paradigmatisch angesehen werden. Danach wird die Bereitschaft (Risiko), sich Leistungsanforderungen zu stellen (Wahl), in Abhängigkeit von der subjektiven Wahrscheinlichkeit (Erwartung) des Ereignisses, dem gegebenen Anreiz (Wert) und dem zugrundeliegenden Motiv (Disposition) konzipiert. Bei der Bestimmung der mit dem inneren Motivationsgleichgewicht verbundenen „resultierenden Tendenz" wird von den beiden dispositionellen Merkmalen des Erfolgsmotivs und des Mißerfolgsmotivs ausgegangen, welche multiplikativ mit dem Anreiz von Erfolg, d.h. dem antizipierten Affekt des Stolzes, bzw. dem Anreiz von Mißerfolg, d.h. dem antizipierten Affekt der Scham, und der subjektiv erwarteten Erfolgswahrscheinlichkeit bzw. Mißerfolgswahrscheinlichkeit verknüpft sind.

Vom Autor (Petry 1993, 1994) wurde in Anlehnung dazu ein heuristisches Modell zur Suchtentwicklung vorgelegt, indem eine postulierte Suchttendenz als Resultante aus einer Einstiegsmotivation und Ausstiegsmotivation definiert wird. Dabei wird die Einstiegsmotivation mit alkoholaufsuchendem Verhalten und die Ausstiegsmotivation mit alkoholvermeidendem Verhalten in Verbindung gebracht. Die Einstiegsmotivation läßt sich als Verknüpfung vorhandener Trinkmotive mit den auf die Droge bezogenen Wirkungserwartungen und dem antizipierten Befriedigungswert des Drogenkonsums deuten. Bei der Ausstiegsmotivation wird von der entsprechenden Verkettung vorhandener Leidensmotive mit den an eine Bewältigungsmaßnahme gebundenen Lösungserwartungen und den daraus langfristig erfolgenden Ersatzwerten ausgegangen. Aus dem daraus folgenden motivationalen Systemzustand ergibt sich beim Überwiegen der Einstiegsmotivation die Fortsetzung des Drogenkonsums und beim Überwiegen der Ausstiegsmotivation eine dazu alternative abstinente Lebensweise.

Das Problem der Behandlungsmotivation wird auf die Schnittstelle von Einstiegsmotivation und Ausstiegsmotivation bezogen, d.h. sowohl in die Suchtentwicklung als auch den Genesungsprozeß integriert. Gleichzeitig läßt sich eine begriffliche Abgrenzung von drei Aspekten der Behandlungsmotivation vornehmen. Es handelt sich um die Behandlungsdisposition, die im Rahmen eines kognitionspsychologischen Ansatzes als differenzierbare stabile Einstellungsstruktur definiert wird, welche als Resultat der subjektiven Verarbeitung der Suchtentwicklung angesehen wird wie z.B. eine mehr oder minder vorhandene Bagatellisierungstendenz. Weiterhin läßt sich die Behandlungsbereitschaft als eine im engeren Sinne prozessuale Therapiemotivation definieren, d.h. einen intrapsychischen Zustand, welcher den Klienten für eine angebotene Behandlung empfänglich macht, z.B. in Form eines vorhandenen Leidensdruckes, der aus den antizipierten Nachteilen eines fortgesetzten Drogenkonsums hervorgeht. Schließlich ergibt sich noch die Behandlungsaktivität als behavioraler Aspekt der Behandlungsmotivation, d.h. das beobachtbare Verhalten der Suche, Auswahl und Durchführung einer Behandlungsmaßnahme.

Bezogen auf die Behandlungsdisposition läßt sich nach diesem Modell empirisch überprüfen, ob es möglich ist, die heterogene Alkoholikerpopulation in verschiedene Behandlungsdispositionstypen einzuteilen. Weiterhin entsteht die für den Kliniker zentrale indikative Fragestellung nach möglichen Wechselwirkungen zwischen der akut vorhandenen Behandlungsbereitschaft und den in dieser Situation angewendeten alternativen Motivationsstrategien. Darüber hinaus stellt sich die prognostische Fragestellung nach dem intrapsychischen motivationalen Bedingungsgefüge, welches die spätere Behandlungsaktivität bestimmt. Die zu diesen Fragestellungen gewonnenen empirischen Befunde werden im sechsten Kapitel noch ausführlicher dargestellt.

Abschließend soll noch auf zwei wichtige theoretische und gleichzeitig klinisch relevante Modellvorstellungen hingewiesen werden, die in enger Beziehung zu dem dargestellten Konzept der Behandlungsmotivation stehen. Nach der auf einem hohen Abstraktionsniveau befindlichen Darstellung der Suchtentwicklung von Mulford (1972) wird der Suchtprozeß als ein dynamisches (Un-)gleichgewicht von vier unabhängigen Einzelentwicklungen angesehen. Es handelt sich um den zunächst dominierenden, im mittleren Lebensabschnitt kulminierenden und danach abfallenden Alkoholismusprozeß, den aus der zunehmenden Suchtentwicklung als Gegenprozeß hervorgehenden Genesungsprozeß, den im Rahmen der Alkoholismusentwicklung zunehmenden Desozialisierungsprozeß und die zum Höhepunkt der Suchtentwicklung einsetzenden mehrfachen Behandlungserfahrungen. Aus dem dabei jeweils gegebenen stabilen oder instabilen (Un-)gleichgewicht dieser vier Unterprozesse lassen sich Hinweise auf die zu einem jeweiligen Zeitpunkt bestehenden Motivationskräfte zur Veränderung und damit auch zur Behandlung ableiten.

Inzwischen wurde dieser Ansatz durch empirische Längsschnittstudien gestützt, wovon die prominenteste auf einer 40 Jahre umfassenden prospektiven Studie basiert (Vaillant 1983, 1989). Darin wird die sogenannte natürliche Entwicklungsgeschichte des Alkoholismus beschrieben und aufgrund retrospektiver Daten auf mögliche Selbstheilungskräfte verwiesen. Es handelt sich um sogenannte Ersatzabhängigkeiten wie Hobbies, fortbestehende Außenkontrollen durch körperliche Folgeerkrankungen, die Steigerung des Selbstwertes durch z.B. religiöses Engagement und hinzutretende Formen der sozialen Unterstützung wie die Bildung einer neuen Partnerschaft.

Bezogen auf die Behandlungsbereitschaft als eine der drei Aspekte der Behandlungsmotivation wurde unter Rückgriff auf Kosten-Nutzen-Modelle von Krause (1966) eine kognitive Theorie der Behandlungsmotivation vorgelegt, die von Riedel und Ehinger (1979) auf die Suchttherapie übertragen worden ist. Nach diesem Modell ergeben sich drei Erwartungsmuster des Klienten, die als notwendige Bedingungen zur Durchführung einer Psychotherapie angesehen werden müssen. Als erstes muß der Klient seine Situation oder ein vorliegendes Problem ohne die Inanspruchnahme psychotherapeutischer Hilfe als unerträglich empfinden, woraus sich als motivationale Größen der Leidensdruck und der Hilfewunsch ergeben, d.h. die bereits von Freud (1913) betonten Merkmale der Behandlungsmotivation. Als zweites muß der Klient davon überzeugt sein, daß eine angebotene Behandlung bei der Lösung seiner Schwierigkeiten erfolgreich ist, woraus sich als motivationale Bedingung die Erfolgserwartung ergibt, d.h. positive Ergebnis- und Selbstwirksamkeitserwartungen, welche sich auf eine mögliche Bewältigungsmaßnahme beziehen. Als drittes darf die Behandlung nach der subjektiven Beurteilung des Klienten nicht mit zu starken Belastungen verbunden sein, also mit materiellen, persönlichen und sozialen Kosten, welche als motivationale Barrieren gegen eine Behandlungsaufnahme aufzufassen sind.

> Die Analyse verbreiteter klinischer Modellvorstellungen zur Behandlungsmotivation verweisen darauf, daß die bisherige Suchttherapie von einem eher naiven Alltagsverständnis des Motivationsproblems ausgeht. So wird entweder, wie in der psychoanalytischen Tradition, aus der Perspektive des Therapeuten nach Merkmalen gesucht, die zur Auswahl geeigneter Patienten führen, oder es wird von einer äußeren Erfassung behandlungskonformen Verhaltens als Motivationsindikator ausgegangen. Beide Ansätze berücksichtigen nicht die intrapsychischen motivationalen Bedingungen, welche den Klienten bewegen, sich für eine Behandlung zu entscheiden und die Anforderungen einer solchen Maßnahme durchzuhalten. Die implizite Behandlungsmotivation in Form des Eigenschaftskonzeptes beinhaltet ebenfalls eine selektive Tendenz, da die Behandlungsmotivation nicht als therapeutische Anforderung, sondern Vorbedingung für eine Behandlungsmaßnahme definiert wird. Bei dem Phasenkonzept, welches von der stufenweisen Entwicklung der Behandlungsmotivation ausgeht, besteht die Gefahr einer empirisch unzureichend abgesicherten Abgrenzung qualitativer Abschnitte.
>
> Diese kritische Beurteilung schließt jedoch nicht aus, daß solche Vorstellungen den Blick für besondere Problematiken schärfen können, indem diagnostisch-indikative Fragestellungen berücksichtigt werden und konkrete Therapiemaßnahmen in unterschiedlichen Behandlungsphasen abgeleitet werden. Dennoch bleibt die Forderung, Modellvorstellungen zur Behandlungsmotivation unter Rückgriff auf die Entwicklungen der Motivationspsychologie zu konzipieren, wobei das Risiko-Wahl-Modell aus der Leistungsmotivationsforschung immer noch großen heuristischen Wert besitzt. Eine Übertragung dieser Modellvorstellung auf den Suchtbereich ermöglicht die Unterscheidung zwischen der Behandlungsdisposition als stabiler Einstellungsstruktur, der Behandlungsbereitschaft als intrapsychischer Empfänglichkeit für ein Behandlungsangebot und der Behandlungsaktivität als behavioralem Aspekt der Behandlungsmotivation. Weiterhin ermöglicht es die Typologisierung der heterogenen Alkoholikerpopulation, die Erfassung der indikativ bedeutsamen Wechselwirkung zwischen der Behandlungsbereitschaft und alternativen Motivierungsstrategien sowie die Klärung des Bedingungsgefüges der Behandlungsaktivität.

4.2 Therapiestrategien und Behandlungsmotivation

Der Prozeß der Motivierung eines Suchtkranken zu einer Behandlung wird inzwischen nicht mehr nur als Voraussetzung für die Durchführung einer therapeutischen Maßnahme angesehen, sondern zunehmend als zentrales psychotherapeutisches Problem begriffen. Ein Anzeichen dafür ist, daß der häufig in der Suchttherapie verwendete Begriff der Behandlungsmotivation ergänzt wurde, indem man von Motivationsbehandlung (Schwoon 1990; Fleischmann 1995) spricht. Im folgenden soll unter Bezug auf die Psychotherapieforschung versucht werden, den Begriff der psychotherapeutischen Strategie auf die Suchtbehandlung anzuwenden und dabei vor allem auf die konfrontative Suchttherapie einzugehen.

Psychotherapeutische Strategien

Unter Psychotherapie versteht man nach Bastine (1982) eine spezifische Art der Interaktion zwischen einem professionellen Helfer und einer unter psychischen Störungen leidenden Person, wobei spezielle psychologische Methoden im Rahmen eines geplanten und strukturierten Geschehens angewandt werden. Das psychotherapeutische Verfahren umfaßt als konstitutive Komponenten die Gestaltung der Therapeut-Klienten-Beziehung, die daraus resultierende Definition der zu verändernden Problematik und die auf eine Veränderung gerichtete Anwendung spezifischer Behandlungsmethoden und -strategien (Bastine 1980; Linsenhoff et al. 1980).

Bezogen auf die Verbesserung der Behandlungsmotivation bei Suchtkranken referiert Miller (1985) die bisher dafür eingesetzten psychotherapeutischen Methoden und deren Effektivität. Dabei bestehen die am häufigsten angewandten Verfahren zur Motivationsverbesserung in der Erteilung von Ratschlägen, der Beseitigung von realen Hindernissen, der Eröffnung einer Wahl zwischen alternativen Möglichkeiten, der Verminderung der Attraktivität des Trinkverhaltens durch Bewußtmachung seiner Kosten, dem Einsatz externer Verstärkerquellen im Sinne sozialer Kontrolle, der persönlichen Rückmeldung über objektiv eingetretene Beeinträchtigungen und der Erarbeitung von langfristigen Zielen zur Überwindung des bestehenden Ausgangszustandes. Es erscheint jedoch unbefriedigend, lediglich solche therapeutischen Methoden oder deren Kombination einzusetzen, ohne sie in eine übergeordnete therapeutische Strategie zur Behandlungsmotivierung zu integrieren.

Unter psychotherapeutischer Strategie versteht man nach Kämmerer und Bastine (1985) eine zielgerichtete, geplante und adaptive Maßnahme des Therapeuten zur Veränderung des jeweils gegebenen Störungsbildes. Diese Definition läßt sich anhand von vier Merkmalen präzisieren. Therapeutisches Handeln wird zunächst grundsätzlich als intentional betrachtet, woraus sich ableiten läßt, daß eine therapeutische Strategie die angestrebten Ziele formulieren und verbindlich festlegen muß. Weiterhin wird davon ausgegangen, daß eine Therapiestrategie an der Ausgangslage des Klienten ansetzen soll, d.h. sich an seinen Bedürfnissen, Wünschen und sozialen Normen zu orientieren hat. Darüber hinaus sollte sich eine psychotherapeutische Strategie durch eine adaptive Handlungssteuerung auszeichnen, d.h. sich flexibel, dynamisch und prozeßhaft auf optimale Lösungen hinbewegen. Ähnlich wie beim Alltagshandeln braucht jede Strategie eine hierarchische Binnenstruktur, um der Komplexität psychischer Störungen gerecht zu werden. Als Beispiel soll ein besonders in der Suchttherapie verbreitetes Strategiekonzept näher betrachtet werden.

Konfrontative Suchttherapie

Nach Bastine und Kommer (1979) besteht besonders im Bereich der Alkohol- und Drogenabhängigkeit eine Indikation zu einer konfrontativen Therapiestrategie. Unter Konfrontation versteht man die Gegenüberstellung des Klienten mit Inhalten und Situationen, welche aufgrund ihrer speziellen Problematik nicht wahrgenommen oder vermieden werden, um das gewohnte Verhaltens-, Denk- und Erlebnismuster gezielt in Frage zu stellen, wobei gleichzeitig ein Ausweichen verhindert wird (Fiegenbaum 1982). Angestrebte Effekte der Konfrontation sind die Reduktion von Zieldiskrepanzen, die Beachtung eigener Gefühle und Empfindungen, die Korrektur von Wahrnehmungs- und Bewertungsverzerrungen sowie die Ermöglichung neuer Verhaltensweisen.

Innerhalb der traditionellen Suchttherapie finden sich zunächst direktive Formen der Konfrontation, die wenig geeignet erscheinen, die Behandlungsmotivation zu fördern. So gehen DiCicco et al. (1978) davon aus, daß der Motivationsbegriff überflüssig ist, da Alkoholiker an sich unmotiviert und nur durch Konfrontation zu einer Behandlung zu bewegen seien. Alkoholismus wird als ein chronischer Krankheitsverlauf begriffen, der dazu führt, daß der Alkoholiker immer den Weg des geringsten Widerstandes geht, so daß erst eine extreme Krise seine Behandlungsbereitschaft herstellen kann. Das therapeutische Vorgehen sollte danach darin bestehen, den Betroffenen so früh wie möglich mit seiner Krankheit und der entsprechenden Diagnose zu konfrontieren.

Konkret wird dies so gehandhabt, daß der Patient mit vorhandenen Tatsachen konfrontiert, das Trinken als Ursache der Schwierigkeiten benannt, das Krankheitskonzepts des Alkoholismus vermittelt, die Chance einer Heilung in Aussicht gestellt und die Notwendigkeit äußerer Hilfe betont wird. Ähnlich argumentiert Twerski (1983), welcher auf eine Suchttendenz verweist, die so lange bestehe, bis die negativen Folgen des Trinkens gegenüber den positiven Konsequenzen des Drogenkonsums überwiegen. Er vergleicht dies mit dem Gesetz der Gravitation, nach dem Wasser immer den Berg hinab, aber niemals hinauf fließen könne. Bei diesem Vorgehen handelt es sich um die enge Verknüpfung des Phasenkonzeptes der Behandlungsmotivation, der Überbetonung einer suchtspezifischen Abwehr und der darauf aufbauenden konfrontativen Motivationsarbeit.

Nach den Kriterien von Kämmerer und Bastine (1985) entspricht dies nicht den Anforderungen an eine psychotherapeutische Strategie, da insbesondere die Flexibilität des Vorgehens und die Orientierung an der Realität des Klienten fehlt, weil in der Regel nicht davon auszugehen ist, daß für den Betroffenen zu Beginn der Behandlung die Annahme der Alkoholikerrolle akzeptabel ist. Davies (1981) konnte dies durch die Analyse von Videoaufnahmen von Erstkontaktgesprächen belegen und hat dafür den Begriff des "Hervorlockens" geprägt. Er versteht darunter eine Serie von Fragen, die vom Therapeuten in einem sehr bestimmenden Ton vorgetragen werden, um den Klienten dazu zu bewegen, die Verantwortung sowohl für die Problementstehung als auch ihre Überwindung im Rahmen der Therapie zu übernehmen. Alle Versuche des Patienten, diese Verantwortung an den Therapeuten zurückzugeben, werden abgewiesen. Aus der dabei auftretenden Diskrepanz zwischen den üblichen Patientenerwartungen und dem realen Therapeutenverhalten kann ein Abfall der Behandlungsmotivation resultieren.

Von Miller (1983; Miller & Rollnick 1991) wurde im Gegensatz dazu eine motivierende Interviewtechnik entwickelt, welche die Merkmale einer adäquaten konfrontativen Strategie zu erfüllen scheint. Sie ist darauf gerichtet, mögliche Abwehrtendenzen nicht zu verstärken, indem vor allem vermieden wird, die Übernahme einer diagnostischen Bezeichnung zu erzwingen. Gleichzeitig werden jedoch Diskrepanzen zwischen dem realen Verhalten des Klienten und seinen längerfristigen persönlichen Zielen aufgezeigt. Dem Betroffenen wird bei diesem Vorgehen immer eine Wahlmöglichkeit eingeräumt, um die Übernahme der Verantwortung für sein Problem zu stärken, und es werden nichtdirektive Elemente eingeführt, so daß er seine Problematik selbst erkennen und formulieren kann. Dabei greift Miller auf das anschauliche Bild einer Waage zurück, anhand derer das Für und Wider der Beibehaltung bzw. Veränderung des eigenen Verhaltens zu verdeutlichen ist. Die in diesen Prozeß angeführten objektiven Tatsachen werden nicht als Beleg für ein vorhandenes Problem angeführt, um den Klienten von den Ansichten des Therapeuten zu überzeugen, sondern lediglich als Mittel zur Aufmerksamkeitssteuerung. Um zu starke Dissonanzeffekte zu vermeiden, welche zu furchtreduzierenden

Abwehrmechanismen führen können, wird die Selbstwirksamkeit des Klienten gestärkt, und es werden effektive und verfügbare Bewältigungsalternativen aufgezeigt.

Inzwischen wurde von Miller et al. (1988) diese spezielle Motivierungsstrategie auf den Bereich der sekundären Prävention angewandt. Diese als "Drinker's Check-up" bezeichnete Methode wird im Sinne einer minimalen Intervention praktiziert, indem einige Indikatoren für mögliche Alkoholprobleme mittels Fragebogen zum Trinkverhalten, der Bestimmung von Blutwerten zur Leberfunktion und Tests zur neuropsychologischen Leistungsfähigkeit erhoben werden. Die Ergebnisse werden in einer kurzfristig später erfolgenden Rückmeldungsstunde den Programmteilnehmern mitgeteilt, wobei entsprechend der dargestellten Konfrontationsstrategie der Klient selbst wählen kann, welche Schlußfolgerungen er ziehen und ob er therapeutische Maßnahmen ergreifen möchte. Erste empirische Ergebnisse (Miller & Sovereign 1989) zeigen, daß dadurch sowohl vorhandene Abwehrmechanismen als auch das Trinkverhalten positiv verändert werden können, wenn die an den Klienten vermittelten Informationen nicht mittels klassischer Konfrontation, sondern entsprechend dem geforderten Motivierungsstil erteilt werden.

Nachdem lange Zeit die Behandlungsmotivation lediglich als zu fordernde Voraussetzung zur Durchführung einer Suchttherapie angesehen wurde, konzentriert sich das Interesse zunehmend auf die Förderung motivationaler Bedingungen im Rahmen des Therapieprozesses, was mit dem Begriff der Motivationsbehandlung umschrieben wird. Wenn man unter Psychotherapie einen geplanten und strukturierten Prozeß der Anwendung psychologischer Methoden versteht, der sich vor allem an der Ausgangslage des Klienten zu orientieren hat, stellt sich das Problem der Entwicklung von speziellen Therapiestrategien, die über die Anwendung einzelner therapeutischer Verfahren hinausgehen.

Bei der Betrachtung der traditionellen Suchttherapie stößt man auf das direktive Konfrontationskonzept, wonach der Alkoholiker sehr früh und massiv zur Übernahme der Alkoholikerrolle gebracht werden soll. Dieses Vorgehen orientiert sich an einem Phasenkonzept der Behandlungsmotivation, bei dem die Überwindung der Abwehr dazu führen soll, ein intensives Krisenerlebnis herzustellen, welches dem Tiefpunkt der Suchtkarriere entspricht. Als Alternative dazu wurde insbesondere von Miller eine Motivationsstrategie entwickelt, die den Klienten zuvor auch mit objektiven Tatsachen konfrontiert, die aus seinem Trinkverhalten resultieren und in Widerspruch zu positiven persönlichen Zielen stehen, welche ihn jedoch nicht in seiner Entscheidungs- und Wahlfreiheit einzuschränken versucht. Erste empirische Ergebnisse verweisen darauf, daß genau dieser Unterschied im Konfrontationsstil entscheidend für positive Verhaltensänderungen zu sein scheint.

5. Gruppentherapeutische Programme zur Behandlungsmotivierung

Bei den vier Gruppenprogrammen zur Behandlungsmotivierung, deren jeweils sechs Gruppensitzungen ausführlicher dargestellt werden, handelt es sich um vier verschiedene Zugangsweisen, die sich hinsichtlich ihrer zugrundeliegenden Ursachenvorstellung über abhängiges Verhalten, des angewandten klinischen Veränderungsmodells und der realisierten Therapiestrategie unterscheiden. Gleichzeitig bestehen jedoch große Gemeinsamkeiten, die daraus resultieren, daß alle Therapiesitzungen nach gruppendynamischen Prinzipien strukturiert sind und sich hinsichtlich ihres therapeutischen Vorgehens am sokratischen Dialog orientieren.

Der Aufbau und Ablauf der verschiedenen Gruppenprogramme wurde seit der Erstauflage nur in Teilaspekten modifiziert, gleichzeitig jedoch um ein weiteres Programm zur Rückfallgefährdung erweitert, welches Bestandteil eines umfassenderen Vorgehens zur Rückfallprävention ist (Petry 1989b). Die separate Darstellung und Durchführung der vier Gruppenprogramme erfolgte vor allem, um die differentielle Effektivität der unterschiedlichen Zugangsweisen empirisch zu erfassen. Die Programme können im Rahmen eines längerfristigen Behandlungsprozesses in unterschiedlicher Abfolge auch ergänzend oder als Einzelsitzungen eingesetzt werden, wenn sich aus dem gruppentherapeutischen Prozeß ein isoliertes Thema ergibt. Darüber hinaus lassen sich die Gruppensitzungen in verschiedenen therapeutischen Settings einsetzen, d.h. sowohl in der ambulanten als auch stationären Arbeit mit Suchtmittelabhängigen. Bei entsprechender Modifikation ihrer auf die tertiäre Prävention bezogenen Struktur können sie auch in der primären und sekundären Prävention verwendet werden. Trotz der Dominanz ihrer gruppendynamischen Struktur ist es auch möglich, einzelne konkrete Vorgehensweisen und Strukturelemente in der Einzel- und Familientherapie kreativ einzubringen.

Das Programm zur **Informationsvermittlung** bezieht sich inhaltlich auf das Krankheitskonzept des Alkoholismus, d.h., daß die Wirkungsweise des Alkohols, seine langfristig negativen Folgen und die Merkmale des Suchtprozesses vermittelt werden. Dabei wird als klinisches Veränderungskonzept das Health-Belief-Modell zugrundegelegt. Es werden also die subjektive Bedrohlichkeit durch die bestehende Alkoholabhängigkeit erlebbar gemacht und effektive Behandlungsmöglichkeiten, deren Anforderungen akzeptabel sind, aufgezeigt, um zu einer Verbesserung des Complianceverhaltens zu kommen. Hinsichtlich der von Bastine (1978) vorgeschlagenen Klassifikation von Therapiestrategien entspricht das Vorgehen dem Attribuieren, da die Hauptzielrichtung darin besteht, mit dem Betroffenen einen Erklärungsrahmen für seine bestehende Erkrankung zu erarbeiten, so daß er seine Alkoholabhängigkeit durch Übernahme der Krankenrolle in sein Selbstkonzept besser integrieren kann.

Die Gruppensitzungen zur **Verhaltensdiagnostik** orientieren sich an der klassischen Lerntheorie, wonach sich die Entstehung einer Alkoholabhängigkeit im Rahmen klassischer und operanter Lernprozesse verstehen läßt und die Aufrechterhaltung des Trinkverhaltens als Resultat vorangehender situativer und verstärkender nachfolgender Bedingungen aufgefaßt wird. Bei dem klinischen Veränderungskonzept wird auf das traditionelle Selbstkontrollmodell zurückgegriffen, indem die Bewältigung der bestehenden Alkoholproblematik als konflikthafte Entscheidungssituation begriffen wird, da die beiden Alternativen des Trinkens bzw. Nichttrinkens mit unterschiedlichen positiven und negativen Konsequenzen kurzfristiger und langfristiger Art verbunden sind. Die zugrundeliegende Therapiestrategie läßt sich nach der Einteilung von Bastine als Selbstaktivierung verstehen, da sie vor allem auf der Erhöhung der Eigenbeteiligung des Patienten basiert, indem dieser zur selbständigen Durchführung einer Verhaltensanalyse seiner Suchtentwicklung und der aktuellen Trinkproblematik angeleitet wird und darüber hinaus Selbstkontrollmethoden erlernt, mit denen er seine angestrebte Verhaltensänderung selbst verstärken kann.

Das Programm zur **Kognitiven Umstrukturierung** basiert auf der Annahme einer kognitiven Suchtstruktur, d.h. kognitiven Verzerrungsmustern, die eine Veränderung des bestehenden Suchtverhaltens blockieren. Im Zentrum steht dabei die als suchtspezifische kognitive Triade bezeichnete Tendenz zum Bagatellisieren, zur Externalisierung und zur Hoffnungslosigkeit. Bei dem zugrundeliegenden klinischen Veränderungsmodell wird von der Wirksamkeit verschiedenster Methoden der kognitiven Therapie ausgegangen, wonach die Bewußtmachung von Diskrepanzen zwischen inneren Bewertungsmustern und der äußeren Realität zu konstruktiven, neues Verhalten fördernden Dissonanzreduktionsmechanismen und Reattributionsprozessen führen kann. Dabei handelt es sich entsprechend der Einteilung von Bastine um die Therapiestrategie des Konfrontierens, bei der an den Klienten Inhalte und Situationen herangetragen werden, die er aufgrund seiner speziellen Problematik nicht wahrnimmt oder vermeidet, um seine gewohnten Verhaltensmuster zu modifizieren.

Bei dem Gruppenprogramm zur **Rückfallgefährdung** wird von der sozialkognitiven Lerntheorie als Erklärungsmodell für die Suchtproblematik ausgegangen, indem der sozial geprägte Lernprozeß bei der Entstehung einer Suchtmittelabhängigkeit und die daraus resultierenden Erwartungsmuster, die zur Aufrechterhaltung des Problemtrinkens führen, betont werden. Als klinisches Veränderungskonzept wird auf das Rückfallpräventionsmodell zurückgegriffen, indem die kognitiv-affektiven Vorläufer eines Rückfalles und die darauf folgenden Verarbeitungsmuster bewußt gemacht und Risikosituationen sowie mögliche Bewältigungsformen aufgezeigt werden. Darüber hinaus wird eine Einschätzung der eigenen Rückfallgefährdung erarbeitet. Die angewandte Therapiestrategie läßt sich nach Bastine als Amplifizieren charakterisieren und zielt darauf, das vorhandene Problembewußtsein zu erweitern, d.h. in diesem Falle die oft ausgeblendete oder auf andere projizierte eigene Rückfallgefährdung angstfrei erfahrbar zu machen.

5.1 Informationsvermittlung

Peter Frankenfeld

Als Einstieg bei der Vermittlung von Informationen über die Droge Alkohol und den Alkoholismus sollen die Teilnehmer aktiviert werden, um einer passiven Erwartungshaltung entgegenzuarbeiten. Zur Einbettung des neuen Wissensstoffes in vorhandene kognitive Strukturen wird an schulisches und durch Medien vermitteltes Vorwissen und bestehende Alltagserfahrungen angeknüpft. Das Stoffgebiet wird bewußt nicht auf die Alkoholproblematik und seine Behandlung eingeschränkt, sondern in den kulturhistorischen Zusammenhang des Konsums und Mißbrauchs verschiedener Drogen gestellt. Gleichzeitig werden die psychophysiologischen Wirkungen des Alkohols auf den Organismus und die Gefahren für die psychosoziale Funktionstüchtigkeit des Individuums aufgezeigt.

Den Teilnehmern wird zunächst mitgeteilt, daß sie aufgrund eigener Erfahrungen bereits über so viel Vorwissen verfügen, daß kein Anlaß besteht, ihnen Vorträge zu halten. Es wird betont, daß die Betroffenen aufgrund der selbsterlebten Suchtentwicklung mehr über Alkoholismus wissen als der Gruppenleiter, dem nur ein indirekter Zugang zu dem Alkoholproblem über die Arbeit mit seinen Patienten möglich ist. Die Rolle des Gruppenleiters wird somit so beschrieben, daß er lediglich die Aufgabe hat, Anregungen zu einem Austausch zwischen den Gruppenmitgliedern zu geben und den Ablauf der Stunde zu strukturieren.

Die Teilnehmer werden danach aufgefordert, den bestehenden Gruppenkreis aufzulösen und zwei hintereinander stehende Stuhlreihen mit Blick auf den ansonsten freien Gruppenraum zu bilden. Daran anschließend wird ihnen mitgeteilt, daß ein Wissensquiz veranstaltet werden soll, wie er allen aus dem Fernsehen bekannt ist. Es wird nach den bei solchen Veranstaltungen üblichen Regeln gefragt, wobei die Vorschläge gesammelt werden und daraus ein mögliches Vorgehen abgeleitet wird.

Tabelle 1. Übersicht über die Motivierungsprogramme

Titel	Inhalt
Informationsvermittlung	
Peter Frankenfeld	Allgemeinwissen
Weltallbesucher	Grundbegriffe
Verschluckt	Stoffwechsel
Homo Spiritus	Folgeerkrankungen
Flaschendrehen	Entwicklungsphasen
Diagnosekompaß	Erscheinungsformen
Verhaltensdiagnostik	
Arztvisite	Suchtanamnese
Kraftfahrzeugbrief	Problemverhalten
Schnappschuß	Reizbedingungen
Mensch in der Flasche	Verhaltensdefizite
Blick in die Zukunft	Verdeckte Kontrolle
Wunschpfennige	Selbstbelohnung
Kognitive Umstrukturierung	
Expertenstreit	Kausalattribution
Gedankengänge	Dissonanzreduktion
Zwei Welten	Kognitive Verzerrungsmuster
Standpunkte	Akteur-Beobachter-Effekt
Sepp Herberger	Selbstrechtfertigungen
Stammbaum	Rollendefinition
Rückfallgefährdung	
Rückfallbauen	Rückfallprozeß
Rückfaller und Vorfaller	Abstinenzverletzungseffekt
Tausendmal berührt ...	Rückfallvorläufer
Risiko	Risikosituationen
Notfälle	Bewältigungsformen
R. Rückfall und E. Eisern	Rückfallprognose

Arbeitsblatt 1: Fragen zum Wissensquiz für zwölf Teilnehmer*

Sechs Paare: Einfache Fragen

- Welchen durchschnittlichen Alkoholgehalt haben die Getränke Bier, Wein und Schnaps?
- In welchem Land Europas wird am meisten Bier, am meisten Wein und am meisten Schnaps getrunken?
- Nennen Sie drei der bekanntesten Selbsthilfeorganisationen für Alkoholkranke!
- Erklären Sie den Unterschied zwischen Kater und Entzug!
- Welches Getränk wird von den Bundesbürgern am meisten, zweitmeisten und drittmeisten getrunken?
- Erklären Sie den Unterschied zwischen Distraneurin und Antabus!

Drei Paare: Komplexe Fragen

- Beschreiben Sie die Herstellung (Ausgangsprodukte/Gärung/Destillation) von Alkohol!
- Beschreiben Sie die Geschichte (erster Gebrauch/Herstellung/Erforschung) des Alkohols!
- Beschreiben Sie die Verbreitung (Wissenschaftler/zeitliche Entstehung/gerichtliche Anerkennung) des Krankheitskonzeptes!

Drei Kandidaten: Stichfrage

- Wieviel Geld wird von den Bundesbürgern pro Jahr für alkoholische Getränke ausgegeben?

Zwei Endkandidaten: Mehrfachfragen

- Zählen Sie die drei größten Konzerne auf dem Bierherstellungsmarkt der Bundesrepublik auf!
- Zählen Sie alle Drogen auf, die Ihnen bekannt sind!
- Ab wieviel Promille kann die Fahrtüchtigkeit bereits eingeschränkt sein, ab wann besteht relative und ab wann absolute Fahruntauglichkeit?

Weitere mögliche Stichfragen:

In welchem Land der Erde fahren die meisten Autos mit Äthylalkohol?
Wie schmeckt reiner Alkohol?
In welchen Ländern war in diesem Jahrhundert der Alkohol vorübergehend verboten?
Woraus stellen Viehzüchternomaden alkoholische Gertänke her?
Welches waren in den 20ger Jahren in Europa Modedrogen?
In welchen Formen kann man Nikotin in den Körper aufnehmen?
Nennen Sie die Medikamente, die als Ersatzmittel für einen Alkoholiker gefährlich sind!
Aus welchen Gründen werden von den Indianern Südamerikas seit Urzeiten Kokablätter gekaut?

---
* Die Lösungen sollten selbst erarbeitet werden

Ein entsprechender Ablauf kann so aussehen, daß jedes Gruppenmitglied einen geringen Geldbetrag bekommt und im ersten Durchgang jeweils zwei Kandidaten nach vorne gebeten werden, um sich mit Namen, Beruf und Herkunftsort dem Publikum vorzustellen. Der erste Kandidat erhält eine einfache Wissensfrage, während sein Partner zwischenzeitlich den Raum verlassen muß. Auf diese Art kann jeweils der Mitspieler eines Kandidatenpaares ausgewählt werden, der die richtige Antwort wußte, wofür er den Geldeinsatz des Gegenkandidaten erhält. Die dann verbleibenden Mitspieler werden wiederum zu Paaren zusammengefaßt und erhalten diesmal komplexere Fragestellungen, so daß die verbleibenden Gewinner bereits über ein größeres Wissen verfügen müssen. Da bei diesem Vorgehen eine ungerade Anzahl von Teilnehmern entsteht, müssen spezielle Stichfragen gestellt werden, um den Mitspieler, der am weitesten von der Lösung entfernt ist, auszuscheiden. Gegen Ende verbleiben zwei Endspieler, die drei schwierige Fragen erhalten, so daß der Gewinner des Spiels durch eine Punktwertung ermittelt werden kann und über die Einsätze aller Gruppenmitglieder als Preis verfügt. Am Ende können alle Teilnehmer das zugrundeliegende Arbeitsblatt erhalten.

Die verwendeten Fragen sollten so gestaltet sein, daß ein möglichst breiter Wissenshorizont aktiviert wird. Zwischen den einzelnen Durchgängen kann der Gruppenleiter Erläuterungen und Zusatzinformationen zu den aufgeworfenen Fragestellungen an das Publikum vermitteln. Gleichzeitig ergibt sich aus der Quizmasterrolle die Möglichkeit, durch entsprechende Zwischenkommentare eine entspannte und motivierende Atmosphäre herzustellen. Da es sich um ein Rollenspiel handelt, besitzt die Gruppensitzung noch einen zusätzlichen therapeutischen Aspekt, da vorher nicht bekannte Eigenschaften der Gruppenmitglieder wie besondere Schlagfertigkeit oder durch den Beruf oder das Hobby erworbenes Spezialwissen deutlich werden.

Weltallbesucher

Bei dem Thema Alkoholismus werden immer wieder Begriffe verwendet, die vieldeutig sind und bei denen eine große Diskrepanz zwischen dem Alltagsverständnis und der unter Fachleuten gebräuchlichen Bedeutung vorhanden ist. Ein Beispiel dafür ist der Suchtbegriff, welcher aufgrund seiner Vieldeutigkeit in der Fachsprache weniger häufig benutzt wird. Es besteht also die Notwendigkeit, die Bedeutung der in der Therapie gebräuchlichen Grundbegriffe zu klären.

Zur Einleitung eines dafür geeigneten Rollenspiels wird zu Beginn davon berichtet, daß die moderne Wissenschaft von der Annahme der Existenz intelligenter Lebewesen im unendlichen Universum ausgeht, so daß eine Aufgabe der Weltraumforschung darin besteht, auf anderen Planeten nach Hinweisen auf solches Leben zu suchen. Als mögliche Bausteine lebender Materie kommen die sogenannten organischen Verbindungen, d.h. Kohlenstoff enthaltende Moleküle in Betracht. Interessanterweise handelt es sich bei einer der ersten im Weltall nachgewiesenen organischen Verbindung um den Äthylalkohol, d.h. das Alkoholmolekül, welches in unseren Getränken enthalten ist.

Nach dieser Einleitung erhält die Gruppe die folgende Instruktion: „Stellen Sie sich vor, daß intelligente Lebewesen auf einem fremden Planeten diesen Äthylalkohol zwar kennen, für ihn jedoch noch keine Verwendung gefunden haben. Da sie aber erfahren haben, daß die Erdenbewohner auf diesem Gebiet etwas weiter vorangeschritten sind, haben sie beschlossen, eine Delegation auf die Erde zu entsenden, um sich über den dortigen Stand der Dinge zu erkundigen.". Im Anschluß daran werden zwei Untergruppen gebildet, die sich möglichst weit entfernt voneinander um zwei Tische setzen und weiter angewiesen werden: „Sie haben nun die Aufgabe, sich zum einen in die Rolle der Besucher von dem Planeten und zum anderen in eine Expertengruppe von der Erde hineinzuversetzen.".

Die Gruppe der Erdenbewohner erhält als zusätzliche Anweisung: „Während sich die Besuchergruppe noch darüber beraten kann, welche Frage sie ihnen stellen will, haben Sie kurz Zeit, sich auf den Empfang vorzubereiten. Bedenken Sie dabei, daß die Lebewesen von dem anderen Stern überhaupt keine Ahnung haben, wie es auf der Erde aussieht und welche Erfahrungen die Menschheit bisher mit dem Alkohol gemacht hat. Zur Vorbereitung gebe ich Ihnen fünf Fragen, über deren Beantwortung Sie sich beraten können, aber bitte so, daß die andere Gruppe Sie nicht hören kann. Sie können sich dazu Notizen auf Ihren Arbeitsblättern machen.".

Während die erste Gruppe zu arbeiten beginnt, erhalten die Besucher von dem anderen Stern möglichst leise, so daß es nicht mitgehört werden kann, die folgende Aufgabenstellung: „Sie wissen nun, daß Sie bald von einer Expertengruppe der Erde empfangen werden, die Ihnen alle Fragen zum Alkohol und den damit verbundenen Problemen beantworten kann. Zunächst erhalten Sie von mir fünf grundsätzliche Fragestellungen, mit denen Sie sich an die Erdbewohner wenden können. Ihre Aufgabe besteht jedoch auch darin, sich Zusatzfragen auszudenken und diese auf Ihren Arbeitsblättern zu notieren. Es sollten ganz einfache Fragen sein, die oft schwer zu beantworten sind, so wie sie von Kindern gerne gestellt werden. So könnte es Sie interessieren, woraus Alkohol eigentlich besteht, ob man Wasser auch mißbrauchen kann, ob Tiere alkoholabhängig werden können, woran man Alkoholiker an ihrem Äußeren erkennt, ob es sich beim Alkoholismus um eine ansteckende Krankheit handelt usw.".

Arbeitsblatt 2: Frage- und Antwortblatt zu Grundbegriffen der Abhängigkeit

1. Was ist Alkohol?

2. Was ist Alkoholmißbrauch?

3. Was ist Alkoholabhängigkeit?

4. Was ist ein Alkoholiker?

5. Was ist Alkoholismus?

Während die beiden Gruppen sich mit ihren Arbeitsblättern beschäftigen, pendelt der Gruppenleiter zwischen den beiden Gruppen, um die Diskussion anzuregen und darauf zu achten, daß alle fünf Fragestellungen bearbeitet werden. Nach cirka einer halben Stunde beginnt der zweite Abschnitt des Rollenspiels, indem die Gesprächsdelegationen in zwei Halbkreisen gegenüber Platz nehmen. Nachdem der Hinweis gegeben wurde, daß sich die Diskussionsteilnehmer ohne Sprachschwierigkeiten verständigen können, werden die Weltallbesucher aufgefordert, ihre Fragen zu stellen. Der Gruppenleiter zieht sich dabei weitestgehend zurück und greift nur ein, um den zeitlichen Ablauf zu steuern.

In der letzten halben Stunde werden die fünf gewählten Grundbegriffe in Anknüpfung an die Gruppendiskussion inhaltlich weiter geklärt. Bezogen auf den Alkohol wird auf dessen Drogencharakter hingewiesen, d.h. die Veränderungen unserer Wahrnehmung, Gedanken und Gefühle durch seinen Einfluß auf das zentrale Nervensystem. Dabei sollten Ähnlichkeiten und Unterschiede zu anderen Drogen diskutiert werden, um stereotype Abgrenzungen von den sogenannten Rauschdrogen abzubauen und den Drogencharakter von gesellschaftlich akzeptierten Genußmitteln zu verdeutlichen. Bei dem Begriff des Alkoholmißbrauchs wird neben der quantitativen Bestimmung durch Überschreitung bestimmter Trinkmengen auf die qualitativen Kriterien der Gesundheitsgefährdung oder der Verletzung sozialer Normen hingewiesen. Zusätzlich sollte auf den Mechanismus des Toleranzerwerbs als physiologische Grundlage eines sich steigernden Alkoholmißbrauchs hingedeutet und am Beispiel der Kreuztoleranz auf die Verwandtschaft des Alkohols mit suchterzeugenden Medikamenten aufmerksam gemacht werden. Bei dem Begriff der Abhängigkeit kann die Unterscheidung zwischen seelischer Abhängigkeit, d.h. dem Verlangen, sich die Droge immer wieder zuzuführen, und der körperlichen Abhängigkeit, die an der Entzugssymptomatik zu erkennen ist, getroffen werden. Bei der Diskussion der Begriffe Alkoholiker und Alkoholismus sollte nicht nur auf den selbst- und fremdschädigenden Aspekt der Alkoholkrankheit, sondern auch auf stereotype Vorstellungen über Willensschwäche, Vererbbarkeit und die Krankheitsrolle eingegangen werden.

Verschluckt

In dieser Sitzung soll der Weg des Alkohols durch den Körper nachvollzogen werden, um die Aufnahme, Verteilung und den Abbau im Körper sowie seine akuten Auswirkungen auf zentrale und periphere Funktionen kennenzulernen. In Form eines Rollenspiels wird eine Reise durch den Körper aus der Sicht des Alkoholmoleküls unternommen.

Zunächst muß eine größere Fläche im Gruppenraum von Tischen und Stühlen freigeräumt werden, so daß sich die Gruppe im Kreis auf den Boden setzen kann und noch ausreichend Bewegungsspielraum besteht. Es wird ein Molekülstrukturmodell des Äthylalkohols zusammengebaut und seine Bestandteile erklärt. Die Gruppenmitglieder werden dann gebeten, sich vorzustellen, daß sie selbst ein solches Alkoholmolekül seien, welches sich den Weg durch den Körper eines Alkoholkonsumenten sucht.

Als erstes bewegen sich die Gruppenmitglieder frei im Raum, da sie sich zusammen mit Wassermolekülen in einem Schnapsglas befinden. Nachdem der Alkoholkonsument zu trinken begonnen hat, gelangen alle Alkoholmoleküle in den Mund, wo sie sich versammeln, indem sie sich eng zusammen auf den Boden setzen. Der Alkohol übt nun seinen typischen Geschmack aus (wie schmeckt Alkohol?) und gelangt bis auf einen geringen Teil, der bereits ins Blut übergeht, unverändert durch die Speiseröhre in den Magen (warum brennt Alkohol beim Trinken?). Hier gelangt ungefähr ein Fünftel des Alkohols unmittelbar in die Blutbahn (wann geht dies am schnellsten oder langsamsten?). Die meisten Alkoholmoleküle werden jedoch weiter durch den Magenpförtner in den Dünndarm transportiert, wo sie unverändert fast vollständig ins Blut aufgenommen werden. An dieser Stelle sollte möglichst anschaulich das Prinzip der Diffusion als passivem Konzentrationsausgleich erläutert werden, um das Grundprinzip der Alkoholverteilung im Körper zu erklären. Dazu kann man ein mit Wasser gefülltes Gefäß verwenden, in das ein Kaffeefilter eingesetzt wird, so daß sich die darüber befindliche Flüssigkeit verfärben und beobachten läßt, wie sie so lange durch die Poren des Filters dringt, bis eine einheitliche Verfärbung auf beiden Seiten besteht.

Der Alkohol wird, nachdem er im Bauchraum in der Pfortader gesammelt wurde, über das Herz in die Blutbahnen des gesamten Körpers gepumpt. Dieser Weg wird wiederum im Rollenspiel als Bewegungsablauf nachvollzogen. Der jetzt bestehende Blutalkohol (was ist Promille?) wird nach dem bereits veranschaulichten Diffusionsprinzip zu Körperalkohol, indem er aus der Blutbahn in die Flüssigkeit der verschiedenen Körpergewebe und dann in die einzelnen Zellen wandert. Dabei erfolgt eine unterschiedlich starke Konzentration in verschiedenen Organen (warum gelangt viel Alkohol schnell ins Gehirn?), wo er dann seine spezielle Wirkung ausübt.

Nach einer Aufzählung und Beschreibung der verschiedenen zentralen und peripheren Alkoholwirkungen (warum sieht ein Betrunkener alles doppelt?) wird der Abbau und Ausscheidungsvorgang nachvollzogen. Wie bei den anderen Organen auch, gelangen die Alkoholmoleküle in die vielen Leberzellen, wo sie zu Wasser

Arbeitsblatt 3: Der Alkoholstoffwechsel (Bundeszentrale für gesundheitliche Aufklärung 1977)*

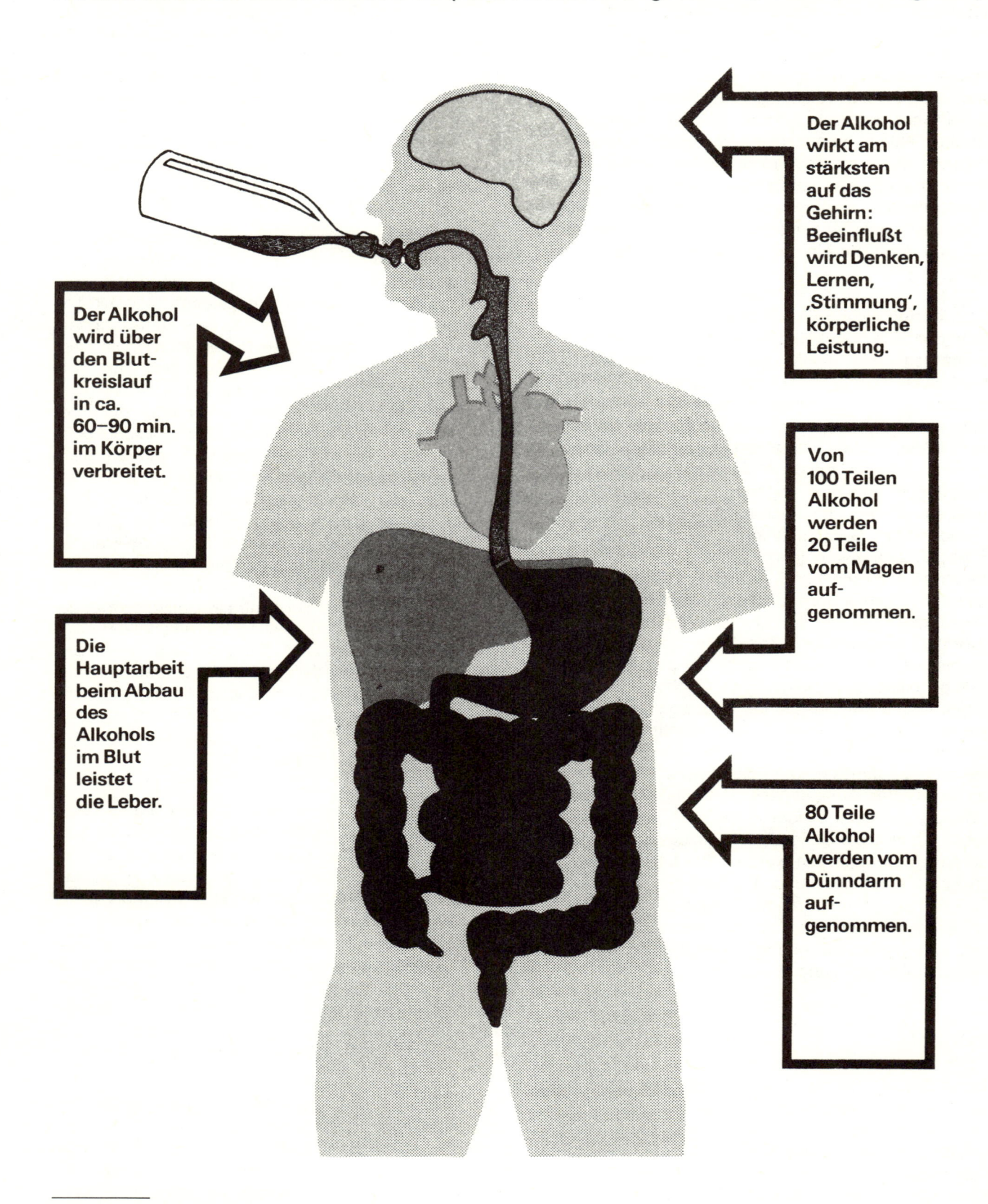

Der Alkohol wird über den Blutkreislauf in ca. 60–90 min. im Körper verbreitet.

Die Hauptarbeit beim Abbau des Alkohols im Blut leistet die Leber.

Der Alkohol wirkt am stärksten auf das Gehirn: Beeinflußt wird Denken, Lernen, ‚Stimmung', körperliche Leistung.

Von 100 Teilen Alkohol werden 20 Teile vom Magen aufgenommen.

80 Teile Alkohol werden vom Dünndarm aufgenommen.

---
* Mit freundlicher Genehmigung des Ernst Klett Verlages

und Kohlendioxyd abgebaut werden (wer macht dies?). Das dabei entstandene Wasser wird über die Nieren und das entstandene Kohlendioxyd über die Lungen ausgeschieden. Durch den dadurch sinkenden Blutalkoholgehalt entsteht ein umgekehrtes Konzentrationsgefälle, so daß der Körperalkohol nach und nach ins Blut zurückwandert und so in die Leber gelangt, wo er weiter entgiftet wird (was schafft die Leber in der Stunde?). Der Alkoholkonsument wird also in der Folge zunehmend nüchterner. Die Gruppenmitglieder erhalten abschließend das Arbeitsblatt zum Alkoholstoffwechsel.

Homo Spiritus

Den Gruppenmitgliedern soll diese Sitzung zunächst Grundwissen über die menschlichen Organe, die vom langfristigen Alkoholmißbrauch geschädigt werden, vermitteln. Im zweiten Schritt, ausgehend von der Beschreibung subjektiver Beschwerden, werden durch einzelne Gruppenmitglieder entsprechende Folgeerkrankungen, von denen diese bereits betroffen sind, erklärt.

Als erstes wird unter Hinweis auf den Namen der Sitzung ein „Mensch in Alkohol" dargestellt, indem sich ein Gruppenmitglied vor eine Papierwand stellt, so daß seine Umrisse nachgezeichnet werden können. Die Gruppenmitglieder sitzen um einen mit Papier ausgelegten Tisch und haben Filzstifte und Scheren zur Verfügung. Zunächst werden die am häufigsten vom Alkoholmißbrauch betroffenen Organe (Magen, Leber, Bauchspeicheldrüse, Herz, Gehirn und periphere Nervenbahnen) aufgezählt und nacheinander behandelt. Dabei müssen alle Gruppenmitglieder zuerst das jeweilige Organ in natürlicher Form und Größe vor sich aufzeichnen (zeichnen Sie einmal ein Herz!). Die beste Zeichnung wird ausgewählt, ausgeschnitten und am richtigen Ort innerhalb des Homo Spiritus befestigt. Als zusätzliches Anschauungsmaterial können die Abbildungen aus einem Anatomiebuch für Kinder dienen.

Als nächstes wird die Hauptfunktion des betroffenen Organs im Körper besprochen, wobei einfache Bilder verwendet werden (die Leber als chemisches Labor, das Herz als Pumpe, das Gehirn als Zentrale usw.). Danach schildern Gruppenmitglieder Beschwerden und Symptome von alkoholbedingten Folgeerkrankungen dieses Organs, z.B. Kribbel- und Taubheitsgefühle in den Beinen als Anzeichen einer Schädigung der peripheren Nervenbahnen. Das dazugehörige Krankheitsbild wird möglichst einfach beschrieben (z.B. tastbar vergrößerte Leber bei geringen subjektiven Beschwerden und erhöhten Leberwerten als Anzeichen einer Fettleber) und erklärt (Fettablagerungen in den Leberzellen als Folge des erhöhten Alkoholstoffwechsels).

An dieser Stelle wird die Modellvorstellung vom sogenannten schwächsten Glied eingeführt, wonach jeder Mensch ein Organ besitzt, welches besonders empfindlich auf schädigende Einflüsse reagiert, so daß der Alkohol als zugeführter Giftstoff bei unterschiedlichen Menschen jeweils verschiedene Organe schädigt, indem er an dem jeweils schwächsten Glied im Körper ansetzt. Daraus leitet sich ab, daß nicht jeder Alkoholiker jede Folgeerkrankung bekommen muß, sondern nur ein gewisser Prozentsatz und daß auch das Ausmaß der Schädigung unterschiedlich sein kann. So endet nicht jeder Alkoholiker als Korsakow-Patient und trotz des engen Zusammenhanges zwischen der Intensität bzw. der Dauer des Alkoholmißbrauchs und auftretenden Lebererkrankungen, verstirbt nur ein Teil der Alkoholiker an Leberzirrhose.

Dabei ist es wichtig, daß in dieser Stunde die Gruppenmitglieder nicht mit Informationen überhäuft werden, der Teufel nicht an die Wand gemalt wird und didaktische Prinzipien Berücksichtigung finden. So ist zu beachten, daß die Gruppenmitglieder medizinische Laien sind und nur über eine begrenzte kognitive Verarbeitungskapazität verfügen. Die vermittelte Informationsmenge muß also stark beschränkt bleiben. Es sollten einfache und anschauliche Bilder verwandt, Fremdwörter vermieden und spezielle Folgen nicht berücksichtigt werden (wen interessiert es, daß es ein Machiafava-Bignami-Syndrom gibt?). Durch möglichst häufige bildliche Darstellungen und die starke Aktivierung der Teilnehmer kann die gewünschte Behaltensleistung optimiert werden, indem verschiedene Verarbeitungskanäle (hören, sehen, handeln) angesprochen werden. Weiterhin sollten die Ergebnisse der sozialpsychologischen Einstellungsforschung Berücksichtigung finden, indem die Glaubwürdigkeit des Kommunikators durch Vermeidung von Übertreibungen und Verallgemeinerungen erhalten bleibt, die Kommunikation zweiseitig unter Berücksichtigung von Gegenargumenten geführt wird und die Einstellungsdiskrepanzen zwischen Kommunikator und Zielperson möglichst in dem wirksamen mittleren Bereich verbleibt. Als für das Thema wichtigste Problematik muß an die Gefahren einer zu großen Furchterregung gedacht werden, indem ein mittleres Erregungsniveau angestrebt und auf die Vorteile der abstinenten Lebensweise als unmittelbarer Verhaltenskonsequenz hingewiesen wird. Wiederum erhalten die Teilnehmer am Ende das entsprechende Arbeitsblatt zu den Alkoholfolgekrankheiten.

Flaschendrehen

In dieser Gruppensitzung wird die individuelle Entwicklung zur Suchtmittelabhängigkeit aufgezeigt. Durch den sozialen Vergleich innerhalb der Gruppe der Gleichbetroffenen sollen Gemeinsamkeiten im Sinne des Phasenmodells von Jellinek erfahrbar gemacht werden. Gleichzeitig wird auf Unterschiede in Form und Verlauf

**Arbeitsblatt 4: Die Alkohol-
folgeerkrankungen (Bundeszentrale für gesundheitliche
Aufklärung 1980)***

Gehirn
Beeinträchtigung von
— Gedächtnis
— Orientierungsfähigkeit
— Auffassung
leichte Ermüdbarkeit

Herz
Herzmuskelerkrankung
(Verfettung)

Leber
Fettleber
Leberentzündung
Leberzirrhose

Magen
Magenschleimhaut-
entzündung

Nerven
Nervenentzündung

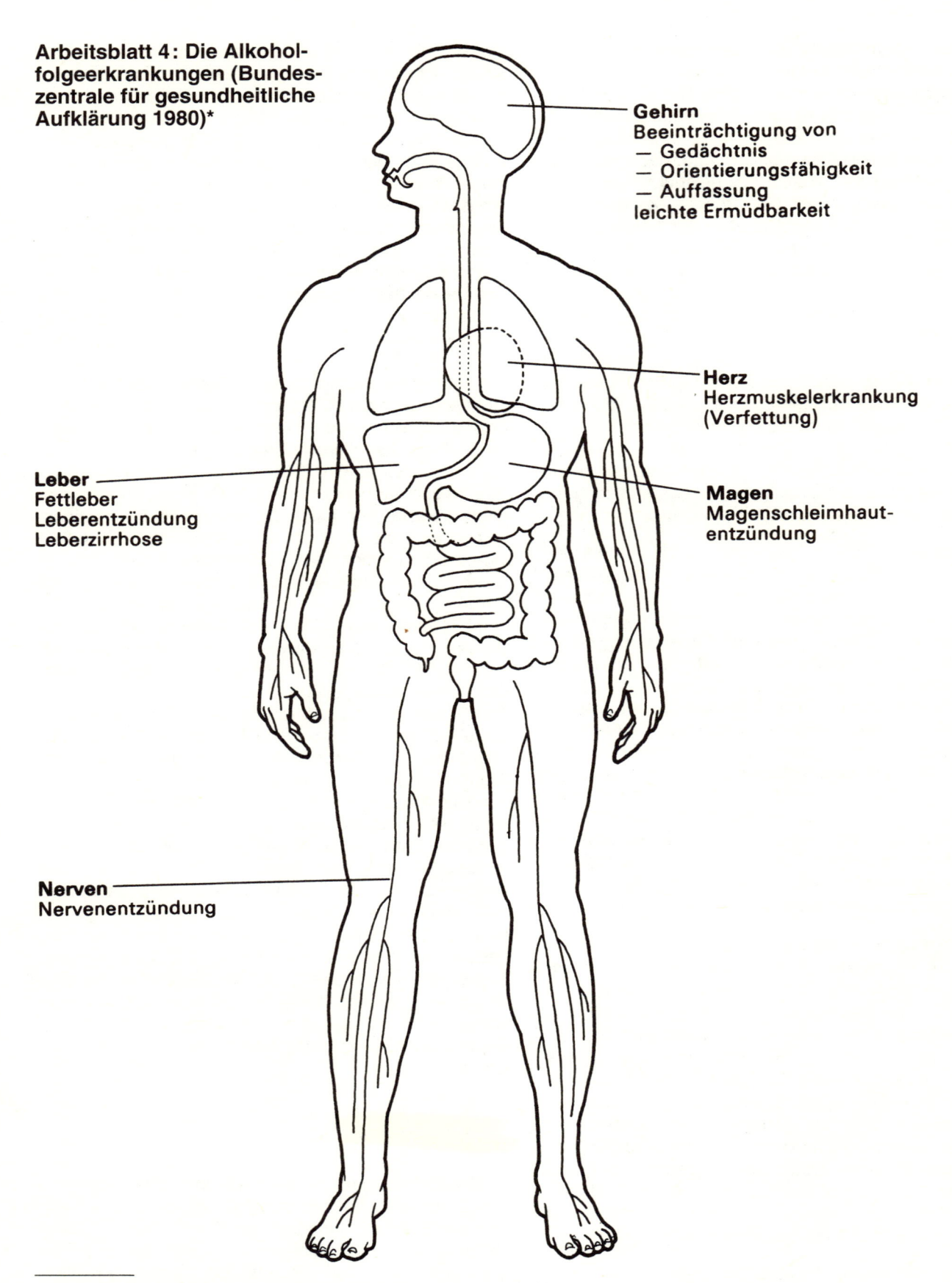

* Mit freundlicher Genehmigung des Ernst Klett Verlages

der Abhängigkeit als Folge verschiedener sozialer Lebensbedingungen hingewiesen.

Es wird auf das bekannte Kinderspiel des Flaschendrehens zurückgegriffen, bei welchem, nachdem eine bestimmte Aufgabe festgelegt und eine Flasche in der Mitte des Gruppenkreises gedreht wurde, derjenige, auf den der zur Ruhe kommende Flaschenkopf zeigt, diese Aufgabe ausführen muß. Die gewählte Spielform schafft insgesamt eine entspannte Atmosphäre und stellt gleichzeitig sicher, daß alle Gruppenmitglieder gleichermaßen einbezogen sind. Inhaltlich wird vor jedem Durchgang ein typisches Ereignis aus der Suchtentwicklung genannt, wobei das ausgewählte Gruppenmitglied ein persönliches Erlebnis dazu berichten muß. Daran anschließend können aus der Runde weitere ähnliche Erfahrungen berichtet werden. Der Ablauf orientiert sich an dem Vier-Phasen-Modell von Jellinek zur Suchtentwicklung.

Die erste Entwicklungsstufe ist durch das Erleichterungs- und Wirkungstrinken charakterisiert. In diesen Abschnitt fällt die zunehmende Verträglichkeit des Alkohols bei gleichzeitig abnehmender Belastbarkeit für Alltagsprobleme:

Was hat Dir der Alkohol am Anfang gebracht?
Was hast Du immer häufiger vor Dir hergeschoben?
Wie hat sich Deine Trinkmenge verändert?

Die zweite Entwicklungsstufe zeichnet sich durch gewisse Vorboten der späteren Abhängigkeit aus. Charakteristische Ereignisse sind die zunehmend häufiger werdenden Erinnerungslücken nach einem Rausch mit entsprechenden Schuldgefühlen. Es zeigen sich typische Veränderungen des Trinkverhaltens wie z.B. das heimliche und schnelle Trinken, während gleichzeitig das Thema Alkohol und die eigene Trinkmenge aufgrund zunehmender Schuldgefühle heruntergespielt werden. In dieser Zeit kann es zum Führerscheinentzug als dem ersten gravierenden negativen Ereignis kommen:

Berichte uns von einem Filmriß!
Wie hat sich Deine Art zu trinken von anderen unterschieden?
Erzähl uns von den Selbstvorwürfen, die Du Dir gemacht hast!

Charakteristische Merkmale der dritten Entwicklungsstufe sind der einsetzende Kontrollverlust oder die Unfähigkeit zur Abstinenz als Hauptkriterium für eine bestehende Abhängigkeit. Der Betroffene versucht häufiger, mit dem Trinken aufzuhören und gebraucht zunehmend Ausreden für sein Trinkverhalten. Bestehende Probleme überspielt er durch besonders aggressives Auftreten im Wechsel mit Zeiten innerer Niedergeschlagenheit. Es treten zunehmende soziale Konflikte im Freundeskreis, der Familie und am Arbeitsplatz auf und es kommt zu ausgeprägteren körperlichen Folgeerkrankungen:

Welche Trinkregeln hattest Du Dir vorgenommen?
Was hattest Du für faule Ausreden für Dein Trinken?
Welche Schwierigkeiten hast Du mit Deiner Umgebung bekommen?

In der vierten und letzten Entwicklungsphase besteht dann eine ausgeprägte körperliche Entzugssymptomatik mit morgendlichem Trinken. Es folgt ein zunehmender körperlicher, persönlicher und sozialer Niedergang, so daß die bestehenden Rationalisierungen gegenüber der Umgebung und, bezogen auf das eigene Selbstkonzept, zunehmend versagen. Die Gefahr eines körperlichen und seelischen Zusammenbruches einschließlich von Selbstmordversuchen wird immer größer:

Wie ging es Dir morgens nach dem Aufstehen?
Welche Veränderungen an Dir haben Dich zunehmend beunruhigt?
Bist Du schon einmal körperlich zusammengebrochen oder hast Du für Dich keinen Lebenssinn mehr gesehen?

Tabelle 2. Die Entwicklungsstufen der Alkoholabhängigkeit (nach Jellinek 1952)

1. Stufe:
– Gezieltes Trinken auf Wirkung oder Suche nach Anlässen – Leichtere Belastbarkeit bei Alltagsproblemen – Zunahme der Verträglichkeit für Alkohol
2. Stufe:
– Rauschtrinken mit Erinnerungslücken oder regelmässiges Gelegenheitstrinken – Veränderungen der Art und Weise des Trinkens – Erleben und Denken zeigen Veränderungen
3. Stufe:
– Kontrollverlust oder regelmässiges Trinken tagsüber – Trinksysteme und Ausreden für das Trinken – Wechselhaftes Verhalten, soziale Konflikte und körperliche Beschwerden
4. Stufe:
– Regelmässiges morgendliches Trinken und Entzugsbeschwerden – Körperlicher, persönlicher und sozialer Abbau – Körperlicher und seelischer Zusammenbruch

Besonders wichtig bei der Durchführung der Gruppensitzung ist, daß das beschriebene Entwicklungsschema den Betroffenen nicht aufgezwungen wird. Nicht jeder Abhängige muß alles erlebt haben und es muß nicht alles in dieser Reihenfolge erfolgt sein. Darüber hinaus ist zu bedenken, daß es sich um einen Entwicklungsablauf handelt, der vorwiegend auf die sogenannten Problemtrinker zutrifft und weniger geeignet ist, eher gewohnheitsmäßige Mißbrauchsformen zu beschreiben. Gleichzeitig ist die aufgezeigte Entwicklung vor allem typisch für den sozial integrierten Alkoholiker mit entsprechenden familiären und beruflichen Bindungen, wohingegen andere Formen der Abhängigkeit wie z.B. der Alkoholismus unter Wohnsitzlosen (Petry 1984, 1989c) völlig andere Eigenschaften aufweisen. Die Art des gewählten Gruppenspiels soll es möglich machen, diese Unterschiede trotz aller Gemeinsamkeiten deutlich werden zu lassen.

Diagnosekompaß

In der abschließenden Gruppensitzung sollen sich alle Gruppenmitglieder hinsichtlich der Form und des Ausmaßes ihrer Abhängigkeit im Vergleich zu den anderen Teilnehmern einordnen. Dabei wird das Phasen- und Typenmodell von Jellinek in die räumliche Dimension umgesetzt, um den Beteiligten ihren aktuellen Standort emotional erfahrbar zu machen.

Der Gruppenleiter führt wie bei einem Kompaß, bei dem mit Hilfe eines Koordinatenkreuzes die Himmelsrichtungen festgelegt werden, einen Diagnosekompaß zur Bestimmung der Art und Schwere der Alkoholabhängigkeit ein. Dazu werden zwei senkrecht aufeinanderstehende Achsen mit Kreide auf den Boden gezeichnet oder mit Handbewegungen angedeutet. Die eine Achse definiert die Schwere der bestehenden Abhängigkeit, während die andere Achse mit deren Ursachen zu tun hat. Die durch das Koordinatenkreuz gebildeten Quadranten entsprechen den vier bekanntesten Alkoholikertypen nach Jellinek.

Als erstes wird die Achse zur Schwere der Abhängigkeit genauer festgelegt und an Beispielen erläutert. Es handelt sich um eine einpolige Dimension, die sich von Null, d.h. einer völlig fehlenden Abhängigkeit, bis Hundert als deren extremster Form erstreckt. Der Gruppenleiter befindet sich zu Beginn auf dem Nullpunkt und fragt die Gruppenmitglieder nach möglichen Beispielen für eine völlig fehlende Abhängigkeit (Neugeborene, religiös begründete Abstinenz usw.). Er schreitet danach die Linie ab und verweist auf den einsetzenden Toleranzerwerb bei zunehmendem Alkoholkonsum sowie die dabei auftretenden Veränderungen im Trinkverhalten (Umstieg auf harte Getränke). In der Folge wird dann auf Formen des periodischen Rauschtrinkens mit Filmrissen oder regelmäßigem Gewohnheitskonsum hingewiesen, aus denen sich erste negative Folgen des Alkoholmißbrauchs wie z.B. der Führerscheinverlust ergeben.

Bei Erreichen der Mitte wird der Punkt ohne Wiederkehr überschritten, nach welchem eine Alkoholkrankheit im medizinischen und rechtlichen Sinne vorliegt. Dabei gelten der Kontrollverlust beim Problemtrinker oder die Unfähigkeit zur Abstinenz beim Gewohnheitstrinker als zentrale Merkmale. Im Anschluß bildet sich die körperliche Abhängigkeit mit zunehmenden vegetativen Entzugserscheinungen sowie morgendlichem Trinken heraus, wobei sich die beiden beschriebenen Abhängigkeitsformen zunehmend annähern, indem die Trinkpausen beim Problemtrinker immer kürzer werden und sich die Alkoholmenge beim Gewohnheitstrinker zunehmend steigert. In der Folge entwickeln sich die bekannten körperlichen Folgeerkrankungen, Veränderungen der Persönlichkeit und sozialen Ausgrenzungen. Das Ende dieser Entwicklung wird durch Formen des körperlichen und seelischen Zusammenbruchs bestimmt.

Die zweite Dimension ist zweipolig, wobei von links nach rechts die sozialen Umweltfaktoren zunehmend an Bedeutung gewinnen, während von rechts nach links die individuellen Persönlichkeitseigenschaften in den Vordergrund treten. In der Mitte besteht dann ein gewisses Gleichgewicht zwischen sozialen und persönlichen Ursachen der Abhängigkeitsentwicklung. Auf den beiden Endpunkten ergeben sich die Extremformen aus der

Abb. 5. Diagnoseschema zur zweidimensionalen Abhängigkeitsdiagnose (in Anlehnung an Jellinek 1960)

Dominanz eher umgebungsbedingter oder persönlichkeitsbedingter Ursachen der Entstehung und Aufrechterhaltung einer Alkoholabhängigkeit. Beim Abschreiten dieser Koordinatenachse wird darauf hingewiesen, daß nach rechts die gewohnheitsbildenden Faktoren wie Trinkgewohnheiten der sozialen Bezugspersonen in der Familie und im Beruf vorherrschen, die eher zu Formen eines regelmäßig verteilten Alkoholkonsums führen, während nach links das periodische Wirkungstrinken mit Rauscherlebnissen im Vordergrund steht, welches mit persönlichen Ursachen wie körperlichen Beschwerden, der Neigung zu Angstzuständen und Depressionen oder einer Veranlagung zur vegetativen Labilität in Verbindung steht.

Nachdem das Koordinatenkreuz so beschrieben worden ist, werden die Gruppenmitglieder aufgefordert, sich mit ihrem Stuhl in dem vorgegebenen Raum den Platz zu suchen, der ihrer eigenen Suchtentwicklung hinsichtlich Form und Ausmaß am ehesten entspricht. Dabei darf so lange nicht gesprochen werden, bis jede Bewegung im Raum aufgehört hat. Der Gruppenleiter geht nun von Teilnehmer zu Teilnehmer, um sich die Wahl des jeweiligen Standortes erklären zu lassen. Er versucht dann durch konkrete Fragen die mit der getroffenen Entscheidung verbundenen Dissonanzen bewußt zu machen. Sollten sich dabei für das Gruppenmitglied neue Gesichtspunkte ergeben, kann es seinen Standort entsprechend verändern, wobei davor gewarnt werden muß, Druck auszuüben, da sonst eine zu große Freiheitseinschränkung mit entsprechenden Gegenreaktionen erfolgt. Weiterhin ist zu beachten, daß die getroffene Platzwahl nicht immer nur durch Bagatellisierungstendenzen bestimmt ist, sondern sich darin auch Übertreibungstendenzen ausdrücken können. Eine besondere Problematik kann auch dadurch entstehen, daß durch die Standortbestimmung depressive Verarbeitungsmuster in Erscheinung treten, da es sich um eine erlebnisaktivierende Methode handelt. Je nach Gruppenzusammensetzung kann es auch erforderlich sein, das eher als komplex erlebte Schema auf die einpolige Dimension des Ausmaßes der Suchtentwicklung zu reduzieren.

5.2 Verhaltensdiagnostik

Arztvisite

Als Einstiegssitzung wird in einem Rollenspiel eine Arztvisite, wie sie zur Routine eines Krankenhauses gehört, nachgestellt. Die Gruppenmitglieder sollen dabei aus dem Blickwinkel des medizinischen Personals ihre eigene Suchtentwicklung betrachten, um damit ihre eigene Suchtanamnese zu erheben. Eine Besonderheit dieses Gruppenprogramms zur Verhaltensdiagnostik besteht darin, daß die Teilnehmer am Ende jeden Treffens den dazu inhaltlich geeigneten Teil des Fragebogens zur Verhaltensanalyse der Abhängigkeit (FVA) bearbeiten (siehe Anhang), so daß sie am Ende über eine vollständige Verhaltensanalyse ihres problematischen Trinkverhaltens verfügen.

Den Gruppenmitgliedern wird zu Beginn der Ablauf der geplanten Sitzungen und deren Zielvorstellungen erläutert. Danach soll in einer Art Baukastenprinzip Stück für Stück eine Analyse ihres Suchtverhaltens und der damit verbundenen Probleme erarbeitet werden. Dies wird als Vorstufe für die selbstkontrollierte Aufrechterhaltung der angestrebten Abstinenz eingeführt.

Da es sich in der ersten Sitzung um ein Rollenspiel handelt, werden die Teilnehmer ohne weitere Diskussion aufgefordert, sich zu erheben und sich hinter ihren Stühlen, die im Kreis angeordnet sind, aufzustellen. Ihnen wird erklärt, daß eine Arztvisite, wie sie den meisten von früheren Krankenhausaufenthalten bekannt sein dürfte, nachgestellt werden soll. Als die drei dabei beteiligten Personen werden die Rolle eines Arztes/einer Ärztin, einer Schwester oder eines Pflegers und des Patienten bzw. der Patientin eingeteilt. Der Gruppenleiter übernimmt die Arztrolle, indem er reihum zu den einzelnen Gruppenmitgliedern geht, welche die Rolle einer Schwester bzw. eines Pflegers einnehmen. Dabei wird zwischen Arzt/Ärztin und dem Mitglied des Pflegepersonals ein Gespräch über den jeweiligen Patienten bzw. die Patientin geführt, d.h. eine imaginäre Person, die sich auf dem leeren Stuhl befindet. Die Teilnehmer haben also die schwierige Aufgabe, sich in die Rolle einer anderen Person hineinzuversetzen und aus deren Blickwinkel über sich selbst zu berichten.

Das eigentliche Gespräch beginnt mit der Frage, um welchen Patienten bzw. welche Patientin es sich handelt, so daß sich das Gruppenmitglied in der dritten Person mit Namen vorstellen muß. Das dabei häufige Zurückfallen während des Dialogs in die erste Person wird vom Gruppenleiter jeweils korrigiert. Es erfolgen zunächst einfache Fragen nach Befinden, Aufenthaltsdauer und Problematik der vorgestellten Person, die allen Beteiligten am Anfang gestellt werden, um einen leichten Einstieg in das Rollenspiel zu finden. Im Anschluß wird gezielter nach Aufnahmeanlaß, bestehenden Folgeerkrankungen, psychischen und sozialen Problemen sowie bisherigen Behandlungsversuchen gefragt. Um zu vermeiden, daß sich die Gruppenmitglieder an den vorher gegebenen Antworten orientieren und schon passende Antwort paratlegen, erfolgen Variationen in den Fragestellungen, die sich auf individuelle Besonderheiten der imaginären Person richten. Wenn es den Teilnehmern gelingt, den Rollentausch zu vollziehen, d.h. sich in die Sichtweise des medizinischen Personals zu begeben, können schwierigere Fragen nach dem Verhalten in der Behandlung, der Glaubwürdigkeit der Angaben, der Behandlungsmotivation und den Heilungsaussichten formuliert werden, so daß eine möglichst große Distanzierung vom eigenen Standpunkt erzielt werden kann.

In der letzten halben Stunde erfolgt eine schriftliche Befragung zur Suchtanamnese als erstem Baustein der individuellen Verhaltensanalyse. Mit Hilfe des ersten Teils des Fragebogens (siehe Punkt 1 des FVA im Anhang) erfolgt eine Bestimmung des Problemverhaltens, bei der Fragen zur Entwicklung der Abhängigkeit, den körperlich-seelischen Folgen und bisherigen Behandlungsversuchen gestellt werden. Es handelt sich also um typische Fragestellungen, die in einem Erstinterview eines Alkoholikers gestellt werden.

Die Zielsetzung dieser Gruppensitzung besteht darin, das vorhandene subjektive Verständnis der eigenen Suchtentwicklung aus einem objektivierenden Blickwinkel zu betrachten. Nach dem bereits beschriebenen Beobachter-Akteur-Effekt kann durch den erfolgten Rollentausch eine Polarisierung der Verhaltensattributionen erfolgen, welche neue Handlungsmöglichkeiten eröffnet. Von Jaeggi (1979) wird in diesem Zusammenhang von Dezentrierung als zentralem Änderungsmoment jeglicher Psychotherapie gesprochen.

Durch das erlebnisaktivierende Moment des Rollenspiels in Verbindung mit der in der ersten Gruppensitzung bestehenden Erwartungsspannung der Teilnehmer kann eine Kanalisierung des vorhandenen Bedürfnisses nach Spannungsabfuhr und Dissonanzreduktion erfolgen, die im Einzelfall zu deutlich erlebten neuen Einsichten führen kann. Dies erfordert jedoch eine genaue Steuerung des Rollenspiels, indem Diskussionen, die vom Thema ablenken, unterbrochen, das Herausgehen aus der Rolle korrigiert und der zeitliche Ablauf straff gesteuert werden. Damit wird dann Raum gewonnen, um in der anschließenden Nachbesprechungsphase die durch den Perspektivwechsel gewonnenen Einsichten zu vertiefen.

Kraftfahrzeugbrief

Die Gruppensitzung zielt auf eine Beschreibung des problematischen Konsumverhaltens, bei der die Art der bevorzugten Rauschdrogen und die aktuelle Häufigkeit und Intensität des Drogenkonsums im Mittelpunkt stehen. Der therapeutische Ansatzpunkt besteht in einer Analogiebildung, die im Sinne des von Bertold Brecht (1968, 1968b) entwickelten epischen Theaters zu einem therapeutisch fruchtbaren Verfremdungseffekt führen soll.

Die Gruppenmitglieder sitzen um einen großen runden Tisch, der mit Papier ausgelegt ist und haben Filzstifte zur Verfügung. Im ersten Abschnitt zeichnet der Gruppenleiter einen inneren Kreis auf das Papier, in den er den Begriff Kraftfahrzeug einträgt. Er fordert dann auf, die Merkmale eines Kraftfahrzeuges zu benennen, welche es möglich machen, den damit bezeichneten Gegenstand von allen anderen bekannten Phänomenen eindeutig zu unterscheiden. Um zu einer Realdefinition des Begriffes Kraftfahrzeug zu gelangen, werden alle Vorschläge, die ein typisches Merkmal eines Kraftfahrzeuges benennen (z.B. Beweglichkeit), aufgegriffen. Unter Hinweis auf Phänomene, welche das gleiche Merkmal aufweisen (auch Wolken und Tiere können sich bewegen), werden schrittweise (auch Flugzeuge und Straßenbahnen können sich bewegen) die entscheidenden Unterscheidungsmerkmale zur Definition eines Kraftfahrzeuges (Motorantrieb, Landfahrzeug und Schienenungebundenheit) herausgearbeitet.

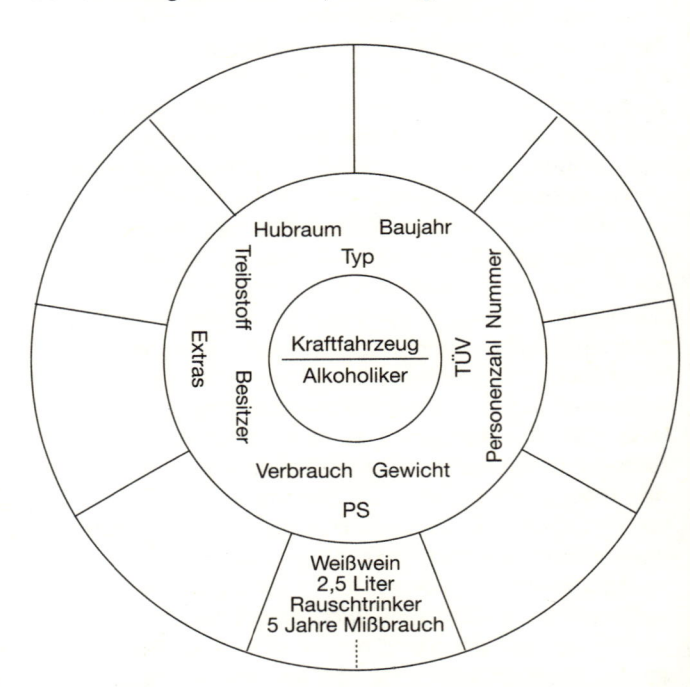

Abb. 6. Die Kraftfahrzeuganalogie zur Beschreibung des Suchtverhaltens

Bis zu diesem Punkt wurde noch keine Erklärung über das Ziel der Gruppensitzung abgegeben. Es erfolgt nun, für viele Teilnehmer überraschend, der Analogieschluß auf die Suchtproblematik. Die Teilnehmer werden dazu aufgefordert, entsprechend dem bisherigen Vorgehen nach drei wesentlichen Merkmalen von Alkoholikern zu suchen, die eine Abgrenzung des Alkoholismus von allen anderen möglichen Phänomenen erlauben. In der Regel wird dabei auf den periodischen oder regelmäßigen Konsum des Alkohols, den in der Suchtentwicklung einsetzenden Kontrollverlust bzw. die Abstinenzunfähigkeit und die aus dem Suchtverhalten resultierenden negativen Konsequenzen als die wesentlichen Unterscheidungsmerkmale zurückgegriffen.

In einem zweiten Schritt zeichnet der Gruppenleiter einen größeren Kreis um den Innenkreis herum und sammelt nun mit den Teilnehmern alle Kennzeichnungen, die in einem Kraftfahrzeugbrief enthalten sind, um ein individuelles Kraftfahrzeug zu identifizieren. Die dabei gemachten Vorschläge wie Baujahr, Hubraum, Gewicht und Typ werden von dem Gruppenmitglied, welches dies vorgeschlagen hat, in den dafür vorgesehenen Ring eingetragen. Danach erfolgt wiederum der Analogieschluß auf das individuelle Suchtverhalten, indem vergleichbare Kennzeichen für Alkoholiker gesucht werden, die zur Beschreibung einer individuellen Suchtpersönlichkeit geeignet sind. An dieser Stelle fällt es den Gruppenmitgliedern schon sehr leicht, spontan Vergleiche zu ziehen, wie z.B. zwischen Treibstoff und Getränkeart, Benzinverbrauch und Alkoholmenge, Fahrzeugtyp und Trinkertyp, Baujahr und Trinkdauer usw.

In einem dritten Abschnitt hat jedes Gruppenmitglied in ein entsprechendes äußeres Kreissegment persönliche Angaben zu dem jeweils festgelegten Beschreibungsmerkmal einzutragen. Diese Angaben werden Punkt für Punkt in der Gruppenöffentlichkeit kundgetan, kommentiert und teilweise, aber nur mit Einverständnis des Betroffenen, korrigiert. Der ausgeübte Gruppendruck sollte vom Gruppenleiter gesteuert werden, um die Verstärkung bestehender Abwehrmechanismen zu vermeiden. Dazu können zwischendurch neutralere Erläuterungen erfolgen, indem bestimmte Begriffe wie Rauschtrinker oder Spiegeltrinker geklärt werden oder die Angaben zur Trinkmenge durch Einführung des Normglasbegriffes (ein Normglas enthält unabhängig vom alkoholischen Getränk jeweils 7 g reinen Alkohol) vergleichbar gemacht werden. Es empfiehlt sich, nicht mehr als sieben Beschreibungsmerkmale heranzuziehen, wobei der Schwerpunkt auf der Charakterisierung des aktuellen Trinkverhaltens liegen sollte.

In der letzten halben Stunde erfolgt die Fortsetzung der Verhaltensanalyse mittels des Bausteins zur Beschreibung des Konsumverhaltens (siehe Punkt 2 des FVA im Anhang). Dabei wird von der klassischen Unterscheidung zwischen Verhaltensüberschuß und Verhaltensmangel ausgegangen, wobei das Trinkverhalten als eine Problematik definiert wird, die sich aus einem zuviel oder einem zuoft ergibt. In Anlehnung an die klassische Verhaltensanalyse erfolgt die Beschreibung der Art, Häufigkeit, Frequenz und Topographie des symptomatischen Verhaltens, indem die am regelmäßigsten konsumierten Drogen, die Verteilung des Drogenkonsums über verschiedene Tage und den Tagesablauf schriftlich erfaßt werden.

Die Aufgabe des Gruppenleiters besteht in der Schaffung und Aufrechterhaltung einer lockeren und offenen Gesprächsatmosphäre und der Anregung von sozialen Vergleichsprozessen, die zu einer möglichst gültigen Beschreibung des individuellen Suchtverhaltens führen sollten. Das gewählte Vorgehen läßt sich im Sinne der sozialpsychologischen Einstellungsforschung als Ablenkungsstrategie interpretieren (Stroebe 1980; Stroebe & Jonas 1990). Danach ist zu erwarten, daß ablenkende Inhalte und Tätigkeiten mit der eigentlichen Kommunikation interferieren, was zur Verhinderung von immunisierenden Gegenargumenten auf Seiten des Adressaten führt, so daß ein stärkerer Einstellungswandel erfolgt. Gleichzeitig hat die Gruppensitzung die Aufgabe, den Teilnehmern verhaltensdiagnostische Kategorien wie die genannte Unterscheidung zwischen Verhaltensexzeß und -defizit zu vermitteln, um ihnen Möglichkeiten der konkreten Beschreibung ihres Problemverhaltens zu verdeutlichen.

Schnappschuß

Mit Hilfe einer szenischen Darstellungsform wird anhand der Momentaufnahme einer typischen Trinksituation das komplexe Zusammenwirken von pharmakologischen, persönlichen und situativen Faktoren beim Alkoholkonsum erfahrbar gemacht. Bei der Fortsetzung der Verhaltensanalyse werden darauf aufbauend die vorangehenden situativen Auslöser und nachfolgenden unmittelbaren Konsequenzen des Alkoholkonsums erfaßt.

In einer Eingangsrunde beschreiben alle Gruppenmitglieder die für sie häufigste Trinksituation. Durch kurzes Nachfragen werden fehlende Angaben zum Ort, Zeitpunkt, zu den anwesenden Personen, der ausgeübten Tätigkeit und dem inneren Zustand in der jeweiligen Trinksituation ergänzt, so daß von allen Teilnehmern eine vergleichbare Beschreibung des Trinkverhaltens vorliegt. Der Gruppenleiter führt dann die Methode des „lebenden Bildes" ein, indem er die Geschichte dieser Darstellungsform von den Umzügen der Antike zur Beschreibung historischer Ereignisse, über die Darstellung von Kunstwerken im höfischen Theater der Neuzeit bis hin zu den Darstellungen auf Festwagen moderner Karnevalsumzüge beschreibt. Die klassische Form dieses Vorgehens besteht in der szenischen Darstellung einer Situation durch stumme und bewegungslose Schauspieler, die charakteristische Posen einnehmen.

Nach dieser Einführung, die als Aufwärmphase eines Rollenspiels zu betrachten ist, wählt der Gruppenleiter einen Hauptspieler aus, der sich aufgrund seiner beschriebenen Trinksituation und Teilnahmebereitschaft anbietet. Mit Hilfe des Gruppenleiters baut dieser Protagonist aus den vorhandenen Einrichtungsgegenständen seine typischste Trinksituation räumlich auf. Danach kann er geeignete Gruppenmitglieder auswählen, welche die Rollen der in der Situation beteiligten Personen einnehmen, wobei die Rolle des Hauptdarstellers auch durch ein Gruppenmitglied dargestellt wird.

Nachdem alle Teilnehmer des Rollenspiels ihre zugewiesenen Plätze eingenommen haben, werden sie vom Protagonisten programmiert, d.h. über die Person, die sie darstellen sollen und deren Verhalten in der Situation informiert. Die Mitspieler werden daran anschließend hinsichtlich Körperhaltung, Gestik, Mimik und Blickrichtung nach den Vorstellungen des Hauptspielers modelliert, bis sie in die entsprechende Trinksituation hineinpassen. Da dies längere Zeit in Anspruch nimmt, können sich die Mitspieler zwischenzeitlich in natürlicher Körperhaltung ausruhen. Abschließend müssen dann alle Beteiligten nach Aufforderung kurzfristig ihre Position und Haltung einnehmen, so daß mit einer Sofortbildkamera mehrere Schnappschüsse aus verschiedenen Blickwinkeln hergestellt werden können.

Unmittelbar im Anschluß an diese Aktionsphase erfolgt die abschließende Rückmeldungsrunde für den Protagonisten. Zunächst können die am Rollenspiel beteiligten Personen über ihre Wahrnehmungen und Gefühle in der Situation allgemein und in bezug auf die erlebte Alkoholwirkung berichten. Dabei steht das Gruppenmitglied, welches den Hauptspieler dargestellt hat, im Mittelpunkt. Zur Unterstützung kann auch auf die einfühlende Rückmeldung der am Rollenspiel nicht beteiligten Beobachter zurückgegriffen werden. Daran anschließend kann der Hauptdarsteller zu den Rückmeldungen Stellung nehmen und genauer über die Erlebnisse in seiner typischen Trinksituation berichten.

Bezogen auf die erlebte Alkoholwirkung werden in allen Phasen des Gespräches durch den Gruppenleiter konkrete Fragen gestellt, um die körperlichen Empfindungen, erlebten Gefühle und ablaufenden Gedanken beim Alkoholkonsum zu explorieren. Durch Betrachtung der Photos kann die Abhängigkeit der Alkoholwirkung vom situativen Kontext, d.h. dem Ort, der Tageszeit, der Gesamtatmosphäre und der persönlichen Ausgangslage und dem Einbezogensein der beteiligten Personen, aufgezeigt werden.

Je nach Ablauf der Sitzung sollten nur zwei solcher Situationen zur Darstellung kommen. Zur allgemeinen Aktivierung der Teilnehmer kann eine eher positiv erlebte Situation mit möglichst vielen Beteiligten (Fest, Kneipe etc.) ausgewählt werden. Als Gegensatz dazu könnte sich die zweite Darstellung auf eine eher negativ gefärbte Einzelsituation des Hauptspielers beziehen. Durch dieses Vorgehen ist es möglich, die große Variabilität der inneren und äußeren Bedingungen des Trinkverhaltens zu erkennen und nachzuerleben, um zu einer differenzierten Verhaltensanalyse der auslösenden und nachfolgenden Reizbedingungen zu gelangen.

In der letzten halben Stunde wird die individuelle Beschreibung des Trinkproblems mit dem Baustein zur Analyse der unmittelbaren Reizbedingungen (siehe Teil 3 des FVA im Anhang) fortgesetzt. Dabei soll eine

Tabelle 3. Auslösende Hinweisreize und unmittelbar verstärkende und verzögert bestrafende Konsequenzen des Alkoholkonsums (in Anlehnung an Miller 1976)

Auslösende Situationen		Reaktionen	Unmittelbare Konsequenzen	Längerfristige Konsequenzen
Sozial:	Kneipe Feste Ehestreit Arbeitsüberlastung		**Positive Verstärkung:** Entspannung Anregung Machtgefühl Kreativität Kontaktfähigkeit soz. Aufmerksamkeit	**Positive Bestrafung:** Kater Krankheiten Unfälle soz. Kritik Straftaten Finanzielle Probleme
Gedanklich:	Langeweile Pessimismus Selbstunsicherheit Minderwertigkeit	**Drogenkonsum und -mißbrauch**		
Gefühlsmäßig:	Angst Gespanntheit Ärger Depressionen		**Negative Verstärkung:** (Wegfall von . . .) Alltagssorgen Hemmungen Konflikten soz. Druck Isolation Entzug	**Negative Bestrafung:** (Verlust von . . .) Freunden Familie Arbeit Wohnung Leistungsfähigkeit Selbstwert
Körperlich:	Schmerzen Schlafstörungen Vegetative Labilität Behinderungen			

möglichst konkrete Beschreibung eines typischen Ablaufs des Problemverhaltens erfolgen, indem die situativen Umstände, der Verhaltensablauf, die vermittelnden emotionalen und kognitiven Prozesse, die situativen Auslöser und die unmittelbaren Drogenwirkungen erfaßt werden. Das Vorgehen orientiert sich an dem klassischen verhaltenstheoretischen Modell von Miller (1976), welches die sozialen, situativen, kognitiven, physiologischen und emotionalen diskriminativen Reize sowie die positiven und negativen Verstärker des Alkoholkonsums erfaßt (siehe Tabelle 3).

Es entspricht auch dem verbreiteten multikonditionalen Konzept des Alkoholismus, wonach das Suchtverhalten aus der Wechselwirkung zwischen Drogenwirkung, Befindlichkeit des individuellen Konsumenten und sozial-situativem Kontext resultiert. Die Analyse konzentriert sich dabei auf diejenigen Aspekte, die in der Emotionstheorie von Schachter (1964) angesprochen werden, nach der die gefühlsmäßige Befindlichkeit immer ein Wechselspiel aus allgemeinem physiologischen Erregungszustand und der durch situative Hinweisreize gesteuerten kognitiven Interpretation ist. Die Ergebnisse und Annahmen der sozialkognitiven Lerntheorie des Alkoholismus bleiben unberücksichtigt, d.h. es wird nicht auf Wirkungserwartungen des Konsumenten und die vorhandenen Selbstwirksamkeitserwartungen eingegangen.

Mensch in der Flasche

In dieser Gruppensitzung wird der Lebensraum eines Gruppenmitglieds mit allen darin enthaltenen materiellen und sozialen Gegebenheiten durch seine räumliche Darstellung erfahrbar gemacht. Daraus soll eine Analyse der durch die Suchtentwicklung entstandenen Folgen für die psychosoziale Lebenssituation erschlossen und mögliche Ansatzpunkte für eine Veränderung gefunden werden.

Zu Beginn wird im Gruppenkreis der Begriff des Lebensraums eingeführt, indem mit den Gruppenmitgliedern zusammengetragen wird, welche Bestandteile, z.B. Arbeit, Familie, Freizeit usw., einen Lebensraum bilden. In einer Eingangsrunde sollte dann jedes Gruppenmitglied kurz die Besonderheiten seiner aktuellen Lebenssituation, d.h. seiner sozialen Bezugspersonen, Arbeits- und Wohnbedingungen und besondere Interessenschwerpunkte, beschreiben. Aus dieser Diskussion heraus kann ein Hauptspieler gefunden werden, dessen Lebenssituation eine besondere Problematik aufweist, die er im Gruppengespräch thematisieren möchte. In der Folge wird dann Stück für Stück der Lebensraum des Hauptdarstellers mit Hilfe des Gruppenleiters real räumlich aufgebaut. Dazu wird zunächst eine größere Fläche im inneren Teil des Gruppenraumes von allen Gegenständen freigeräumt und die übrigen Gruppenmitglieder nehmen am Rande Platz. Daran anschließend wird der Protagonist nach einem ersten Bestandteil seines aktuellen Lebensraumes und dem zeitlichen Anteil, den dieser in seinem durchschnittlichen Tagesablauf einnimmt, befragt. Dabei kann es hilfreich sein, wenn der Gruppenleiter einige Anhaltspunkte liefert, indem er z.B. darauf hinweist, daß wir einen großen Teil unseres Lebens mit Schlafen verbringen.

Entsprechend den Angaben des Hauptspielers werden nacheinander die verschiedenen Lebensbereiche entsprechend ihrer quantitativen Bedeutung als unterschiedlich große Teile des Gruppenraumes repräsentiert. Dazu können die im Raum befindlichen Gegenstände in ihrer realen oder symbolischen Bedeutung verwendet und die übrigen Gruppenmitglieder entsprechend plaziert werden. Auf diese Art soll der komplette aktuelle Lebensraum des Hauptdarstellers, d.h. die für ihn relevanten zwischenmenschlichen Beziehungen und materiellen Gegebenheiten als räumliche Struktur vergegenständlicht werden. Dabei finden keine Aktionen im Sinne eines Rollenspiels statt, es sollen also keine spontanen Handlungen aktiviert werden, sondern es soll eine ausführliche Reflexion des Hauptspielers über seine real gegebene Lebenssituation erfolgen.

Nachdem der so gestaltete Raum mit einer Sofortbildkamera aus verschiedenen Perspektiven photographiert worden ist, erfolgt anhand dieser Bilder ein ausführliches Gruppengespräch, bei dem der Protagonist zunächst passiver Zuhörer ist. Zunächst werden die übrigen Gruppenmitglieder nach einer gefühlsmäßigen Bewertung des dargestellten Raumes befragt (wie wirkt der Raum? Was strahlt er aus?). Anschließend wird nach Auffälligkeiten, die sich aus der räumlichen Über- bzw. Unterrepräsentation der verschiedenen Lebensbereiche ergeben, gesucht (was nimmt zuviel oder zuwenig Raum ein?). Danach können besonders auffällige Bestandteil des Lebensraumes herausgegriffen und über deren mögliche lebensgeschichtliche Bedeutung nachgedacht werden.

Während dieses gesamten Ablaufes darf sich der Hauptspieler nicht zu Wort melden, damit er die in den Diskussionsbeiträgen enthaltenen Rückmeldungen nicht durch Erklärungen unterbricht, da solche Versuche in der Regel Rechtfertigungscharakter haben. Da es sich dabei um eine teilweise sehr intensive erlebnisaktivierende Methode handelt, kann es jedoch, wenn besonders intensive Gefühle auftreten, erforderlich sein, diesen Ablauf zu unterbrechen, um den Hauptdarsteller therapeutisch zu stützen.

Nach dieser erfolgten Rückmeldungsrunde kann sich der Protagonist zu Wort melden, indem er zusätzliche

Tabelle 4. Lücken und Stärken in der Lebensgestaltung vor und nach Ausbildung einer Alkoholabhängigkeit

Lücken vor Beginn des Mißbrauchs		Lücken nach Ausbildung der Abhängigkeit		Alternative Fähigkeiten
Soziale Kontakte:	Hemmungen Bequemlichkeit Fehlende Kompetenzen	**Soziale Kontakte:**	Mißtrauen Rückzug Passivität	
Familie:	Streit Fehlende Gemeinsamkeiten Gegensätzliche Bedürfnisse	**Familie:**	Vorwürfe Vernachlässigung Scheidung	Handwerkliches Können Naturliebe Freizeitinteressen Verständnisvoller Partner Kontaktfähigkeit
Beruf:	Ehrgeiz Überlastung Ärger	**Beruf:**	Unfälle Bummeln Fehlendes Interesse	
Freizeit:	Langeweile Passivität Fehlende Hobbys	**Freizeit:**	Antriebslosigkeit Fehlende Tagesstruktur Soziale Isolation	
Persönlichkeit:	Sexuelle Hemmungen Selbstunsicherheit Nervosität	**Persönlichkeit:**	Schuldgefühle Ängste Selbstwerteinschränkung	

Informationen zu seiner Lebenssituation und Korrekturen der über ihn getroffenen Aussagen vornimmt. Dieses Gespräch sollte so gesteuert werden, daß die Lebensweise des Hauptspielers insgesamt akzeptiert wird, gleichzeitig jedoch unter Hinweis auf vorhandene Kompetenzen notwendige Veränderungen diskutiert werden. Der Hauptdarsteller kann dabei durch weitere Rückmeldungen dazu motiviert werden, bestehende Disproportionen in dem dargestellten Lebensraum wahrzunehmen und damit zusammenhängende Ungleichgewichte der Lebensgestaltung, die mit seinem Trinkverhalten zusammenhängen, zu erkennen.

Im letzten Teil der Gruppensitzung erhalten die Teilnehmer den Teil des Fragebogens zur Beschreibung der persönlichen Lebensgestaltung (siehe Teil 4 des FVA im Anhang). Dabei wird in Anlehnung an den von Schwäbisch und Siems (1996) eingeführten „Energieverteilungskuchen" mit Hilfe einer graphischen Darstellung ein Vergleich zwischen der psychosozialen Lebenssituation vor Beginn der Suchtentwicklung mit der aktuellen Lebenssituation nach Entstehung der Suchtmittelabhängigkeit gezogen.

Der Sitzung liegt ein verhaltenstherapeutisches Konzept zugrunde, nach dem die Suchtmittelabhängigkeit nicht nur aus dem symptomatischen Trinkverhalten besteht, sondern in Wechselwirkung mit der korrespondierenden psychosozialen Lebenssituation entstanden ist bzw. durch die im Laufe der Suchtentwicklung eingetretenen Veränderungen aufrechterhalten wird. Bei der Darstellung der Entwicklung der Verhaltenstherapie wurde in diesem Zusammenhang auf die schon früher erfolgte Einführung der sogenannten Breitbandtherapie hingewiesen.

Antons et al. (1987) haben dazu die anschauliche Stausee-Analogie als Entstehungsmodell des Alkoholismus vorgeschlagen. Dabei werden die Bestandteile und Funktionen eines Stausees als Beispiel für ein homöostatisches System mit dem ähnlichen Wechselspiel zwischen belastenden Umweltereignissen und vorhandenen Bewältigungskompetenzen eines Individuums verglichen, wobei der Alkoholismus als Katastrophenfall entweder einem Dammbruch oder dem Überlaufen eines Staudammes entspricht.

Blick in die Zukunft

Nach einer Zusammenfassung der in den ersten vier Gruppensitzungen schrittweise erarbeiteten Verhaltensanalyse wird ein verhaltenstheoretisches Modell zur Selbstkontrolle auf die bestehende Suchtproblematik angewandt und darauf aufbauend eine erste Selbstkontrollmethode mit den Gruppenmitgliedern eingeübt.

Die Gruppenmitglieder erhalten zu Beginn den Teil zur Zusammenfassung des verhaltensanalytischen Fragebogens (siehe Teil 5 des FVA im Anhang). Dabei werden die wesentlichen Schlußfolgerungen aus den vorher erarbeiteten Bausteinen zur Analyse des Suchtverhaltens herausgearbeitet. Bezogen auf das Problemverhalten als Verhaltensexzeß werden die konsumierten

Hauptdrogen, der verursachende Konsumstil, die wichtigsten situativen Auslöser und häufigsten unmittelbaren Konsequenzen der Drogeneinnahme festgehalten. Zur Charakterisierung der mit dem Drogenmißbrauch in Verbindung stehenden Verhaltensdefizite werden Besonderheiten der Person und Lebensgestaltung erarbeitet, Ziele zu ihrer Überwindung definiert und auf positive Eigenschaften der Person hingewiesen, die zu alternativen Bewältigungsformen führen können.

Im Anschluß wird der Gruppe anhand eines Vier-Felder-Schemas eine Modellvorstellung zur Selbstkontrolle vermittelt, indem die beiden Konfliktmuster, die sich aus der Entscheidung zu einer abstinenten Lebensweise ergeben, genauer erläutert werden. Danach ergibt sich aus der selbstauferlegten Abstinenz das Selbstkontrollproblem des „einer Versuchung Widerstehenkönnens", da der Betroffene sich den kurzfristig positiven Wirkungen des Alkoholkonsums widersetzen muß, um die langfristig negativen Folgen des Alkoholmißbrauchs zu vermeiden. Das zweite aus der Einstellung des Alkoholkonsums resultierende Konfliktmuster erfordert ein „heldenhaftes Verhalten", indem die kurzfristigen Unannehmlichkeiten, die sich aus der Abstinenz ergeben, ertragen werden müssen, um die langfristig positiven Vorteile einer abstinenten Lebensweise zu gewinnen.

Die Gruppenmitglieder erhalten dann das Vier-Felder-Schema zur Selbstkontrolle (siehe Arbeitsblatt 5), in welches die für sie persönlich zutreffenden konkreten Konfliktbestandteile eingetragen werden. Zunächst handelt es sich um die von ihnen bevorzugten positiven Wirkungen des Alkohols und die bei ihnen eingetretenen und drohenden negativen Folgen des Alkoholmißbrauchs als kurz- und langfristige Konsequenzen eines erneuten Alkoholkonsums. Darüber hinaus werden die bereits erlebten oder befürchteten negativen Erlebnisse des selbstgewählten Nichttrinkens und die langfristig erhofften positiven Entwicklungen einer künftigen Abstinenz als kurz- und langfristige Folgen einer abstinenten Lebensweise aufgelistet.

Im zweiten Abschnitt der Gruppensitzung erfolgt dann die Einübung einer Selbstkontrollmethode. Dazu erhalten die Mitglieder Karteikarten, die sich in einer Plastikhülle befinden, mit der Anweisung, die eine Seite des Kärtchens mit einem roten Filzstift dick zu umranden und die andere Seite entsprechend grün zu kennzeichnen. Alle Gruppenmitglieder sollen nun auf der roten Seite mit ein, zwei oder drei prägnanten Schlagwörtern die für sie gültigen negativen Konsequenzen eines erneuten Alkoholmißbrauchs notieren. In der dazu erforderlichen Diskussion wird darauf geachtet, daß nur solche negativen Folgen ausgewählt werden, die im Einzelfall bereits eingetreten sind oder für deren Auftreten erste Anzeichen bestehen. Darüber hinaus ist von Bedeutung, daß die Formulierungen einen emotionalen Appellcharakter besitzen, d.h. für die rote Seite z.B. „tot", „Selbstverachtung", „verloren" usw. Nach dem gleichen Vorgehen werden dann für die grüne Kartenseite ein, zwei oder drei positive Folgen einer abstinenten Lebensweise gesucht, die einen realistischen Bezug zur individuellen Lebensweise aufweisen. Diese ausgewählten positiven Zielvorstellungen und Hoffnungen werden wiederum plakativ formuliert und auf Schlagworte wie „Stolz", „Lob", „Zufriedenheit" usw. reduziert.

Das Vorgehen entspricht der bereits beschriebenen Methode der verdeckten Kontrolle (coverant control), wonach innere Vorstellungen, die mit dem symptomatischen Verhalten unvereinbar sind, eingesetzt werden, um zu einer inneren Distanzierung von dem Problemverhalten zu gelangen, so daß eine Verringerung der Auftretenswahrscheinlichkeit des zu ändernden Verhaltens erfolgt. Dazu werden zum einen sogenannte Anti-Konsum-Argumente, die auf die negativen Konsequenzen des Drogenmißbrauchs hindeuten (rot), und sogenannte Pro-Nichtkonsum-Argumente, die auf die langfristigen Vorteile der Abstinenz hinweisen (grün), eingesetzt. Ein ausführlicheres Vorgehen zur Erarbeitung solcher Pro- und Kontra-Argumente ist von Feldhege (1980) für den Bereich der Rauschmittelabhängigkeit beschrieben worden.

In einem weiteren Schritt wird den Gruppenmitgliedern noch das sogenannte Premack-Prinzip (Premack 1965) erläutert. Danach können seltene Verhaltensweisen in ihrer Häufigkeit gesteigert werden, wenn sie mit häufig auftretenden Verhaltensweisen verbunden werden, indem das Ausführen einer regelmäßigen Tageshandlung von der vorher praktizierten Verhaltensweise, die zu erlernen ist, abhängig gemacht wird. Um das Premack-Prinzip auf das vorliegende Problem anzuwenden, kann vereinbart werden, daß die Gruppenmitglieder in den folgenden Tagen möglichst immer, bevor sie eine Mahlzeit einnehmen oder das Haus verlassen, die auf der Karteikarte notierten Argumente memorieren sollen. Wenn sich die Argumente so eingeprägt haben, kann auf die Karteikarte verzichtet werden, da die entsprechenden Pro- und Kontra-Argumente in jeder Situation kognitiv abrufbar sein werden.

Viele Teilnehmer bevorzugen jedoch den direkten Umgang mit der Karteikarte als Hilfsmittel zur Verhaltenssteuerung. Dazu kann gehören, daß die Karte ständig mit sich geführt wird, so daß man sie wenn erforderlich hervorholen kann. Oft genügt auch das Berühren oder zu einem späteren Zeitpunkt das Denken an die vorhandene Karte. Eine andere Möglichkeit besteht in der Aufbewahrung der Karte an einem bestimmten Ort im eigenen Wohn- oder Arbeitsbereich, so daß die Karte regelmäßig sichtbar wird und entsprechende kognitive Steuerungsmechanismen auslöst.

Arbeitsblatt 5: Konfliktmuster einer selbstkontrollierten Alkoholabstinenz
(in Anlehnung an Janis & Mann 1977)

Konsequenzen

	Kurzfristig	Langfristig
Drogenkonsum	Positive Wirkungen des Alkohols:	Negative Folgen des Alkoholmißbrauchs:
Abstinenz	Negative Erlebnisse des Nichttrinkens:	Positve Entwicklungen künftiger Abstinenz:

(Verhalten)

Darüber hinaus kann mit den Teilnehmern abgesprochen werden, wie sie die Karte beim Aufkommen von Gedanken an Alkohol oder dem Verlangen nach erneutem Alkoholkonsum einsetzen können, um diese Rückfallvorläufer zu kontrollieren, so daß alternative Bewältigungsformen eingesetzt werden können. Dabei kommt es weniger auf die möglichst exakte Realisierung lerntheoretischer Prinzipien an, als auf die Auswahl eines individuell passenden Vorgehens, damit die vorgeschlagene Methode als Hilfsmöglichkeit akzeptiert und die Bereitschaft zur versuchsweisen Erprobung gefördert wird.

Wunschpfennige

In der abschließenden Gruppensitzung soll mit den Teilnehmern eine weitere Selbstkontrollmethode erarbeitet werden. Dazu wird zunächst eine verhaltenstheoretische Definition der Abstinenz als vereinbarter Weg zur Überwindung der Alkoholproblematik vermittelt. Darüber hinaus werden weitverbreitete Vorstellungen über die „Willenskraft" kritisiert und dem Selbstkontrollkonzept gegenübergestellt.

Im ersten Schritt wird den Gruppenmitgliedern eine verhaltenstheoretische Modellvorstellung über Abstinenz erläutert, nach welcher ein Alkoholrückfall nicht als eine Alles-oder-Nichts-Reaktion zu verstehen ist, sondern die Rückfallgefährdung als eine kontinuierlich ansteigende Rückfallwahrscheinlichkeit begriffen wird, die zum einen vom Ausmaß der jeweils konsumierten Alkoholmenge und zum anderen von der Ähnlichkeit der praktizierten Konsumform mit dem früher bevorzugten Trinkverhalten abhängt.

Die Gruppenteilnehmer erhalten zunächst wiederum ein Vier-Felder-Schema (siehe Arbeitsblatt 6), in welches sie typische Beispiele für die darin enthaltenen vier Kategorien des Alkoholkonsums eintragen sollen. Zunächst handelt es sich um die alkoholischen Getränke Bier, Wein, Schnaps usw., die sich dadurch auszeichnen, daß in ihnen eine relativ große Alkoholmenge enthalten ist und eine starke Ähnlichkeit zu der früheren Trinkweise besteht. In die zweite Kategorie des Alkoholkonsums fallen medizinische Darreichungsformen wie z.B. Baldriantropfen oder Arzneiweine, die in der Regel eine sehr hohe Alkoholkonzentration aufweisen, zunächst jedoch eine geringere Ähnlichkeit zu den früheren Trinkgewohnheiten haben. Die dritte Kategorie einer möglichen Alkoholkonsumform wird durch die sogenannten alkoholfreien Getränke wie z.B. „alkoholfreie" Biere gebildet, bei denen zwar in der Regel eine nur geringe Alkoholmenge enthalten ist, gleichzeitig jedoch eine große Ähnlichkeit zu früheren Trinkgewohnheiten besteht. Als letzte Kategorie zur Erfassung des Alkoholkonsums wird auf das Problem von Alkohol in Nahrungsmitteln (Kuchen, Eis, Saucen und Konfekt) hingewiesen, bei denen es sich um eine verdeckte Konsumform meist geringer Alkoholmengen handelt.

Entsprechend dem vorgelegten Schema wird dann vereinbart, daß der offene und verdeckte Konsum von großen oder kleinen Alkoholmengen grundsätzlich unter das Abstinenzgebot fällt. Es wird nochmals betont, daß neben dem dabei geforderten Verzicht auf Alkohol nicht nur die konsumierte Menge, sondern auch die Ähnlichkeit mit früheren Trinkgewohnheiten von Bedeutung ist. Während für den Bereich der alkoholischen, medizinischen und sogenannten alkoholfreien Konsumformen von einer grundsätzlichen Enthaltsamkeitsforderung ausgegangen wird, sollte im Bereich der Nahrungsmittel eine zu rigide Definition vermieden werden, um die Glaubwürdigkeit des Kommunikators sicherzustellen und realitätsgerechte Verhaltensmöglichkeiten zu erarbeiten. Ein Alkoholiker sollte also nicht zu phobischen Vermeidungsreaktionen angeleitet werden, die ihn zusätzlich sozial isolieren könnten. Eine Schwarzwälder Kirschtorte, die keinen Alkohol, sondern nur einen entsprechenden Geschmacksstoff enthält, stellt in der Regel, d.h. wenn die früher bevorzugte Getränkeart zu keinen Geschmacksassoziationen führen kann, kein Problem dar.

Um möglichen Mißverständnissen bei einzelnen Gruppenmitgliedern vorzubeugen, sollte in der Diskussion immer wieder betont werden, daß der Voreinstellung des Konsumenten eine zentrale Bedeutung zukommt. Dies bedeutet, daß der versehentliche Konsum einer Praline, die Alkohol enthält, nicht zwangsläufig zu einem Rückfallprozeß führen muß, wenn sie als einmaliges und nicht beabsichtigtes Ereignis verarbeitet wird. Auf der anderen Seite kann ein absichtlich zubereitetes oder konsumiertes Nahrungsmittel, auch wenn es nur geringe Mengen Alkohol enthält, den verdeckten Einstieg in einen schleichenden Rückfallprozeß darstellen.

Im zweiten Abschnitt der Gruppensitzung wird eine Selbstkontrollmethode zur Stabilisierung der selbstgewählten Abstinenz mit den Gruppenmitgliedern erarbeitet. Die Gruppenmitglieder erhalten zu diesem Zweck eine Anzahl von Einpfennigstücken, deren Verwendung dann noch genauer zu vereinbaren ist. Dazu wird zunächst auf das 24-Stunden-Prinzip der Anonymen Alkoholiker verwiesen, da dieses den wichtigen Vorteil hat, daß sich die langfristige Abstinenz in kleine und überschaubare Einzelabschnitte gliedert. Es wird mit den Gruppenmitgliedern abgesprochen, daß sie am Ende jeden Tages als unmittelbare Konsequenz für ihre erzielte 24-Stunden-Abstinenz eines der Pfennigstücke zur Seite legen. Zusätzlich besteht die Möglichkeit, sich bei der erfolgreichen Meisterung von Versuchungssituationen im Tagesablauf ein oder mehrere Pfennigstücke

Arbeitsblatt 6: Verhaltenstheoretische Abstinenzdefinition durch Unterscheidung von Alkoholkonsumkategorien

Konsumform

	Herkömmliche Form	Verdeckte Form
Große Menge	Alkoholische Getränke:	Alkohol als Medizin:
Geringe Menge	„Alkoholfreie" Getränke:	Alkohol als Nahrung:

Drogenmenge

zuzuweisen. Die im Laufe einer Woche gesammelten Pfennigstücke werden am Wochenende ausgezählt und in einen vorher verabredeten Geldwert umgerechnet. Der konkrete Umgang mit den Pfennigstücken und die Höhe des daraus resultierenden Geldbetrages sollte sehr individuell nach den Gewohnheiten, Bedürfnissen und finanziellen Möglichkeiten der Teilnehmer vereinbart werden.

In der Folge wird dann das Prinzip der positiven Selbstverstärkung eingeführt, d.h. das Vorgehen, bei dem ein Individuum sich nach Erreichen eines erwünschten Verhaltens mit einem angenehmen Ereignis selbst belohnt. Zur Durchführung dieser Methode wurden von Levinsohn und Mitarbeitern (1982) alle überhaupt nur möglichen angenehmen Lebensereignisse zusammengestellt. Die Teilnehmer erhalten die von Hautzinger et al. (1992) veröffentlichte Liste von 280 angenehmen Ereignissen mit der Anweisung, die für sie besten Beispiele herauszusuchen. Die Selbstbelohnung besteht nun darin, daß jeder Teilnehmer am Ende jeder Woche die durch seine abstinente Lebensweise verdienten Pfennige auszählt, sie in einen vorher vereinbarten Geldbetrag umrechnet und diesen darauf verwendet, eine angenehme Aktivität wie den Einkauf einer Lieblingsschallplatte, einen Kinobesuch, einen Ausflug usw. zu finanzieren. Das Vorgehen erscheint zunächst relativ einfach, beinhaltet jedoch oft große Schwierigkeiten und Widerstände auf Seiten der Klienten. Einige Gruppenmitglieder haben aufgrund der Defizite in ihrer Suchtentwicklung große Schwierigkeiten, angenehme Ereignisse zu aktualisieren, bei anderen stehen dem Vorgehen grundsätzliche Werthaltungen wie Sparsamkeit gegenüber, und schließlich wird die Selbstbelohnung zunächst als künstlich erlebt. Es ist also erforderlich, daß der Gruppenleiter bestehende Bedenken ausführlich diskutiert und immer wieder auf konkreten Vereinbarungen besteht, so daß zumindest eine versuchsweise Erprobung durch die Teilnehmer akzeptiert wird.

Innerhalb der dazu erforderlichen Gruppendiskussion entsteht häufig eine Auseinandersetzung über den Begriff der „Willensschwäche" als Merkmal von Alkoholikern bzw. der „Willensstärke" als Voraussetzung für eine abstinente Lebensweise. Die Teilnehmer sollten in diesem Zusammenhang darauf hingewiesen werden, daß es sich beim Alkoholismus nicht um eine generelle Einschränkung der Fähigkeit zur Selbststeuerung, sondern lediglich um ein spezifisches auf den Alkoholkonsum eingeschränktes Defizit handelt. Der Alkoholiker zeichnet sich also nicht dadurch aus, daß er seine Lebensprobleme nicht bewältigen kann, da er lediglich die Kontrolle über seinen Alkoholkonsum verloren hat, so daß er die aus der Suchtentwicklung resultierenden negativen Konsequenzen bei einer abstinenten Lebensweise schrittweise abbauen kann. Die Aufrechterhaltung der Abstinenz äußert sich auch nicht in einem einmaligen Willensakt, der entweder gelingt oder scheitert, sondern erfordert einen längerfristigen Lernprozeß, bei dem die Selbstkontrolle, d.h. die Lösung von Konfliktsituationen, von entscheidender Bedeutung ist.

5.3 Kognitive Umstrukturierung

Expertenstreit

Ausgangspunkt der Gruppenstunde sind Schlüsselbegriffe der Entstehung, Entwicklung und Überwindung der Alkoholabhängigkeit. Die dazu ausgewählten Begriffe wie Abhängigkeit, Rückfall, Entgiftung usw. sind der etablierten Alkoholismusforschung entnommen und greifen bei ihrer Benennung teilweise auf den unter Alkoholikern üblichen Sprachgebrauch (z.B. Flattermann) zurück. Das Ziel der Gruppensitzung besteht in der Bewußtmachung impliziter Alkoholismusvorstellungen und vorhandener Kausalattributionen über die Abhängigkeitsentwicklung.

Zu Beginn wird den Teilnehmern mitgeteilt, daß in der Stunde ein Überblick über das Stoffgebiet der Suchtmittel und Suchtmittelabhängigkeit gegeben werden soll. Es wird darauf hingewiesen, daß die Teilnehmer als Betroffene über ein ausreichendes Wissen und Erfahrung verfügen, um sich das Themengebiet selbständig zu erarbeiten.

In einem ersten Schritt werden die Gruppenmitglieder aufgefordert, sich im Raum so zu verteilen, daß jeder einen geeigneten Platz zum Schreiben hat. Es wird betont, daß es sich um eine einfache Aufgabenstellung handelt, die keine besonderen Fähigkeiten oder Schreibfertigkeiten erfordert, da nur Zahlen in ein Formular einzutragen sind. Nachdem Kugelschreiber und der Vordruck (siehe Arbeitsblatt 7) ausgeteilt worden sind, erfolgt als Instruktion: „Stellen Sie sich vor, daß Sie den Auftrag erhalten haben, ein Aufklärungsbuch über Alkoholismus zu schreiben. Sie finden vor sich fünfzehn Begriffe, die alle mit diesem Problem zu tun haben und als Kapitelüberschriften des Buches gedacht sind. Ihre Aufgabe besteht nun darin, diese Kapitel in eine sinnvolle Reihenfolge zu bringen. Dies können Sie tun, indem Sie in der Spalte E wie der Einzelne Zahlen von 1 bis 15 zuordnen. Sie müssen also zunächst entscheiden, mit welchem Kapitel Sie das Buch beginnen würden und dazu die Zahl 1 in das Formular eintragen. Das zweite von Ihnen vorgesehene Kapitel erhält dann die Zahl 2 usw. bis zur Zahl 15 für das abschließende Kapitel Ihres Buches. Falls Ihnen ein Begriff völlig unbekannt ist, können Sie raten, wo er am besten hineinpaßt. Die vorliegende Reihenfolge auf dem Vordruck ist völlig willkürlich, so daß Ihre Rangfolge am Ende ganz anders aussehen wird."

Arbeitsblatt 7: Ein Aufklärungsbuch über Alkoholismus

KAPITELÜBERSCHRIFT	E	G
Entgiftung		
Abhängigkeit		
Führerschein		
Distraneurin		
Arbeitslosigkeit		
Anonyme Alkoholiker		
Rückfall		
Gruppengespräch		
Scheidung		
Entspannung		
Fettleber		
Werbung		
Delir		
Gewohnheitstrinker		
Flattermann		

Während die Gruppenmitglieder zu arbeiten beginnen, kann der Gruppenleiter sich an einzelne Patienten wenden, die anfänglich zögern, weil sie Nachfragen haben oder Bedenken, etwas falsch zu machen, um sie zur Mitarbeit anzuregen. Wenn alle Gruppenmitglieder nach ca. 10 bis 15 Minuten das Formular vollständig ausgefüllt haben, werden sie aufgefordert, an einem großen runden Tisch Platz zu nehmen. Es erfolgt als weitere Instruktion: „Sie haben nun jeder für sich eine Reihenfolge gefunden, die Ihrer persönlichen Meinung entspricht. Nun sollen Sie mit den anderen Gruppenmitgliedern eine gemeinsame Lösung erarbeiten, indem Sie Ihre Argumente austauschen und bei einer entsprechenden Einigung die jeweilige Zahl in die Spalte G wie Gruppe gemeinsam eintragen. Dabei gelten jedoch die Regeln, daß Sie keinen Diskussionsleiter wählen und nicht abstimmen dürfen, sondern so lange diskutieren sollen, bis alle einem Vorschlag zustimmen können. Fangen Sie nun mit dem ersten Kapitel an!". In der folgenden halben Stunde zieht sich der Gruppenleiter zurück und verweist alle Versuche, ihn als Schiedsrichter einzubeziehen, an die Gruppe zurück. Nur wenn die aufgestellten Regeln verletzt werden und der zeitliche Ablauf extrem überstürzt oder schleppend ist, wird vom Gruppenleiter mit einem kurzen Hinweis eingegriffen.

Aus der Beobachtung der Gruppe werden für den Leiter eine Vielzahl gruppendynamischer und individueller Besonderheiten deutlich, da der Ablauf einer klassischen Untersuchungsanordnung aus der sozialpsychologischen Kleingruppenforschung zur Urteilsbildung und Leistungseffizienz von Kleingruppen im Vergleich zu Einzelpersonen entspricht (Secord und Backman 1964; Hofstätter 1993), die als sogenannte Nasa-Übung (Antons 1992) Bestandteil der angewandten Gruppendynamik ist. Bei der vorliegenden Zielsetzung ist die Gruppendynamik jedoch nur Mittel zum Zweck, so daß der Gruppenleiter eher harmonisierend in den Diskussionsprozeß eingreift und nur bei massiven Störungen des Gruppenprozesses oder extrem auffälligen Reaktionen einzelner Mitglieder therapeutisch interveniert. Auch der inhaltliche Aspekt, der sich aus der Diskussion der vorgegebenen Begriffe ergibt, steht nicht im Zentrum des Interesses, so daß lediglich völlige Fehlinterpretationen oder deutliche Wissensdefizite kurz korrigiert werden.

Die Gruppendiskussion sollte sich vielmehr auf einen völlig anderen Gesichtspunkt konzentrieren, indem die Teilnehmer aufgefordert werden, den Arbeitsbogen zunächst beiseite zu legen, um sich auf eine andere als erwartete Diskussion einzustellen. Im Zentrum des Gesprächs soll nicht die weitere inhaltliche Klärung der ausgewählten Begriffe stehen, sondern die in der erarbeiteten Reihenfolge deutlich werdende Sichtweise der Alkoholproblematik. Dazu wird erklärt, daß jeder Mensch, ohne daß ihm dies bewußt ist, nach Erklärungen für sein eigenes Verhalten sucht und sich seine eigenen Vorstellungen über die Ursachen der von ihm gemachten Erfahrungen bildet. Der Umstieg von der vorausgegangenen inhaltlichen Gruppendiskussion auf diese neue Betrachtungsebene fällt den Teilnehmern erfahrungsgemäß schwer, so daß im weiteren Verlauf immer wieder Rückbezüge auf die inhaltliche Ebene korrigiert werden müssen.

In der Folge wird dann versucht, den Gruppenmitgliedern bewußt zu machen, welche impliziten Annahmen in der von ihnen gemeinsam festgelegten Reihenfolge der Begriffe deutlich werden. Dabei ist z.B. mit großer Wahrscheinlichkeit davon auszugehen, daß der Begriff Werbung den ersten oder zumindest einen vorderen Platz einnimmt. Da in der Regel Werbung von den Teilnehmern im Sinne einer Verführung interpretiert und nicht die alternative Möglichkeit der Aufklärung über den Alkoholismus und seine Behandlung aufgegriffen wird, kann daran nochmals der projektive Charakter der durchgeführten Gruppensitzung verdeutlicht werden. Daran anschließend kann auf die Externalisierungstendenz hingewiesen werden, die sich darin äußert, daß der Begriff Werbung einen der wichtigen vorderen Plätze erhalten hat.

Anhand von Beispielen wie der Tendenz, den Wahrnehmungsprozeß durch selektive Aufmerksamkeit zu steuern, wird ein psychologisches Verständnis solcher Außenprojektionen erarbeitet. Als Beispiel kann auf die Wahrnehmung während eines Stadtrundgangs hingewiesen werden, bei dem, je nachdem ob man hungrig ist, Durst verspürt, friert oder an den Geburtstag eines Freundes denkt, entsprechende Einkaufsmöglichkeiten besonders ins Auge springen. Es läßt sich auch auf die Geschichte von dem Alkoholiker hinweisen, der nach dem Weg zum Bahnhof gefragt wird und darauf einem Fremden die Auskunft erteilt, daß er zunächst die Straße weitergehen soll, bis er zur Hopfenklause gelangt, sich dann nach rechts wenden muß, um zur Weinstube zu kommen, bis er dann das Reklameschild der Bahnhofsgaststätte von weitem erkennen kann.

Eine weitere häufig anzutreffende Besonderheit besteht darin, daß die medizinischen Begriffe vor den sozialen rangieren (Fettleber vor Führerscheinentzug) und die medizinischen Behandlungsmaßnahmen den persönlichen Bewältigungsmöglichkeiten vorangehen (Entgiftung vor Anonyme Alkoholiker). Hierin drückt sich das implizit weitverbreitete Krankheitskonzept des Alkoholismus aus, welches sich häufig zu einer passiven Erwartungshaltung an das medizinische Personal mit entsprechenden Versorgungsansprüchen äußert. Weiterhin kann erfaßt werden, wie stark die positiven Wirkungserwartungen das kognitive System bestimmen, wenn z.B. bei Entspannung automatisch an die entspannende Wirkung des Alkohols und nicht an andere

Formen der Entspannung als Alternative zum Alkoholkonsum gedacht wird. Weiterhin kann der Stellenwert der aktuell erlebten Rückfallgefährdung eingeschätzt werden bzw. welche implizite Vorstellungen über das Rückfallgeschehen vorhanden sind, wenn der Rückfall z.B. ganz am Ende aufgeführt wird, d.h. den Charakter eines am Ende der Suchtentwicklung liegenden Ereignisses erhält, für das keine Hoffnungen einer Bewältigung mehr bestehen, statt als Ausgangspunkt einer Neuorientierung wahrgenommen zu werden.

Gedankengänge

In der Gruppensitzung sollen die Struktur und Inhalte des kognitiven Systems und die damit verbundenen Gefühlszustände in Abhängigkeit von verschiedenen Abschnitten der Suchtentwicklung und ihrer Bewältigung erläutert werden. Ausgehend von dem Zustand vor und nach dem körperlichen Entzug werden die kognitiven Verarbeitungsmechanismen und damit verbundenen Verhaltensstrategien erörtert, die es ermöglichen, bestehende Widersprüchlichkeiten des kognitiven Systems und der damit verbundenen unangenehmen Gefühle abzubauen.

Die Teilnehmer sitzen an einem großen runden Tisch, der mit Papier ausgelegt ist, und haben Filzstifte zur Verfügung. Der Gruppenleiter zeichnet zu Beginn einen großen Kopfumriß auf die eine Hälfte des Tisches und erklärt, daß dies der Querschnitt durch den Kopf, insbesondere durch das Gehirn eines Alkoholikers, welcher sich gerade im körperlichen Entzug befindet, darstellen soll. die Teilnehmer werden nun aufgefordert, alle Gedanken („ich halte das nicht aus!"), Empfindungen (körperliche Unruhe) und Gefühle (Scham- und Schuldgefühle) zusammenzutragen, die ihrer Meinung nach den Zustand eines Alkoholikers im Entzug charakterisieren. Jeder Vorschlag wird von dem jeweiligen Gruppenmitglied in das abgebildete Gehirn eingetragen, ohne daß es dabei zu einer Bewertung oder Auswahl kommt.

Wenn auf diese Art und Weise ausreichend Material zusammengetragen wurde, beginnt die gemeinsame Analyse, indem die Teilnehmer das gesamte dargestellte System eindrucksmäßig charakterisieren sollen. Dabei wird z.B. festgestellt, daß sich die Situation der Person sehr widersprüchlich darstellt, daß es ihr an Orientierung fehlt und daß negative Gedanken und belastende Gefühle zu überwiegen scheinen. Daraus leitet sich die Frage ab, was diese Person tun kann, um diese offensichtlich sehr belastende Situation zu bewältigen. Dabei werden neben realen Verhaltensweisen wie Flucht, Kontaktsuche und Aggressivität auch kognitive Verarbeitungsmöglichkeiten wie Verdrängen, Vergessen und Ableugnen genannt.

Um die Aufmerksamkeit noch stärker auf die internen Verarbeitungsmechanismen hinzulenken, wird zunächst ein weiterer leerer Kopfumriß auf die gegenüberliegende Tischhälfte aufgezeichnet. Die Gruppenmitglieder werden nun aufgefordert, sich in die Situation eines Alkoho-

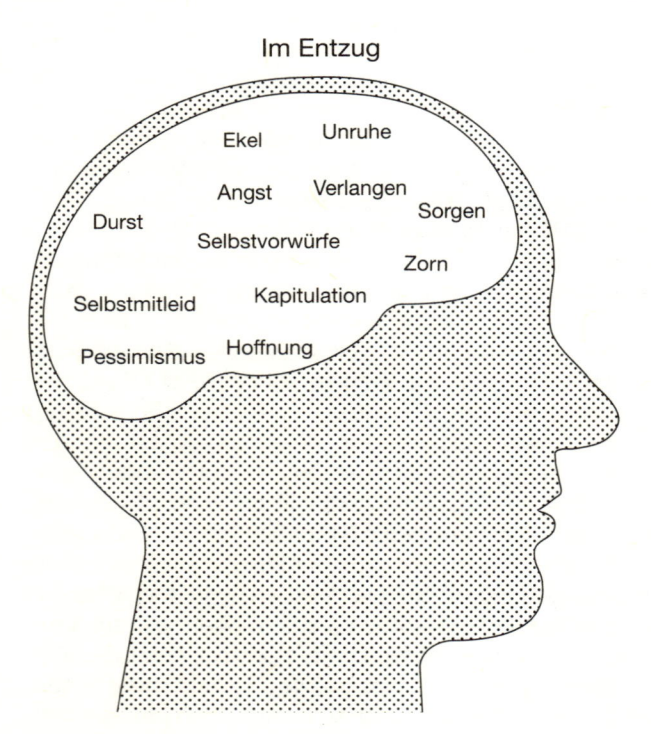

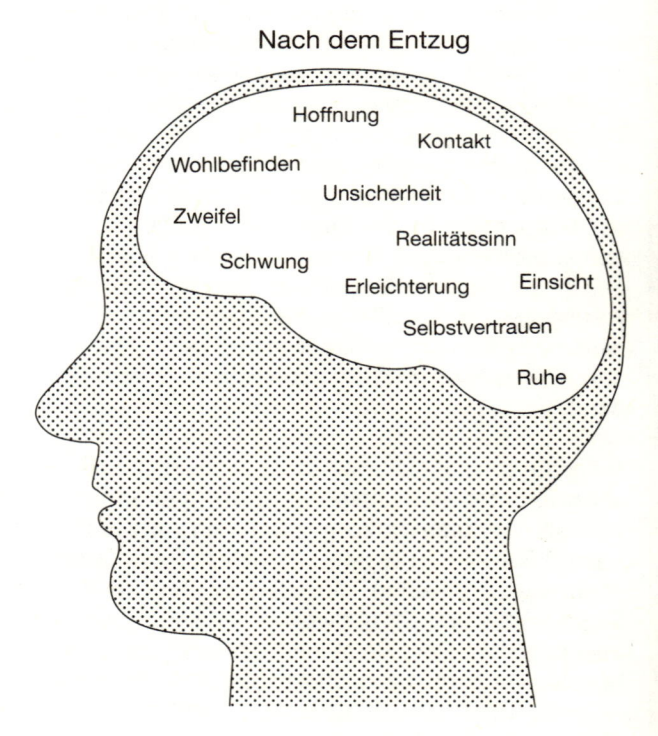

Abb. 7. Veränderung von Kognitionen in der Entgiftungsphase

likers hineinzuversetzen, der den körperlichen Entzug gerade überstanden hat und wiederum dessen Gedanken („ich habe kein Verlangen mehr"), Empfindungen (körperliche Besserung), Gefühle (größere Zuversicht) in den vorgegebenen leeren Gehirnumriß einzutragen. Bei der anschließenden Bewertung des Gesamtzustandes werden häufig die größere Ordnung des kognitiven Systems und die zunehmenden positiven Gedankeninhalte sichtbar. Dabei fallen auffällige Umkehrungen auf, z.B. wenn aus Niedergeschlagenheit eine Selbstüberschätzung wird. An dieser Stelle kann auf den bekannten Honeymoon-Effekt hingewiesen werden, bei dem eine vorübergehende positive Verzerrung realer Gegebenheiten vorliegt, so daß es bei der späteren Konfrontation mit der normalen Alltagsroutine zu Enttäuschungen kommt.

Im Zentrum des Dialoges über den Vergleich der beiden gegensätzlichen Kopfinhalte stehen Gesetzmäßigkeiten kognitiver Verarbeitungsmechanismen zum Abbau bestehender Widersprüchlichkeit. Die theoretische Grundlage für die Diskussion bildet die Dissonanztheorie von Festinger (1978), deren Annahmen in vereinfachter Form an die Teilnehmer vermittelt werden. Den Gruppenmitgliedern wird erklärt, daß jeder Mensch nach einem inneren Gleichgewicht seines Gedankensystems strebt, da aus dem Bestehen von Widersprüchen vorhandener Einstellungen, Meinungen, Werten und Wissensinhalten ein unangenehmer Gefühlszustand resultiert, was Verarbeitungsprozesse auslöst, die auf die Wiederherstellung eines in sich schlüssigen Zustandes zielen. Dies kann darin bestehen, daß die Bedeutung von übereinstimmenden Gedächtnisinhalten erhöht und die von widersprüchlichen Inhalten erniedrigt wird.

Dabei gelten jedoch nicht die strengen Gesetze der Logik, sondern diejenigen der „Psychologik", d.h. daß dabei sehr individuelle Umbewertungen, Neustrukturierungen und Schlußfolgerungen erfolgen. Das Individuum bedient sich beim Abbau solcher Widersprüchlichkeiten bekannter Abwehrmechanismen wie der Verleugnung, der selektiven Informationssuche zur Bestätigung des eigenen Standpunktes, der sozialen Unterstützung durch Gleichgesinnte oder auch der realen Verhaltensänderung. Alle diese Methoden dienen dem übergeordneten Bedürfnis nach Herstellung eines in sich stimmigen inneren Gleichgewichts und der Erzielung einer Übereinstimmung zwischen vorhandenen Einstellungen und dem eigenen Verhalten.

Um die für die meisten Teilnehmer etwas ungewohnten Gedanken besser erläutern zu können, wird auf anschauliche Beispiele aus der sozialpsychologischen Forschung zum Einstellungswandel zurückgegriffen. Dazu eignet sich das Phänomen der Dissonanzreduktion nach einer Kaufentscheidung (Frey 1978), bei der die Attraktivität des erworbenen Produktes erhöht und die Attraktivität der nichtgewählten Alternativen erniedrigt wird, um das finanzielle Engagement nachträglich zu rechtfertigen. Jeder Teilnehmer kann dazu aus eigener Erfahrung mit sich und anderen Personen berichten, wenn z.B. das neuerworbene Auto plötzlich kaum noch Benzin verbraucht, der Nachbar zum Kauf desselben Autos animiert wird und alternative Fabrikate als typische Pannenfahrzeuge qualifiziert werden.

Das so gewonnene Verständnis für die Art und Funktion solcher kognitiven Verarbeitungsmechanismen wird dann auf das vorliegende Material der beiden Kopfumrisse angewandt. Dabei kann auf die Unterdrückung von Gedanken und Empfindungen wie Selbstvorwürfe und Schuldgefühle hingewiesen werden, die in Widerspruch zum eigenen Selbstwert stehen und somit als unangenehm erlebt werden. Es können aber auch die Aufwertungen solcher Gedanken und Empfindungen wie der körperlichen Erholung und dem fehlenden Verlangen nach Alkohol aufgezeigt werden, die gut in ein positives Selbstbild hineinpassen.

Auf dieser Grundlage ist es dann oft möglich, den Teilnehmern ein psychologisches Verständnis suchtspezifischer Abwehrmechanismen zu geben, wobei zu betonen ist, daß es sich um Verarbeitungsmöglichkeiten handelt, die völlig normal sind, d.h. von jedem Menschen täglich im Alltag angewandt werden. Dies kann am Bagatellisieren des eigenen Alkoholkonsums erläutert werden, bei dem es sich nicht um ein bewußtes Lügen handelt, sondern einen nichtbewußten Vorgang des Selbstschutzes, so daß der Betroffene von dem Wahrheitsgehalt seiner Angaben subjektiv überzeugt ist.

Zwei Welten

In dieser Gruppensitzung sollen kognitive Verzerrungsmuster bewußtgemacht werden, die sich auf die gegensätzliche Bewertung der Abstinenz und des Drogenkonsums richten. Es handelt sich um dysfunktionale Kognitionen, welche die dauerhafte Aufrechterhaltung einer abstinenten Lebensweise erschweren und die Gefahr eines Rückfalls in den erneuten Drogenkonsum beinhalten.

Die Gruppe setzt sich im Kreis um zwei auf dem Boden liegende große Holzbretter, die unmittelbar aneinandergrenzen. Dazu wird erläutert, daß es sich bei dem einen Brett um die Welt der Abstinenz und bei dem anderen Brett um die Welt der Suchtmittel handelt. In der Folge erhalten die Gruppenmitglieder dann aus Sperrholz gefertigte und angemalte Figuren und Gegenstände, die alle Bereiche menschlichen Lebens repräsentieren. Es handelt sich um Bäume, Tiere, Fahrzeuge, Maschinen, Autos, verschiedene Gebäude (Bauernhof, Schule, Gefängnis, Kirche, Atomkraftwerk) und verschiedene Personen (Kinder, Männer, Frauen, ein Polizist, ein Pastor) und anderes, die bei Nachfragen der Gruppenmitglieder als solche auch benannt werden. Darunter befinden sich auch Gegenstände, die eine symbolische Bedeutung haben wie Grabsteine für den Tod, Fuchs für Schläue, ein verkrüppelter Baum für Umweltschäden usw.

Die Gruppenmitglieder erhalten nun die Instruktion, die Gegenstände den beiden vorgegebenen Welten zuzuordnen, wobei die Konsensregel gilt, d.h. vor der Plazierung eines Gegenstandes eine Diskussion zu führen ist, bis alle Gruppenmitglieder einer Entscheidung zustimmen können. Weiterhin wird festgelegt, daß sich am Ende in jeder Welt ungefähr gleich viele Gegenstände befinden sollten und kein Gegenstand auf der mittleren Trennlinie abgelegt werden darf. Der Gruppenleiter zieht sich dann aus der Runde zurück und greift nur ein, wenn eine der vorgegebenen Regeln verletzt wird bzw. um den zeitlichen Ablauf so zu strukturieren, daß am Ende genug Zeit für die Nachbesprechung vorhanden ist.

Wenn die Gruppendiskussion zu einem für alle Teilnehmer befriedigenden Resultat geführt hat, läßt sich der Gruppenleiter von jeweils einem Gruppenteilnehmer die gewählte Anordnung für das Land der Abstinenz und das Land der Suchtmittel in Form einer kleinen Geschichte berichten. Danach können noch Aufnahmen mit einer Sofortbildkamera gemacht werden, wonach die Gruppenmitglieder auf Stühlen in einer äußeren Reihe Platz nehmen, so daß der gesamte Aufbau gut zu überblicken ist.

Auch wenn im Rahmen des Gruppengesprächs teilweise Widerspruch angemeldet wird, läuft das Ergebnis dieser Übung fast immer auf eine sehr stereotype Darstellung hinaus, bei der die Welt der Abstinenz zu einer positiv verzerrten heilen Welt idealisiert wird und der Welt der Suchtmittel fast alle negativen Ereignisse zugeordnet werden. Bei der abgebildeten Darstellung handelt es sich also keineswegs um eine Überzeichnung, sondern die Zusammenfassung der Auswertung von Photographien vieler solcher Gruppensitzungen mit Patienten in unterschiedlichen Phasen des Therapieprozesses.

Zunächst muß den Gruppenmitgliedern erläutert werden, daß es sich bei der durchgeführten Übung um ein projektives Verfahren gehandelt hat, in der gewählten Anordnung also innere Einstellungen und Bewertungen sichtbar werden, die in der folgenden Diskussion herausgearbeitet werden sollen. Dabei tauchen natürlich Versuche einzelner Gruppenmitglieder auf, sich von dem stereotypen Gesamtergebnis zu distanzieren. Dem kann so begegnet werden, daß zum einen an die verabredete Konsensregel erinnert wird, zum anderen sollte jedoch auch zugestanden werden, daß es sich nur um

Welt der Suchtmittel

Gefängnis	Polizist	Auto
	Mann Tisch	Sozialamt
Atomkraftwerk	Werkzeug	Kranker Baum
Fuchs Busch	Schnecke	
	Tanzende Frau	
Kirche Pastor	Grabsteine	

Bauernhof	Traktor	Bäume
	Pferd Schwein	Gans
Bauer Bäuerin		
Auto	Segelschiff	Schreibmaschine
Werkzeugmaschine		
	Kinder Schule	

Welt der Abstinenz

Abb. 8. Die subjektive Welt der Suchtmittel und der Abstinenz

grobe Tendenzen handelt, die nur Teile des etwas komplizierteren Gedanken- und Einstellungssystems jedes Einzelnen sind.

Wenn das erbrachte Gruppenresultat von der Gruppe insgesamt akzeptiert wird, kann über das darin enthaltene Alles-oder-Nichts-Denken gesprochen werden und die Probleme, die aus einer solchen vereinfachten Denkweise für die weitere Lebensbewältigung resultieren. Bezogen auf die Heile-Welt-Vorstellung der Abstinenz wird darauf hingewiesen, daß es sich dabei zunächst um einen kognitiven Verarbeitungsmechanismus handelt, welcher helfen kann, die Motivation für die Anstrengungen zur Realisierung der künftigen Abstinenz zu stärken. Gleichzeitig können jedoch auch die möglichen Gefahren einer solchen positiven Idealisierung herausgearbeitet werden, indem darauf hingewiesen wird, daß aufgrund der realen Gegebenheiten daraus zukünftige Enttäuschungen erwachsen können. Es ist also die Erwartung zu problematisieren, daß die Entscheidung für eine abstinente Lebensweise automatisch zu positiven Folgen führen muß (Belohnungserwartung). Darüber hinaus muß festgestellt werden, daß der Einzelne seine Umwelt nur zum geringen Teil kontrollieren kann, so daß durchaus auch mit negativen Reaktionen der Umgebung gerechnet werden muß, die den eigenen Erwartungen widersprechen. Dabei läßt sich z.B. an das komplexe Familiensystem denken, in welches die Alkoholproblematik eingebettet ist und in dem der Alkoholmißbrauch der Patienten durchaus auch positive Funktionen für ein anderes Familienmitglied besitzen kann.

Bezogen auf die negative Stereotypisierung der Welt der Suchtmittel läßt sich in der Gruppendiskussion klären, daß es sich dabei zunächst um einen psychologisch sinnvollen Bewältigungsversuch der eigenen Suchtproblematik handelt, da sich darin die Distanzierung von dem früheren Drogenmißbrauch durch die negative Bewertung der damit verbundenen Konsequenzen ausdrückt. Gleichzeitig muß jedoch auf die darin enthaltene Katastrophisierungstendenz hingedeutet werden, die sich problematisch auswirken kann, wenn gegenüber einem zukünftigen Alkoholrückfall davon ausgegangen wird, daß aus dem einmaligen Alkoholkonsum unmittelbar eine Kette unangenehmer Ereignisse folgen muß. Weiterhin kann diese negative Wahrnehmung der Welt der Suchtmittel dazu führen, daß die positiven Funktionen des Suchtmittels in der Vergangenheit völlig ausgeblendet werden, womit das Wiederauftauchen innerer Versuchungen in Form von positiven Wirkungserwartungen nicht rechtzeitig bewußt wahrgenommen werden kann, so daß Bewältigungsversuche im Vorfeld eines Rückfalls verhindert werden. Darüber hinaus kann darauf hingewiesen werden, daß unser Gedächtnis die natürliche Tendenz besitzt, die Vergangenheit positiv zu verzerren, um sich vor bedrohlichen Gedächtnisinhalten zu schützen. Es ist also damit zu rechnen, daß die negativen Erinnerungen an die Folgen des Alkoholmißbrauchs im Laufe der Zeit verblassen, womit sie ihre rückfallverhindernde Funktion verlieren.

Standpunkte

In dieser Sitzung sollen die Unterschiede der Ursachenzuschreibung bei der Erklärung des Trinkverhaltens in Abhängigkeit vom Standpunkt des Beurteilers thematisiert werden. Insbesondere interessiert die jeweilige Betonung von äußeren oder inneren Bedingungsfaktoren aufgrund der unterschiedlichen Wahrnehmungsperspektive von handelnden und beobachtenden Personen.

Zu Beginn der Gruppensitzung wird ein innerer Stuhlkreis um einen Tisch herum aufgebaut, an dem später eine Teilgruppe Platz nehmen kann. Die gesamte Gruppe nimmt jedoch zunächst in einem größeren Außenkreis Platz, von dem sie auf die Tischanordnung im Zentrum blicken kann. Der Gruppenleiter fordert nun einige Gruppenmitglieder auf, gemeinsam an dem Tisch Platz zu nehmen, während die anderen Teilnehmer als Beobachter auf ihren Plätzen verbleiben. Dabei sollte auf eine gleichmäßige Verteilung von Frauen und Männern in beiden Gruppen geachtet werden. Vom Leiter der Gruppe wird, an die Tischrunde gerichtet, erläutert, daß es sich um eine Gruppe von Personen handelt, die sich regelmäßig trifft, um gemeinsam zu trinken. Weitere Informationen über die versammelten Personen, den Anlaß des Treffens usw. werden nicht gegeben. Es wird dann in direkter Rede festgestellt: „Wir haben uns hier getroffen und trinken gemeinsam Alkohol" und daraufhin die Frage gestellt: „Warum tun wir dies?".

In der folgenden Diskussion des Gruppenleiters mit den Teilnehmern des Innenkreises werden die dazu gegebenen Antworten und Vorschläge gesammelt und daraus eine plausible Situationsschilderung abgeleitet. Eine dabei typischerweise vorgeschlagene Situation kann so sein, daß es sich um eine Gruppe verschiedenster Personen handelt, die kurz aufgrund ihrer äußeren Merkmale wie Geschlecht und Alter beschrieben werden. Diese Gruppe trifft sich regelmäßig abends nach der Arbeit an einem Stammtisch in einer Kneipe, um die Erlebnisse des Tages zu besprechen, von der Arbeit abzuschalten und das gesellige Trinken zu genießen, worauf die Gruppenmitglieder im Anschluß einzeln nach Hause gehen. Diese Gruppendiskussion wird beendet, sobald die gesamte Situation ausreichend charakterisiert ist, die Trinkmotive der beteiligten Personen erläutert sind und ein abgeschlossener Handlungsablauf festgelegt wurde.

Der Gruppenleiter wechselt dann in den äußeren Kreis und wendet sich an die dort sitzenden Beobachter, wobei er auf die in der Mitte verbliebene Gruppe weist und kommentiert: „Sie sehen dort Personen, die sich getroffen haben, um gemeinsam Alkohol zu trinken.". Daran schließt sich dann die erneute Frage an: „Warum tun sie dies?". Wiederum werden im Gespräch alle Vorschläge gesammelt und daraus eine kurze Gesamtbeschreibung der Situation abgeleitet, wobei ebenfalls auf die unterschiedlichen Trinkmotive der Beteiligten eingegangen wird. Die dabei typischerweise vorhandenen Vorstellungen zielen eher darauf ab, daß weniger die Gruppe als Ganzes thematisiert wird, sondern stärker auf die individuellen Besonderheiten der beteiligten Personen eingegangen wird. Dabei werden den Trinkenden eher negative Trinkmotive unterstellt, z.B. daß sie Ärger von zu Hause oder dem Arbeitsplatz herunterspülen, ihr Alleinsein vergessen wollen oder nichts Richtiges mit sich anfangen können. Dabei kann bei den Beobachtern auch eine deutliche Vorwurfshaltung zum Ausdruck kommen, z.B. daß es sich um Personen handelt, die ihre Pflichten bei der Arbeit oder in der Familie vernachlässigen, wobei häufig das Verhalten der beteiligten Frauen einer größeren Kritik unterliegt. Es finden sich auch Vermutungen über mögliche Alkoholprobleme bei einzelnen Personen.

Bei dem beschriebenen Vorgehen handelt es sich um die Realisierung der als „Zwiebelschale" bekannten (Antons 1992) gruppendynamischen Struktur, welche sich als Simulation des bereits beschriebenen Beobachter-Akteur-Paradigmas (Jones & Nisfett 1972) auffassen läßt. Danach ist von der Erwartung auszugehen, daß die aktiven Alkoholkonsumenten im Innenkreis eher Trinkmotive und Ursachenzuschreibungen angeben, die auf den äußeren sozialen und situativen Kontext Bezug nehmen wie z.B. Geselligkeit, Gruppenzugehörigkeit und übliche Trinknormen, während die passiven Beobachter eher interne persönliche Eigenschaften der Alkoholkonsumenten als Ursachen und Motive ihres Trinkverhaltens benennen wie z.B. persönliche Probleme, die Bewältigung von Streß und mögliche Anzeichen für eine bestehende Suchtproblematik.

Die anschließende gemeinsame Gespräch in der Gesamtgruppe muß sich danach richten, ob bzw. in welcher Form ein Akteur-Beobachter-Effekt zutage getreten ist. Dies hängt sowohl von der Gruppenzusammensetzung als auch von dem durch den Gruppenleiter gesteuerten Gruppenprozeß ab. Als eine mögliche Extremvariante kann es dazu kommen, daß keinerlei Diskrepanzen zwischen Handelnden und Beobachtern auftreten. Dies ist zunächst gegenüber den Gruppenmitgliedern festzustellen und darauf hinzuweisen, daß es den Erwartungen widerspricht, wonach in der Regel Beobachter und Handelnde aufgrund ihrer unterschiedlichen Wahrnehmungsperspektive zu abweichenden Bewertungen derselben Situation gelangen. Daraus kann die Frage abgeleitet werden, woran es gelegen haben könnte, daß dieser Effekt nicht eingetreten ist. Eine Möglichkeit besteht darin herauszuarbeiten, daß auch die Beobachter betroffene Alkoholiker sind, so daß sie sich möglicherweise aus Gründen ihres eigenen Selbstschutzes mit den Akteuren identifiziert und somit ebenso auf entlastende äußere Trinkmotive bei ihren Erklärungsversuchen zurückgegriffen haben.

Das andere Extrem besteht in krassen Unterschieden zwischen den Beurteilungen der inneren Trinkgruppe und der äußeren Beobachtergruppe. Zunächst handelt es sich also um eine Bestätigung des üblichen Beobachter-Akteur-Effekts, was an einem einfachen Beispiel verdeutlicht werden kann. Wenn man in einer Gastwirtschaft als Handelnder sich ein alkoholisches Getränk beim Kellner bestellt, ergibt sich aus der eigenen Wahrnehmungsperspektive, daß man sein eigenes Verhalten (bestellen, trinken und bezahlen) weniger deutlich wahrnimmt, während man die ebenfalls trinkende Umgebung, die vorhandenen Getränke und die Verhaltensweisen des Personals deutlicher im Blick hat. Aus der distanzierten Beobachterperspektive hebt sich im Gegensatz dazu das Verhalten des Konsumenten deutlicher vor dem Hintergrund seiner Umgebung ab (betreten der Gastwirtschaft, herbeirufen des Kellners und gewählte Getränkeart).

Daran anschließend kann auf zutagetretende Abwehrmechanismen eingegangen werden, die den Beobachter-Akteur-Effekt noch unterstützt haben, wenn z.B. in dem trinkenden Innenkreis eine deutliche soziale Maskierung des Wirkungstrinkens (Antons & Schulz 1990) auftrat und bei den außenstehenden Beobachtern überzogene negative Stereotypisierungen (der Penner, der Arbeitsscheue, die Schlampe und der orientierungslose Jugendliche) aufgetreten sind, die sich als projektive Abwehrmechanismen verstehen lassen.

Sepp Herberger

Themen der Gruppensitzung sind die Interaktions- und Kommunikationsmuster, mit denen der Abhängige im Laufe der Suchtentwicklung seine sozialen Partner zu täuschen versucht, um die ihm selbst bewußtwerdende Abhängigkeit aufrechterhalten zu können. In der Therapeut-Klient-Beziehung reproduzieren sich diese Mechanismen, indem der Abhängige den Anschein einer Veränderungsbereitschaft zu erwecken versucht, gleichzeitig jedoch die damit verbundenen Anstrengungen und Unannehmlichkeiten vermeiden möchte.

Der Gruppenteilnehmer wird zunächst an die schon legendär gewordenen Antworten des ehemaligen Bundestrainers der deutschen Fußballnationalmannschaft erinnert, mit denen er auf Reporterfragen zum Spielverlauf reagiert hat. Dabei handelt es sich um scheinbar sehr bedeutsame, im Grunde jedoch völlig nichtssagende Feststellungen („Der Ball ist rund." oder „Ein Spiel endet mit dem Abpfiff."), die in ähnlicher Form immer noch gerne von Fußballtrainern und -reportern (Roth & Gsella 1995) verwendet werden.

Die Teilnehmer werden dann anschließend aufgefordert, ähnliche Aussagen, bezogen auf ihr Trinkverhalten, zu benennen, die sie immer wieder gegenüber ihren Sozialpartnern eingesetzt haben, um sich vor deren Kritik zu schützen. Es besteht also die gute Gelegenheit, sich noch einmal richtig im „Sprücheklopfen" auszutoben. Wie nicht anders zu erwarten, reagiert die Gruppe auf diese „paradoxe" Aufforderung zunächst überrascht und zögernd, da sie ja dabei ihr eigenes Verhalten entlarven könnte. Im Laufe der Sitzung gelingt es dann jedoch, diese anfänglichen Barrieren zu überwinden und die Gruppenmitglieder zur Reproduktion ihrer suchtspezifischen Kommunikationsformen zu animieren.

Die Gruppe ist bei dieser Sitzung um einen großen runden Tisch angeordnet und jedes Gruppenmitglied erhält Karteikarten und Filzstifte. Im ersten Schritt werden alle Vorschläge aus der Gruppenrunde gesammelt und von dem Vorschlagenden in wörtlicher Rede auf eine Karte notiert. Die so erfolgte Sammlung, die später vom Leiter als Kartei angelegt werden kann, wird in der

Mitte des Tisches ausgebreitet und im zweiten Schritt nach Ähnlichkeit in mehrere Untergruppen eingeteilt. Diese Untergliederung erlaubt es dann, übergeordnete Verleugnungsstrategien bzw. Abwehrmechanismen herauszuarbeiten.

Eine solche Gruppe von „Sprüchen" kann auf eine einfache Verleugnungstendenz hindeuten, indem der Alkoholkonsum bagatellisiert wird („Ich habe nur getrunken, weil es mir geschmeckt hat"), wobei bei den Angaben zur Trinkmenge gern auf die als noch akzeptable Zahl von drei (drei Bier, dreimal in der Woche usw.) zurückgegriffen wird, da die Zahl vier bereits als verdächtig angesehen wird. In vielen Äußerungen zeigt sich ein Wunschdenken mit magischen Zügen („Man muß nur einen festen Willen haben!" oder „Wenn ich die Behandlung beendet habe, wird alles anders!"), mit denen die bestehende Rückfallgefährdung ausgeblendet wird und real vorhandene Probleme weiter vor sich hergeschoben werden.

Viele Alkoholiker verarbeiten die Erfahrungen ihrer Suchtentwicklung durch ihren sprichwörtlichen Galgenhumor („Wenn die Leber kaputt ist, saufe ich auf der Milz weiter!" oder „Zwischen Leber und Milz paßt immer noch ein Pils!"), was zu einer selbstironisierenden Gruppensprache (Flattermann, Nasenbleiche, Trockendock) unter Alkoholikern geführt hat. Auf der anderen Seite können auch depressive Verarbeitungsformen auftreten, was sich in Denkfehlern wie dem Alles-oder-Nichts-Denken äußert („Wenn ich es jetzt nicht packe, schaffe ich es nie!") oder in Form von irrationalen Katastrophierungstendenzen auftritt („Jetzt ist alles aus!" oder „Es hat überhaupt keinen Sinn!"), aus denen eine passive Abwehrhaltung resultiert.

Eine weitere Abwehrstrategie kann darin bestehen, daß sich der Betroffene von der eigenen Suchtproblematik distanziert („So schlimm ist alles gar nicht gewesen!" oder „Es gibt Leute, die sind noch viel schlechter dran!"). Damit verbunden tritt häufig eine Somatisierungstendenz auf, bei der die gesamte Problematik auf den körperlichen Aspekt eingeengt wird („Meine Leberwerte sind wieder ganz in Ordnung!" oder „Ich fühle mich noch ganz fit!").

Eine beliebte Verleugnungsstrategie äußert sich in projektiven Stereotypisierungen, mit denen sich der Betroffene von dem Klischeebild eines Alkoholikers abgrenzen kann („Ich bin nie betrunken gewesen!" oder „Ich habe nie auf einer Parkbank geschlafen!"). Weitere damit verbundene Abwehrformen zielen auf die Zurückweisung einer vorgeschlagenen Behandlungsmaßnahme („Helfen kann ich mir nur ganz allein!"), wobei die gleichzeitige Abwertung der Behandlungsaussichten erfolgen kann („Einen Garantieschein kann mir keiner geben!").

Da es sich bei der in der Gruppensitzung praktizierten therapeutischen Methode um eine Form der „strategischen" Therapie im Rahmen eines verhaltenstherapeutischen Vorgehens handelt (Zimmer 1978), ist durch eine Nachbesprechung sicherzustellen, daß das Vorgehen nicht zu einer Verstärkung der Abwehrformationen führt. Die Gruppenteilnehmer sollten also aus dem bewußten Nacherleben eines Teils ihres Suchtverhaltens eine zunehmende Distanz zu ihren früheren Verleugnungsstrategien und Abwehrmechanismen gewinnen. Bei dem abschließenden Dialog über die analysierten Abwehrstrukturen sollte deshalb deutlich gemacht werden, daß es sich dabei nicht nur um Selbstrechtfertigungen handelt, die der Aufrechterhaltung des Suchtverhaltens dienen, sondern gleichzeitig um ganz normale kognitive Verarbeitungsprozesse zur notwendigen Aufrechterhaltung des Selbstwertes. Darüber hinaus sollte deutlich werden, daß es sich nicht um typische Persönlichkeitseigenschaften von Alkoholikern handelt, sondern um einen Ausdruck der zunehmenden Verstrickung in die Teufelskreise süchtigen Verhaltens, so daß mit der zunehmenden Loslösung vom Suchtmittel auf diese langfristig schädlichen „Überlebensstrategien" des Abhängigen verzichtet werden kann.

Darauf aufbauend kann eine Verbindung zur aktuellen Therapeut-Klient-Beziehung hergestellt werden, indem auf typische „Spiele" von Alkoholikern (Steiner 1971) auch im Rahmen der Therapie hingewiesen wird, da es sich um eingeschliffene Interaktionsformen handelt, die erst schrittweise mit zunehmender Steigerung des Selbstvertrauens abgebaut werden können.

Stammbaum

In der abschließenden Gruppensitzung sollen die Teilnehmer ihre soziale Rolle als Alkoholiker in der derzeitigen Definition als chronische Alkoholkranke besser verstehen lernen. Um dies zu erreichen, werden die materiell-gesellschaftlichen Bestimmungsstücke der so definierten Alkoholkrankheit in ihrer historischen Entstehung und damit auch möglicher zukünftiger Veränderung aufgezeigt.

Einleitend wird der Begriff Stammbaum am Beispiel eines Familienstammbaumes oder der Abstammungslehre des Menschen als Entwicklungsprozeß von Lebewesen, die gemeinsame Wurzeln haben, erläutert. Dies wird dann auf die Entstehung und Entwicklung des heutigen „Alcoholismus Chronicus" (Huss 1852) übertragen. Die Teilnehmer müssen sich also auf die Suche nach ihrer eigenen Geschichte begeben, wozu sie allgemeines Wissen über die Entstehung der Erde als Lebensraum, der Entwicklungsgeschichte der Menschheit, der Kulturgeschichte des Alkohols und der Entstehung des modernen Krankheitskonzeptes benötigen (Petry 1983;

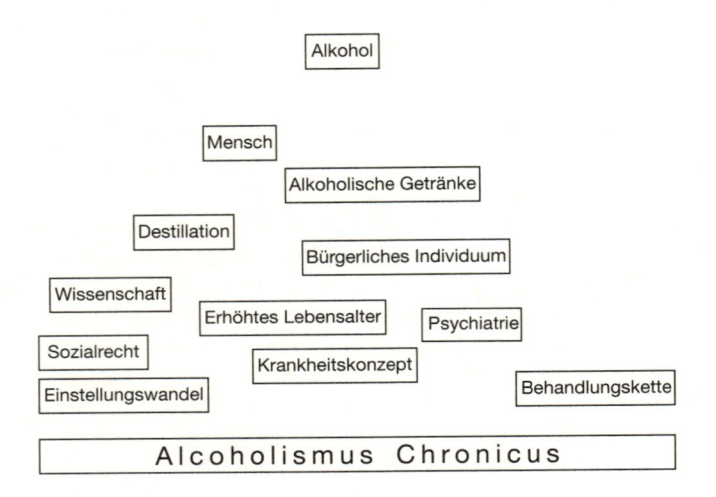

Abb. 9. Die Entwicklungsgeschichte des Alkoholismus

Sournia 1990). Zu diesem Zweck sind die Gruppenmitglieder um einen Tisch herum versammelt und erhalten Karteikarten, welche die gesuchten Zwischenglieder des Entwicklungsprozesses zum heutigen Alkoholismus repräsentieren. Die dazu gemachten Vorschläge werden auf die Karten notiert und dann entsprechend ihres zeitlichen Auftretens zu einem sich verzweigenden Stammbaum auf dem Tisch angeordnet.

Als erstes Entstehungsglied der Geschichte des Alkoholismus wird der Stoff Alkohol eingeführt, eine organische Verbindung, die aus der Vergärung von Zucker durch lebende Hefepilze schon lange vor der Menschheit in der Natur entstanden ist (Lindner 1927). So wie es ohne Alkohol keinen Alkoholismus geben kann, gehört natürlich als zweites wichtiges Kettenglied der Mensch in diese Entwicklungsgeschichte, wobei es auch im Tierreich bereits Suchterscheinungen gibt (Siegel 1982, 1995). Die darauffolgende Herstellung natürlicher alkoholischer Getränke durch den Menschen ist dann im Rahmen der Entstehung früher Ackerbau- und Viehzüchterkulturen aufgetreten (Maurizio 1933). Der nächste wichtige Entwicklungsabschnitt dürfte mit der Entdeckung der Destillation verbunden sein, welche durch die mittelalterliche Alchemie erfolgte und zur Verbreitung von Schnapsbrennereien in Europa geführt hat (Arntz 1978).

Ein weiterer Abschnitt fällt mit dem Übergang vom Mittelalter zur Neuzeit zusammen, da die bereits für das Altertum beschriebenen Erscheinungsformen des Alkoholmißbrauchs (Rolleston 1927) erst jetzt im modernen Sinne als Suchtphänomene, d.h. Ausdruck eines individuellen Einzelschicksals, begriffen wurden (Legnaro 1982). Durch die neueren Erkenntnisse der Biologie und Chemie des 19. Jahrhunderts wurden die Produktionsbedingungen des Alkohols wesentlich verbessert (Ihde 1964; Gardner 1970), womit eine entscheidende Voraussetzung der weiteren Ausbreitung des Alkoholismus in der modernen Industriegesellschaft geschaffen wurde.

Durch die gleichzeitig erfolgten Fortschritte der modernen Medizin konnte der Alkoholismus durch Erhöhung der allgemeinen Lebenserwartung als chronische Erkrankung zunehmend in Erscheinung treten und durch die gleichzeitig entstehende Psychiatrie in seinen Erscheinungsformen beschrieben werden (Spode 1986). Die darauf aufbauende, zunehmend differenzierter werdende medizinische Versorgungsstruktur mit dem damit einhergehenden öffentlichen Einstellungswandel über Alkoholismus führte dann in der Folge als letztem Kettenglied zu der rechtlichen Anerkennung des Alkoholismus als behandlungsbedürftige Erkrankung (Krasney 1995).

Die Gruppenstunde erfordert eine relativ ausgeprägte Vermittlung von Informationen, da hinsichtlich der kulturgeschichtlichen und gesellschaftlichen Bedingungen des Alkoholismus in der Regel erhebliche Wissenslücken auf Seiten der Betroffenen bestehen. Darin ist ein bewußt zu machendes Indiz für die bei Suchtmittelabhängigen vorhandene defizitäre Handlungsstruktur zu sehen, da die früher bestehende Verbindung zwischen Herstellung und Konsum alkoholischer Getränke und die dadurch wirksamen Kontrollmechanismen für die Mehrheit verlorengegangen sind, so daß sich alkoholische Getränke nur noch in Form einer verkürzten Konsumreaktion aneignen lassen („Was gehen mich die Probleme des Umweltschutzes in der Landwirtschaft an, ich kaufe meinen Alkohol doch nur im Supermarkt."). Eine Zielsetzung sollte also darin bestehen, die im Laufe der beschriebenen Entwicklungsgeschichte verlorengegangenen Zusammenhänge kognitiv zu rekonstruieren, um zu einer bewußteren Bewertung des eigenen Handelns zu gelangen.

Ein weiteres Ziel der Gruppensitzung kann darin bestehen, den Betroffenen erfahrbar zu machen, daß ihre sozial definierte Rolle als Alkoholkranke historischen Veränderungen und dem aktuellen gesellschaftlichen Kräfteverhältnis unterliegt. In diesem Zusammenhang sollte auch auf das Schicksal der Alkoholiker während der Zeit des Nationalsozialismus hingewiesen werden, in der die als erbkrank begriffenen Alkoholiker in großem Umfang zwangssterilisiert wurden (Petry 1992). Bezogen auf die aktuelle gesellschaftliche Situation sollte auf die Problematik des modernen medizinischen Versorgungssystems eingegangen werden, indem die Vorteile, die sich aus der sozialrechtlichen Anerkennung des Alkoholismus ergeben, aufgezeigt werden, gleichzeitig jedoch auf passive Erwartungshaltungen des Suchtpatienten hingewiesen wird, die einer Auseinandersetzung mit ihrer Suchtentwicklung und daraus folgenden aktiven Lebensgestaltung im Wege stehen können.

5.4 Rückfallgefährdung

Rückfallbauen

In der ersten Gruppensitzung wird ein vereinfachtes Arbeitsmodell zum Rückfallprozeß erarbeitet. Dabei werden aufgrund der bei den Teilnehmern vorhandenen Erfahrungen mit eigenen Rückfällen die Grundbestandteile eines Rückfallerlebnisses gesammelt und in eine Modellvorstellung, wie sie von Marlatt (1985) vorgeschlagen wurde, eingeordnet.

Zu Beginn werden die Teilnehmer daran erinnert, daß im Laufe ihrer Suchtentwicklung alle einmal versucht haben, ihren Alkoholkonsum völlig einzustellen. Viele dieser Versuche sind nach mehr oder minder kurzer Zeit gescheitert, so daß sie alle bereits über Rückfallerfahrungen verfügen. In der Gruppensitzung soll nun versucht werden, ein solches einmaliges Rückfallerlebnis in seinem Ablauf nachzuempfinden.

Die Gruppenteilnehmer sitzen um einen großen runden Tisch herum und erhalten Filzstifte und Karteikarten. Sie werden nun aufgefordert, gemeinsam einen „Rückfall zu bauen", wobei dies natürlich nur als „Trockenübung" erfolgen soll. Zunächst ist es dazu erforderlich, die notwendigen Bausteine, aus denen sich ein Rückfall zusammensetzen läßt, zusammenzutragen. Die Karteikarten dienen als Bausteine, auf die alle vorgeschlagenen Bestandteile eines Rückfalles notiert werden. Anfänglich werden dabei in der Regel typische Risikosituationen für einen Rückfall benannt, d.h. negative Gefühlszustände wie Ärger, persönliche Sorgen, soziale Konflikte in der Familie und am Arbeitsplatz sowie soziale Trinkanlässe und Aufforderungen. Häufig handelt es sich eher um negative Ereignisse und Gefühle, so daß darauf hingewiesen wird, daß auch angenehme Ereignisse wie Feste und positive Gefühle wie Freude als Trinkanlässe in Frage kommen.

Da von den Gruppenmitgliedern in der Regel die naheliegendsten Bausteine eines Rückfalles vergessen werden, wird nachgefragt, ob es denn auch ohne den Konsum von Alkohol zu einem Rückfall kommen kann, woraus sich dann als notwendiger Baustein des Alkoholrückfalls das Vorhandensein alkoholischer Getränke und der für einen Rückfall notwendige Konsum dieser Getränke ergibt. In diesem Zusammenhang wird oft von erfahrenen Mitgliedern einer Selbsthilfegruppe auf das Konzept des „trockenen Rausches" hingewiesen, worunter das Wiederauftreten alter Verhaltensweisen, typischer Verleugnungsmechanismen, bestimmter Gedanken wie die Vorstellung, wieder kontrolliert trinken zu können und Anzeichen für das innere Verlangen nach Alkohol gehören. Diese ganzen Bausteine werden zwar als Bestandteil eines Rückfalles akzeptiert, aber ohne daß dabei bereits von einem Rückfall gesprochen werden kann.

Häufig wird von den Teilnehmern ebenfalls übersehen, daß für einen Rückfallprozeß eine Person mit bestimmten Eigenschaften erforderlich ist. Es wird deshalb danach gefragt, ob ein unauffälliger Alkoholkonsum auch durch einen erneuten Alkoholkonsum rückfällig werden kann, woraus sich rasch ableiten läßt, daß sich der Begriff Rückfall nur auf eine alkoholabhängige Person beziehen läßt. Weiterhin wird diskutiert, ob ein Alkoholiker, der durchgängig Alkohol trinkt, rückfällig werden kann, woraus sich ergibt, daß nur Alkoholiker, die eine gewisse Mindestzeit abstinent gelebt haben, rückfällig werden können. Es besteht also eine Wechselbeziehung zwischen Rückfall und Abstinenz, die so aussieht, daß es ohne Abstinenz keinen Rückfall geben kann, gleichzeitig jedoch auch ohne Rückfallerfahrungen keine dauerhafte Abstinenz vorstellbar ist, wie die Teilnehmer aus eigenen gescheiterten Kontrollversuchen bereits gelernt haben.

Zur Sammlung weiterer Bausteine eines Rückfallprozesses wird die Frage gestellt, ob mit der Feststellung eines erneuten Alkoholkonsums der Rückfallprozeß bereits vollständig erfaßt ist. Daraus ergibt sich, daß zu einem Rückfallverlauf in der Regel die Fortsetzung des Alkoholkonsums bis zu einem mehr oder minder ausgeprägten Trinkexzeß gehört. Aus der Überlegung, wie es zu dieser Fortsetzung kommt, ergeben sich dann neue Vorschläge für Bausteine eines Rückfalles, die sich auf innere Reaktionen wie auftretende Schuldgefühle oder eine Verminderung des Selbstwertes beziehen, die durch weiteren Alkoholkonsum abgemildert oder verstärkt werden können. Daran anschließend kann noch auf die von vielen ebenfalls erlebte Möglichkeit hingewiesen werden, zunächst den beginnenden Alkoholkonsum zu unterbrechen und zur Abstinenz zurückzukehren. Dabei lassen sich wieder verschiedene Bausteine sammeln wie die Ablenkung durch eine Tätigkeit, das Gespräch mit einem Freund oder das Denken an die gesetzten positiven Ziele, die zunächst zu einer Bewältigung des eingetretenen Alkoholkonsums führen können.

Die Gruppe wird danach aufgefordert, aus den vielen auf dem Tisch gesammelten Bausteinen einen Rückfallprozeß in Form eines Flußdiagramms, also im zeitlichen Ablauf, anzuordnen. Wenn die Gruppe sich auf einen beispielhaften Rückfallablauf geeinigt hat, wird dieser nochmals von einem Mitglied als kurze Geschichte zusammenfassend beschrieben. In der Regel ergibt sich dabei das Bild eines Rückfallprozesses, welches eine gute Annäherung an das in der Abbildung 10 dargestellte vereinfachte Modell ergibt. Dabei können bestehende Abweichungen durchaus unkorrigiert bestehen bleiben.

Abschließend wird den Gruppenmitgliedern mitgeteilt, daß im bisherigen Verlauf durchgängig von „Rückfall" gesprochen wurde, daß es jedoch sinnvoll ist, den

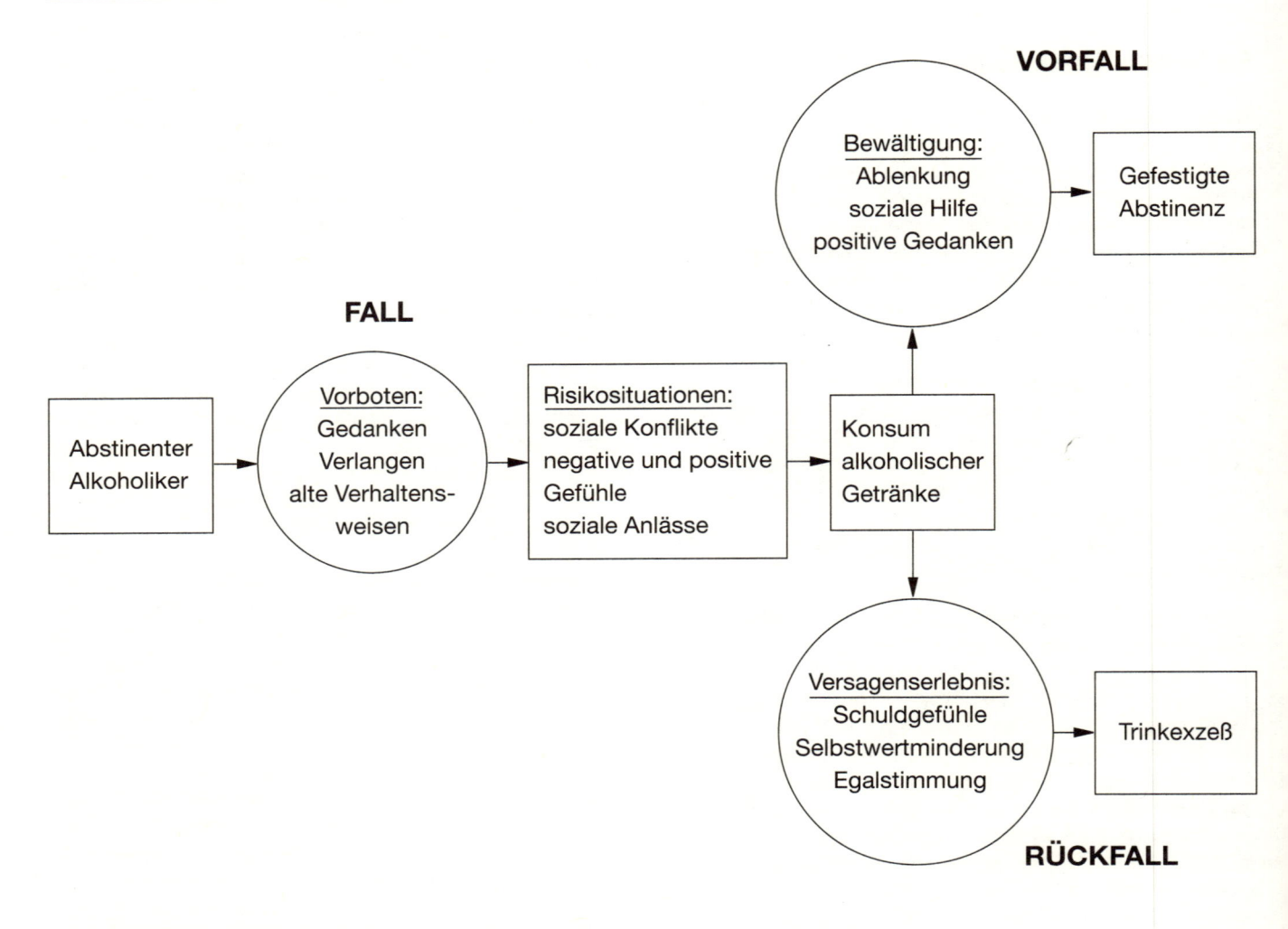

Abb. 10. Vereinfachtes Modell zum Rückfallprozeß (in Anlehnung an Marlatt 1985)

gesamten Rückfallprozeß in drei unterschiedliche Bestandteile zu gliedern, wozu ein Vorschlag eines bekannten amerikanischen Rückfallforschers und -therapeuten vorliegt. Es wird dann auf die von Marlatt (1985) eingeführte Unterscheidung zwischen einem Fall (lapse), einem Rückfall (relapse) und einem Vorfall (prolapse) hingewiesen. Dabei wird unter einem „Fall" die Unterbrechung der selbstgewählten Abstinenz durch einen einmaligen Alkoholkonsum verstanden. Bei der gemeinsam erarbeiteten Darstellung des Rückfallprozesses entspricht dies dem abgebildeten mittleren Teil, bei dem sich bei einem abstinenten Alkoholiker nach dem Auftreten bestimmter Vorboten und der Konfrontation mit einer Risikosituation ein erneuter Konsum alkoholischer Getränke ergibt. Dieser Abschnitt des Rückfallprozesses wird mit einer hervorgehobenen Karteikarte entsprechend als „Fall" gekennzeichnet. Zur Begründung wird darauf hingewiesen, daß dieser neu eingeführte Begriff zum einen darauf hinweist, daß es sich dabei nur um einen Teil des gesamten Rückfallprozesses handelt, diesem jedoch eine ernsthafte Bedeutung zukommt, d.h.

ein bedeutsames Vorkommnis vorliegt, weshalb von „Fall" gesprochen werden muß.

Davon zu unterscheiden ist jedoch der „Rückfall", welcher sich auf die Fortsetzung des Trinkens bezieht, das aus problematischen inneren Bewertungen und Gefühlsreaktionen des Alkoholikers nach dem ersten Alkoholkonsum resultiert. Dabei muß von „Rückfall" gesprochen werden, da es sich um die Wiederaufnahme des früheren Suchtverhaltens handelt, so daß die Gefahr des erneuten Abrutschens in eine Suchtentwicklung besteht. In der entgegengesetzten Richtung erfolgt der als „Vorfall" bezeichnete Bestandteil des Rückfallprozesses, welcher darauf hinweist, daß erfolgreiche Bewältigungsversuche eines einmaligen Alkoholkonsums auch dazu führen können, daß sich die vorher bestehende Abstinenz festigt. Es kann also ein im positiven Sinne vorantreibender Lernprozeß erfolgen, der es dem Betroffenen ermöglicht, aus einem einmaligen Fehler zu lernen, indem er z.B. die für ihn bedeutsamen Risikosituationen deutlicher erkennt und Vorboten eines möglichen Rückfalls frühzeitiger erkennen kann. Hier muß an die bereits früher erfolgte Äußerung erinnert werden, daß es keine Abstinenz ohne Rückfall geben kann, da eine dauerhafte abstinente Lebensweise, wie bei anderen Dingen im Leben auch, einen vorherigen Lernprozeß einschließlich der auch Fehler einschließt. Gleichzeitig sollte jedoch darauf hingewiesen werden, daß die Verhinderung jeglichen Alkoholkonsums angestrebt werden sollte, da die Rückfallwahrscheinlichkeit größer als die Chance eines Vorfalles ist (Körkel & Lauer 1988, 1995).

Rückfaller und Vorfaller

In dieser Gruppensitzung sollen die gedanklichen und gefühlsmäßigen Prozesse genauer beleuchtet werden, die nach dem allgemeinen Modell zum Rückfallprozeß von dem einmaligen Alkoholkonsum zu einer Fortsetzung des Trinkens führen. Von Marlatt (1978b, 1985) wurde dazu der Begriff des Abstinenzverletzungseffektes (abstinent violation effect) geprägt.

Die Gruppenteilnehmer nehmen um einen großen Tisch herum, der mit Papier ausgelegt ist, Platz und werden aufgefordert, sich die Situation eines Alkoholikers vorzustellen, der nach einer längeren Abstinenzzeit, entgegen seinen Vorsätzen, in einer einmaligen Situation erneut Alkohol getrunken hat. Es wird die Aufgabe gestellt, sich in dessen seelische Verfassung hineinzuversetzen und die nach dem ersten Glas ablaufenden Gedanken und auftretenden Gefühle festzuhalten. Zu diesem Zweck wird auf die eine Tischhälfte ein großer Kopfumriß mit einem Querschnitt durch das Gehirn gezeichnet, in den die Vorschläge der Gruppenteilnehmer eingetragen werden können (siehe Abbildung 11).

Da es sich bei dem erneuten Alkoholkonsum um ein Verhalten handelt, welches im Widerspruch zu dem bisherigen Selbstbild des Abstinenten steht, ergeben sich daraus Gefühle der Enttäuschung und Niedergeschlagenheit, die dazu führen können, daß er sich in inneren Dialogen von seinem Abstinenzziel distanziert, um eine Übereinstimmung zwischen Verhalten und Selbstbild wiederherzustellen. Seine Gedankengänge können sich also darauf richten, daß es nun auch egal ist, ob er noch mehr trinkt, und es können auch Vorstellungen auftauchen, die sich auf die Möglichkeit des weiteren kontrollierten Trinkkonsums richten, und Zweifel darüber aufkommen, ob er überhaupt ein Alkoholiker ist.

Darüber hinaus ist mit einem verstärkten Bedürfnis zur Erklärung des in der Situation aufgetretenen eigenen Verhaltens zu rechnen, das mit starken Scham- und Schuldgefühlen verbunden sein kann. Die dabei ablaufenden inneren Monologe können sich in Selbstvorwürfen äußern, indem der Betroffene sich die Schuld an dem Rückfall zuweist und an negative Reaktionen seiner Umgebung denkt. Daraus können verstärkte Gefühle der Hoffnungslosigkeit resultieren, die mit Gedanken über die Sinnlosigkeit seiner bisherigen Abstinenzbemühungen verbunden sind und darin gipfeln können, daß er sich für einen hoffnungslosen Fall hält. Aus diesem problematischen kognitiv-affektiven Zustand heraus können alte Suchtmechanismen aktiviert werden, die sich z.B. in suchttypischen Formen des Selbstmitleides äußern und zu Vorsätzen für den nächsten Tag führen, die doch nicht einzuhalten sind. Gleichzeitig werden Selbstrechtfertigungen gebildet, die das erneute Trinkverhalten vor sich selbst und anderen begründen sollen. Es liegt also das typische Bild eines „Rückfallers" vor, für den die Gefahr besteht, daß er in den früheren Suchtprozeß abgleitet.

In der anschließenden Besprechung über diesen Rückfallverlauf muß betont werden, daß die beschriebenen Verarbeitungsmechanismen im Anschluß an einen ersten Alkoholkonsum nicht immer in dieser krassen Form auftreten müssen und im Einzelfall sicher nur einzelne Elemente davon auftreten. Gleichzeitig wird betont, daß es sich um ganz normale psychische Reaktionen handelt, da wir in der Bewältigung unseres täglichen Lebens immer dazu neigen, unser Verhalten zu rechtfertigen, um unser positives Selbstbild aufrechterhalten zu können. Weiterhin ist davon auszugehen, daß wir ein natürliches Bedürfnis besitzen, nach Erklärungen für unser Verhalten zu suchen, wobei es auch zu gefühlsbeladenen Selbstvorwürfen kommen kann, die sich in selbstschädigender Weise gegen die eigene Person richten, so daß es zu einer Verschlimmerung einer fehlerhaften Verhaltensweise kommen kann.

Die Teilnehmer werden deshalb in einem zweiten Schritt aufgefordert, sich mögliche innere Dialoge zu überlegen, die zu einer konstruktiveren Verarbeitung eines einmaligen Alkoholkonsums und zu selbstwertstärkenden Gefühlen führen können. Um diese alternative Bewältigungsmöglichkeit aufzuzeigen, wird auf die zweite Tischhälfte wiederum ein Kopfumriß mit dem entsprechenden Querschnitt durch das Gehirn aufgezeichnet, in den Vorschläge möglicher Gedankengänge und damit verbundener Gefühle notiert werden, die zur Wiederherstellung der Abstinenz führen.

Zunächst können Erklärungsmuster für den Rückfall gesucht werden, welche die Einmaligkeit des Ereignisses betonen und entlastende Externalisierungen durch Bezug auf die situativen Umstände oder die Beteiligung außenstehender Personen beinhalten. Auf diese Weise kann es gelingen, die eigene Person von dem erlebten Mißerfolgserlebnis zu entlasten. Um die beschriebenen problematischen Rückfallgedanken und -gefühle zu vermeiden, erscheint es darüber hinaus sinnvoll, negative Gedanken zunächst durch gezielte Selbstanweisungen zu unterbrechen und sich auf ursprüngliche Vorsätze zu

Rückfaller

- Enttäuschung
- Selbstvorwürfe
- kurzfristige Vorsätze
- Selbstmitleid
- Schuldgefühle
- Aufgabe des Abstinenzvorsatzes
- Zweifel am Alkoholikerstatus
- Egalstimmung
- Hoffnung auf Trinkkontrolle
- Selbstrechtfertigungen

Vorfaller

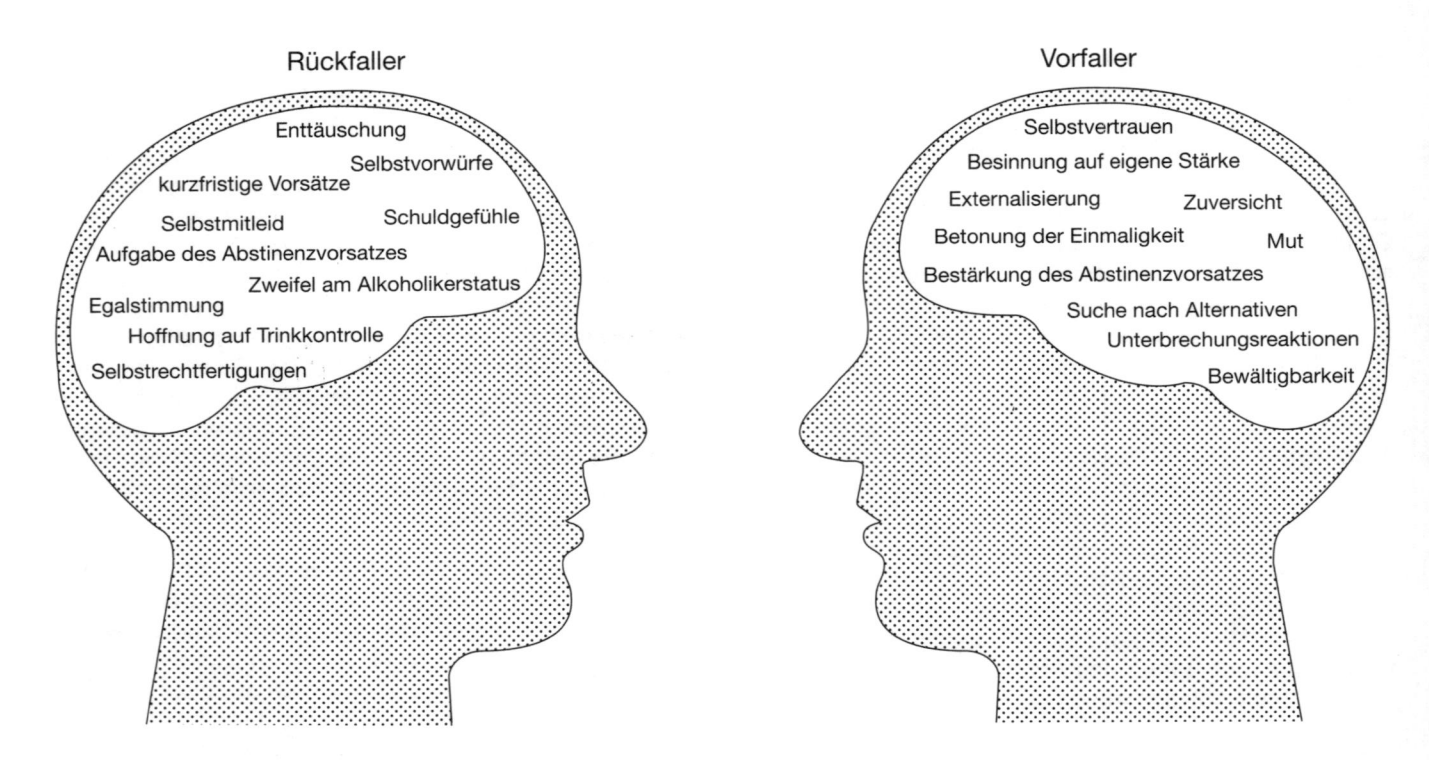

- Selbstvertrauen
- Besinnung auf eigene Stärke
- Externalisierung
- Zuversicht
- Betonung der Einmaligkeit
- Mut
- Bestärkung des Abstinenzvorsatzes
- Suche nach Alternativen
- Unterbrechungsreaktionen
- Bewältigbarkeit

Abb. 11. Gedanken und Gefühle beim Rückfall- und Vorfallprozeß (in Anlehnung an Marlatt 1978b, 1985)

besinnen. Darauf aufbauend kann dann nach Alternativen gesucht werden, die mit der Fortsetzung des Alkoholkonsums unvereinbar sind.

Bezogen auf die affektive Verarbeitung des einmaligen Alkoholkonsums ist es erforderlich, sich auf seine eigenen Stärken zu besinnen und sein Selbstvertrauen zu stärken, indem man sich von der Bewältigbarkeit der Problemsituation überzeugt. Aus den aufgezeigten Bewältigungsversuchen läßt sich die positive Perspektive eines Vorfallprozesses ableiten, indem die Konsequenzen aus dem einmaligen Fehlverhalten gezogen werden, so daß sich ein Zustand der gefestigten Abstinenz ergibt. Man könnte also in Abgrenzung von der zuerst beschriebenen Person von einem „Vorfaller" sprechen, der mit einem verstärkten Selbstvertrauen und einer größeren Wachsamkeit ausgestattet in der Lage ist, zukünftige Risikosituationen besser zu meistern.

In der abschließenden Nachbesprechung muß dazu betont werden, daß die Kompetenzen zu einer konstruktiven Bewältigung von einmaligen Trinkepisoden bereits vor dem Eintreten möglicher Risikosituationen erworben, d.h. die dazu erforderlichen Alternativen eingeübt werden müssen. Dabei kann auf die aus der Rückfallforschung (Körkel & Lauer 1988, 1995) belegte Tatsache hingewiesen werden, daß zwar das Wiederauftreten des Trinkverhaltens nicht automatisch zu einem Rückfall führen muß, die Wahrscheinlichkeit für einen Rückfallprozeß jedoch größer als für den herausgearbeiteten Vorfallprozeß ist. Der beste Schutz gegen ein erneutes Abrutschen in eine längerfristige Suchtentwicklung besteht also in der Aufrechterhaltung einer abstinenten Lebensweise, d.h. im möglichst frühzeitigen Erkennen und Vermeiden von Risikosituationen. Aus der Häufigkeit von Rückfallerlebnissen bei Suchtmittelabhängigen ergibt sich jedoch auch, daß jeder Betroffene mit eigenen Rückfällen rechnen muß, so daß es wichtig ist, daß er über Kompetenzen verfügt, einen beginnenden Rückfallprozeß möglichst rasch unterbrechen zu können.

Tausendmal berührt ...

In dieser Gruppensitzung sollen die in dem allgemeinen Rückfallmodell genannten Vorboten eines Rückfalles, die auf eine Risikosituation hinführen, genauer verdeutlicht werden. Dabei wird das von Marlatt (1985) beschriebene Konzept des nichtbewußten, aber geplanten Rückfalls mit Hilfe der Analyse eines von einem Gruppenmitglied früher erlebten Rückfalls vermittelt.

Einleitend wird auf die von der Klaus-Lage-Band besungene Situation hingewiesen, wonach tausendmal nichts, jedoch in tausendundeiner Nacht sehr viel passieren kann, was dem von vielen Alkoholikern häufig berichteten Rückfall aus heiterem Himmel entspricht. Dabei handelt es sich um einen Rückfall, der aus einer Situation entsteht, die bereits wiederholt ohne Schwierigkeiten bewältigt worden ist, und für den es keine Erklärung zu geben scheint. Da zu Beginn der Sitzung von vielen Teilnehmern der „geplante Rückfall" mit einem absichtlich herbeigeführten Rückfall verwechselt wird, sollte zunächst ein fiktives Beispiel ausgewählt werden, um den Gruppenmitgliedern eine größere Distanz zu ermöglichen, so daß durch das Thema aktualisierte Abwehrprozesse vermindert werden können.

In Anlehnung an ein von Marlatt beschriebenes Beispiel, bei dem ein Glücksspieler sich auf einer Ausflugsfahrt einer bekannten amerikanischen Spielerstadt nähert, wird den Mitgliedern mitgeteilt, daß der Gruppenleiter die Geschichte eines Süchtigen erzählen wird, der sich Schritt für Schritt seiner Rückfallsituation nähert, wobei die Aufgabe der Gruppe darin besteht, herauszufinden, um welche Art von Sucht es sich handelt. Sobald ein Mitglied einen Verdacht hat, um welche Sucht es sich handelt, soll es „stopp" rufen, muß dann jedoch eine Begründung geben können, indem es den entsprechenden Rückfallprozeß zu Ende beschreibt. Die Geschichte beginnt damit, daß ein Mann seiner Frau an einem Sonntag aufgrund des schönen Wetters den Vorschlag macht, eine Autofahrt zu unternehmen. In der Folge werden dann die Etappen einer Autobahnfahrt geschildert, die um die Mittagszeit herum zur Autobahnabfahrt in Baden-Baden führt, bei der der Mann seiner Frau vorschlägt, die Autobahn zu verlassen, um ein nahes Restaurant zu suchen. In der Regel gelingt es dann einem Mitglied, bei dieser Annäherung an Baden-Baden zu unterbrechen und die richtige Erklärung abzugeben, daß es sich um einen Glücksspieler handelt, der, nachdem er seiner Frau einen Einkaufsbummel vorgeschlagen hat, unter einem Vorwand verschwindet und nicht wieder auftaucht, da er im Kasino sein ganzes Geld verspielt hat.

Den Gruppenmitgliedern wird dann anhand dieses Beispiels erläutert, daß ein nichtbewußter, jedoch geplanter Rückfall zwei wesentliche Merkmale aufweist. Zum einen muß der Abhängige sicherstellen, daß jede Entscheidung und Handlung, die ihn näher an seine Rückfallsituation heranführt, nachträglich zu rechtfertigen ist, und zum anderen muß er sich mit zunehmender Nähe zur Rückfallsituation der jeweils vorhandenen sozialen Kontrolle entziehen. Ein Rückfallprozeß zeichnet sich also nicht wie bei einem vorsätzlichen Rückfall, d.h. einer fehlenden Abstinenzmotivation, durch einen geradlinigen Weg aus, sondern durch ein kompliziertes Netz von Umwegen, in dem sich der Abhängige, ohne daß ihm dies bewußt ist, schrittweise der Rückfallsituation nähert.

Zur Auswahl eines Mitglieds der Gruppe, dessen Rückfall besprochen werden soll, werden die Teilnehmer zunächst in einer kurzen Runde aufgefordert, ein Rückfallerlebnis zu schildern, an welches sie sich erinnern können. Dabei taucht dann immer wieder auch ein sogenannter Rückfall aus heiterem Himmel auf, für den der Betroffene also keine Erklärung für seine Entstehung besitzt. Dieser eignet sich dann zu einer detaillierten Analyse. Die Gruppenmitglieder können dabei um einen mit Papier ausgelegten Tisch sitzen, auf den der Gruppenleiter das in der Abbildung 12 dargestellte, zunächst noch leere Netz von Verbindungslinien aufzeichnet, bei dem die Überschneidungen durch Punkte hervorgehoben sind. An dem einen Ende befindet sich der Ausgangspunkt, dessen zeitlicher Abstand von dem entgegengesetzten Zielpunkt durch das im Zentrum stehende Gruppenmitglied bestimmt wird. In der Regel handelt es sich um einen Zeitraum von mehreren Tagen oder Monaten. Zunächst wird noch einmal zur Abgrenzung von einem absichtlich herbeigeführten Rückfall eine gerade Linie vom Ausgangs- bis zum Zielpunkt gezogen, von dem der durch Umwege gekennzeichnete geplante Rückfall zu unterscheiden ist. Es wird dann ausgeführt, daß die besonders gekennzeichneten Überschneidungen Entscheidungspunkte darstellen, die entweder zu einer Annäherung oder Entfernung von der Rückfallsituation führen können. Da es sich bei dem geplanten Rückfall um einen nichtbewußten Prozeß handelt, wird angekündigt, daß es nicht möglich ist, alle Teilstrecken des Rückfalls zu rekonstruieren, so daß es genügt, wenn einzelne Teilabschnitte erinnert werden können.

Die eigentliche Rückfallanalyse beginnt mit der Schilderung des am Zielpunkt erfolgenden Alkoholkonsums durch das ausgewählte Gruppenmitglied. Ein Beispiel kann der Konsum eines Glases Sekt auf einem Betriebsfest sein, wobei von dem Gruppenmitglied als möglicher Startpunkt die ein halbes Jahr vorher erfolgte Entlassung aus einer stationären Entwöhnungsbehandlung gewählt wird. Die berichtende Person wird nun aufgefordert, solche Entscheidungen im Vorfeld des Rückfallereignisses zu erinnern, die den beiden Hauptmerkmalen des geplanten Rückfalls entsprechen, d.h. die, im nachhinein betrachtet, eine Rechtfertigung ermöglichen, indem sie scheinbar nichts mit dem späteren Rückfall zu tun haben und gleichzeitig zu einer zunehmenden Ausschaltung sozialer Kontrollen geführt, also die beteiligten Bezugspersonen irregeführt, unwissentlich zu Komplizen gemacht oder ausgeschlossen haben. An dieser Stelle ist in der Regel mit erheblichen Widerständen und Abwehrmechanismen auf Seiten des Klienten zu rechnen, da durch diese Aufforderung das bisherige Erklärungskonzept für seinen Rückfall, wonach er davon völlig überrascht worden ist, so daß er ja auch eigentlich keine Verantwortung dafür trägt, in Frage gestellt wird. Es kommt also im Laufe der Analyse immer wieder darauf an, dem Klienten zu vermitteln, daß ihm keine böse Absicht oder Leichtsinnigkeit unterstellt wird, sondern daß es sich um ganz normale Mechanismen handelt, die auch auf andere Alltagshandlungen zutref-

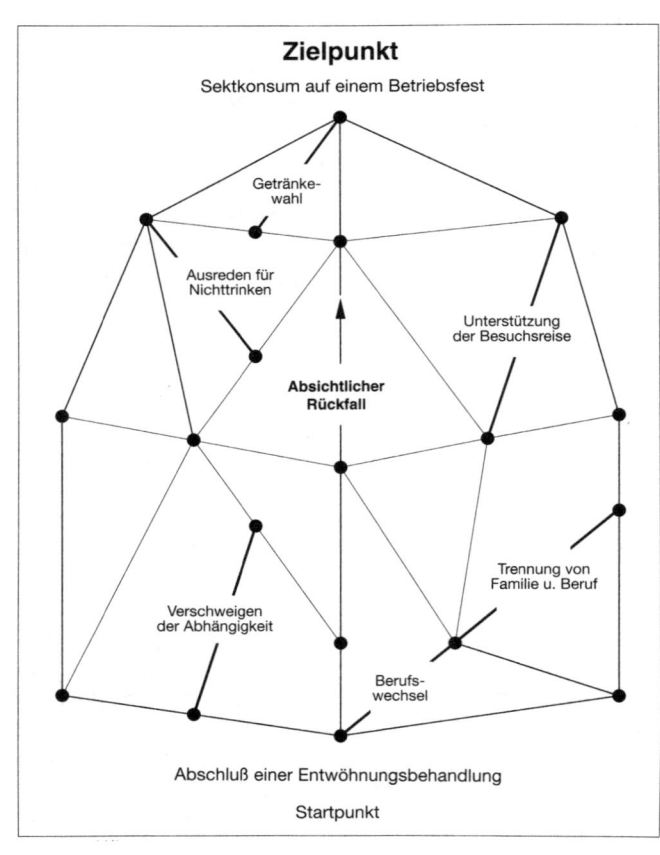

Abb. 12. Beispiel für einen geplanten Rückfall (in Anlehnung an Marlatt 1985b)

fen, bei denen es zu ähnlichen subjektiven Selbsttäuschungen kommt.

Im therapeutischen Ablauf lassen sich in der Regel jedoch zumindest einige der Zwischenschritte, die zu dem späteren Rückfall geführt haben, rekonstruieren. In dem dargestellten Beispiel ergibt diese schrittweise Bewußtmachung der Vorstufen des Rückfalls, daß der Klient während der Entwöhnungsbehandlung die Entscheidung getroffen hatte, seinen Beruf zu wechseln, was beinhaltete, daß er keinen Kontakt mehr zu seinen früheren Arbeitskollegen unterhielt, die über sein Alkoholproblem informiert waren. Die Selbstrechtfertigung bestand dabei darin, daß er seinen früheren Alkoholmißbrauch auf den aus seiner früheren Berufstätigkeit resultierenden Streß bezog. Während des Vorstellungsgesprächs hatte er seine Abhängigkeit verschwiegen, was er damit erklärt, daß er aufgrund der bestehenden Vorurteile gegenüber Alkoholikern keine Ablehnung riskieren wollte. In der Folge ist es ihm dann möglich gewesen, Trinkaufforderungen bei Geburtstagsfeiern zu widerstehen, wobei er jedoch als Begründung auf eine bestehende Erkrankung oder die Notwendigkeit, mit dem Auto nach Hause fahren zu müssen, ausweichen mußte. Die beiden letzten Entscheidungen stellen sicher, daß sein bestehendes Alkoholproblem in der neuen Umgebung nicht bekannt wurde. Parallel dazu hatte er im Sinne einer zweigleisigen Rückfallplanung dafür gesorgt, daß sein berufliches und familiäres Leben stark voneinander getrennt waren, wofür er als Erklärung hatte, daß er seine Frau nicht mit beruflichen Problemen belasten wollte. Im unmittelbaren Vorfeld des Rückfalls hatte er dann seine Frau bestärkt, eine längere Besuchsreise zu einer Freundin zu unternehmen, so daß er zum Rückfallzeitpunkt allein war und er die Überzeugung besaß, daß sich die Beziehung zu seiner Frau inzwischen wesentlich verbessert hatte, indem er sie, im Gegensatz zu seinem früheren Verhalten, stärker ihren Bedürfnissen nachgehen lassen konnte. Als letztes Bindeglied, welches unmittelbar in den Rückfall mündete, erinnert der Klient, daß er als ehemaliger starker Konsument hochprozentiger Getränke, nachdem er von einem Vorgesetzten aufgefordert worden war, doch wenigstens ein Glas mitzutrinken, sich ohne volles Bewußtsein der Tragweite seiner Handlung zu dem Kompromiß eines doch eher harmlosen Glases Orangensaft mit Sekt entschlossen hatte.

Als Abschluß dieser Gruppensitzung bietet sich an, anhand des vorgegebenen Wegeplanes eine präventive Strategie zur Rückfallverhinderung zu entwickeln. Dazu wird darauf hingewiesen, daß die Entscheidungspunkte auch als mögliche Warnsignale wahrgenommen werden können, die zu einer vom Rückfall wegführenden Alternativreaktion Anlaß geben sollten. Dazu ist es erforderlich, daß mehrere Rückfallerlebnisse im Einzelfall unter therapeutischer Anleitung und später allein analysiert werden, um diese individuellen Gefahrensignale zu erkennen. Dadurch kann bereits sehr früh in diesem Prozeß eine alternative Bewältigungsmöglichkeit ergriffen werden, da mit zunehmender Annäherung an den Zielpunkt es immer schwieriger wird, sich dem Ablauf zu entziehen, weil die nichtbewußten Rechtfertigungsmechanismen zur Selbsttäuschung führen. Analog zu dem Vorgehen bei der Rückfallanalyse können diese alternativen Entscheidungen mit den entsprechenden Wegstrecken als Wege, die zum Startpunkt zurückführen, eingezeichnet und benannt werden.

Risiko

In dieser Gruppensitzung soll der Begriff Risikosituation genauer definiert und die Teilnehmer mit besonders typischen Rückfallsituationen für Suchtmittelabhängige vertraut gemacht werden. Darüber hinaus soll jeder Gruppenteilnehmer zu einem Verständnis seiner individuellen Rückfallgefährdung gelangen.

Zu Beginn wird den Teilnehmern vermittelt, was man im Rahmen des Rückfallpräventionsmodells von Marlatt unter Risikosituation versteht. Danach lassen sich alle Erlebnisse, bei denen man anderen Personen, äußeren

Umweltereignissen oder inneren Erlebniszuständen hilflos gegenübersteht, als Risikosituationen für einen möglichen neuen Drogenkonsum auffassen. Inzwischen ist dazu bekannt (Marlatt & Gordon 1980), daß es eine begrenzte Anzahl suchtspezifischer Risikosituationen gibt, welche für verschiedene Formen der Abhängigkeit wie Alkoholismus, Drogenabhängigkeit, Glücksspielsucht und Eßstörungen Gültigkeit besitzen. Es handelt sich vor allem um negative Gefühlszustände, zwischenmenschliche Konflikte, Zustände eines inneren Verlangens nach dem Suchtmittel und sozialen Konformitätsdruck.

Nach dieser allgemeinen Einführung, bei der alle Teilnehmer bereits um einen großen runden Tisch herumsitzen, wird in dessen Mitte ein Tableau aus verschiedenfarbigen Karteikarten ausgelegt. Diese Anordnung weist drei Spalten auf, welche die übergeordneten Bereiche Körper, Person und Soziales betreffen. Weiterhin bestehen sechs Spalten, welche die abgestufte Gefährdung durch die Prozentzahlen 0, 20, 40, 60, 80 und 100 benennen. In dieses zweidimensionale Schema lassen sich achtzehn Karteikarten einordnen, auf denen die häufigsten Rückfallsituationen für die Mitspieler als Fragen formuliert sind. Diese Karten liegen zu Beginn für die Gruppenmitglieder verdeckt im inneren Bereich des Tableaus.

Bei den als Fragen formulierten Risikosituationen handelt es sich um die im Arbeitsblatt 8 formulierten häufigsten Risikosituationen, die nach bisherigen empirischen Untersuchungen die Rückfallgefährdung von Suchtmittelabhängigen bestimmen. Nach Marlatt und Gordon (1980, 1985) sind dies negative Gefühle aufgrund persönlicher Enttäuschungen oder Ärger über sich selbst; unangenehme Gefühlszustände wie Angst, Traurigkeit, Einsamkeit oder Langeweile; negative körperliche Empfindungen als Folge des Alkoholmißbrauchs wie innere Unruhe und andere Entzugserscheinungen; spezielle körperliche Mißempfindungen wie Kopfschmerzen, Krankheitsbeschwerden oder Schlaflosigkeit; positive Bedürfnisse nach Geselligkeit, Ungezwungenheit, Sicherheit, Stärke und Freiheit; Versuche, die eigenen Fähigkeiten und Grenzen auszuprobieren, insbesondere durch das „kontrollierte Trinken"; das innere Verlangen zum Alkoholkonsum oder Gedanken daran durch den direkten Kontakt mit dem Alkohol; das innere Verlangen und die Suche nach Möglichkeiten zum Alkoholkonsum, ohne daß ein erkennbarer Anlaß vorliegt; Ärger und Enttäuschungen aufgrund von Streitigkeiten mit anderen Personen, Eifersucht oder anderen Konflikten; unangenehme Gefühlszustände wie Furcht, Überlastung und Sorgen aufgrund von sozialen Umständen und Anforderungen; direkte Überredungsversuche und Verführungen zum Alkoholkonsum durch sozialen Druck; indirekter Anreiz zum Alkoholkonsum durch allgemeine Vorbilder oder die Beobachtung anderer Personen sowie als letztes der Wunsch nach positiver Stimmungsanregung und sozialer Anerkennung und Zugehörigkeit in geselligen Situationen.

Der Ablauf der Sitzung ergibt sich daraus, daß nach der Aufforderung, seine individuelle Rückfallgefährdung zu erforschen, ein Gruppenmitglied einen der drei Lebensbereiche Körper, Person oder Soziales auswählt und eine Risikostufe zwischen 0 und 100 wählt. Daraus ergibt sich die Auswahl einer der achtzehn Risikokarten, die von dem aktiven Gruppenmitglied aufgenommen und vorgelesen wird. So kann eine Frage aus dem Körperbereich lauten: „Was passiert bei Dir, wenn Du aus heiterem Himmel das Verlangen nach Alkohol verspürst und auf Suche gehst?". Eine mögliche Formulierung aus dem persönlichen Bereich wäre: „Wie geht es Dir, wenn Du über Dich enttäuscht bist, weil Dir etwas nicht gelungen ist?" Aus dem sozialen Bereich wäre eine mögliche Fragestellung: „Wie geht es Dir, wenn Du andere Personen oder Gruppen beobachtest, die Alkohol trinken?". Das Gruppenmitglied, welches eine entsprechende Karte gezogen hat, gibt zunächst aufgrund der vorgegebenen Frage eine kurze Schilderung eines entsprechenden Erlebnisses aus der letzten Zeit. Wenn dabei das Auftreten einer solchen Situation völlig negiert wird, sollte zunächst versuchsweise nachgefragt, jedoch auf keinen Fall darauf bestanden werden, eine entsprechende Episode schildern zu lassen. In diesem Fall kann ein anderes Gruppenmitglied, welches eine solche Situation bereits einmal erlebt hat, Stellung beziehen. Wenn das in Frage stehende persönliche Ereignis genauer in seinem Ablauf und situativen Kontext beschrieben ist, erfolgt durch das jeweilige Gruppenmitglied eine Beurteilung der eigenen Rückfallgefährdung bezogen auf diese Situation, indem auf eine der sechs möglichen Prozentstufen von 0 bis 100 zurückgegriffen wird. Daran anschließend wird die Karte offen auf seinen Platz innerhalb des Tableaus zurückgelegt.

Daran anschließend können sich andere Gruppenmitglieder zu Wort melden, indem sie wiederum zunächst persönliche Erlebnisse, bezogen auf die ausgewählte Risikosituation, berichten und dann zu ihrer jeweiligen quantitativen Rückfallgefährdung Stellung beziehen, wobei darauf hinzuweisen ist, daß eine jeweilige Risikosituation nur für einen Teil der Gruppenmitglieder besonders „heiß" ist, während andere Personen davon aktuell völlig „kalt" gelassen werden. Dieser Ablauf wird dann so lange fortgesetzt, bis alle achtzehn Risikokarten aufgedeckt sind, so daß alle für suchtspezifische Risikosituationen relevanten Erlebnisse, Gefühlszustände und äußeren Einflußmöglichkeiten durchgearbeitet werden.

Abschließend erhalten die Gruppenmitglieder das dargestellte Arbeitsblatt 8, auf welchem noch einmal das Risiko-Tableau dargestellt ist, in desen Zentrum die dreizehn häufigsten Rückfallsituationen formuliert sind.

Arbeitsblatt 8: Suchtspezifische Risikosituationen (in Anlehnung an Marlatt & Gordon 1980, 1985)

Körper	Person	Soziales
0	Enttäuschungen und Ärger über sich selbst Angst, Trauer, Einsamkeit und Langeweile	100
20	Entzugserscheinungen wie körperliche Unruhe Krankheit, Schmerzen und Schlaflosigkeit	80
40	Wunsch nach Ungezwungenheit und Sicherheit Ausprobieren durch „Kontrolliertes Trinken"	60
60	Verlangen durch direkten Kontakt mit Alkohol Ein Bedürfnis aus heiterem Himmel heraus	40
80	Streit und Konflikte mit anderen Personen Soziale Sorgen und berufliche Belastungen Direkte Überredungsversuche und Gruppendruck	20
100	Werbung und das Vorbild anderer Menschen Wunsch nach Anerkennung und Zugehörigkeit	0
Soziales	Person	Körper

Welche der beschriebenen Risikosituationen sind für Sie die gefährlichsten? Beschreiben Sie die Situationen, welche bei Ihnen zu einem Rückfall führen können, etwas genauer!

Situation 1: _____

_____

_____

Situation 2: _____

_____

_____

Situation 3: _____

_____

_____

Dazu wird erläutert, daß es sich bei einem Rückfall nicht um eine Alles-oder-Nichts-Reaktion handelt, da die Rückfallgefährdung sowohl zwischen verschiedenen Personen als auch, bezogen auf unterschiedliche Zeiten in der Entwicklung einer Person, variieren kann. Es kommt also darauf an, daß jedes Gruppenmitglied seine typischen aktuellen Risikosituationen herausfindet und deren prozentuale Gefährlichkeit beurteilt. Dazu wird vereinbart, daß sich die Selbstbeurteilung auf die aktuelle Lebenssituation außerhalb des Behandlungsrahmens beziehen soll, und es wird festgestellt, daß bei jedem Mitglied zwischen ein und drei Risikosituationen als „heiß" zu vermuten sind, die also eine Risikogefährdung von über 50% aufweisen. Diese bis zu drei Situationen können in dem vorgegebenen Arbeitsblatt in ihrem Ablauf kurz beschrieben werden, wobei nach dem üblichen verhaltensanalytischem Vorgehen der Ort, die Zeit, die durchgeführte Handlung und anwesende Personen und situative Bedingungen charakterisiert werden sollen.

In der gemeinsamen Besprechung der so beschriebenen Rückfallsituationen sollte versucht werden, die Tendenz zu bearbeiten, daß sich einzelne Gruppenmitglieder entweder gar nicht für rückfallgefährdet erachten, so daß sie nicht in der Lage sind, sich für aktuelle relevante Risikosituationen zu entscheiden oder daß in der Beurteilung der quantitativen Rückfallgefährdung entweder Bagatellisierungs- oder Aggravationstendenzen auftreten. Beide Problematiken wurzeln in tieferliegenden kognitiven Verzerrungsmustern und damit zusammenhängenden Abwehrmechanismen, die verhindern, daß eine konkrete Beschreibung und Beurteilung der aktuellen Rückfallgefährdung erfolgt. In diesem Zusammenhang kann dann noch darauf hingewiesen werden, daß sich sowohl die Art der Risikosituation als auch deren Gefährlichkeit im Laufe der Zeit rasch verändern kann, so daß diese Selbstbeurteilung immer wieder neu wiederholt werden muß, um zu einer dauerhaft erfolgreichen Rückfallbewältigung zu gelangen.

Notfälle

In dieser Gruppenstunde geht es um die Bewältigung von Rückfällen. Dabei sollen nicht die von Marlatt (1985b) beschriebenen Reaktionen zur Verhinderung eines vollen Rückfalls nach einem erneuten Alkoholkonsum, sondern die notfallmäßige kurzfristige Verhinderung eines Rückfalls in Risikosituationen, für die noch nicht ausreichende Bewältigungskompetenzen vorliegen, erarbeitet werden.

Die Gruppenmitglieder sind wieder um einen großen runden Tisch angeordnet und sammeln Vorschläge zur Verhinderung eines erneuten Alkoholkonsums in der allerletzten Minute, d.h., wenn der Rückfallprozeß bereits so fortgeschritten ist, daß der Alkoholiker sich in einer Situation befindet, in welcher kaum noch eine Chance für eine Alternative zum erneuten Alkoholkonsum besteht. Dabei gelten die Regeln des Brainstormings, d.h. es kommt auf die Sammlung möglichst vieler Vorschläge an, die möglichst auch ausgefallen sein sollten und für die zunächst jede Kritik untersagt ist. Jeder Vorschlag wird also aufgegriffen und von dem betreffenden Gruppenmitglied auf eine Karteikarte notiert, die zusammen mit den anderen Vorschlägen in der Mitte des Tisches angehäuft werden.

Nachdem eine große Anzahl von Vorschlägen zusammengekommen ist, wird die Aufgabe gestellt, diese vielen Vorschläge nach Ähnlichkeit in eine geringe Anzahl von Untergruppen einzuteilen, die übergeordnete Problemlösungsmöglichkeiten darstellen. Zu diesem Zweck wird unter Hinweis auf sportliche Wettbewerbsspiele die Unterscheidung zwischen Taktik als kurzfristig geschickter Reaktion auf eine aktuelle Situation und Strategie als einer auf ein langfristiges Ziel ausgerichteter Handlung unterschieden. Dabei werden die auf den Karteikarten enthaltenen Vorschläge als Taktiken und die zu suchenden übergeordneten Bewältigungsversuche als Strategien qualifiziert. In der Regel ergeben sich in einem solchen Brainstorming, ohne daß dies vom Gruppenleiter stärker gesteuert werden muß, die fünf von Litman et al. (1984) gefundenen Bewältigungsstrategien. Die Autoren hatten auf dem Hintergrund der Selbstwirksamkeitstheorie von Bandura (1977, 1986) die Beziehung zwischen vorhandenem Bewältigungsrepertoire für spezifische Rückfallsituationen und dem über das Abstinenzkriterium definierten Behandlungserfolg untersucht. Anhand der Faktorenanalyse eines dazu entwickelten Fragebogens, der vom Autor (1989b, 1993c) als „Fragebogen zur Bewältigung von Alkoholproblemen" ins Deutsche übertragen wurde, ließen sich verschiedene übergeordnete Rückfallpräventionsstrategien unterscheiden. Dabei handelt es sich sowohl um gedankliche als auch verhaltensmäßige Reaktionen, die Alkoholikern geholfen haben, eine abstinente Lebensweise aufrechtzuerhalten.

Zunächst lassen sich einige der gesammelten Taktiken in die von Litman et al. gefundene Strategie der Vermeidung und Ablenkung einordnen. Als Vermeidungstaktiken können all diejenigen Verhaltensweisen angesprochen werden, mit denen der Betroffene bestimmte Orte, Personen oder Handlungen meidet, die aufgrund seiner individuellen Vorgeschichte eng mit seinen Trinkgewohnheiten verbunden sind. Als Ablenkungsmethoden können solche Verhaltensweisen angesprochen werden, die mit einer so intensiven körperlichen oder geistigen Anregung verbunden sind, daß sie zu einer raschen Aufmerksamkeitsverschiebung von einem drogenbezogenen Denken oder Verlangen auf andere Lebensbereiche führen. Als zwei kognitive Rückfallpräventionsstrategien lassen sich das positive und

Arbeitsblatt 9: Rückfallverhinderungsreaktionen (in Anlehnung an Litman et al. 1984)

Was könnte Ihnen kurzfristig helfen, wenn Sie in Gefahr sind, mit dem Trinken wieder anzufangen? Geben Sie bitte zu den verschiedenen Möglichkeiten an, welche Gedanken und Handlungen für Sie persönlich am hilfreichsten wären!

Vermeidung

Gehe nicht aus dem Haus – Es geht schnell vorüber
Suche keine Trinkfreunde – Vermeide bestimmte Orte

_____

_____

Ablenkung

Kauf Dir etwas Schönes – Es wird Dir bald besser gehen
Geh spazieren oder arbeite – Komm auf neue Gedanken

_____

_____

Positives Denken

Dein Leben ist angenehm – Trinken lohnt sich nicht
Der Alltag hat Probleme – Du kannst sie bewältigen

_____

_____

Negatives Denken

Du hast manches zerstört – Behalte Deine Vorsätze bei
Du hast viele enttäuscht – Denk an Deine Versprechen

_____

_____

Soziale Unterstützung

Geht es Dir schlecht – Ruf einen guten Freund an
Halte Dich an Nichttrinker – Besuche eine Gruppe

_____

_____

negative Denken unterscheiden. Zum positiven Denken gehören alle Gedanken, Gefühle und Selbstinstruktionen, die sich entweder mit den bereits vorhandenen angenehmen Aspekten der Abstinenz oder den damit verbundenen langfristig angestrebten Zielvorstellungen verbinden. Unter negativem Denken versteht man alle Gedanken, Gefühle und Selbstanweisungen, die sich auf die früher durch den Alkoholkonsum erlittenen oder durch einen erneuten Alkoholkonsum zu befürchtenden Konsequenzen richten. Als letzte übergeordnete Bewältigungsstrategie zur Verhinderung eines Rückfalls lassen sich all diejenigen Verhaltensweisen zusammenfassen, die darauf gerichtet sind, sich bei der Bewältigung seines Alkoholproblems der Hilfe anderer Menschen zu bedienen, d.h. sich soziale Unterstützung in der engeren sozialen Bezugsgruppe zu suchen und die Möglichkeiten des Laiensystems und professionellen Versorgungsangebots zu nutzen. Diese in der Regel mit der Gruppe erarbeiteten fünf Rückfallpräventionsstrategien sind in dem Arbeitsblatt 9 beispielhaft dargestellt. Je nach Gruppenverlauf können natürlich auch weniger oder mehr solcher Strategien unterschieden werden, wobei sich jedoch die fünf genannten Bewältigungsformen als typisches Ergebnis eines Gruppengesprächs mit Betroffenen finden, da die Ergebnisse von Litman et al. ebenfalls auf der Befragung von Alkoholikern basieren.

In einem zweiten Schritt können die Vor- und Nachteile der herausgearbeiteten Rückfallpräventionsstrategien herausgearbeitet werden. Dabei kann, bezogen auf die Vermeidungs- und Ablenkungsstrategie, darauf hingewiesen werden, daß die damit verbundenen Vorgehensweisen zwar in der Regel sehr rasch zur Bewältigung des Alkoholverlangens führen können, dafür aber nur kurzfristig hilfreich sind, da entsprechende Rückfallgedanken und -gefühle immer wiederkehren, solange keine allgemeine Bewältigungskompetenz für die zugrundeliegende Risikosituation vorliegt. Die beiden kognitiven Bewältigungsstrategien des positiven und negativen Denkens haben den Vorteil, daß es sich um effektive Selbstkontrollmethoden handelt, mit denen erwünschte Verhaltensalternativen zum als negativ bewerteten Alkoholkonsum gefördert werden können. Dieses Vorgehen erfordert jedoch im Vorfeld eine ausreichende Übung, d.h., nur beim wiederholten Einprägen und Anwenden solcher Gedanken besteht die Möglichkeit, daß sie in einer aktuellen Risikosituation auch verfügbar sind. Die Strategie der Suche nach sozialer Unterstützung ist die langfristig am weitesten führende Rückfallpräventionsstrategie, da sie über die spezifische Bewältigung einer Risikosituation hinaus verschiedenste allgemeine Kompetenzen fördert, die auf Dauer das Rückfallrisiko vermindern. Das Problem besteht dabei jedoch darin, daß entsprechende Ressourcen, vor allem ein ausgebautes soziales Stützsystem, zunächst erst einmal aufgebaut werden müssen.

Aus dem Dialog über die Vor- und Nachteile von Rückfallpräventionsstrategien ergibt sich als Konsequenz, daß zu Beginn des Bewältigungsprozesses zunächst die behavioralen Strategien dominieren werden, um das immer wieder auftretende Verlangen nach Alkohol zu beherrschen, daß daran anschließend durch die Erfahrung der abstinenten Lebensweise die kognitiven Strategien zunehmend an Bedeutung gewinnen können und langfristig eine Sicherung der abstinenten Lebensweise durch Nutzung des sozialen Stützsystems erfolgen kann.

Abschließend erhalten die Gruppenmitglieder das beschriebene Arbeitsblatt, in welches sie unter Vorgabe von Beispielen diejenigen Reaktionen notieren sollen, die ihnen für die jeweilige Strategie zur Verfügung stehen. In der gemeinsamen Besprechung ist darauf zu achten, daß möglichst konkrete und individuelle Bewältigungstaktiken gesammelt werden, die der Lebenssituation des Betroffenen entsprechen, bzw. in sein Bewältigungsrepertoire integrierbar sind.

R. Rückfall und E. Eisern

In dieser abschließenden Gruppensitzung soll den Teilnehmern die Möglichkeit gegeben werden, ihr allgemeines Rückfallrisiko, welches sich aus ihrer psychosozialen Lebenssituation ergibt, einschätzen zu können. Dabei wird auf die empirischen Ergebnisse der Forschung zur Rückfallprognose zurückgegriffen (Wieser 1966; Küfner et al. 1986; Bechert et al. 1989; Finney & Moos 1992; Körkel & Lauer 1995). Es werden einzelne Ergebnisse, die therapeutisch relevant erscheinen, besonders hervorgehoben, wobei etwas in den Hintergrund gerät, daß nach den bisherigen empirischen Untersuchungen die abstinente Lebensweise weniger von persönlichen als vielmehr sozialen Bedingungen abhängt und für Frauen und Männer ein unterschiedliches Bedingungsgefüge zu gelten scheint.

Das Gruppengespräch beginnt mit der Aufgabenstellung, sich zwei fiktive Personen mit extrem unterschiedlicher Rückfallgefährdung vorzustellen, d.h. eine Person (R. Rückfall), die aufgrund ihrer persönlichen und sozialen Merkmale und Verhaltensweisen als extrem rückfallgefährdet einzustufen ist, und eine Person (E. Eisern), die aufgrund entsprechend gegenteiliger Merkmale und Verhaltensweisen eine extrem hohe Chance hat, dauerhaft abstinent zu bleiben.

Dabei soll es sich um statistische Persönlichkeiten handeln, d.h. daß die jeweiligen Merkmale sich aus Untersuchungen an vielen tausenden Suchtkranken ergeben haben. Das Vorgehen bestand darin, all diejenigen Merkmale und Besonderheiten zu erfassen, die es erlauben, Personen, die auf längere Sicht nach

R. Rückfall

Äußere Merkmale:
geringes oder erhöhtes Lebensalter

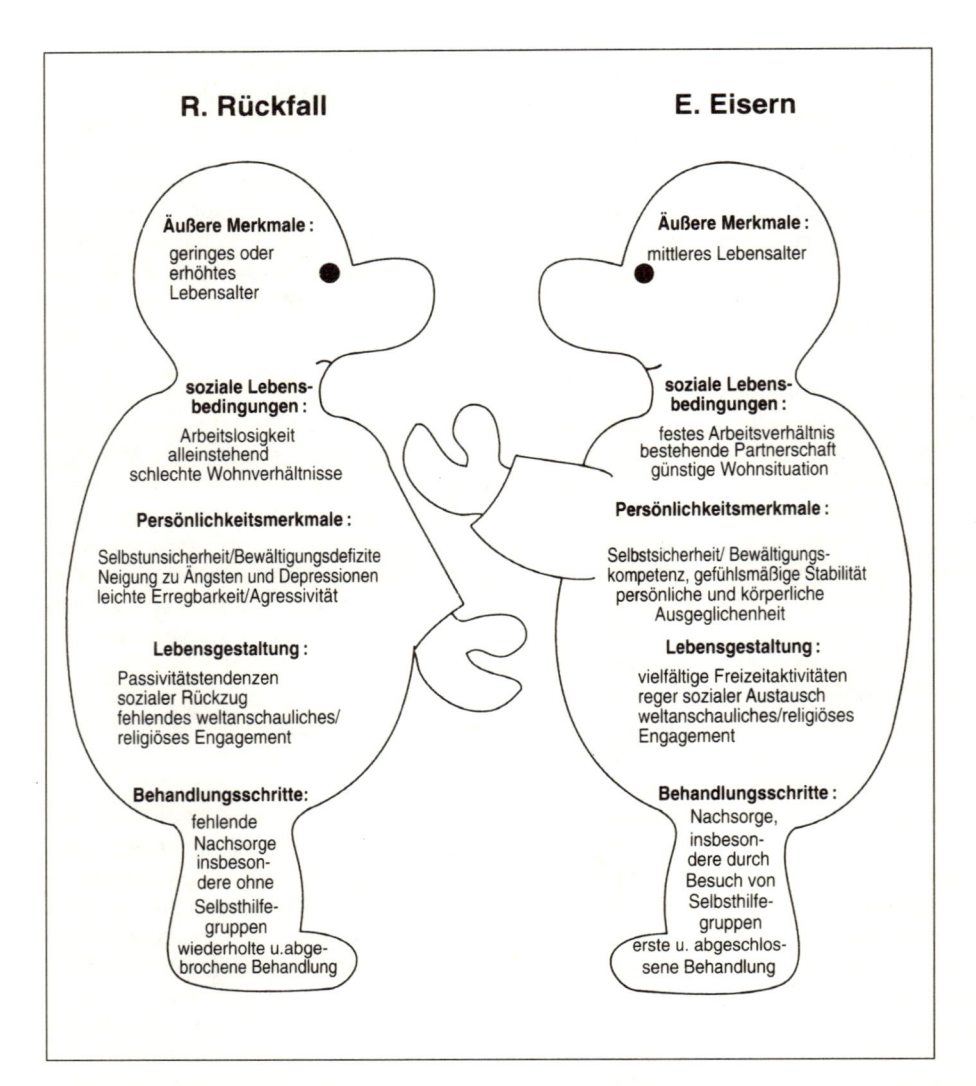

soziale Lebensbedingungen:
Arbeitslosigkeit
alleinstehend
schlechte Wohnverhältnisse

Persönlichkeitsmerkmale:
Selbstunsicherheit/Bewältigungsdefizite
Neigung zu Ängsten und Depressionen
leichte Erregbarkeit/Agressivität

Lebensgestaltung:
Passivitätstendenzen
sozialer Rückzug
fehlendes weltanschauliches/religiöses Engagement

Behandlungsschritte:
fehlende Nachsorge insbesondere ohne Selbsthilfegruppen
wiederholte u. abgebrochene Behandlung

E. Eisern

Äußere Merkmale:
mittleres Lebensalter

soziale Lebensbedingungen:
festes Arbeitsverhältnis
bestehende Partnerschaft
günstige Wohnsituation

Persönlichkeitsmerkmale:
Selbstsicherheit/Bewältigungskompetenz, gefühlsmäßige Stabilität
persönliche und körperliche Ausgeglichenheit

Lebensgestaltung:
vielfältige Freizeitaktivitäten
reger sozialer Austausch
weltanschauliches/religiöses Engagement

Behandlungsschritte:
Nachsorge, insbesondere durch Besuch von Selbsthilfegruppen
erste u. abgeschlossene Behandlung

Abb. 13. Statistische Merkmale von zwei Personen mit hoher versus niedriger Rückfallgefährdung

Abschluß von Behandlungen abstinent geblieben sind oder rückfällig wurden, zu unterscheiden. Zum Verständnis solcher statistisch gefundener Merkmale wird auf das Problem hingewiesen, daß statistische Aussagen nur für Gruppen Gültigkeit haben, so daß, bezogen auf den Einzelfall, nur eine Wahrscheinlichkeitsaussage möglich ist. Um dies zu erläutern, wird die Information gegeben, daß nach bisherigen Untersuchungen behandelte Suchtkranke eine 50%ige Chance haben, auf Dauer abstinent zu bleiben. Dies bedeutet im Vergleich zu anderen chronischen Erkrankungen, daß die Entwöhnungsbehandlung eine relativ gute Erfolgsaussicht hat. Im Einzelfall handelt es sich jedoch um ein Entweder-Oder-Ereignis, d.h., daß der individuelle Suchtkranke nach einer Behandlung entweder rückfällig wird oder es schafft, dauerhaft abstinent zu leben.

Diese Aussage wird dann direkt auf die Gruppe bezogen, indem nach der Rückfallwahrscheinlichkeit für die gesamte Gruppe gefragt wird, woraus sich zunächst der einfache Schluß ergibt, daß die Hälfte der Gruppenmitglieder zu den erfolgreich behandelten gehören wird und die andere Hälfte erneut mit größeren Problemen, die sich aus ihrer zu erwartenden Rückfälligkeit ergeben, zu rechnen hat. Die anschließende Frage, wer sich von den Gruppenmitgliedern zu welcher dieser beiden Gruppen zählt, löst dann eine therapeutisch sehr interessante Reaktion aus, indem die Tendenz besteht, daß die eigene Rückfallgefährdung spontan auf andere Gruppenmitglieder oder nicht zur Gruppe gehörige Alkoholiker projiziert wird, d.h., die Gruppe für sich ein anderes statistisches Risiko in Anspruch nimmt, als das den vorliegenden Untersuchungsergebnissen und der klinischen Erfahrung entspricht. Die Gruppe wird auf diesen Widerspruch hingewiesen, und es wird vereinbart, daß zunächst einmal gemeinsam alle für die Rückfallgefährdung bedeutsamen Merkmale erarbeitet werden sollen, so daß sich am Ende jedes Gruppenmitglied eine realistische, d.h. auf seine persönliche Ausgangslage bezogene Rückfallgefährdung bewußt machen kann.

Das weitere Vorgehen wird dadurch strukturiert, daß sich die Gruppe in einem Halbkreis vor eine Wand des Gruppenraumes setzt, auf der mit einer Papiergrundlage zwei sich gegenüberstehende Personenumrisse aufgezeichnet werden. In der Folge werden dann die in der Abbildung 13 dargestellten gegensätzlichen Merkmale der mit R. Rückfall und E. Eisern bezeichneten Personen notiert.

Zunächst wird die Gruppe nach möglichen äußeren Merkmalen gefragt, die nach ihrem Verständnis mit der Rückfallgefährdung in Beziehung stehen könnten. Dabei kann es sein, daß Geschlechterunterschiede vermutet werden, wobei häufig von einer größeren Rückfallgefährdung bei Frauen ausgegangen wird. Diese teilweise auch in der wissenschaftlichen Literatur vertretene Ansicht besitzt jedoch nach derzeitigem Kenntnisstand keine Gültigkeit (Küfner et al. 1986). Als ein sehr bedeutsames Merkmal hat sich jedoch das Lebensalter erwiesen, indem bei einem mittleren Lebensalter eine größere Chance für eine abstinente Lebensweise besteht als bei noch sehr jungen oder im Alter weit fortgeschrittenen Alkoholikern. Dies kann in der Regel von den Gruppenmitgliedern auch sehr gut nachempfunden werden, indem sie argumentieren, daß jüngere Menschen noch über keine ausreichende Lebenserfahrung verfügen oder auch noch einen zu starken Erlebnishunger aufweisen, so daß sie noch nicht zu einer dauerhaften abstinenten Lebensweise finden. Bezogen auf ein erhöhtes Lebensalter ist einsehbar, daß dann bereits stärkere persönliche, z.B. hirnorganische, Schädigungen vorliegen und eine aus der Suchtentwicklung entstandene schlechte soziale Lebenssituation, so daß die persönlichen Fähigkeiten und sozialen Hilfsmöglichkeiten zur Überwindung der Suchtproblematik eingeschränkt sind. Dieser Abschnitt der Gruppendiskussion wird beendet, indem in die beiden Köpfe der fiktiven Personen unter der Rubrik „äußere Merkmale" das prognostisch günstige mittlere Lebensalter und das prognostisch ungünstige niedrige und erhöhte Lebensalter eingetragen wird.

Im nächsten Gesprächsabschnitt wird in die Figurenumrisse als Überschrift die soziale Lebenssituation aufgenommen. Dabei sind die bestehenden Ansichten in der Regel wenig kontrovers und es wird rasch festgestellt, daß Personen, die z.B. arbeitslos oder alleinstehend sind und schlechte Wohnverhältnisse haben, rückfallgefährdeter sind als Personen mit einem festen Arbeitsverhältnis, einer bestehenden Partnerschaft und einer günstigen Wohnsituation.

Die nächste Bedingungsgruppe zur Vorhersage der Rückfälligkeit bezieht sich auf Persönlichkeitsmerkmale. Dabei kann herausgearbeitet werden, daß Personen, die sich durch eine große Selbstunsicherheit oder geringe Bewältigungskompetenzen ausweisen, die Neigungen zu negativen Gefühlen wie Ängsten und Depressionen aufweisen sowie Personen, die leicht erregbar und aggressiv sind, eine größere Rückfallgefährdung aufweisen. Die spiegelbildlich definierte Person mit guten Behandlungsaussichten zeichnet sich entsprechend durch eine größere Selbstsicherheit, verbunden mit guten Bewältigungskompetenzen, eine gefühlsmäßige Stabilität und eine persönliche und körperliche Ausgeglichenheit aus.

Als nächstes wird darauf hingewiesen, daß die Art der Lebensgestaltung von wesentlichem Einfluß auf die Bewältigung der Suchtproblematik ist. Dabei kann auf das Konzept der positiven Abhängigkeiten hingewiesen werden, d.h., die empirisch gefundene Tatsache, daß langfristig abstinent lebende Alkoholiker eine persönliche und sozial aktive Lebensgestaltung aufweisen, indem sie sich Ersatzaktivitäten über Hobbys, soziales Engagement oder weltanschaulich-religiöse Orientierungen schaffen, während rückfällige Alkoholiker eine eher passive und sozial zurückgezogene Lebensform aufweisen.

Als letztes wird auf die Bedeutung von Behandlungsfaktoren hingewiesen. In diesem Bereich besteht häufig eine erhebliche Abwehr gegen die jedoch empirisch abgesicherte Tatsache, daß der Behandlungserfolg wesentlich durch die anschließende Nachsorge, vor allem durch den Besuch von Selbsthilfegruppen, gefördert werden kann. Dabei besteht die paradoxe Situation, daß diejenigen, die aufgrund ihrer erhöhten Rückfallgefährdung besonders auf eine Nachbetreuung angewiesen wären, eine erniedrigte Tendenz zum Besuch von Selbsthilfegruppen aufweisen. Hieraus ergibt sich dann in der Regel eine ausführlichere Diskussion über die Notwendigkeit der ambulanten Weiterbehandlung und die bestehenden Vorbehalte gegen eine längerfristige Fortsetzung der in der Therapie begonnenen Arbeit an der eigenen Suchtproblematik. Es kann dann noch darauf hingewiesen werden, daß mit der Anzahl der Behandlungsversuche, insbesondere auch von Behandlungsabbrüchen, eine erhöhte Rückfallgefährdung verbunden ist.

Abschließend werden die Gruppenmitglieder aufgefordert, sich eine objektiveres Urteil über ihre individuelle Rückfallgefährdung zu bilden, indem sie sich über die für sie persönlich zutreffenden rückfallfördernden und rückfallschützenden Merkmale Rechenschaft ablegen. Dabei sollte darauf hingewiesen werden, daß es einige Bedingungen gibt, die gar nicht oder nur langfristig veränderbar sind, wie das eigene Lebensalter und soziale Bedingungen wie Arbeitslosigkeit oder persönliche Merkmale wie Selbstsicherheit. Gleichzeitig kann jedoch betont werden, daß eine bestehende erhöhte Rückfallgefährdung dadurch kompensiert werden kann, daß zum einen das gut ausgebaute ambulante Behandlungssystem genutzt wird und zum anderen bereits in der Behandlung begonnene Ansätze zu einer aktiveren persönlichen und sozialen Lebensgestaltung in der realen Lebensumgebung fortgesetzt werden können.

6. Evaluation von Maßnahmen zur Behandlungsmotivierung

Bisher liegen nur sehr wenige Versuche vor, die Effektivität therapeutischer Maßnahmen zur Behandlungsmotivierung zu erfassen, da diese Problematik erst in den achtziger Jahren ein größeres Interesse gefunden hat. Dabei finden sich einige Untersuchungen (Luderer & Böcker 1983; Luderer et al. 1986; Brenk-Schulte & Pfeiffer 1987; Talmon-Gros et al. 1989; Schwoon et al. 1989; Stetter et al. 1995; Veltrup 1995), die sich zwar mit den Auswirkungen von Motivierungsprogrammen bei Alkoholikern beschäftigen, aufgrund ihres empirischen Untersuchungsplans jedoch kaum Schlußfolgerungen über die Effektivität solcher Programme erlauben. In der Folge sollen deswegen nur Untersuchungen referiert werden, die einem quasi-experimentellen Kontrollgruppenplan entsprechen und sich nicht nur auf therapeutische Einzelmaßnahmen beziehen.

6.1 Bisherige empirische Untersuchungen

Der erste Versuch zur Erfassung der Effektivität von therapeutischen Motivierungsmaßnahmen bei Alkoholikern wurde von Chafetz et al. (1962) unternommen. Dabei wurden im Sinne eines Kontrollgruppenplans jeweils 100 in einer allgemeinmedizinischen Notfallambulanz aufgenommene Alkoholiker einer therapeutischen Experimentalgruppe oder einer Kontrollgruppe zugewiesen. Die Untersuchungsstichprobe bestand aus Männern, die mehrheitlich Mitglieder sozialer Randgruppen waren. Die durchgeführte Behandlungsmotivierung bestand darin, daß sich ein Psychiater und ein Sozialarbeiter in intensiven Kontakten um die persönlichen und sozialen Belange der Experimentalgruppenmitglieder kümmerten, während für die Mitglieder der Kontrollgruppe nur die allgemeinmedizinische Betreuung bestand. Die sich über ein Jahr erstreckende Nachkontrolle wurde mittels Interviews der Patienten und ihrer sozialen Bezugspersonen durchgeführt. Als Ergebnis zeigte sich, daß von den motivationsbehandelten Patienten 65% und von den Mitgliedern der Kontrollgruppe lediglich 5,4% zumindest einmal in die Klinik zurückkehrten. Auch bezogen auf die Aufnahme einer ambulanten Behandlung von mindestens fünf Gesprächskontakten zeigte die Experimentalgruppe mit 42% eine wesentlich höhere Beteiligung als dies mit 1,1% bei der Kontrollgruppe der Fall war. Einschränkend zu diesem erstaunlich hohen Effekt bleibt festzustellen, daß die Behandlung von Alkoholikern aus sozialen Randgruppen in einer allgemeinmedizinischen Notfallambulanz zu Beginn der sechziger Jahre möglicherweise durch eine so starke Ablehnung und Diskriminierung gekennzeichnet war, daß es sich nicht um eine neutrale Kontrollbedingung gehandelt hat, so daß der erzielte Effekt weniger durch die Motivierungsmaßnahme als solche, sondern das persönliche Engagement der Untersucher bedingt war.

Eine weitere, jedoch wesentlich später erfolgte Untersuchung wurde von Fishbein et al. (1980) in einer Alkoholikerklinik durchgeführt. Dabei wurden die Patienten einige Tage nach der Entgiftung zufällig drei experimentellen Bedingungen und einer Kontrollgruppe zugewiesen. Die experimentelle Bedingung bestand aus einer zehnminütigen Kommunikation, die sich auf die Förderung der Teilnahme an einer unmittelbar anschließenden mehrwöchigen stationären Therapie bezog. Dabei wurde ein sogenannter traditioneller Appell, der sich an der klassischen Einstellungsforschung orientierte, durchgeführt, bei dem eine kausale Verknüpfung zwischen der Fortsetzung des Trinkverhaltens und der damit verbundenen negativen Konsequenzen (körperliche Schädigung, Verschlechterung der familiären Beziehungen, Probleme am Arbeitsplatz usw.) hergestellt wurde. Als Alternative, d.h. eine auf die Einstellungstheorie der Autoren bezogene Kommunikation, wurde ein sogenannter negativer und positiver Appell an die jeweilige Motivierungsgruppe gerichtet. Bei dem negativen Appell wurde eine kausale Verknüpfung zwischen einer nicht erfolgten Aufnahme des angebotenen Therapieprogramms mit den inhaltlich selben negativen Konsequenzen wie beim klassischen Appell hergestellt. Bei dem positiven Appell wurde eine kausale Verbindung zwischen der Aufnahme der angebotenen Therapie mit den inhaltlich selben, jedoch spiegelbildlich positiven Konsequenzen (Verbesserung des Gesundheitszustandes, der familiären Beziehungen, der Situation am Arbeitsplatz usw.) geknüpft.

Bezogen auf den erzielten Einstellungswandel zeigte sich beim positiven und negativen Appell eine Stärkung der Ansicht, daß die Behandlungsaufnahme positive

Konsequenzen und die nicht erfolgte Aufnahme negative Konsequenzen haben würde, wobei der negative Appell einen signifikant größeren Effekt erzielte. Der traditionelle Appell führte zu einem „Bumerang-Effekt", d.h. zum Gegenteil der durch die Kommunikation beabsichtigten Einstellungsänderung. Bezogen auf die reale Behandlungsaufnahme zeigte sich wiederum beim traditionellen Appell der geringste Effekt, indem nur 5% mehr entgegen ihrer ursprünglichen Absicht eine Behandlung aufnahmen, was keinem signifikanten Unterschied zur Kontrollgruppe entsprach. Der positive Appell führte dagegen zu 20% und der negative Appell zu 30% Zuwachs in der Behandlungsaufnahme. Zusätzlich nahmen bei dem traditionellen Appell 50% weniger als ursprünglich beabsichtigt eine Behandlung auf, d.h., daß sich auch im behavioralen Bereich ein gegensinniger Effekt der Kommunikation zeigte, da sich bei der Kontrollgruppe mit 5% nur eine vergleichsweise geringe Abnahme zeigte. Einschränkend zu der Untersuchung ist festzustellen, daß es sich bei der Untersuchungsstichprobe um eine bereits sehr motivierte Gruppe handelte, da bereits 50% vor Beginn der Maßnahme eine eindeutige Behandlungsabsicht hatten und daß die Behandlung sofort aufgenommen werden konnte, so daß keine Hindernisse bestanden, die zu einem Motivationsabfall hätten führen können.

Im deutschsprachigen Raum liegt bisher nur eine Untersuchung (Pfeiffer 1989) vor, die einem Kontrollgruppenplan entspricht. Bei der Untersuchungsstichprobe handelt es sich um 195 alkoholabhängige Klienten, die vorwiegend der Mittelschicht entstammten. Der Versuchsplan beinhaltete eine Zufallszuordnung zu vier Experimental- und einer Kontrollgruppe im Sinne eines 2 x 2-Versuchsplans, bei dem zwischen Einzel- versus Gruppenmotivierung und gesprächspsychotherapeutischem und kognitiv-verhaltenstherapeutischem Vorgehen unterschieden wurde. Die Kontrollgruppe war als Wartegruppe definiert, deren Mitglieder jedoch bereits nach drei Wochen ebenfalls zur Behandlungsmotivierung zugelassen wurden. Als abhängige Variable wurde die Behandlungsaktivität bis zu 30 Wochen nach Abschluß der Motivierungsmaßnahmen erfaßt. In dem varianzanalytischen Gruppenvergleich konnte die Kontrollgruppe dann jedoch nicht einbezogen werden, da sie in ihren Ausgangswerten einen wesentlich geringeren Leidensdruck als die Experimentalgruppen aufwies. Weiterhin mußte die Stichprobe auf 91 Klienten reduziert werden, da nur bei diesen eine ausreichende Compliance bezüglich der Teilnahme an dem ambulanten Motivierungsprogramm bestand. Obwohl sich kein statisch signifikanter Haupteffekt nachweisen ließ, zeigte sich die kognitiv-verhaltenstherapeutische Einzelmotivierung mit 87% Behandlungsaktiven gegenüber den drei übrigen Versuchsgruppen als überlegen, die sich mit jeweils ca. 62% aktiven Patienten kaum voneinander unterschieden.

6.2 Untersuchungen zu den dargestellten Motivierungsprogrammen

In einer Voruntersuchung (Petry 1985; Kampen & Petry 1987) wurde die Effektivität von drei Motivierungsprogrammen zur Informationsvermittlung, Verhaltensanalyse und Kognitiven Umstrukturierung in einem Kontrollgruppenplan untersucht. Dabei wurden 72 Alkoholiker, die sich in einem psychiatrischen Landeskrankenhaus in stationärer Behandlung befanden, nach Abschluß ihrer körperlichen Entgiftung zufällig den drei Motivierungsprogrammen und der Kontrollgruppe zugewiesen. Die durchgeführten Motivierungsprogramme wurden mit geschlossenen Gruppen über einen Zeitraum von zwei Wochen durchgeführt und entsprachen mit geringen Modifikationen dem im vorangehenden Kapitel beschriebenen Vorgehen. Die Mitglieder der Kontrollgruppe nahmen dabei an dem für alle Patienten durchgeführten üblichen Breitbandprogramm mit Einzel- und Gruppentherapie, Familiengesprächen, Beschäftigungstherapie, Sport und allgemeinmedizinischer und psychiatrischer Behandlung teil, so daß der zusätzliche Effekt der drei alternativen Motivierungsprogramme erfaßt werden konnte. Dazu wurde katamnestisch erfaßt, ob die Patienten im Anschluß an die befristete stationäre Behandlung eine in der Regel halbjährige stationäre Entwöhnungsbehandlung aufnahmen und ob sie diese auch regulär beendeten.

Dabei zeigte sich, wie aus der Tabelle 5 zu entnehmen ist, daß die durchgeführten Motivierungsprogramme einen erheblichen Einfluß auf das reale Behandlungsverhalten hatten, indem 44% der Programmteilnehmer gegenüber nur 28% der Kontrollgruppe eine stationäre Behandlung begannen und 30% der Teilnehmer der Motivierungsgruppen gegenüber nur 11% der Kontrollgruppe die begonnene Behandlung regulär beendeten. Dies basiert nicht nur auf einem motivationskonservierenden Effekt, sondern der Förderung einer zusätzlichen Behandlungsmotivation, da bei den Programmteilnehmern acht von 54 Patienten entgegen ihrer ursprünglichen Absicht eine Behandlung aufnahmen und nur zwei davon diese später abbrachen, während bei der Kontrollgruppe nur eine von 18 Personen zusätzlich für eine Behandlung gewonnen werden konnte, die sie dann später jedoch abbrach. Diesem positiven Einfluß auf die spätere Behandlungsaktivität entsprachen Veränderungen der zugrundeliegenden Einstellungen. So verbesserten die Programmteilnehmer im Vergleich zur Kontrollgruppe ihr Wissen über Alkoholismus, zeigten eine Verschiebung ihres implizit moralischen Krankheitskonzepts zu einem mehr medizinischen Alkoholismusmodell, bagatellisierten ihre Alkoholproblematik weniger, waren hinsichtlich ihrer persönlichen Zukunft optimistischer geworden und zeigten eine Verbesserung verschiedener Aspekte der Behandlungsmotivation.

Tabelle 5. Behandlungsaufnahme und -beendigung einer stationären Langzeittherapie im Vergleich zwischen den Teilnehmern von drei Motivierungsprogrammen mit einer Kontrollgruppe (aus Kampen & Petry 1987)*

Untersuchungsgruppe (N_G)	Langzeitbehandlung				entgegen der ursprünglichen Absicht ...							
	begonnen		abgeschlossen		begonnen		abgeschlossen		nicht begonnen		nicht abgeschlossen	
	N	%	N	%	N	%	N	%	N	%	N	%
Kontrollgruppe (N = 18)	5	28	2	11	1	6	0	0	5	28	7	39
Programmteilnehmer (N = 54)	24	44	16	30	8	15	6	11	3	6	9	17
Info.-Ver. (N = 18)	6	33	5	28	1	6	1	6	3	17	4	22
Verh. Analy. (N = 18)	8	44	6	33	6	33	4	22	0	0	1	6
Kogn. Umstr. (N = 18)	10	56	5	28	1	6	1	6	0	0	4	22

Trotz der spezifischen Wirksamkeit der drei unterschiedlichen Motivierungsprogramme, bezogen auf den angestrebten Einstellungswandel, wonach das Programm zur Informationsvermittlung vor allem zu einer Verbesserung des Wissens führte, das verhaltensdiagnostische Programm eine Verminderung der Hoffnungslosigkeit erzielte und die Kognitive Umstrukturierung vor allem eine Verminderung der Bagatellisierungstendenz erbrachte, fanden sich keine signifikanten Unterschiede zwischen den drei Motivierungsprogrammen, bezogen auf die Behandlungsaktivität.

In einer weiteren Untersuchung (Petry 1993, 1994) wurde ebenfalls an einer Stichprobe von in stationärer psychiatrischer Behandlung befindlichen Alkoholikern die in der Voruntersuchung nicht geklärte indikative Fragestellung nach einer möglichen Wechselwirkung zwischen Patientenmerkmalen und unterschiedlichen Motivationsstrategien genauer untersucht.

Dazu wurde zunächst nach einer empirischen Klassifikation der Untersuchungsstichprobe hinsichtlich der Behandlungsdisposition gesucht, d.h., bezogen auf ausgewählte kognitive Merkmale, welche die subjektive Auseinandersetzung mit der Suchtentwicklung wiederspiegeln sollten. Auf dem Hintergrund des Krankheitskonzeptes wurde als erstes Merkmal die Störungsstabilität, d.h. die subjektive Einschätzung über die Stabilität der eigenen Suchtentwicklung, definiert und mit Hilfe des Fragebogens zur „Beurteilung meiner Alkoholabhängigkeit" (siehe Anhang) erfaßt. Als zweite Variable wurde das implizite Krankheitskonzept, d.h. die subjektive Einschätzung der Suchtmittelabhängigkeit, als Resultat eines Krankheitsprozesses versus eines moralischen Verschuldens ausgewählt und mit Hilfe des „Einstellungsfragebogens zum Alkoholismus" (siehe Anhang) gemessen. Bezogen auf das Modell suchtspezifischer kognitiver Strukturen wurde die Bagatellisierung der eigenen Suchtproblematik mit Hilfe des Fragebogens zur „Beurteilung meines Alkoholkonsums" (siehe Anhang) erfaßt und als zweite Variable die generelle Lebenseinstellung der Hoffnungslosigkeit mit Hilfe der von Krampen (1979, 1994) erprobten Hoffnungslosigkeitsskala (siehe Anhang) erhoben. Hinsichtlich des Rückfallpräventionsmodells wurde die subjektiv wahrgenommene Rückfallgefährdung im Sinne einer suchtspezifischen Selbstwirksamkeit mit Hilfe des „Fragebogens zur Rückfallgefahr" (siehe Anhang) operationalisiert und als zweite Variable die Alkoholwirkungserwartungen, d.h. die antizipierten Auswirkungen des Alkoholkonsums mittels des „Fragebogens zur Alkoholwirkung" (siehe Anhang), einbezogen. Die theoretische Begründung und die empirischen Merkmale der ausgewählten Fragebogeninstrumente sind an anderer Stelle (Petry 1993) genauer beschrieben. Insgesamt haben sich dabei die ausgewählten Fragebogeninstrumente, bis auf die Skala zum impliziten Krankheitsmodell, als reliabel erwiesen und im Sinne der konvergenten und diskriminanten Validität ein stimmiges Bild ergeben.

Die anhand der sechs ausgewählten kognitiven Variablen durchgeführte Clusteranalyse nach dem Wardschen Verfahren ergab eine trennscharfe und interpretierbare Drei-Clusterlösung. Als größte Gruppe (N = 43) ließ sich ein in der Mitte zwischen den beiden anderen Untergruppen stehender Normaler Klinik-Typ identifizieren, dessen Mittelwerte ungefähr der Gesamtstichprobe entsprachen und, bezogen auf verschiedene Variablen, mit den in der Literatur beschriebenen Stichproben von in stationärer Entwöhnungsbehandlung

* Mit freundlicher Genehmigung des Hogrefe Verlages.

befindlichen Patienten übereinstimmten. Eine kleinere Untergruppe (N = 16) läßt sich als Integrierter Bagatellisierungs-Typ beschreiben, da sich die Mitglieder durch eine noch vorhandene soziale Integration auszeichnen und gleichzeitig eine große suchtspezifische (Bagatellisierung) und allgemeine (soziale Erwünschtheit) Verleugnungstendenz aufweisen. Entsprechend berichten die Mitglieder von einer geringen Störungsstabilität und subjektiven Rückfallgefährdung und weisen eine geringere Behandlungsabsicht und einen geringeren Leidensdruck auf. Dieser Subtyp entspricht der bereits von Funke (1990) und Klein (1992) als ähnlich beschriebenen Leugnergruppe. Die dritte Untergruppe (N = 25) läßt sich als Rock-Bottom-Typ charakterisieren, da die Mitglieder die geringste soziale Integration besitzen und eine geringe suchtspezifische allgemeine Verleugnungstendenz zeigen, so daß sie ihr Alkoholproblem als dauerhaft erleben, sich subjektiv rückfallgefährdet fühlen, eine hohe Behandlungsabsicht und einen ausgeprägten Leidensdruck aufweisen. Eine durchgeführte schrittweise Diskriminanzanalyse, welche durchgeführt wurde, um die Güte der Clusterlösung zu überprüfen, erbrachte eine hohe Reklassifikationsrate von 92,9%.

Im Sinne eines experimentellen Versuchsplans wurden die Klienten nach abgeschlossener Entgiftungsbehandlung zeitlich gestaffelt entsprechend ihrer Verlegung auf eine weiterführende Station zufällig drei ausgewählten Motivierungsprogrammen zugewiesen, so daß jeder Klient nur an einer Programmart teilgenommen hat. Die Überprüfung der vorgenommenen Randomisierung ergab keine Hinweise auf systematische Unterschiede zwischen den drei Behandlungsgruppen. Die ebenfalls über zwei Wochen durchgeführten Gruppenprogramme entsprachen annähernd den im vorangehenden Kapitel beschriebenen Programmen zur Informationsvermittlung, d.h. der Erarbeitung von Wissen über die Erkrankung Alkoholismus durch Veränderung der vorhandenen Gesundheitsüberzeugungen, dem Programm zur Kognitiven Umstrukturierung, d.h. der Bearbeitung vorhandener Abwehrmechanismen mittels Methoden der kognitiven Therapie und dem Programm zur Rückfallgefährdung, bei dem das Problembewußtsein für die subjektiv vorhandene Rückfallgefährdung gefördert wird.

Als abhängige Variablen wurden in Anlehnung an die bereits beschriebene kognitive Theorie zur Behandlungsmotivation von Krause (1966) vier Merkmale der Therapiemotivation ausgewählt und mit dem „Fragebogen zur Behandlungsbereitschaft" (siehe Anhang) erfaßt. Es handelte sich um den Leidensdruck als die antizipierten Auswirkungen auf die körperliche Funktionsfähigkeit, das persönliche Erleben und die soziale Lebenssituation bei Fortsetzen des eigenen Trinkverhaltens. Weiterhin den Hilfewunsch, d.h. die Bereitschaft, sich anderen gegenüber anzuvertrauen und zu öffnen, um Hilfe von außen in Anspruch nehmen zu können. Weiterhin wurde die Erfolgserwartung, d.h. die Erwartung einer Verbesserung der Lebenssituation, und das Vertrauen in die dafür notwendigen eigenen Fähigkeiten im Zusammenhang mit einer abstinenten Lebensweise erfaßt. Als letzte Variable wurden die Kosten, d.h. die notwendigen persönlichen Opfer und sozialen Schwierigkeiten, welche sich aus einer abstinenten Lebensweise ergeben, erfaßt.

Mit Hilfe eines zweifaktoriellen Versuchsplans mit dem Behandlungsdispositionstyp und dem Motivierungsprogramm als den beiden unabhängigen Variablen

Tabelle 6. Mittlere Differenzwerte ($\bar{x}_{Diff.}$) und deren Standardabweichungen zwischen ($s_{Diff.}$) Nachtest und Vortest beim varianzanalytischen Vergleich (N = 82 / wegen fehlender Daten bei zwei Fragebogen) der drei Motivierungsprogramme und Behandlungsdispositionstypen (3 x 3 ANOVA) bezogen auf den Leidensdruck als abhängige Variable (nach Petry 1993)

Behandlungsdispositionstyp	Motivierungsprogramm							Summe	
	Info.-Verm. (N = 28)		Kogn. Umstr. (N = 26)		Rückf.-Gef. (N = 28)				
	$\bar{x}_{Diff.}$	$s_{Diff.}$	$\bar{x}_{Diff.}$	$s_{Diff.}$	$\bar{x}_{Diff.}$	$s_{Diff.}$		$\bar{x}_{Diff.}$	$s_{Diff.}$
Normaler Klinik-Typ (N = 42)	−1,6 (N = 16)	12,3	−4,6 (N = 14)	6,5	+4,8 (N = 12)	9,8		−0,8 (N = 42)	10,0
Integrierter Bagatell.-Typ (N = 15)	+7,0 (N = 5)	19,1	−14,2 (N = 5)	9,7	+9,6 (N = 5)	15,2		+0,8 (N = 15)	15,2
Rock-Bottom-Typ (N = 25)	+6,7 (N = 7)	12,5	+1,2 (N = 7)	13,6	+4,0 (N = 11)	4,1		+4,0 (N = 25)	10,0
Summe $\bar{x}_{Diff.}$ $s_{Diff.}$	+2,0 (N = 28)	13,7	−4,9 (N = 26)	9,4	+5,3 (N = 28)	9,3		+1,0 (N = 82)	11,0

und dem Leidensdruck, dem Hilfewunsch, der Erfolgserwartung und den Kosten als abhängigen Variablen wurde im Sinne eines Vorher-Nachher-Vergleichs nach entsprechenden Wechselwirkungen gesucht. Die dabei durchgeführten multivariaten und univariaten Varianzanalysen der mittleren Differenzwerte erbrachten, lediglich bezogen auf den Leidensdruck, signifikante Effekte.

Insgesamt zeigt sich bei dem in der Tabelle 6 dargestellten Vorher-Nachher-Vergleich keine wesentliche Veränderung des Leidensdrucks (+1,0) als Leitvariable der Behandlungsmotivation, was bedeutet, daß im Rahmen der Motivierungsprogramme die bestehende Tendenz zum Abfall des Leidensdrucks aufgefangen werden konnte. Am auffälligsten ist das schlechteste Abschneiden des Motivierungsprogramms zur Kognitiven Umstrukturierung (−4,9), was vor allem auf die deutliche Wechselwirkung zwischen dem Integrierten Bagatellisierungs-Typ und diesem Programm (−14,2) zurückzuführen ist. Die Klienten, welche sich durch besondere Verleugnungstendenzen auszeichnen, weisen im Rahmen des Motivierungsprogramms, das sich genau auf diese Tendenz richtet, einen extrem deutlichen Motivationsabfall auf, was sich mit dem aus der Einstellungsforschung bekannten Bumerang-Effekt vergleichen läßt. Aufgrund des methodischen Problems der Unreliabilität von Differenzwerten und eines möglichen Regressionseffektes aufgrund unterschiedlicher Ausgangswerte zum Vortestzeitpunkt erfolgte noch ein kovarianzanalytischer Vergleich mit den Vortestwerten der vier abhängigen Variablen als Kovariablen. Es bestätigte sich wiederum, lediglich bezogen auf den Leidensdruck, eine hochsignifikante ($p \leq .01$) Hauptwirkung des Programmfaktors und eine signifikante ($p \leq .05$) Wechselwirkung zwischen Motivierungsprogramm und Behandlungsdispositionstyp. Dabei erwies sich, bezogen auf die Integrierten Bagatellisierer, der beschriebene Motivationsabfall bei dem Programm zur Kognitativen Umstrukturierung als stabil (Petry 1993).

Weiterhin wurde, nachdem die allgemeine Wirksamkeit in der Voruntersuchung im Vergleich zur Kontrollgruppe bereits belegt war, nach der differentiellen Wirksamkeit der drei Motivierungsprogramme in bezug auf die spätere Behandlungsaktivität gefragt. Dazu wurde ein quantitativer Index für die Behandlungsaktivität gebildet, der sich aus den beiden Aspekten der Behandlungsakzeptanz, d.h. der Anzahl von angenommenen Behandlungsformen und der Persistenz, d.h. der dabei gezeigten Ausdauer, zusammensetzt. Dabei wurden die drei möglichen Behandlungsformen der Selbsthilfe, ambulanten Beratung und stationären Entwöhnung als gleichgewichtig gewertet und der Vorsatz, die Aufnahme und der Abschluß als Stufen der Behandlungspersistenz verschieden gewichtet. Bei dem varianzanalytischen Vergleich der drei Behandlungsdispositionstypen und der drei Motivierungsprogramme in bezug auf die quantitativ ausgeprägte Behandlungsaktivität (siehe Tabelle 7) erwies sich lediglich das Motivierungsprogramm zur Kognitiven Umstrukturierung (6,5) als tendenziell schlechter ($p \leq .11$) als die beiden anderen Motivierungsstrategien (8,4 bzw. 8,9). Weitere Unterschiede fanden sich nicht, vor allem keine Wechselwirkung, wie sie, bezogen auf den Leidensdruck, als motivationale Leitvariable gefunden worden war.

Tabelle 7. Mittelwerte und Streuungen (N = 75 / 9. Pb entfielen wegen Haft, schwerer Krankheit oder Tod) der Behandlungsaktivität (X = 0–18) als abhängiger Variable beim varianzanalytischen Vergleich (3 x 3 ANOVA) der drei Motivierungsprogramme und Behandlungsdispositionstypen (nach Petry 1993)

Behandlungsdispositionstyp	Motivierungsprogramm						Summe	
	Info.-Verm. (N = 24)		Kogn. Umstr. (N = 26)		Rückf.-Gef. (N = 25)			
	x̄	s	x̄	s	x̄	s	x̄	s
Normaler Klinik-Typ (N = 41)	8,1 (N = 14)	4,8	6,1 (N = 15)	3,6	9,4 (N = 12)	3,9	7,9 (N = 41)	4,1
Integrierter Bagatell.-Typ (N = 14)	7,0 (N = 4)	3,2	6,6 (N = 5)	4,3	7,2 (N = 5)	4,1	6,9 (N = 14)	3,9
Rock-Bottom-Typ (N = 20)	9,8 (N = 6)	3,6	7,3 (N = 6)	3,1	9,1 (N = 8)	5,1	8,8 (N = 20)	4,1
Summe x̄ s	8,4 (N = 24)	4,3	6,5 (N = 26)	3,6	8,9 (N = 25)	4,3	7,9 (N = 75)	4,1

Zusammenfassend läßt sich feststellen, daß es bisher nur sehr wenige empirische Untersuchungen gibt, die sich mit den unmittelbaren Auswirkungen von Motivierungsprogrammen auf verschiedene Aspekte der Behandlungsmotivation und die längerfristigen Effekte in bezug auf die reale Behandlungsaktivität beschäftigen. Nur ganz wenige Untersuchungen genügen dabei den Anforderungen eines dazu erforderlichen Kontrollgruppenversuchsplans. Dennoch läßt sich vorläufig feststellen, daß es lohnenswert ist, im Vorfeld der traditionellen Suchttherapie gezielte Motivierungsprogramme durchzuführen, da sie zumindest eine allgemeine Wirksamkeit besitzen. Es wäre jedoch noch verfrüht, eine spezielle Motivierungsstrategie generell zu favorisieren, d.h., daß sehr unterschiedliche Zugangsweisen dazu führen können, die Behandlungsaktivität nachhaltig zu erhöhen. Für die Mehrheit der Suchtpatienten erscheint es von daher ausreichend, Motivierungsprogramme anzubieten, die, eingebettet in Formen der Informationsvermittlung, eine verkürzte Bestandsaufnahme der individuellen Suchtproblematik beinhalten, wenn sichergestellt ist, daß die darin enthaltene Konfrontation zu keiner Einschränkung der individuellen Entscheidungsfreiheit führt und unmittelbare Möglichkeiten zu einer Behandlungsaufnahme bestehen.

Es finden sich jedoch erste Hinweise, daß eine auch vorsichtig konfrontative Motivationsstrategie gerade bei Klienten, die eine verstärkte Abwehrtendenz aufweisen, zu Bumerang-Effekten führen kann. Bezogen auf die als Bagatellisierungs-Typ bezeichnete Untergruppe, besteht für den Suchttherapeuten die besondere Anforderung auf das Abwehrverhalten des Klienten nichtkonfrontativ zu reagieren. Das Augenmerk muß dabei verstärkt auf die Interaktion zwischen Therapeut und Klient gerichtet werden, da es offensichtlich eine therapeutisch unfruchtbare Wechselwirkung zwischen Abwehrverhalten der Klienten und konfrontativ überzogenen Reaktionen von Suchttherapeuten gibt. Vorbilder für die dafür erforderliche Therapieprozeßforschung liegen im Bereich der Gesprächspsychotherapie vor (Tscheulin 1990), die jedoch erst noch auf den Bereich der Suchttherapie angewandt werden müßten. Mit der von Miller (1983) vorgeschlagenen motivierenden Interviewtechnik liegt jedoch bereits ein fruchtbares therapeutisches Behandlungskonzept vor, in welches sich die in der vorliegenden Arbeit beschriebenen Motivationsstrategien einordnen lassen.

7. Die Erfassung der Behandlungsmotivation

Nach dem vom Autor (Petry 1993; 1994) vorgeschlagenen Erwartungs-Wert-Modell zur Suchtentwicklung läßt sich in Anlehnung an das Risiko-Wahl-Modell von Atkinson (1964) eine allgemeine Suchttendenz als Resultante aus einer Einstiegsmotivation und einer Ausstiegsmotivation postulieren. Die Einstiegsmotivation läßt sich dabei als Verknüpfung vorhandener Trinkmotive, der auf den Alkohol bezogenen Wirkungserwartungen und des antizipierten Befriedigungswertes des Alkoholkonsums definieren. Die Ausstiegsmotivation kann man entsprechend als Verknüpfung vorhandener Leidensmotive mit den an eine Bewältigungsmaßnahme gebundenen Lösungserwartungen und den daraus langfristig resultierenden Ersatzwerten bestimmen. Aus der Verknüpfung dieser gegensinnigen motivationalen Tendenzen ergibt sich beim Überwiegen der Einstiegsmotivation die Fortsetzung des Alkoholkonsums und bei einer Dominanz der Ausstiegsmotivation eine dazu alternative abstinente Lebensweise. Aus diesem heuristischen Modell zur Suchtentwicklung läßt sich ein Arbeitsschema zur Behandlungsmotivation ableiten, wonach sich die Behandlungsmotivation an der Schnittstelle von Einstiegsmotivation und Ausstiegsmotivation befindet, d. h., sowohl in den Sucht- als auch den Genesungsprozeß integriert ist. Weiterhin läßt sich eine begriffliche Abgrenzung von drei Aspekten der Behandlungsmotivation ableiten, indem zwischen der Behandlungsdisposition, der Behandlungsbereitschaft und der Behandlungsaktivität unterschieden wird. Die Behandlungsdisposition wird dabei im Rahmen des kognitionspsychologischen Ansatzes als differenzierbare stabile Einstellungsstruktur definiert, welche als Resultat der subjektiven Verarbeitung der Suchtentwicklung begriffen wird. Die Behandlungsbereitschaft wird als die im engeren Sinne prozessuale Therapiemotivation, d. h. als intrapsychischer Zustand, der den Patienten für eine angebotene Behandlung empfänglich macht, verstanden. Unter der Behandlungsaktivität als behavioraler Aspekt der Behandlungsmotivation läßt sich dann das beobachtbare Verhalten bei der Suche, Auswahl und Durchführung einer Behandlungsmöglichkeit verstehen.

Im folgenden werden ausgewählte (Petry 1993) teststatistisches Kennzeichen derjenigen Fragebogen beschrieben, die zur Operationalisierung der Behandlungsdisposition und Behandlungsbereitschaft verwandt wurden. Die benutzten Fragebogeninstrumente finden sich im Anhang. Wie aus der Tabelle 8 zu ersehen ist, handelt es sich um die sechs Merkmale der Störungsstabilität, des impliziten Krankheitskonzeptes, der Bagatellisierungstendenz, der Hoffnungslosigkeit, der subjektiven Rückfallgefahr und der Alkoholwirkungserwartungen zur Erfassung der Behandlungsdisposition und um die vier Merkmale des Leidensdruckes, Hilfewunsches, der Erfolgserwartung und subjektiven Kosten zur Erfassung der Behandlungsbereitschaft.

Die untersuchte Stichprobe bestand aus 84 Patienten, die während eines halben Jahres an einem stationären Angebot zur Behandlungsmotivierung in einem psychiatrischen Landeskrankenhaus teilgenommen haben. Es handelt sich um eine selektive Stichprobe von Patienten, die im Anschluß an eine Entgiftungsbehandlung bereit waren, an einer vierwöchigen Motivationsbehandlung teilzunehmn, die neben Arbeits- und Beschäftigungstherapie, autogenem Training, Sporttherapie, Aussprachegruppen, Angehörigenberatung und der allgemeinmedizinischen und neuropsychiatrischen Behandlung alkoholtoxischer Folgeerkrankungen zusätzlich eines der beschriebenen Gruppenprogramme zur Informationsvermittlung, Kognitiven Umstrukturierung oder Rückfallgefährdung umfaßte.

Die Stichprobe bestand zu 88% aus alkoholabhängigen Patienten und zu 12% aus Patienten, bei denen eine zusätzliche Medikamentenproblematik vorlag. Es fand sich eine für den Suchtbereich charakteristische Geschlechterverteilung mit 23% Frauen und 77% Männern. Das Durchschnittsalter lag bei 40 Jahren mit einer Streuung von 10 Jahren. Die mit Hilfe der Schul- und Berufsausbildung definierte Schichtzugehörigkeit zeigte eine deutliche Dominanz der unteren Mittelschicht (73%), während die Unterschicht mit 13% und die obere Mittelschicht mit 14% vertreten waren. Die mittels der Wohn-, Arbeits- und Partnersituation definierte soziale Integration wies zu 24% einen desintegrierten, zu 45% einen teilintegrierten und zu 31% einen integrierten Status auf. Die Angaben zur Suchtentwicklung ergaben ein Durchschnittsalter bei Trinkbeginn von 21 Lebensjahren bei einer Streuung von 8 Jahren und eine Problemdauer von 8 Jahren mit einer Streuung von 6 Jahren. Cirka ein Viertel der Stichprobe wies einen oder mehrere Selbst-

Tabelle 8. Beschreibende Merkmale der Fragebogen zur Behandlungsdisposition und Behandlungsbereitschaft (aus Petry 1993)

Name	Merkmal	Itemzahl	Variationsbreite	N	x̄	s	Rel.*	K-S-Test (NV)
Behandlungsdisposition:								
BAB	Störungsstabilität	20	20–120	81	87,4	14,25	.81	p = .83
EFA.K	Impl. Krankheitskonzept	20	0– 20	81	15,7	2,62	.56	p = .46
BAK	Bagatellisierung	21	21–126	80	54.2	15,23	.83	p = .46
H-SKALA	Hoffnungslosigkeit	20	20– 40	83	27,6	4,04	.82	p = .41
FRG	Subj. Rückfallgefahr	16	16 –96	80	47,2	17,15	.90	p = .94
FAW	Alkoholwirkungserwartungen	20	20–120	81	71,9	23,11	.92	p = .35
Behandlungsbereitschaft:								
FBB-L	Leidensdruck	18	18–108	81	89,0	14,76	.90	p = .09
FBB-H	Hilfewunsch	18	18–108	81	86,6	13,44	.88	p = .49
FBB-E	Erfolgserwartung	18	18–108	82	94,0	10,58	.89	p = .46
FBB-K	Kosten	18	18–108	83	81,4	23,98	.98	p = .04

* Bei dichotomen Items wurde die Realibilität nach Guttmann (Testhalbierungsmethode) und bei metrischen Items nach Cronbach (interne Konsistenz) bestimmt

mordversuche in der Vorgeschichte auf. Mehr als drei Viertel der Stichprobe hatten eine oder mehrere stationäre Vorbehandlungen absolviert, und cirka die Hälfte der Stichprobe wies vor Beginn der Behandlung keine Abstinenzzeit auf. Qualitativ läßt sich die Stichprobe als typisches Klientel eines psychiatrischen Landeskrankenhauses mit einem Vorherrschen chronifizierter Formen der Abhängigkeit und Zugehörigkeit zu einer niedrigeren sozialen Schicht beschreiben, wobei es sich innerhalb dieser speziellen Institution um eine eher therapiemotivierte Auswahl handelt, da die Mehrzahl der aufgenommenen Patienten nach Abschluß der Entgiftungsbehandlung nicht bereit war, an der anschließenden Motivierungsbehandlung teilzunehmen.

7.1 Fragebogen zur Behandlungsdisposition

Störungsstabilität

Als erstes Merkmal der bestehenden Krankheitsüberzeugungen wurde die subjektiv erlebte Störungsstabilität, d. h. das Ausmaß, in welchem die Erlebnisse der Suchtentwicklung und ihre vielfältigen, vor allem negativen Konsequenzen dazu führen, daß der Betroffene die eigene Abhängigkeit als ein stabiles Merkmal bewertet, ausgewählt. Zurückgehend auf die Arbeit von Künzel (1979) zur Therapiemotivation bei Redeangst wird erfaßt, inwieweit der Betroffene seine Problematik als veränderlich und vorübergehend bewertet oder sie als ein relativ stabiles Persönlichkeitsmerkmal ansieht (überdauernd), inwieweit er die eigene Auffälligkeit in bezug auf sein früheres Verhalten und das Verhalten anderer Personen als nicht normgerecht beurteilt (normabweichend), ob er die vorhandene Störung als wenig kontrollierbar betrachtet, ihr Auftreten und ihre Veränderung als nicht vorhersehbar ansieht und sich der Störung gegenüber ohnmächtig fühlt (ausgeliefert) und schließlich in welchem Umfang er seinen Verhaltensspielraum durch die vorhandene Symptomatik eingeschränkt sieht und sich in seinen Zielen blockiert fühlt (behindert). Von Brenk-Schulte und Pfeiffer (1987) wurde dieser Ansatz auf das Gebiet des Alkoholismus übertragen und, bezogen auf die Veränderung der Therapiemotivation, empirisch untersucht. Für die eigenen Untersuchungen zur Behandlungsmotivierung wurde der modifizierte Fragebogen zur „Beurteilung meiner Alkoholabhängigkeit" (BAB) entwickelt, welcher alle vier von Künzel erarbeiteten Merkmale alkoholismusspezifisch erfassen soll, wobei eine Zusammenfassung zu einem einheitlichen Merkmal im Sinne einer subjektiv erlebten Störungsstabilität der bestehenden Alkoholabhängigkeit vorgenommen wurde (Petry 1993).

Es handelt sich dabei um eine 20 Items umfassende sechsstufige Likert-Skala, bei welcher die konzeptkonformen Aussagen über die eigene Alkoholabhängigkeit zwischen sehr falsch (– – –) und sehr richtig (+++) beurteilt werden müssen und entsprechende Zahlenwerte von 1 bis 6 zugeordnet bekommen. Bei einer möglichen Variationsbreite des Summenwertes zwischen 20 und 120 ergab die Itemanalyse einen Mittelwert von x̄ = 87,4 mit einer Streuung von s = 14,25. Die als interne Konsistenz erfaßte Reliabilität (Cronbachs Alpha: .81) war zufriedenstellend bei gleichzeitig guter Annäherung der Daten an die Normalverteilung (Kolmogoroff-Smirnoff-Anpassungstest: p = .83).

Hinsichtlich der Validität der Skala ergab sich insgesamt ein Bild, welches für ihre Konstruktvalidität spricht.

Essentielle Korrelationen (p ≤ .001), die hinsichtlich der Höhe als praktisch relevant anzusehen sind, zeigten sich mit (geringer) Bagatellisierungstendenz (BAK: r = −.57), mit (hohen) positiven Alkoholwirkungserwartungen (FAW: r = .48), mit (hohem) Leidensdruck (FBB-L: r = .61) und (starkem) Hilfewunsch (FBW-H: r = .50). Die subjektive Störungsstabilität, d.h. die Wahrnehmung der eigenen Abhängigkeit als dauerhaftes Merkmal, scheint mit einer zunehmenden Abnahme suchtspezifischer Bagatellisierungstendenzen und einem erheblichen Anwachsen der beiden klassischen positiven Motivationskräfte des Leidensdruckes und Hilfswunsches zu korrespondieren. Schließlich deutet der positive Zusammenhang zu den Alkoholwirkungserwartungen darauf hin, daß sich der Betroffene durch zunehmende Wahrnehmung seiner Abhängigkeit in stärkerem Ausmaß des Verführungscharakters seines Suchtmittels bewußt wird.

Implizites Krankheitskonzept

Als zweites Merkmal der bestehenden Krankheitsüberzeugungen wurde das implizite Krankheitskonzept erfaßt. Bei der Erfassung impliziter Alkoholismuskonzepte und entsprechender Ursachenattributionen konnte, bezogen auf die Allgemeinbevölkerung (Caetano 1987) und bei Alkoholabhängigen (Commings 1984) gezeigt werden, daß es zwei dominierende implizite Grundvorstellungen gibt, und zwar zum einen das inzwischen popularisierte medizinische Modell und zum anderen die moralische Sichtweise, nach der Alkoholiker als willensschwache und labile Menschen angesehen werden. Zur Erfassung dieses Merkmales wurde vom Autor (Petry 1993) der „Einstellungsfragebogen zum Alkoholismus" (EFA) entwickelt, wobei subjektive Vorstellungen zur Ätiologie, Therapie und Prognose des Alkoholismus als Wahlentscheidung zwischen einer krankheitsspezifischen oder moralisch orientierten Antwortmöglichkeit skaliert werden mußten.

Bei der 20 Items umfassenden Skala wurden die beiden Antwortalternativen A und B entsprechend einem komplementären Schlüssel dem medizinischen Krankheitskonzept (EFA.K: B, A, B, B, A, A, B, B, B, A, B, A, B, A, B, A, A, B, B und A) oder dem moralischen Modell (EFA.M) zugeordnet. Bei der erzwungenen Entscheidung zwischen einer krankheitsspezifischen versus einer moralischen Ursachenvorstellung wurde bei der Bejahung des medizinischen Modells (EFA.K) pro Item der Zahlenwert 1 zugeordnet, so daß die Variationsbreite des Summenwertes zwischen 0 und 20 Punkten lag. Dabei ergab sich in der Itemanalyse ein Mittelwert von $\bar{x} = 15{,}7$ mit einer Streuung von $s = 2{,}62$. Trotz guter Annäherung an die Normalverteilung (Kolmogoroff-Smirnoff-Test: p = .46) erwies sich das Instrument im Gegensatz zu allen anderen Fragebogen als wenig reliabel (split-half: .56).

Bezogen auf die Validität fand sich eine statistisch bedeutsame (p ≤ .01) positive Beziehung zur sozialen Schicht, womit das implizite Krankheitskonzept mit ansteigender Schul- und Berufsausbildung verstärkt auftritt. Zusätzlich fand sich eine praktisch bedeutsame (p ≤ .001) positive Korrelation mit der Anzahl der Vorbehandlungen (r = .39), womit im Rahmen der therapeutischen Sozialisation das dort verbreitete medizinische Modell zunehmend durch die Patienten übernommen wird. Weiterhin ergab sich noch eine essentielle (p ≤ .001) positive Korrelation (FBB-K: r = .32) mit der Kostenskala des „Fragebogens zur Behandlungsbereitschaft". Diese positive Beziehung bedeutet aufgrund der inversen Verrechnung der Kostenskala, daß beim stärkeren Vorhandensein eines medizinischen Krankheitskonzeptes gleichzeitig die Kosten einer abstinenzorientierten Behandlung weniger stark gewertet werden, d.h. eine größere Behandlungsbereitschaft vorliegt. Die geringe Reliabilität dieser Skala und die möglicherweise damit zusammenhängenden wenigen korrelativen Zusammenhänge verweisen auf einen möglichen Konstruktionsfehler der Skala in Form einer erzwungenen Wahlentscheidung zwischen einer krankheitsspezifischen und moralischen Ursachenvorstellung. Da beide Ursachenvorstellungen eher nebeneinander vorhanden sein können (Caetano 1987), wäre es sinnvoll, die beiden Merkmale unabhängig voneinander skalieren zu lassen.

Bagatellisierung

Bezogen auf die bereits beschriebene suchtspezifische kognitive Triade als Bestandteil der Behandlungsdisposition wurde als erstes Merkmal die suchtspezifische Bagatellisierungstendenz herausgegriffen. Obwohl in der klinisch orientierten Literatur die Bedeutung einer alkoholismusspezifischen Abwehrstruktur betont wird (Wallace 1978), liegen bisher kaum Ansätze zur Erfassung einer entsprechenden Bagatellisierungstendenz bei Alkoholikern mit Hilfe von Selbstbeurteilungsskalen vor.

Vom Autor (Petry 1985, 1993) wurde dazu eine Skala zur „Beurteilung meines Alkoholkonsums" (BAK) durch mehrfache Itemanalysen entwickelt. Es handelt sich wiederum um eine sechsstufige Likert-Skala mit 21 Items, so daß sich bei der Skalierung von sehr falsch (−−−) bis sehr richtig (+++) und einer Zuordnung entsprechender Zahlenwerte von 1 bis 6 eine Variationsbreite des Summenwertes von 21 bis 126 Punkten ergab. Dabei sind die Items 1, 7, 9, 10, 12, 13, 14, 15, 16, 17, 18 und 21 umzupolen. Die erneute Itemanalyse erbrachte einen Mittelwert von $\bar{x} = 54{,}2$ mit einer Streuung von $s = 15{,}23$. Die als interne Konsistenz bestimmte Reliabilität war befriedigend (Cronbachs Alpha: .83), und es fand sich eine angenäherte Normalverteilung der Rohpunktwerte (Kolmogoroff-Smirnoff-Test: p = .46).

Hinsichtlich der Validität ergab sich eine Vielzahl von plausiblen Zusammenhängen zwischen der Bagatellisierung des eigenen Trinkverhaltens, der zunehmenden Suchtentwicklung und seiner negativen Folgen. Es fand sich eine statistisch bedeutsame (p ≤ .01) positive Korrelation mit der sozialen Integration und dem Alter beim Konsumbeginn, d.h., daß die Bagatellisierungstendenz stärker beim Vorhandensein einer besseren Wohn-, Partner- und Berufssituation ist und wenn der Alkoholkonsum erst im höheren Lebensalter aufgenommen wurde. Bei den praktisch bedeutsamen Korrelationen (p ≥ .001) fand sich eine negative Beziehung (FBB-L: r = −.40) zum Leidensdruck, d. h. der zentralen Variablen der Behandlungsbereitschaft, womit die immer wieder betonte Schlüsselfunktion der Abwehr als Hemmnis der Behandlungsmotivation Bestätigung fand. Weiterhin finden sich essentielle (p ≥ .001) Zusammenhänge zu den übrigen Variablen der Behandlungsdisposition, indem sich der Betroffene mit zunehmender Bagatellisierungstendenz gleichzeitig weniger subjektiv rückfallgefährdet fühlt (FRG: r = −.33) sowie dem Alkohol weniger positive Wirkungserwartungen zuschreibt (FAW: r = −.48), d. h. sich einer geringeren Verführung ausgesetzt sieht und zusätzlich die eigene Abhängigeit als weniger stabil (BAB: r = −.59) erlebt. Dies spricht dafür, daß durch die Bagatellisierungstendenz bei der kognitiven Verarbeitung der zunehmenden Suchtentwicklung zentrale Aspekte, die eine motivationale Grundlage für eine Veränderung des Trinkverhaltens darstellen, ausgeblendet werden. Gleichzeitig korrespondiert mit der suchtspezifischen Bagatellisierungstendenz eine allgemeine Abwehrtendenz, was sich in der praktisch bedeutsamen (p ≤ .001) positiven Korrelation (r = .37) zur Neigung, in sozial erwünschter Weise zu antworten (SDS-CM-Skala nach Lück und Timaeus 1969), äußert.

Hoffnungslosigkeit

Als zweites Merkmal der suchtspezifischen kognitiven Triade wurde die Hoffnungslosigkeit als Aspekt der Depressivität von Alkoholabhängigen herausgegriffen, da die Verbreitung depressiver Symptome bei Alkoholikern immer wieder empirisch bestätigt werden konnte (Murphy & Wetzel 1990). Mit Hilfe der von Beck et al. (1984) entwickelten „Hopelessness Scale" wurde der Pessimismus als spezieller kognitiver Aspekt der Depressivität erfaßt, wonach negative Zukunftserwartungen, die aus wiederholt gescheiterten Versuchen zur Problembewältigung resultieren, im Sinne der erlernten Hilflosigkeit (Seligman 1975) zu der Annahme führen, daß wichtige Verstärkungsmöglichkeiten nicht durch eigene Anstrengungen erreichbar sind. Für die vorliegende Untersuchung wurde die Standardversion der von Krampen (1979, 1994) ins Deutsche übertragene Hoffnungslosigkeitsskala (H-S-Skala) verwendet. Die Skala besteht aus 20 Items, die mit richtig oder falsch beantwortet werden müssen. Dabei sind neun Items auf „richtig" (1, 3, 5, 6, 8, 10, 13, 15 und 19) und die übrigen elf Items auf „falsch" gepolt. Für jede „optimistische" Antwort wird ein Zahlenwert von 1 und für jede „pessimistische" Antwort ein Wert von 2 zugeordnet, so daß eine Variationsbreite von 20 Punkten (extrem optimistisch) bis 40 Punkten (extrem hoffnungslos) entsteht.

Bei der eigenen Itemanalyse (Petry 1993) ergab sich ein Mittelwert von $\bar{x} = 27{,}6$ mit einer Streuung von $s = 4{,}04$, womit sich der von Krampen (1980) gefundene erhöhte Mittelwert von Alkoholikern im Vergleich zu nichtabhängigen Kontrollpersonen nicht bestätigen ließ. Der Fragebogen wies in der eigenen Untersuchung eine gute Reliabilität (split-half: .82) und eine befriedigende Annäherung an die Normalverteilung (Kolmogoroff-Smirnoff-Test: p = .41) auf.

Bei der Erfassung der Validität fanden sich nur wenige Zusammenhänge. So ergab sich lediglich eine statistisch bedeutsame (p ≤ .01) negative Beziehung zur sozialen Schicht und zu der Tendenz zur sozialen Erwünschtheit, womit die Hoffnungslosigkeit eher mit einer niedrigeren Schul- und Berufsausbildung korrespondiert und mit zunehmender Hoffnungslosigkeit die Selbstdarstellung weniger sozial geschönt ist. Die einzig essentielle (p ≤ .001) Korrelation fand sich mit der Erfolgserwartung (FBB-E: r = −.39), wobei diese negative Beziehung der Annahme entspricht, daß sich die Hoffnungslosigkeit als hemmender Faktor für die Behandlungsmotivation ansehen läßt. Dies betrifft jedoch nur denjenigen Aspekt der Behandlungsbereitschaft, der sich auf die Erwartung bezieht, sein Trinkproblem lösen zu können und die damit verbundenen positiven Lebensperspektiven.

Subjektive Rückfallgefahr

Bezogen auf das Vorhandensein alkoholspezifischer Erwartungsmuster als Bestandteil der Behandlungsdisposition, wurde als erstes auf das Merkmal der subjektiven Rückfallgefahr zurückgegriffen. Nach dem sozialkognitiven Rückfallpräventionsmodell von Marlatt (1985) kommt der verminderten Selbstwirksamkeit, bezogen auf suchtspezifische Risikosituationen, eine wichtige kognitive Vermittlungsfunktion bei der Verarbeitung von Rückfällen zu. Von Annis (1982) wurde dazu ein Fragebogen entwickelt, der die suchtspezifischen Selbstwirksamkeitserwartungen hinsichtlich der am häufigsten auftretenden Risikosituation durch die subjektive Einschätzung dieser Situationen als bewältigbar erfaßt. In der ursprünglich vom Autor (Petry 1989b) ins Deutsche übertragenen Skala mußte die Sicherheit beurteilt werden, dem Alkoholverlangen in einer gegebenen Situation widerstehen zu können. Da sich diese Skalierungsaufgabe als sehr schwierig erwiesen hatte, wurde der modifizierte „Fragebogen zur Rückfallgefahr" (FRG) entwickelt, in dem nunmehr die Gefährdung, in einer gegebenen Situation wieder Alkohol zu trinken, beurteilt werden mußte (Petry 1993). Dies bedeutet dann, daß eine hohe subjektive Rückfallgefahr interpretativ einer verminderten rückfallbezogenen Selbstwirksamkeit entspricht.

Bei dem 16 Items umfassenden Fragebogen war die subjektive Rückfallgefahr auf einer sechsstufigen Prozentskala von 0 (überhaupt nicht) bis 100 (äußerst stark) zu beurteilen: Aufgrund der entsprechenden Zahlenzuordnung von 1 bis 6 ergibt sich die Variationsbreite des Summenwertes von 16 bis 96 Punkten. Die Itemanalyse ergab einen Mittelwert von $\bar{x} = 47,2$ mit einer Streuung von $s = 17,15$. Die Reliabilität erwies sich als gut (Cronbachs Alpha: .90), wobei die Verteilung der Rohwerte eine gute Annäherung an die Normalverteilung aufwies (Kolmogoroff-Smirnoff-Test: $p = .94$).

Hinsichtlich der Validität ergab sich wiederum ein insgesamt stimmiges Bild im Sinne der Konstruktvalidität. Insbesondere fand sich eine praktisch bedeutsame ($p \leq .001$) positive Beziehung zur subjektiven Störungsstabilität (BAB: $r = .33$), d.h., daß mit zunehmend subjektiv erlebter Stabilität der Abhängigkeitsentwicklung eine verminderte rückfallbezogene Selbstwirksamkeit verbunden ist. Eine weitere essentielle ($p \leq .001$) positive Beziehung bestand zu dem Merkmal der positiven Alkoholwirkungserwartungen (FAW: $r = .57$), was bedeutet, daß durch das gemeinsame Auftreten einer geringen rückfallbezogenen Selbstwirksamkeit und steigenden positiven Alkoholwirkungserwartungen das Gefühl der subjektiven Gefährdung kognitiv widergespiegelt wird. Die weiterhin bestehende praktisch bedeutsame ($p \leq .001$) negative Korrelation der subjektiven Rückfallgefahr mit der Bagatellisierungstendenz (BAK: $r = -.33$), wonach eine erhöhte rückfallbezogene Selbstwirksamkeit mit einer erhöhten Bagatellisierungstendenz einhergeht, weist auf eine zuerst von Burling et al. (1989) geäußerte Vermutung hin, wonach eine hohe rückfallbezogene Selbstwirksamkeit eine teilweise bagatellisierende Unterschätzung der Rückfallgefährdung beinhalten kann.

Alkoholwirkungserwartungen

Als zweites Merkmal der alkoholspezifischen Erwartungsstruktur wurde auf die ebenfalls im sozialkognitiven Rückfallpräventionsmodell von Marlatt (1985) enthaltenen positiven Alkoholwirkungserwartungen zurückgegriffen. Dazu wurde von Brown et al. (1980) ein umfangreicher Fragebogen zur Erfassung von positiven Alkoholwirkungserwartungen entwickelt und faktorenanalysiert. Vom Autor (Petry 1989b) wurde eine verkürzte deutsche Version als „Fragebogen zur Alkoholwirkung" (FAW) entwickelt. Zur Verbesserung der Spezifität des Fragebogens wurde in Anlehnung an die Untersuchungen von Bauman et al. (1985) der subjektiv erwartete Nutzen des Alkoholkonsums operationalisiert, indem sowohl die Erwartung, daß bestimmte Alkoholwirkungen aus dem Trinkverhalten resultieren (subjektive Wahrscheinlichkeit), als auch die Bewertung der erzielten Alkoholwirkungen (Attraktivität) Berücksichtigung fanden.

Dabei mußten die von Brown übernommenen Alkoholwirkungen getrennt hinsichtlich ihrer bisherigen Auftretenshäufigkeit (selten/häufig) und Intensität (schwach, mittel und stark) beurteilt werden. Für jedes Item ergaben sich zwei Werte, indem der beurteilten Auftretenshäufigkeit Zahlen von 1 oder 2 und der subjektiv erlebten Intensität Zahlenwerte von 1 bis 3 zugeordnet wurden, woraus sich ein multiplikativer Zahlenwert der Alkoholwirkungserwartung von 1 bis 6 für jedes Item errechnen ließ. Bei einer so möglichen Variationsbreite des Summenwertes von 20 bis 120 Punkten ergab sich bei der Itemanalyse (Petry 1993) ein Mittelwert von $\bar{x} = 71,9$ mit einer Streuung von $s = 23,11$. Die Reliabilität war wiederum gut (Cronbachs Alpha: .92), und es ergab sich eine ausreichende Annäherung der Rohwerte an die Normalverteilung (Kolmogoroff-Smirnoff-Text: $p = .35$).

Hinsichtlich der Validität zeigten sich ein statistisch bedeutsamer ($p \leq .01$) positiver Zusammenhang zum Geschlecht, d.h. eine größere Verbreitung positiver Wirkungserwartungen bei Männern, und eine bedeutsame ($p \leq .01$) negative Beziehung zur sozialen Integration, d.h. eine Korrespondenz von positiven Wirkungserwartungen mit einer ungünstigeren Wohn-, Berufs- und Partnersituation. Praktisch bedeutsame ($p \leq .001$) positive Korrelationen fanden sich zur subjektiven Störungsstabilität (BAB: $r = .48$), womit eine subjektiv stabiler erlebte Abhängigkeitsentwicklung mit einer stärker positiven Bindung an die Alkoholwirkungen einhergeht und zu der subjektiven Rückfallgefahr (FRG: $r = .59$), d.h. der bereits erwähnten Verbindung zwischen rückfallspezifischer Selbstwirksamkeit und der stärker erlebten Verführbarkeit durch das Suchtmittel. Eine ebenfalls essentielle ($p \leq .001$) positive Korrelation bestand zu einem Aspekt der Behandlungsbereitschaft, und zwar dem ausgeprägteren Hilfewunsch bezogen auf andere Personen (FBB-H: $r = .37$). Dieser Zusammenhang wird verständlich, wenn man zusätzlich den praktisch bedeutsamen ($p \leq .001$) negativen Zusammenhang zur Bagatellisierungstendenz hinzunimmt (BAK: $r = -.33$). Danach kann man annehmen, daß eine geringere Verleugnungstendenz zu einer stärkeren kognitiven Wahrnehmung der Abhängigkeitsentwicklung und Gefährdung führt, woraus sich dann eine stärkere Behandlungsbereitschaft ergeben kann.

7.2 Fragebogen zur Behandlungsbereitschaft

Zur Erfassung der suchtspezifischen Behandlungsbereitschaft wurde, auf dem Hintergrund der kognitiven Theorie der Behandlungsmotivation von Krause (1960), durch Riedel und Ehinger (1979) ein Fragebogen zur Erfassung der Therapiemotivation bei Alkoholikern entwickelt, der als Unterskalen die durch den Alkoholmißbrauch erlittenen Nachteile (Leidensdruck), die auf eine Therapie bezogenen positiven Erwartungen (Erfolgserwartung) und die erwarteten Kosten einer Therapie (Kosten) enthält. Für die Evaluation der beschriebenen Motivierungsprogramme wurde vom Autor (Petry 1993) unter Hinzunahme des von Freud (1913) genannten Heilungswunsches eine vierte Unterskala (Hilfewunsch) des „Fragebogens zur Behandlungsbereitschaft" (FBB) entwickelt und mehreren Itemanalysen unterzogen.

Leidensdruck

Bei der Übertragung des Konzeptes der Behandlungsmotivation von Freud auf die Suchtthematik hat sich bei den verschiedenen Operationalisierungsversuchen eine relativ hohe Übereinstimmung ergeben, indem beim Leidensdruck auf die verschiedenen langfristigen Nachteile des Alkoholmißbrauchs Bezug genommen wurde. Die eigene Unterskala Leidensdruck des „Fragebogens zur Behandlungsbereitschaft" (FBB-L) geht auf eine Arbeit von Lemere et al. (1958) zurück, der eine empirisch gewonnene Sammlung von Motiven zur Aufnahme einer Behandlung erstellt hat. Dabei ergab sich der Hinweis, daß nicht die bereits eingetroffenen, sondern vor allem die noch drohenden Verluste aufgrund der körperlichen, persönlichen und sozialen Folgen des Alkoholismus eine positive Beziehung zum katamnestisch erfaßten Behandlungserfolg aufwiesen. In einer darauf bezogenen deutschen Fragebogenversion von Krampen und Nispel (1983) konnte bestätigt werden, daß drohende Verluste prognostisch eher günstig, während bereits eingetretene Verluste prognostisch eher ungünstig sind. Die eigene Unterskala zum Leidensdruck wurde deshalb so konstruiert, daß die körperlichen, persönlichen, geistigen und sozialen Folgen des Weitertrinkens hinsichtlich des zukünftig befürchteten Eintreffens zu beurteilen waren.

Bei der 18 Items umfassenden sechsstufigen Likert-Skala mußten diese antizipierten negativen Konsequenzen hinsichtlich ihres Eintretens bei fortgesetztem Trinkverhalten von sehr falsch (- - -) bis sehr richtig (+++) beurteilt werden. Bei einer entsprechenden Zahlenzuordnung von 1 bis 6 ergibt sich eine mögliche Spannbreite des Summenwertes von 18 bis 108 Punkten. Die durchgeführte Itemanalyse (Petry 1993) erbrachte einen Mittelwert von $\bar{x} = 89,0$ bei einer Streuung von $s = 14,76$. Die Reliabilität war gut (Cronbachs Alpha: .90), wobei die Rohwertverteilung tendenziell von einer Normalverteilung abwich (Kolmogoroff-Smirnoff-Test: $p = .09$).

Hinsichtlich der Validität ergibt sich insgesamt ein stimmiges Bild. So finden sich statistisch und praktisch bedeutsame ($p \leq .001$) positive Zusammenhänge mit der subjektiven Störungsstabilität (BAB: $r = .61$) und den positiven Alkoholwirkungserwartungen (FAW: $r = .62$), womit die subjektiv stabiler erlebte Abhängigkeit und die positivere Bindung an den Alkohol mit einem höheren Leidensdruck einhergeht. Die essentielle ($p \leq .001$) negative Korrelation des Fragebogens mit der Bagatellisierungstendenz (BAK: $r = -.40$) entspricht einer parallel zum Anwachsen des Leidensdruckes nachlassenden Abwehrtendenz. Dies wirft jedoch Fragen der Konstruktvalidität des Leidensdruckes als Merkmal der Behandlungsbereitschaft auf, da möglicherweise die zunehmende Behandlungsmotivation nicht direkt auf den steigenden Leidensdruck zurückzuführen ist, sondern daß der Zusammenhang vermittelt über die sinkende Abwehr des Betroffenen zustandekommt. Diese Problematik konnte im Rahmen der korrelativen Querschnittsanalyse jedoch nicht geklärt werden. Die ebenfalls praktisch bedeutsame ($p \leq .001$) positive Korrelation des Leidensdruckes mit dem Hilfewunsch als der zweiten Variablen der Behandlungsbereitschaft (FBB-H: $r = .55$) entspricht zwar dem von Freud postulierten engen Zusammenhang dieser beiden motivationalen Aspekte, ist jedoch für eine differentielle Motivationsdiagnostik aufgrund der gegebenen Redundanz ungünstig.

Hilfewunsch

Der ursprünglich von Freud als Heilungswunsch benannte Aspekt der Behandlungsbereitschaft wurde in der Literatur weniger einheitlich verstanden, da er sowohl als bewußter Wunsch nach einer Veränderung (Brenk-Schulte & Pfeiffer 1987) als auch als Bedürfnis nach äußerer Unterstützung (Steller & Hommers 1977) definiert wurde. Die daraus abgeleitete Unterskala Hilfewunsch des „Fragebogens zur Behandlungsbereitschaft" (FBB-H) wurde vom Autor (Petry 1993) als die Bereitschaft des Klienten, sich nach außen hin zu öffnen und die Hilfe anderer Personen bei der Lösung seines Alkoholproblems in Anspruch zu nehmen, operationalisiert.

Es handelt sich wiederum um eine 18 Items umfassende sechsstufige Likert-Skala, die bei gleichem Auswertungsmodus wie beim Leidensdruck zu einer möglichen Spannbreite des Summenwertes von 18 bis 108 Wertpunkten führt. Die durchgeführte Itemanalyse ergab einen Mittelwert von $\bar{x} = 86,6$ bei einer Streuung von s = 13,44. Die Reliabilität des Fragebogens war befriedigend (Cronbachs Alpha: .88) und ergab eine angenäherte Normalverteilung der Rohwerte (Kolmogoroff-Smirnoff-Test: p = .49).

Bezogen auf die Validität der Unterskala zeigte sich wie beim Leidensdruck eine praktisch bedeutsame (p ≤ .001) Korrelation mit der subjektiven Störungsstabilität (BAB: r = .50) und den positiven Alkoholwirkungserwartungen (FAW: r = .37), womit der Hilfewunsch mit zunehmend subjektiv erlebter Abhängigkeit und positiver Bindung an den Alkohol zunimmt. Neben der bereits erwähnten essentiellen (p ≤ .001) positiven Korrelation zum Leidensdruck (FBB-L: r = .55) findet sich noch eine positive Beziehung zur Erfolgserwartung (FBB-E: r = .33), d. h. dem positiven Zutrauen in die eigene Abstinenz als drittem Aspekt der Behandlungsbereitschaft.

Erfolgserwartung

Die Erfolgserwartung als Aspekt der Behandlungsbereitschaft wurde in Anlehnung an das kognitive Therapiemotivationsmodell von Riedel & Ehinger (1979) als positive Ergebniserwartung, bezogen auf eine Entwöhnungsbehandlung, erfaßt. Vom Autor (Petry 1993) wurden neben diesen Ergebniserwartungen unter Bezug auf die Selbstwirksamkeitstheorie von Bandura (1977) zusätzlich die Selbstwirksamkeitserwartungen berücksichtigt und beide Aspekte nicht auf die Behandlung, sondern das dabei zugrundeliegende Abstinenzprinzip bezogen. Es mußten also das eigene Zutrauen, das Trinkverhalten einstellen zu können, und die daraus resultierenden positiven Erwartungen beurteilt werden.

Die Skalierung erfolgte wiederum auf der bereits beschriebenen sechsstufigen Likert-Skala, wobei bei der möglichen Spannbreite des Summenwertes zwischen 18 und 108 Wertpunkten die Itemanalyse einen Mittelwert von $\bar{x} = 94{,}0$ bei einer Streuung von s = 10.58 ergab. Die Reliabilität der Unterskala war ebenfalls befriedigend (Cronbachs Alpha: .89) und wies eine gute Annäherung der Rohwertverteilung an die Normalverteilung (Kolmogoroff-Smirnoff-Test: p = .46) auf.

Bezogen auf die Skalenvalidität fanden sich nur wenige Hinweise. Neben der bereits genannten praktisch bedeutsamen (p ≤ .001) positiven Korrelation zum Hilfewunsch (FBB-H: r = .33) fand sich lediglich noch eine essentielle negative Beziehung zur Hoffnungslosigkeit (H-Skala: r = –.39). Diese Beziehung erscheint inhaltlich sinnvoll, da mit steigender Erfolgserwartung der Wunsch, sich zu öffnen und äußere Hilfe in Anspruch zu nehmen, steigt und dabei die allgemeine pessimistische Zukunftserwartung abnimmt.

Kosten

Dieser Aspekt der Behandlungsbereitschaft geht wiederum unmittelbar auf das Kosten-Nutzen-Konzept der Behandlungsmotivationstheorie von Krause (1966) zurück und wurde nach der Übertragung auf den Alkoholismus durch Riedel und Ehinger (1979) in der Folge als subjektiv erwartete Kosten einer Therapie, d. h. persönlicher und sozialer Opfer, Einschränkungen und Nachteile, operationalisiert. Die dazu vom Autor (Petry 1993) entwickelte Unterskala Kosten des „Fragebogens zur Behandlungsbereitschaft" (FBB-K) wurde erneut auf das für die Behandlung grundlegende Abstinenzprinzip bezogen, indem die persönlichen und sozialen Nachteile einer abstinenten Lebensweise beurteilt werden mußten.

Die Skalierung erfolgte wiederum auf der 18 Items umfassenden Likert-Skala von sehr falsch (– – –) bis sehr richtig (+++), wobei die zugeordneten Zahlenwerte von 1 bis 6 dann aber rechnerisch umgepolt wurden, so daß mit steigenden Werten eine geringere Kostenerwartung besteht, d. h. eine höhere Behandlungsbereitschaft hinsichtlich dieses Aspektes vorliegt. Die Itemanalyse erbrachte bei der möglichen Spannbreite des Summenwertes von 18 bis 108 Wertpunkten einen Mittelwert von $\bar{x} = 81{,}4$ mit einer Streuung von s = 23,98. Die Reliabilität war wiederum befriedigend (Cronbachs Alpha: .96). Es zeigte sich jedoch eine signifikante Abweichung der Rohwerte von einer Normalverteilung (Kolmogoroff-Smirnoff-Test: p = .04). Trotz guter Reliabilität zeigt sich also keine günstige Verteilungsform der Rohwerte, und es ergibt sich eine wesentlich höhere Streuung im Vergleich zu den drei anderen Subskalen des „Fragebogens zur Behandlungsbereitschaft". Dies könnte darauf zurückzuführen sein, daß die Versuchspersonen beim Ausfüllen des Fragebogens, nachdem die positive Skalierung immer Ausdruck einer erhöhten Behandlungsmotivation war, bei dieser Unterskala umdenken mußten, da nunmehr eine negative Beurteilung der vorgelegten Aussagen eine erhöhte Behandlungsbereitschaft beinhaltete.

Möglicherweise fanden sich aufgrund dieser ungünstigen teststatistischen Merkmale der Unterskala kaum Zusammenhänge zu den beschriebenen Merkmalen der Behandlungsdisposition. Es ergab sich lediglich eine praktisch bedeutsame (p ≤ .001) positive Korrelation mit einem eher medizinisch orientierten implizierten Krankheitskonzept (EFA-K: r = .32), d.h., daß beim Vorliegen eines medizinischen Krankheitskonzeptes die Kosten einer abstinenten Lebensweise geringer bewertet werden, was möglicherweise auf die Sozialisation während der Behandlung zurückzuführen ist, da das dort verbreitete Krankheitskonzept eine positive Bewertung des Abstinenzprinzips beinhaltet.

Abschließend soll noch auf die Brauchbarkeit des „Fragebogens zur Behandlungsbereitschaft" (FBB) als Gesamtinstrument zur differentiellen Motivationsdiagnostik und zum Einsatz als Forschungsinstrument eingegangen werden. Wenn man die vier Unterskalen des Fragebogens als Testbatterie auffaßt, kommt bei der Motivationsdiagnostik der Profilreliabilität eine besondere Bedeutung zu. Um zu einer individuellen Motivationsanalyse zu kommen, die gezielte Interventionsmaßnahmen möglich macht, sollten die Untertests hoch reliabel sein und miteinander niedrig korrelieren, d.h. verschiedene Aspekte zuverlässig und unabhängig voneinander erfassen. Der vorliegende Gesamtfragebogen kommt dieser Forderung relativ gut nach, da die Reliabilitäten der vier Unterskalen wie berichtet sehr hoch liegen (L: .90, H: .88, E: .89 und K: .96) und die Interkorrelationen bis auf die erwähnte hohe Korrelation zwischen dem Leidensdruck und Hilfewunsch (L/M: .55) gering sind (L/E: .10, L/K: .02, H/E: .33, H/K: −.14 und E/K: .14). Daraus ergibt sich nach der bekannten Berechnungsformel von Lienert und Raatz (1994) eine Profilreliabilität von .89, die als extrem günstig zu beurteilen ist. Es lassen sich somit alle auffälligen Differenzen zwischen den vier unterschiedlichen Aspekten der Behandlungsbereitschaft eines individuellen Profils interpretieren, so daß sich daraus differentielle Motivationsstrategien ableiten lassen.

Auch als Forschungsinstrument erscheint der Fragebogen brauchbar, obwohl sich dabei eine Reduzierung anbietet. Dabei könnte der Hilfewunsch aufgrund seiner relativ hohen Korrelation mit dem Leidensdruck zugunsten der empirisch besser abgesicherten motivationalen Leitvariablen des Leidensdruckes vernachlässigt werden. Die Kostenskala könnte aufgrund der schlechteren teststatistischen Merkmale und geringen Hinweise zur Validität zugunsten der Erfolgserwartung, deren Operationalisierung gute teststatistische Eigenschaften besitzt und die sich empirisch bisher als bedeutsamer erwiesen hat, ebenfalls vernachlässigt werden. Dabei bleibt jedoch zu bedenken, daß dies zu einer Verringerung des theoretischen Bezuges zu der zugrundeliegenden kognitiven Theorie der Behandlungsmotivation führen würde. Weiterhin gibt es empirische Hinweise, daß die vier Aspekte der Behandlungsbereitschaft in unterschiedlichen Phasen des Motivationsprozesses unterschiedliche Bedeutung besitzen, so daß es im Rahmen bisher noch fehlender Längsschnittstudien wichtig sein könnte, alle vier Merkmale zu erfassen.

Anhang

Beurteilung meiner Alkoholabhängigkeit
(BAB) 115

Einstellungsfragebogen zum Alkoholismus
(EFA) 116

Beurteilung meines Alkoholkonsums (BAK) . . 117

Hoffnungslosigkeitsskala (H-S-Skala) 118

Fragebogen zur Rückfallgefahr (FRG) 119

Fragebogen zur Alkoholwirkung (FAW) . . . 120

Fragebogen zur Behandlungsbereitschaft
(FBB-L, -H, -E und -K) 122

Fragebogen zur Verhaltensanalyse (FVA) . . 127

Beurteilung meiner Alkoholabhängigkeit

BAB

Auf der folgenden Seite werden sie gebeten, zu einigen Aussagen Stellung zu nehmen. Sie haben die Möglichkeit, jeder Aussage stark, mittel oder schwach zuzustimmen oder sie schwach, mittel oder stark abzulehnen. **Kreuzen** Sie bitte jeweils das Kästchen an, das **Ihrer persönlichen Meinung** am besten entspricht.

Diese Aussage ist:

	sehr falsch					sehr richtig
	− − −	− −	−	+	+ +	+ + +

1. Meine Alkoholabhängigkeit läßt sich nur sehr schwer verändern.
2. Meine Probleme mit dem Alkohol haben mich viel unnötig Zeit gekostet.
3. Durch die Probleme mit dem Alkohol fühle ich mich oft unsicher.
4. Ich halte meine Alkoholabhängigkeit für ein außergewöhnliches Problem
5. Mein Alkoholismus ist ein dauerhaftes Merkmal meiner Person.
6. Wenn ich das Verlangen nach Alkohol spüre, fühle ich mich hilflos.
7. Ich weiß nicht genau, was ich gegen mein Alkoholproblem tun kann.
8. Meine Probleme mit dem Alkohol sind in dieser Gesellschaft nichts besonderes.
9. Meine Alkoholabhängigkeit wird sich von allein kaum verändern.
10. Ohne meine Alkoholprobleme wäre mir vieles leichter gefallen.
11. Meine Alkoholprobleme überfallen mich, ohne das ich etwas dagegen tun kann.
12. Ich halte mich wegen meines Alkoholismus für seelisch gestört.
13. Meine Alkoholabhängigkeit wird mir immer wieder Schwierigkeiten machen.
14. Durch meinen Alkoholismus wird mein Leben stark beeinträchtigt.
15. Schwierigkeiten mit dem Alkohol dauern bei mir nur einen kurzen Augenblick.
16. Durch meine Alkoholabhängigkeit bin ich anders als andere Menschen.
17. Ich werde mein Leben lang mit meinen Alkoholproblemen zu tun haben.
18. Mein Alkoholismus schränkt mich in meinen Möglichkeiten stark ein.
19. Durch meinen Alkoholismus bin ich vielen Belastungen ausgeliefert.
20. Meine Alkoholprobleme haben mich zum sozialen Außenseiter gemacht.

© 1996 Psychologie Verlags Union

Einstellungsfragebogen zum Alkoholismus

EFA

Im folgenden finden Sie Aussagen, die Ihre Meinung über das Alkoholismusproblem betreffen. Bei jeder Aussage haben Sie zwei Antwortmöglichkeiten zur Auswahl. Suchen Sie bitte die Antwort heraus, die Ihrer Meinung am besten entspricht. Wählen Sie **immer nur eine** der beiden aus und **kreuzen** Sie den entsprechenden Buchstaben an.

1. Ein Rückfall entsteht:
   A) durch fehlenden inneren Halt
   B) durch geringste Mengen Alkohol

2. Selbsthilfegruppen:
   A) sind Bestandteil der Behandlung
   B) lösen das Problem auch nicht

3. Suchttherapeuten:
   A) sind ein überflüssiger Berufsstand
   B) brauchen Verständnis für den Beruf

4. Alkoholismus:
   A) ist Ausdruck einer Erkrankung
   B) zerstört unsere kulturellen Werte

5. Die Ursachen liegen:
   A) in seelischen Belastungen
   B) in einer Willensschwäche

6. Die Behandlung sollte:
   A) Hilfe bei Lebensproblemen sein
   B) neue moralische Werte schaffen

7. Die Pennbrüder:
   A) zeigen den wahren Kern der Dinge
   B) sind genauso Betroffene wie andere

8. Der Jugendalkoholismus:
   A) zeigt, wohin das alles führt
   B) muß rechtzeitg behandelt werden

9. Alkoholismus gibt es:
   A) weil es den Leuten zu gut geht
   B) wir immer mehr Belastungen haben

10. Ein Alkoholiker ist:
    A) verantwortlich für sein Leben
    B) selbst Schuld an seinem Problem

11. Alkoholstraftäter:
    A) sollten strenger bestraft werden
    B) sollten mehr Behandlung erhalten

12. Alkoholismus:
    A) kann bei jedem Menschen entstehen
    B) betrifft nur Charakterschwache

13. Die Angehörigen:
    A) sind meistens Opfer des Ganzen
    B) müssen besser aufgeklärt werden

14. Die Folgen:
    A) müssen rechtzeitig verhütet werden
    B) zeigen den Verfall an Werten

15. Das Behandlungsziel:
    A) ist so gut wie nie zu erreichen
    B) ist durch Abstinenz zu erlangen

16. Die Gesellschaft sollte:
    A) den Alkoholkonsum einschränken
    B) den Alkohol völlig verbieten

17. Alkoholiker erkennt man:
    A) an den körperlichen Schädigungen
    B) an dem Verlust moralischer Werte

18. Eine Behandlung:
    A) hat selten Aussicht auf Erfolg
    B) kann durch Fachpersonal gelingen

19. Alkohol ist:
    A) ein Gift
    B) eine Droge

20. Andere Rauschdrogen:
    A) haben viel Ähnlichkeit mit Alkohol
    B) sind viel gefährlicher als Alkohol

© 1996 Psychologie Verlags Union

Beurteilung meines Alkoholkonsums

BAK

Auf der folgenden Seite werden sie gebeten, zu einigen Aussagen Stellung zu nehmen. Sie haben die Möglichkeit, jeder Aussage stark, mittel oder schwach zuzustimmen oder sie schwach, mittel oder stark abzulehnen. **Kreuzen** Sie bitte jeweils das Kästchen an, das **Ihrer persönlichen Meinung** am besten entspricht.

Diese Aussage ist: sehr falsch ··· sehr richtig

1. Ich habe unter meinem Trinken doch sehr gelitten.
2. Ich mußte nicht immer Alkohol trinken.
3. Die anderen haben nicht weniger getrunken als ich.
4. Ich hatte kein ständiges Verlangen nach Alkohol.
5. Eigentlich habe ich kein großes Alkoholproblem.
6. Mit mir war es noch nicht so weit wie bei vielen anderen.
7. Ich glaube doch, daß ich vom Alkohol abhängig bin.
8. Mein Alkoholkonsum war nicht auffällig.
9. Zuletzt habe ich nichts angenehmes mehr gespürt.
10. Alkohol war mir zuletzt wichtiger als andere Dinge im Leben.
11. Trotz meines Trinkens bin ich körperlich immer fit gewesen.
12. Ich hätte mir eine Menge Probleme ersparen können.
13. Die Wirkung des Alkohols war für mich wichtig.
14. Eigentlich habe ich den Alkohol ständig gebraucht.
15. Zuletzt habe ich häufig zu viel getrunken.
16. Es ging so einfach nicht mehr weiter mit mir.
17. Es wäre besser, wenn ich gar nichts mehr trinken würde.
18. Ich hätte oft früher mit dem Trinken aufhören sollen.
19. So richtig betrunken bin ich nie gewesen.
20. Ich wußte immer noch, was ich getan habe.
21. Ohne Alkohol habe ich mich oft schlecht gefühlt.

© 1996 Psychologie Verlags Union

Hoffnunglosigkeitsskala

H-S-Skala

Geben Sie bitte bei den 20 folgenden Aussagen an, ob Sie für **Sie persönlich** zutreffen oder nicht. Tun Sie dies, indem Sie den entsprechenden Kreis für **richtig oder falsch ankreuzen**.

Diese Aussage ist:	richtig	falsch
1. Ich blicke mit Optimismus und Begeisterung in die Zukunft.	○	○
2. Häufig möchte ich alles hinschmeißen, weil ich es doch nicht besser machen kann.	○	○
3. Wenn einmal alles schief läuft, geht es mir besser, wenn ich daran denke, daß es ja auch wieder aufwärts gehen wird.	○	○
4. Ich kann mir nicht vorstellen, wie mein Leben in 10 Jahren aussehen wird.	○	○
5. Ich habe genug Zeit, um die Sachen, die mir Spaß machen, zu tun.	○	○
6. Ich glaube, daß ich in der Zukunft mit dem, was mich im Moment am meisten beschäftigt, Erfolg haben werde.	○	○
7. Die Zukunft liegt für mich im Dunkel.	○	○
8. Ich erwarte, in meinem Leben mehr Schönes zu erleben als der durchschnittliche Mensch.	○	○
9. Ich kriege einfach keine richtigen Chancen im Leben.	○	○
10. Meine Erfahrungen sind eine gute Vorbereitung für künftige Probleme.	○	○
11. Alles, was ich so im Moment vor mir liegen sehe, ist eher unschön als schön und angenehm.	○	○
12. Ich glaube nicht, daß ich jemals das Leben bekomme, was ich mir in Wahrheit wünsche.	○	○
13. Ich glaube, daß ich in künftigen Zeiten glücklicher sein werde als heute.	○	○
14. Die Dinge laufen einfach nicht so, wie ich es gerne hätte.	○	○
15. Ich setze große Hoffnungen in die Zukunft.	○	○
16. Ich bekomme einfach nie das, was ich will; es ist also Unsinn, überhaupt etwas zu wollen.	○	○
17. Es ist sehr unwahrscheinlich, daß das Leben mir noch Befriedigung und Freude bringt.	○	○
18. Die Zukunft erscheint mir sehr unsicher.	○	○
19. Das Leben wird mir noch viel mehr schöne Zeiten bringen als schlechte.	○	○
20. Es nützt nichts, etwas anzustreben, das ich gerne hätte, da ich es wahrscheinlich ja doch nicht erreiche.	○	○

© 1996 Psychologie Verlags Union

Fragebogen zur Rückfallgefahr

FRG

Auf dieser Seite finden Sie einige **Situationen, in denen die Gefahr besteht, wieder Alkohol zu trinken.** Stellen Sie sich nun vor, Sie würden sich gerade in der jeweiligen Situation befinden.
Kreuzen Sie bitte an, welche der sechs Gefahrenstufen zwischen den beiden **extremen Möglichkeiten von 0% (überhaupt nicht gefährdet)** und **100% (äußerst stark gefährdet)** für Sie persönlich zutrifft.

Ich bin in Gefahr zu trinken...	überhaupt nicht				äußerst stark	
1. ..., wenn ich unsicher bin und mich nicht entscheiden kann.	0	20	40	60	80	100
2. ..., wenn ich mich körperlich sehr schlecht fühle.	0	20	40	60	80	100
3. ..., wenn ich zufrieden bin, weil ich etwas erledigt habe.	0	20	40	60	80	100
4. ..., wenn ich mir beweisen will, daß ich trinken kann, ohne betrunken zu werden.	0	20	40	60	80	100
5. ..., wenn ich unerwartet eine Flasche meines Lieblingsgetränkes finde.	0	20	40	60	80	100
6. ..., wenn ich am Arbeitsplatz mit den anderen nicht zurechtkomme.	0	20	40	60	80	100
7. ..., wenn ich auf einer Feier bin, auf der getrunken wird.	0	20	40	60	80	100
8. ..., wenn ich meine sexuellen Gefühle steigern möchte.	0	20	40	60	80	100
9. ..., wenn ich mich darüber ärgere, daß etwas schief gelaufen ist.	0	20	40	60	80	100
10. ..., wenn ich müde werde und mich munter machen will.	0	20	40	60	80	100
11. ..., wenn ich zufrieden und entspannt bin.	0	20	40	60	80	100
12. ..., wenn ich denke, daß ein bißchen trinken nichts schaden kann.	0	20	40	60	80	100
13. ..., wenn ich daran denke, wie gut es geschmeckt hat.	0	20	40	60	80	100
14. ..., wenn ich meine, daß andere Leute mich nicht mögen.	0	20	40	60	80	100
15. ..., wenn ich Freunde treffe, die mich zum Trinken einladen.	0	20	40	60	80	100
16. ..., wenn ich mich jemandem, den ich mag, näher fühlen möchte.	0	20	40	60	80	100

© 1996 Psychologie Verlags Union

Fragebogen zur Alkoholwirkung

FAW

Im Folgenden finden Sie eine Liste mit verschiedenen **Wirkungen des Alkohols**. Geben Sie bitte an, **wie oft Sie persönlich** diese Alkoholwirkungen bei sich erlebt haben. Tun Sie dies, indem Sie den entsprechenden Kreis für **selten oder häufig ankreuzen**.

Nach einer gewissen Menge Alkohol ...	selten	häufig
1. ... fühlte ich mich ungehemmter.	○	○
2. ... konnte ich meine Gefühle besser ausdrücken.	○	○
3. ... kam mir alles rosiger vor.	○	○
4. ... konnte ich mich eher einer fröhlichen Runde anschließen.	○	○
5. ... kam ich mir erotisch anziehender vor.	○	○
6. ... konnte ich mit anderen Leuten besser reden.	○	○
7. ... fühlte ich mich ausgeglichener.	○	○
8. ... ging es mir einfach gut.	○	○
9. ... war ich in der Liebe gefühlvoller.	○	○
10. ... konnte ich besser aus mir herausgehen.	○	○
11. ... war ich körperlich weniger angespannt.	○	○
12. ... fühlte ich mich nicht mehr so eingeschränkt.	○	○
13. ... war ich ein(e) bessere(r) Liebhaber(in).	○	○
14. ... fühlte ich mich anderen gegenüber stärker.	○	○
15. ... war ich selbstsicherer.	○	○
16. ... war ich viel aufmerksamer.	○	○
17. ... machte mir Sexualität mehr Spaß.	○	○
18. ... war ich viel aggressiver.	○	○
19. ... war ich weniger schüchtern.	○	○
20. ... habe ich mir weniger Sorgen gemacht.	○	○

© 1996 Psychologie Verlags Union

FAW

Geben Sie nun bitte an, **mit welcher Stärke** Sie persönlich die verschiedenen **Alkoholwirkungen** erlebt haben. Kreuzen Sie dazu bitte an, ob Sie die jeweilige Wirkung **schwach, mittel oder stark** empfunden haben.

Nach einer gewissen Menge Alkohol . . .

	schwach	mittel	stark
1. . . . fühlte ich mich ungehemmter.	○	○	○
2. . . . konnte ich meine Gefühle besser ausdrücken.	○	○	○
3. . . . kam mir alles rosiger vor	○	○	○
4. . . . konnte ich mich eher einer fröhlichen Runde anschließen	○	○	○
5. . . . kam ich mir erotisch anziehender vor.	○	○	○
6. . . . konnte ich mit anderen Leuten besser reden.	○	○	○
7. . . . fühlte ich mich ausgeglichener.	○	○	○
8. . . . ging es mir einfach gut.	○	○	○
9. . . . war ich in der Liebe gefühlvoller.	○	○	○
10. . . . konnte ich besser aus mir herausgehen.	○	○	○
11. . . . war ich körperlich weniger angespannt.	○	○	○
12. . . . fühlte ich mich nicht mehr so eingeschränkt.	○	○	○
13. . . . war ich ein(e) bessere(r) Liebhaber(in).	○	○	○
14. . . . fühlte ich mich anderen gegenüber stärker.	○	○	○
15. . . . war ich selbstsicherer.	○	○	○
16. . . . war ich viel aufmerksamer.	○	○	○
17. . . . machte mir Sexualität mehr Spaß.	○	○	○
18. . . . war ich viel aggressiver.	○	○	○
19. . . . war ich weniger schüchtern.	○	○	○
20. . . . habe ich mir weniger Sorgen gemacht.	○	○	○

© 1996 Psychologie Verlags Union

Fragebogen zur Behandlungsbereitschaft

FBB

Auf den folgenden Seiten werden Sie gebeten, zu einigen Aussagen Stellung zu nehmen.
Sie können jeder Aussage **stark, mittel oder schwach zustimmen** oder sie **schwach, mittel oder stark ablehnen**. Kreuzen Sie bitte das Kästchen an, welches Ihrer persönlichen Meinung am besten entspricht.

Wenn eine Aussage für Sie **sehr falsch** ist, durchkreuzen Sie bitte	– – –
Wenn eine Aussage für Sie **falsch** ist, durchkreuzen Sie bitte	– –
Wenn eine Aussage für Sie **eher falsch** ist, durchkreuzen Sie bitte	–
Wenn eine Aussage für Sie **eher richtig** ist, durchkreuzen Sie bitte	+
Wenn eine Aussage für Sie **richtig** ist, durchkreuzen Sie bitte	+ +
Wenn eine Aussage für Sie **sehr richtig** ist, durchkreuzen Sie bitte	+ + +

Bitte beantworten Sie alle Aussagen der Reihe nach, ohne eine auszulassen. Ihre Antworten werden anonym und vertraulich behandelt. Die Fragen haben nichts mit der jetzigen Behandlung zu tun, sondern dienen allein einer wissenschaftlichen Untersuchung.

© 1996 Psychologie Verlags Union

Fragebogen zur Behandlungsbereitschaft

FBB-L

Geben Sie auf dieser Seite bitte an, was Sie für sich persönlich **in der Zukunft befürchten, wenn Sie wie früher weitertrinken**.
Sie können jeder Aussage stark, mittel oder schwach zustimmen oder sie schwach, mittel oder stark ablehnen.
Kreuzen Sie immer das Kästchen an, welches Ihrer Meinung am besten entspricht.

Wenn ich weitertrinke…	sehr falsch					sehr richtig
1. …, würde ich meine Gesundheit immer weiter ruinieren.	− − −	− −	−	+	+ +	+ + +
2. …, wäre meine ganze Leistungsfähigkeit in Gefahr.	− − −	− −	−	+	+ +	+ + +
3. …, würde ich sozial immer weiter absinken.	− − −	− −	−	+	+ +	+ + +
4. …, müßte ich mit Zwangsmaßnahmen gegen mich rechnen.	− − −	− −	−	+	+ +	+ + +
5. …, befürchte ich, daß mein Verstand darunter leidet.	− − −	− −	−	+	+ +	+ + +
6. …, würde mein Selbstbewußtsein noch stärker leiden.	− − −	− −	−	+	+ +	+ + +
7. …, wäre meine finanzielle Existenz in Gefahr.	− − −	− −	−	+	+ +	+ + +
8. …, könnte ich auch straffällig werden.	− − −	− −	−	+	+ +	+ + +
9. …, wäre es möglich, daß ich mein Leben aufs Spiel setze.	− − −	− −	−	+	+ +	+ + +
10. …, könnte sich das Wesen meiner Person völlig verändern.	− − −	− −	−	+	+ +	+ + +
11. …, müßte ich mit dauernder Arbeitslosigkeit rechnen.	− − −	− −	−	+	+ +	+ + +
12. …, fürchte ich, meinen Angehörigen viel Leid zu bereiten.	− − −	− −	−	+	+ +	+ + +
13. …, könnte ich allmählich körperlich zugrunde gehen.	− − −	− −	−	+	+ +	+ + +
14. …, würden sich die letzten Freunde von mir zurückziehen.	− − −	− −	−	+	+ +	+ + +
15. …, fürchte ich keine Familie/Partnerschaft mehr zu haben.	− − −	− −	−	+	+ +	+ + +
16. …, wäre ich nicht mehr sicher, ob ich mich noch selbst beherrsche.	− − −	− −	−	+	+ +	+ + +
17. …, fürchte ich, mein seelisches Gleichgewicht zu verlieren.	− − −	− −	−	+	+ +	+ + +
18. …, müßte ich mit Ablehnung der Gesellschaft rechnen.	− − −	− −	−	+	+ +	+ + +

© 1996 Psychologie Verlags Union

FBB-H

Geben Sie auf dieser Seite bitte an, was für Sie persönlich **noch notwendig ist, um mit dem Trinken dauerhaft aufzuhören**.
Sie können jeder Aussage stark, mittel oder schwach zustimmen oder sie schwach, mittel oder stark ablehnen.
Kreuzen Sie immer das Kästchen an, welches Ihrer Meinung am besten entspricht.

Wenn ich aufhören will…	sehr falsch					sehr richtig
1. …, kann ich meine Schwierigkeiten nicht für mich allein lösen.	− − −	− −	−	+	+ +	+++
2. …, hoffe ich, daß mir andere Menschen helfen werden.	− − −	− −	−	+	+ +	+++
3. …, muß ich anderen gegenüber noch offener sein.	− − −	− −	−	+	+ +	+++
4. …, brauche ich auch die Unterstützung von fremden Menschen.	− − −	− −	−	+	+ +	+++
5. …, bin ich noch lange auf die Hilfe anderer angewiesen.	− − −	− −	−	+	+ +	+++
6. …, hoffe ich auf Entlastung von meiner Vergangenheit.	− − −	− −	−	+	+ +	+++
7. …, brauche ich den Kontakt zu Gleichgesinnten.	− − −	− −	−	+	+ +	+++
8. …, darf ich meine Probleme nicht so schnell wegschieben.	− − −	− −	−	+	+ +	+++
9. …, reicht mein eigener Wille dazu nicht aus.	− − −	− −	−	+	+ +	+++
10. …, hoffe ich auf das Verständnis von anderer Seite.	− − −	− −	−	+	+ +	+++
11. …, muß ich noch mehr über meine Probleme sprechen können.	− − −	− −	−	+	+ +	+++
12. …, werde ich auch auf den Rat von anderen hören müssen.	− − −	− −	−	+	+ +	+++
13. …, brauche ich noch mehr Unterstützung von Gleichgesinnten.	− − −	− −	−	+	+ +	+++
14. …, werde ich noch viel Zuwendung von außen benötigen.	− − −	− −	−	+	+ +	+++
15. …, muß ich auch die Meinung von anderer Seite annehmen können.	− − −	− −	−	+	+ +	+++
16. …, werde ich noch mehr von mir preisgeben müssen.	− − −	− −	−	+	+ +	+++
17. …, wird sich bei mir noch vieles ändern müssen.	− − −	− −	−	+	+ +	+++
18. …, werde ich mir noch viele Ratschläge holen müssen.	− − −	− −	−	+	+ +	+++

© 1996 Psychologie Verlags Union

FBB-E

Geben Sie auf dieser Seite bitte an, **welche Aussichten für Sie persönlich bestehen, mit dem Trinken dauerhaft aufzuhören.**
Sie können jeder Aussage stark, mittel oder schwach zustimmen oder sie schwach, mittel oder stark ablehnen.
Kreuzen Sie immer das Kästchen an, welches Ihrer Meinung am besten entspricht.

Mit dem Trinken aufzuhören...   sehr falsch   sehr richtig

1. ..., traue ich mir persönlich auf Dauer zu.
2. ..., ist mir schon einmal längere Zeit gelungen.
3. ..., haben schon viele andere vor mir geschafft.
4. ..., kann ich mir auf lange Sicht gut vorstellen.
5. ..., ist der beste Weg, meine Probleme zu lösen.
6. ..., wird mir wieder neues Selbstvertrauen geben.
7. ..., erscheint mir als die beste Lösung.
8. ..., kann mir wieder neuen Lebensmut geben.
9. ..., ist für mich der einzig richtige Weg.
10. ..., ermöglicht mir viele neue Erfahrungen.
11. ..., gibt meinem Leben wieder einen Sinn.
12. ..., gibt mir neue Hoffnungen für die Zukunft.
13. ..., macht mich erst wieder richtig lebenstüchtig.
14. ..., hat für mich große Aussicht auf Erfolg.
15. ..., werde ich trotz Schwierigkeiten bewältigen.
16. ..., müßte eigentlich zu schaffen sein.
17. ..., gibt mir wieder ein Gefühl der Zufriedenheit.
18. ..., eröffnet mir ganz neue Möglichkeiten.

© 1996 Psychologie Verlags Union

FBB-K

Geben Sie auf dieser Seite bitte an, **was auf Sie persönlich an Belastungen zukommt, wenn Sie völlig auf den Alkohol verzichten**.
Sie können jeder Aussage stark, mittel oder schwach zustimmen oder sie schwach, mittel oder stark ablehnen. Kreuzen Sie immer das Kästchen an, welches Ihrer Meinung am besten entspricht.

Ein Leben ohne Alkohol...	sehr falsch					sehr richtig
1. ... schränkt mich in meinen Möglichkeiten unnötig ein.	– – –	– –	–	+	+ +	+++
2. ... ist das offene Geständnis meiner Schwäche.	– – –	– –	–	+	+ +	+++
3. ... macht mich zum Außenseiter der Gesellschaft.	– – –	– –	–	+	+ +	+++
4. ..., ist in den Augen der anderen ein Makel.	– – –	– –	–	+	+ +	+++
5. ... verschafft mir nur noch mehr Schwierigkeiten.	– – –	– –	–	+	+ +	+++
6. ... schwächt meine Stellung in der Familie.	– – –	– –	–	+	+ +	+++
7. ... macht mich erst richtig unzufrieden.	– – –	– –	–	+	+ +	+++
8. ... bedeutet für mich eine große Blamage.	– – –	– –	–	+	+ +	+++
9. ... bringt mir doch nur Nachteile im Beruf.	– – –	– –	–	+	+ +	+++
10. ... kostet mich viele unnötige Anstrengungen.	– – –	– –	–	+	+ +	+++
11. ... zahlt sich in dieser Gesellschaft nicht aus.	– – –	– –	–	+	+ +	+++
12. ... gibt den anderen nur Gelegenheit zum Spott.	– – –	– –	–	+	+ +	+++
13. ... bedeutet ein Eingeständnis meiner Schuld.	– – –	– –	–	+	+ +	+++
14. ... wollen mir die anderen doch nur einreden.	– – –	– –	–	+	+ +	+++
15. ... schließt mich bei vielen Geselligkeiten aus.	– – –	– –	–	+	+ +	+++
16. ... kann ich auf die Dauer kaum ertragen.	– – –	– –	–	+	+ +	+++
17. ... macht vieles zunichte, was ich erreicht habe.	– – –	– –	–	+	+ +	+++
18. ... schadet doch nur dem Ansehen meiner Person.	– – –	– –	–	+	+ +	+++

© 1996 Psychologie Verlags Union

FRAGEBOGEN ZUR VERHALTENSANALYSE DER ABHÄNGIGKEIT (FVA)

1 Bestimmung des Problemverhaltens

1.1 Entwicklung der Abhängigkeit

Was ist der **Anlaß** für den Versuch, etwas gegen Ihr Alkoholproblem zu tun?
_____
_____

Welches war Ihr **erstes Erlebnis** mit Alkohol? Wann hatten Sie Ihren ersten Rausch?
_____
_____

Ab wann haben Sie **mehr oder minder regelmäßig** Alkohol getrunken, so wie dies allgemein üblich ist?
_____
_____

Seit wann hat sich Ihr Alkoholkonsum **gesteigert** oder wurde häufiger? Was gab es für Gründe dafür?
_____
_____

Seit wann trinken Sie häufiger, um das **starke Verlangen** nach Alkohol abzubauen?
_____
_____

Nemen Sie außer Alkohol auch **suchterzeugende Medikamente** ein (Schmerz-, Schlaf-, Beruhigungs- und Aufputschmittel)? Welche? _____
_____

Besteht bei Ihnen ein **weiteres Suchtproblem** (Drogen- oder Medikamentenabhängigkeit, Lösungsmittelmißbrauch, Eßstörung oder Glücksspielsucht)? Wenn ja, welches? _____
_____

© 1996 Psychologie Verlags Union

1.2 Körperliche und seelische Folgen

Welche der folgenden **Entzugserscheinungen** haben Sie bisher bei sich feststellen können? Bitte unterstreichen!

Innere Unruhe, Erbrechen, Appetitlosigkeit, Angstträume, Schlafstörungen, Herzrasen, Schweißausbrüche und Händezittern.

Haben Sie schon einmal ein **Delirium** gehabt? Wenn ja, was trat dabei auf? Bitte unterstreichen!

Händezittern, körperliche Unruhe, Angst, fehlende Orientierung für Zeit und Ort, Trugbilder und Stimmenhören.

Haben Sie schon einmal einen **epileptischen Anfall** (Körperkrämpfe mir Zungenbiß und Bewußtlosigkeit mit fehlender Erinnerung) gehabt? Wenn ja, wie häufig? _____

_____

Haben die epileptischen Anfälle andere Ursachen als den Alkohol? Welche? _____

_____

Welche der folgenden **körperlichen Erkrankungen** haben Sie bereits gehabt, auch wenn sie nichts mit dem Alkohol zu tun haben? Bitte unterstreichen!

Magen- und Darmerkrankungen (Entzündung, Geschwür), Lebererkrankungen (Entzündung, Fettleber, Schrumpfleber), Bauchspeicheldrüsenentzündung, Herzbeschwerden (Herzrasen, Kreislaufbeschwerden, Atemnot, Schwellungen in den Beinen) und Störungen in den Beinen (Kribbelgefühl, Taubheit, Schmerzen, Krämpfe, Lähmungen).

Welche der Erkrankungen haben sicher nichts mit dem Alkohol zu tun? Begründen Sie dies!

_____

_____

Haben Sie schon einmal einen **Selbstmordversuch** unternommen? Wie haben Sie versucht, sich das Leben zu nehmen? Wann war dies? _____

_____

Haben Sie bei sich ein Nachlassen der **Konzentrations- und Erinnerungsfähigkeit** bemerkt? Wie hat sich dies gezeigt? _____

_____

© 1996 Psychologie Verlags Union

1.3 Bisherige Selbstkontrollversuche und Behandlungen

Haben Sie schon einmal mit dem **Trinken ganz aufgehört**? Wann war das und wie lange sind Sie abstinent geblieben? _____

_____

Waren Sie schon einmal wegen Alkoholfolgeerkrankungen oder zur Entgiftung in einem **Allgemeinkrankenhaus**? Wann und weshalb? _____

_____

Sind Sie schon einmal wegen Ihres Alkoholproblems in ein **psychiatrisches Krankenhaus** aufgenommen worden? Wie häufig und wie lange? _____

_____

Haben Sie bereits an einer stationären Entwöhnungsbehandlung in einer **Fachklinik** teilgenommen? Wann war dies und wie lange waren Sie danach abstinent? _____

_____

Haben Sie schon einmal den Rat einer **Suchtberatungsstelle** gesucht oder an einer ambulanten Behandlung teilgenommen? Wann war dies und wie lange hatten Sie den Kontakt? _____

_____

Haben Sie schon einmal eine **Selbsthilfegruppe** für Alkoholabhängige (AA etc.) besucht? Wie lange waren Sie Mitglied der Gruppe? _____

_____

© 1996 Psychologie Verlags Union

2 Beschreibung des Konsumverhaltens

2.1 Drogenart

Unterstreichen Sie **sämtliche Drogen**, die Sie jemals in Ihrem Leben eingenommen haben!

Coffein, Nikotin, Alkohol, Schmerz- Schlaf- Beruhigungs- und Aufputschtabletten, Cannabis, Halluziogene, Kokain, Opiate und Sonstiges: _____

Welches war Ihre **Hauptdroge**, die Sie regelmäßig oder am häufigsten eingenommen haben? Unterstreichen Sie bitte und schreiben Sie Ihre bevorzugte Sorte auf!

Alkohol (Bier etc.): _____

Schmerztabletten (Spalt etc.): _____

Schlaftabletten (Dolestan etc.): _____

Beruhigungstabletten (Lexotanil etc.): _____

Aufputschtabletten (Captagon etc.): _____

Rauschdrogen (Haschisch etc.): _____

2.2 Häufigkeit des Drogenkonsums

Schauen Sie sich nun die folgende Zeichnung an: Es ist der **Zeitraum von einem Monat** mit der Einteilung in vier Wochen und den sieben Wochentagen dargestellt. In die Zeichnung sind Kreuze eingesetzt, die anzeigen, zu **welchen Tagen die Droge eingenommen wurde und in welchen Mengen**. Man kann an dem Beispiel ersehen, daß der Alkohol in der ersten Woche regelmäßig jeden Tag konsumiert wurde, am Wochenende liegt ein Anstieg, danach drei Tage Pause, wieder ein Anstieg usw.

Droge: Alkohol
Zeit: März/1996

```
                                                                                    X
              X X                    X X                    X X                     X
              X X                  X X X X                  X X             X       X X
          X X X X X X              X X X X                X X X X         X X     X X X X
          X X X X X X              X X X X                X X X X         X X     X X X X
        ─────────────            ─────────────          ─────────────   ─────────────────
        MoDiMiDoFrSaSo           MoDiMiDoFrSaSo         MoDiMiDoFrSaSo   MoDiMiDoFrSaSo
```

© 1996 Psychologie Verlags Union

Ihre Aufgabe besteht nun darin, für Ihre **Hauptdroge** eine solche Zeichnung mit Kreuzen auszufüllen, so daß man die Menge und Verteilung Ihres Konsums daraus erkennen kann. Es soll sich um einen **typischen Monat** aus der letzten Zeit, in der Ihre Drogeneinnahme am stärksten war, handeln. Die absolute Menge ist dabei nicht wichtig, sondern nur das relative Verhältnis. Tragen Sie als erstes die Drogenart und den beschriebenen Zeitpunkt auf.

Droge:
Zeit:

MoDiMiDoFrSaSo   MoDiMiDoFrSaSo   MoDiMiDoFrSaSo   MoDiMiDoFrSaSo

2.3 Intensität des Drogenkonsums

Schauen Sie sich nun die folgende Zeichnung an: Es ist der **Zeitraum eines 24-Stunden-Tages** dargestellt. Sie sehen links neben der Linie die verschiedenen Zeiten des Tagesablaufes (Aufstehen etc.). Rechts von der Linie sehen Sie wieder Kreuze eingetragen, die angeben, zu **welchen Zeiten und in welchen Mengen** die Droge eingenommen wurde. In dem vorliegenden Beispiel wurde der Alkohol über den ganzen Tag verteilt mit gleichen Abständen und in gleichen Mengen eingenommen.

Droge: Alkohol
Zeit: Ein Wochentag   6.00
       im März 1996   Aufstehen
                           Arbeitsbeginn   X X

                                        X X

                           12.00
                           Mittagspause

                                        X X

                                        X X

                           18.00
                           Feierabend
                           Essen   X X

                                        X X

                           Schlafen   24.00

© 1996 Psychologie Verlags Union

Sie sollen nun für Ihre **Hauptdroge** zwei solcher Zeichnungen mit Kreuzen ausfüllen. Eine Zeichnung gilt für einen typischen **Wochentag** und eine für einen typischen Tag **am Wochenende**.

Droge: Droge:
Zeit: Zeit:

6.00   6.00

12.00   12.00

18.00   18.00

24.00   24.00

2.4 Zusammenfassung

Wenn Sie nun das **Ergebnis Ihres Fragebogens** anschauen, so können Sie Ihren Drogenkonsum genauer beschreiben:

Welches ist Ihre **Hauptdroge**? Bitte unterstreichen!

        Alkohol   Medikamente   Rauschdrogen

Welches war Ihr **durchschnittlicher Tageskonsum**?

        Tagesdurchschnitt: _____

War dies im **Vergleich zum allgemein üblichen Konsum** ein geringer oder großer Verbrauch? Bitte unterstreichen!

    Sehr wenig   wenig   mittel   viel   sehr viel

Haben Sie Ihre Droge **eher regelmäßig oder eher periodisch** eingenommen (über mehrere Wochen betrachtet)? Bitte unterstreichen!

        regelmäßig   periodisch

Haben Sie Ihre Droge eher **verteilt oder konzentriert** eingenommen (auf einen Tag bezogen)? Bitte unterstreichen!

        verteilt   konzentriert

© 1996 Psychologie Verlags Union

3 Analyse der unmittelbaren Reizbedingungen

3.1 Beispielhaftes Problemverhalten

Sie sollen sich nun die **Situation, in der Sie Ihre Hauptdroge regelmäßig oder häufiger eingenommen haben** genauer beschreiben. Wählen Sie dazu ein **typisches Beispiel** aus. Gehen Sie dazu vielleicht in Ihrer Erinnerung ein halbes Jahr zurück und versuchen Sie sich Ihre damalige Situation in der Familie, am Arbeitsplatz und in der Freizeit genau bildlich vorzustellen...
Schildern Sie nun Ihre damalige Lebensumstände und eine dazu passende typische Konsumsituation!

_____
_____
_____
_____
_____
_____
_____
_____
_____
_____

Beantworten Sie dazu die **folgenden Fragen**!

Wo war es: _____

Welche Zeit war es: _____

Wer war dabei: _____

Was haben Sie dabei getan: _____

Wie ging es Ihnen dabei: _____

© 1996 Psychologie Verlags Union

Versuchen Sie sich nun auf den **Ablauf der Drogeneinnahme** zu konzentrieren und beschreiben Sie dies genau!

Auf welche **Art** haben Sie die Drogen eingenommen: _____

Über welchen **Zeitraum** hat sich dies erstreckt: _____

Wieviel haben Sie konsumiert: _____

Versuchen Sie sich nun auf Ihr **Erlebnis** bei der Drogeneinnahme und die **unmittelbaren Wirkungen** zu konzentrieren und beschreiben Sie dies genau! Was haben Sie dabei gefühlt?

Was haben Sie **körperlich/seelisch** empfunden: _____

Was ging Ihnen dabei **durch den Kopf**: _____

3.2 Auslösende Situationen

Beschreiben Sie möglichst genau **die Situationen, in denen Sie häufiger Ihre Hauptdroge eingenommen haben**! Jede Beschreibung sollte den **Ort**, die **Zeit**, die anwesenden **Personen**, die jeweilige **Tätigkeit** und Ihren inneren **Zustand** angeben (z. B.: Zuhause im Wohnzimmer, am späten Abend, allein, vor dem Fernseher sitzend, müde und gelangweilt.).

Situation 1: _____

Situation 2: _____

Situation 3: _____

Nennen Sie zwei **wesentliche Merkmale**, die diesen Situationen gemeinsam sind: _____

© 1996 Psychologie Verlags Union

3.3 Unmittelbare Wirkungen

Zählen Sie nun alle **unmittelbaren Wirkungen** Ihrer Drogeneinnahme auf, die Sie empfunden haben! Es kommt darauf an, daß Sie möglichst viele solcher Wirkungen aufzählen.

Angenehme Empfindungen (z. B. gesellig sein, entspannt sein, über den Dingen stehen, usw.):

_____
_____

Neue Fähigkeiten (z. B. besser Kontakt finden, sich durchsetzen können, einfallsreicher sein, etc.):

_____
_____

Positive Reaktionen der Umgebung (z. B. Zuwendung bekommen, mehr Anerkennung erhalten, Dazugehören, etc.):

_____
_____

Wegfall unangenehmer Zustände (z. B. weniger einsam sein, Ärger überwinden, einschlafen können, etc.):

_____
_____

Wählen Sie nun die zwei **Wirkungen** aus, für die Sie **besonders empfänglich** waren:

_____
_____

© 1996 Psychologie Verlags Union

4 Beschreibung der persönlichen Lebensgestaltung

4.1 Der Energieverteilungskuchen

Im folgenden sollen Sie eine **Bestandsaufnahme Ihrer Lebensgestaltung vornehmen.** Zunächst müssen Sie sich jeweils für einen bestimmten Lebensabschnitt entscheiden. Dann müssen Sie entscheiden, welche Lebensbereiche für Sie zu diesem Zeitpunkt von Bedeutung waren und wieviel Energie ausgedrückt in Zeit Sie auf die verschiedenen Bereiche verteilt haben. Sie können dabei an einen Kuchen denken, den man in verschieden große Stücke schneiden kann.
Schauen Sie sich bei dem Beispiel die aufgeführten Lebensbereiche an und vergleichen Sie dies mit Ihrer eigenen Lebensgestaltung!

Zeit: 1996

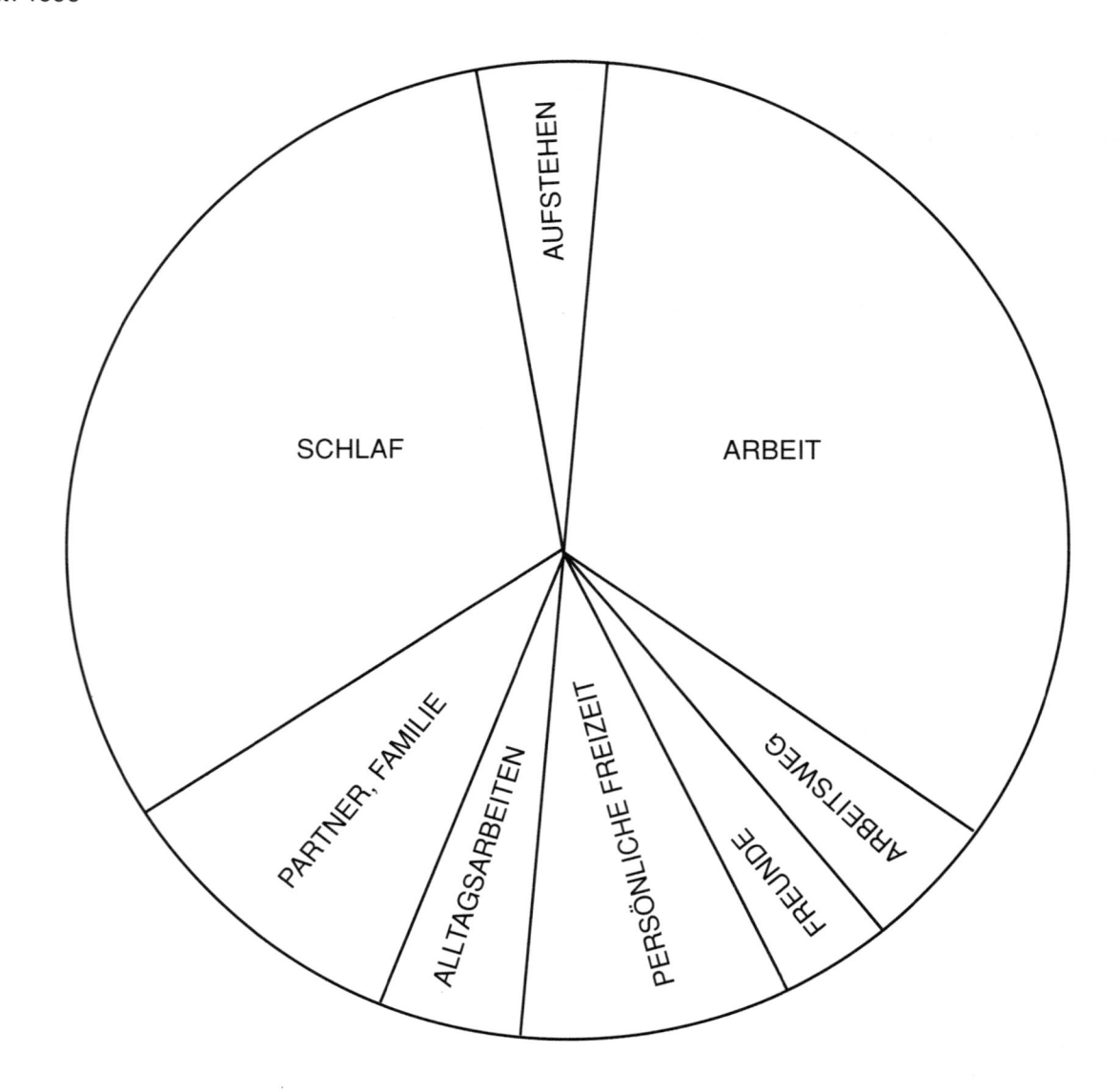

© 1996 Psychologie Verlags Union

Anhang 137

Besinnen Sie sich nun zunächst auf die **Zeit, bevor Ihre Abhängigkeit begonnen hat**. Konzentrieren Sie sich auf diese Zeit, die wahrscheinlich etliche Jahre zurückliegt, indem Sie sich Ihre damalige Situation in der Familie, im Beruf und in der Freizeit genau vorstellen. Tragen Sie dazu zunächst die Jahreszahl des von Ihnen gewählten Zeitpunktes ein. Überlegen Sie nun, welche Lebensbereiche für Sie damals von Bedeutung waren und wieviel Zeit Sie dafür verwandt haben.
Stellen Sie dies nun wie in dem Beispiel zeichnerisch dar!

Zeit:

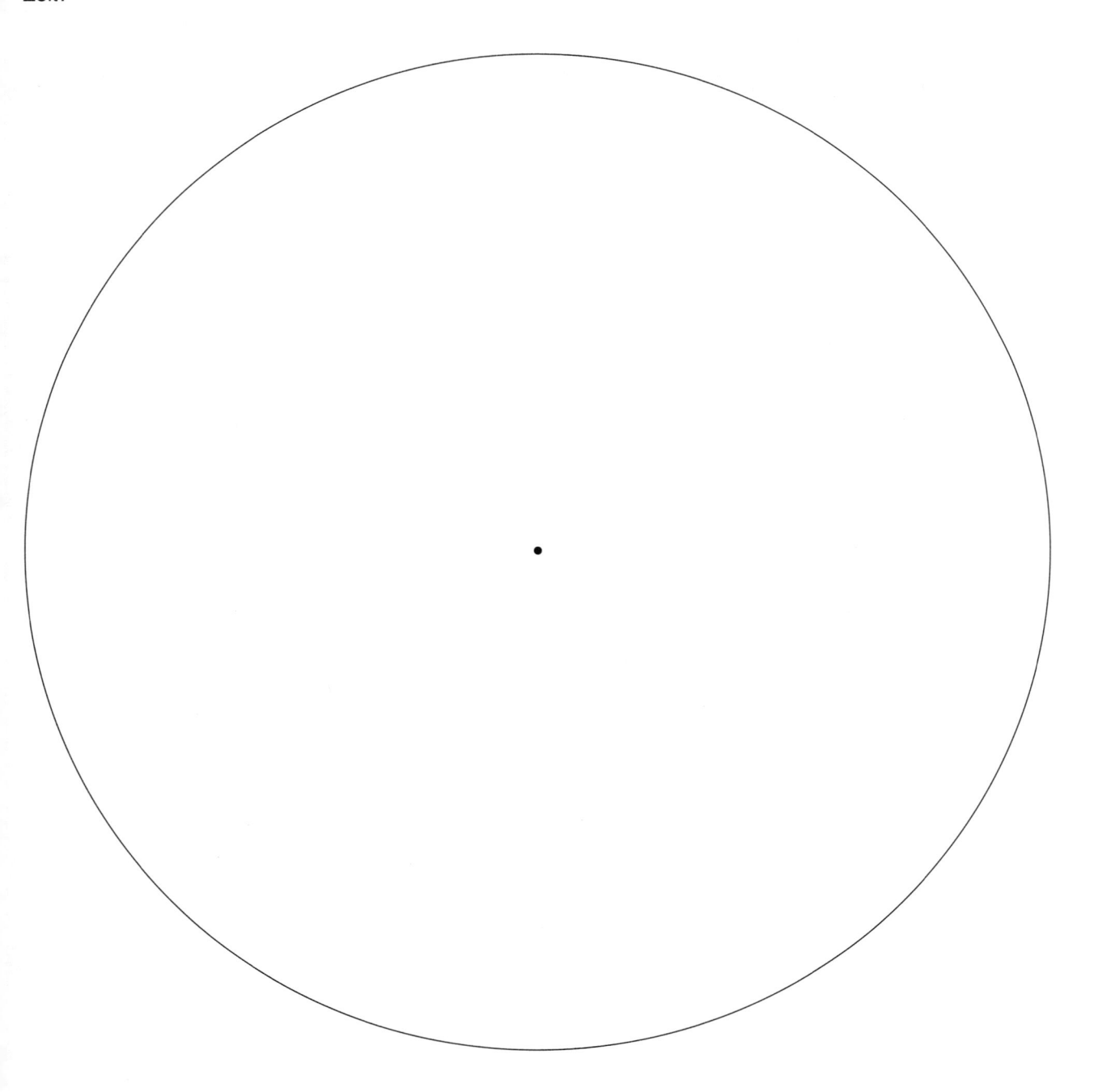

© 1996 Psychologie Verlags Union

Konzentrieren Sie sich nun entsprechend auf die **Zeit nachdem sich Ihre Abhängigkeit** entwickelt hat. Verfahren Sie wie zuvor, indem Sie sich in diese Zeit hineinversetzen und tragen Sie den Zeitpunkt ein.
Stellen Sie dies nun wie in dem Beispiel zeichnerisch dar!

Zeit:

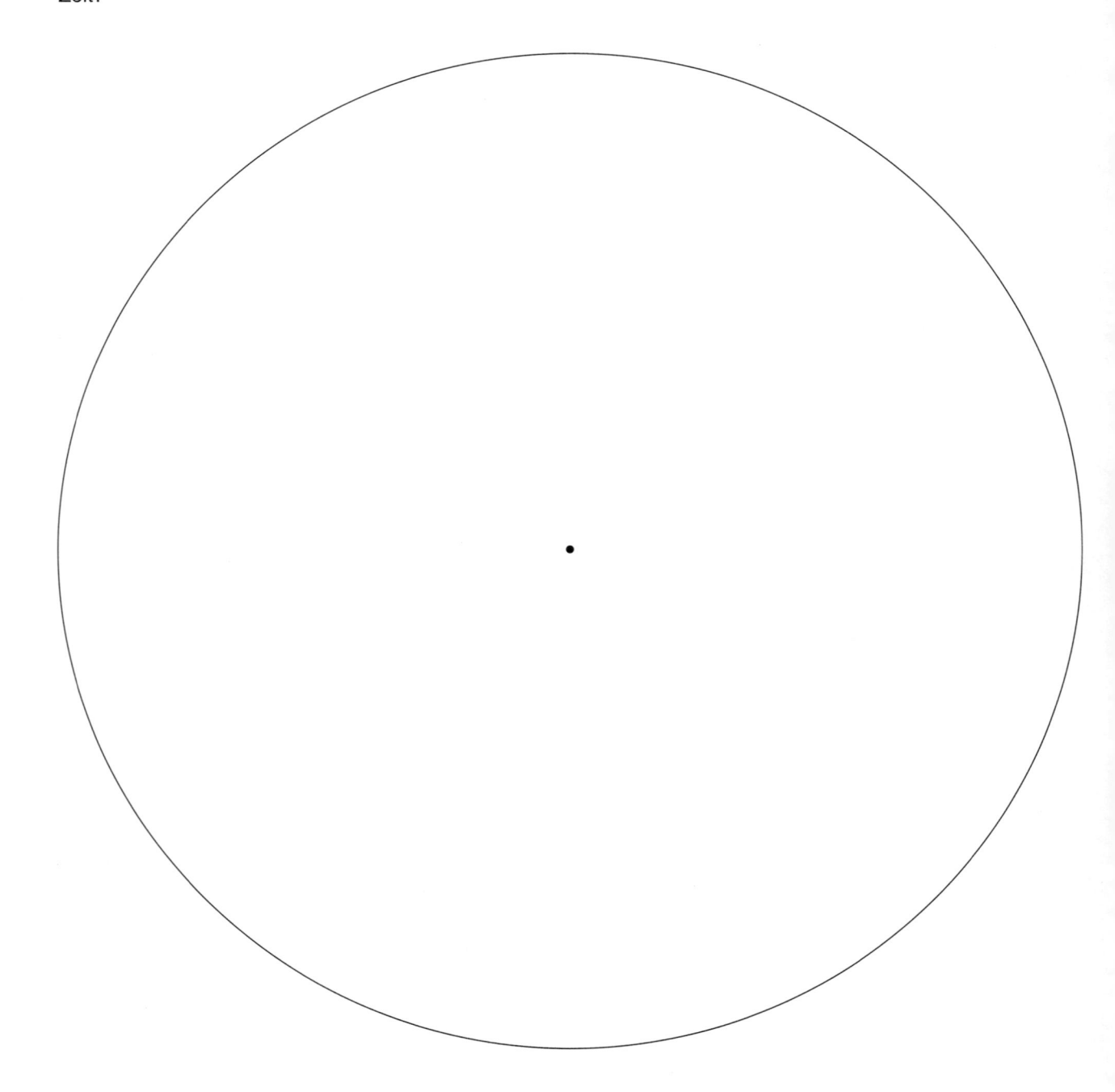

4.2 Vergleichende Beurteilung

Wenn Sie nun die beiden von Ihnen erstellten **Darstellungen Ihrer Lebensgestaltung vergleichen**, dann können Sie die folgenden Fragen beantworten.

In welchen Lebensbereichen bestanden vor Ihrer Abhängigkeit **Lücken** und wo sind durch die Abhängigkeit zusätzliche Veränderungen eingetreten?

In welchen Lebensbereichen bestanden vor Ihrer Abhängigkeit besondere **Stärken** und welche positiven Interessen, Fähigkeiten und Eigenschaften haben Sie beibehalten?

Familie und Partnerschaft:
Frühere und entstandene Lücken: _____

_____

Frühere und jetzige Stärken: _____

_____

Arbeit und Beruf:
Frühere und entstandene Lücken: _____

_____

Frühere und jetzige Stärken: _____

_____

Soziale Kontakte:
Frühere und entstandene Lücken: _____

_____

Frühere und jetzige Stärken: _____

_____

Freizeit:
Frühere und entstandene Lücken: _____

_____

Frühere und jetzige Stärken: _____

_____

Eigene Person:
Frühere und entstandene Lücken: _____

_____

Frühere und jetzige Stärken: _____

_____

© 1996 Psychologie Verlags Union

5 Zusammenfassende Verhaltensanalyse

5.1 Verhaltensüberschuß

Bei welchen Drogen (Nikotin, Alkohol, Medikamente und Rauschdrogen) besteht bei Ihnen eine **Abhängigkeit**?

_____

Welcher der beiden **Hauptursachen** (Gewohnheitsbildung oder Drogenwirkung) steht bei Ihnen im Vordergrund?

_____

Welches sind die beiden **wichtigsten Auslöser** (Situationen) für Ihre Drogeneinnahme?

_____

_____

Welches sind die beiden wichtigsten **unmittelbaren Konsequenzen** (Wirkungen) Ihrer Drogeneinnahme?

_____

_____

5.2 Verhaltenslücken

Zählen Sie die **Besonderheiten** Ihrer Person und Lebensgestaltung auf, die bei Ihnen **schwächer ausgeprägt** sind, als bei anderen Menschen!

_____

_____

Legen Sie die **Besonderheiten** Ihrer Person und Lebensgestaltung fest, die **Sie verändern wollen**!

_____

_____

5.3 Verhaltensalternativen

Nennen Sie die **positiven Eigenschaften** Ihrer Person, die Sie **ausbauen können**, um den Alkohol zu ersetzen und Ihre Lebensgestaltung zu verbessern!

_____

_____

© Psychologie Verlags Union (aus Jörg Petry: Alkoholismustherapie 1996³)

Literatur

Abbey, A.; Smith, M.J. & Scott, R.O. (1993). The Relationship between Reasons for Drinking, Alcohol and Alcohol Consumption: An Interactional Approach. Addictive Behaviors, 18, 659–670.

Abbot, M.W. (1984). Locus of Control and Treatment Outcome in Alcoholics. Journal of Studies on Alcohol, 45, 46–52.

Abrams, D.B. (1983). Psychosocial Assessment of Alcohol and Stress Interactions: Bridgin the Gap between Laboratory and Treatment Outcome Research. In L.A. Prochorecky & J. Brick (Eds.): Stress and Alcohol Use (pp. 61–86). New York: Elsevier.

Abramson, L.Y.; Seligman, M.E.P. & Teasdale, J.D. (1978). Learned Helplessness in Humans: Critique and Reformulation. Journal of Abnormal Psychology, 87, 49–74.

Ach, N. (1910). Über den Willensakt und das Temperament. Leipzig: Quelle & Meyer.

Aharan, C.H.; Ogilvier, R.D. & Partington, J.T. (1967). Clinical Indications of Motivation in Alcoholic Patients. Quarterly Journal of Studies on Alcohol, 28, 486–492.

Ajzen, I. & Fishbein, M. (1977). Attitude-Behavior Relations: A Theoretical Analysis and Review of Empirical Research. Psychological Bulletin, 84, 888–918.

Albrecht, G.L. (1973). The Alcoholism Process: A Social Learning Viewpoint. In P.G. Bourne & R. Fox (Eds.): Alcoholism: Progress in Research and Treatment (pp. 11–42). New York: Academic Press.

American Psychiatric Association (Ed.). (1980). Diagnostic and Statistical Manual of Mental Disorders, Third Edition. Washington, D.C.: APA.

Anderson, J.R. (1989[2]). Kognitive Psychologie: Eine Einführung. Heidelberg: Spektrum der Wissenschaft (Englisches Original 1985[2]: Cognitive Psychology and Its Implications).

Annis, H.M. (1982). Situational Confidence Questionnaire. Toronto, Ont.: Addiction Research Foundation.

Annis, H.M. (1986). A Relapse Prevention Model for Treatment of Alcoholics. In W.R. Miller & N. Heather (Eds.): Treating Addictive Behaviors: Process of Change. (pp. 407–433). New York: Plenum.

Antons, K. (1992[5]). Praxis der Gruppendynamik. Göttingen: Hogrefe.

Antons, K.; Antons-Brandi, V.; Schulz, W. & Wieß, H. (1987[2]). Ein Modell für das Entstehen von süchtigem Alkoholismus. In K. Antons & W. Schulz (Hrsg.): Normales Trinken und Suchtentwicklung, Bd. 2 (S. 245–275). Göttingen: Hogrefe.

Antons, K. & Schulz, W. (1990[3]). Normales Trinken und Suchtentwicklung: Theorie und empirische Ergebnisse interdisziplinärer Forschung zum sozial integrierten Alkoholkonsum, Bd. 1. Göttingen: Hogrefe.

Argelander, H. (1970). Das Erstinterview in der Psychotherapie. Darmstadt: Wissenschaftliche Buchgesellschaft.

Armor, D.J.; Polich, J.M. & Stambul, H.B. (1976). Alcoholism and Treatment. Santa Monica, Calif.: Rand Corporation.

Arntz, H. (1978). Weinbrand, Wasser des Lebens. Bergisch Gladbach: Lübbe.

Atkinson, J.W. (1957). Motivational Determinants of Risk-taking Behavior. Psychological Review, 64, 359–372.

Atkinson, J.W. (1964). An Introduction to Motivation. Princeton, N.J.: Van Nostrand.

Bales, R.F. (1946). Cultural Differences in Rates of Alcoholism. Quarterly Journal of Studies on Alcohol, 6, 480–499.

Bales, R.F. (1962). Attitudes Toward Drinking in the Irish Culture. In D.J. Pittman & C.R. Snyder (Eds.): Society, Culture and Drinking Patterns (pp. 157–187). New York: John Wiley.

Bandura, A. (1969). Principles of Behavior Modification. New York: Holt, Rinehart & Winston.

Bandura, A. (1977). Self-efficacy: Toward a Unifying Theory of Behavioral Change. Psychological Review, 84, 191–215.

Bandura, A. (1986). Social Formulations of Thought and Action: A Social Cognitive Theory. Englewood Cliffs, N.J.: Prentice Hall.

Bandura, A. & Cervone, D. (1983). Self-evaluative and Self-efficacy Mechanisms Governing the Motivational Effects of Goal Systems. Journal of Personality and Social Psychology, 45, 1017–1028.

Barbor, T.F.; Stephens, R.S. & Marlatt, G.A. (1987). Verbal Report Methods in Clinical Research on Alcoholism: Response Bias and Its Minimization. Journal of Studies on Alcohol, 48, 410–424.

Bardsley, P.E. & Beckman, L.J. (1988). The Health Belief Model and Entry into Alcoholism Treatment. International Journal of the Addictions, 23, 19–28.

Barnes, G.E. (1979). The Alcoholic Personality: A Reanalysis of the Literature. Journal of Studies on Alcohol, 40, 571–634.

Barry, H. (1974). Psychological Factors in Alcoholism. In B. Kissin & H. Begleiter (Eds.): The Biology of Alcoholism, Vol. 3: Clinical Pathology (pp. 53–108). New York: Plenum.

Bartling, G.; Echelmeyer, C.; Engberding, M. & Krause, R. (1991[3]). Problemanalyse im therapeutischen Prozeß. Stuttgart: Kohlhammer.

Bastine, R. (1978). Strategien psychotherapeutischen Handelns. In F. Reimer (Hrsg.): Möglichkeiten und Grenzen der Psychotherapie im psychiatrischen Krankenhaus (S. 59–66). Stuttgart: Thieme.

Bastine, R. (1980). Ausbildung in psychotherapeutischen Methoden und Strategien. In V. Biertsch & D. Tscheulin (Hrsg.): Ausbildung in Klinischer Psychologie und Psychotherapie (S. 71–85). Weinheim: Beltz.

Bastine, R. (1982). Psychotherapie. In R. Bastine, P.A. Fiedler, K. Grawe, S. Schmidtchen & G. Sommer (Hrsg.): Grundbegriffe der Psychotherapie (S. 311–317). Weinheim: Edition Psychologie.

Bastine, R. (1990²). Klinische Psychologie, Bd. 1. Stuttgart: Kohlhammer.

Bastine, R. & Kommer, D. (1979). Konfrontation als Strategie psychotherapeutischen Handelns. In L.H. Eckesberger (Hrsg.): Bericht über den 31. Kongreß der Deutschen Gesellschaft für Psychologie in Mannheim 1978, Bd. 2.: Praxisfelder der Psychologie (S: 412–416). Göttingen: Hogrefe.

Bauman, K.E.; Fisher, L.A.; Bryan, E.S. & Chenoweth, R.L. (1985). Relationships between Subjective Expected Utility and Behavior: A Longitudinal Study of Adolescent Drinking Behavior. Journal of Studies on Alcohol, 46, 32–38.

Bechert, S.; Czeogalik, P.; Dietsch, P.; Leitner, M.; Lienemann, S.; Täschner, K.-L. & Widmaier, C. (1989). Zur Prognose des kurzfristigen Rückfalls nach Entgiftung bei Alkoholkranken. In H. Watzl & R. Cohen (Hrsg.): Rückfall und Rückfallprophylaxe (S. 167–175). Berlin: Springer.

Beck, A.T. (1972). Depression: Causes and Treatment. Philadelphia: University of Pennsylvania Press.

Beck, A.T.; Rush, J. & Kovacs, M. (1978). Therapeuten-Manual für die kognitive Verhaltenstherapie von Depressionen. Tübingen: Materialien Nr. 15 der Deutschen Gesellschaft für Verhaltenstherapie.

Beck, A.T.; Rush, A.J.; Shaw, B.F. & Emery, G. (1992³). Kognitive Therapie der Depression. Weinheim: Psychologie Verlags Union (Englisches Original 1979: Cognitive Therapy of Depression).

Beck, A.T.; Steer, R.A.; Kovacs, M. & Garrison, B. (1985). Hopelessness and Eventual Suicide: A 10-Year Prospective Study of Patients Hospitalized with Suicidal Ideation. American Journal of Psychiatry, 142, 559–563.

Beck, A.T.; Steer, R.A. & McElroy, M.G. (1982). Relationships of Hopelessness, Depression and Previous Suicide Attempts to Suicidal Ideation in Alcoholics. Journal of Studies on Alcohol, 43, 1042–1046.

Beck, A.T.; Steer, R.A. & Trexler, L.D. (1989). Alcohol Abuse and Eventual Suicide: A 5 to 10-Year Prospective Study of Alcohol-abusing Suicide Attempt. Journal of Studies on Alcohol, 50, 202–209.

Beck, A.T.; Ward, C.; Mendelson, M.; Mock, J. & Erbough, J. (1961). An Inventory for Measuring Depression. Archives of General Psychiatry, 4, 53–63.

Beck, A.T.; Weissman, A. & Kovacs, M. (1976). Alcoholism, Hopelessness and Suicidal Behavior. Journal of Studies on Alcohol, 37, 66–77.

Beck, A.T.; Weissman, A.; Lester, D. & Trexler, L.D. (1974). The Measurement of Pessimism: The Hopelessness Scale. Journal of Consulting and Clinical Psychology, 42, 861–865.

Beckman, L.J. (1979). Beliefs About the Courses of Alcohol-related Problems Among Alcoholic and Non-alcoholic Women. Journal of Clinical Psychology, 35, 663–670.

Beidel, D.C. & Turner, S.M. (1986). A Critique of the Theoretical Basis of Cognitive Behavioral Theories and Therapy. Clinical Psychological Review, 6, 177–197.

Bem, D.J. (1972). Self-perception Theory. In L. Berkowitz (Ed.): Advances in Experimental and Social Psychology, Vol. 6 (pp. 1–62). New York: Academic Press.

Bentler, P.M. & Speckart, G. (1979). Models of Attitude-Behavior Relations. Psychological Review 86, 452–464.

Bentler, P.M. & Speckart, G. (1981). Attitude "Cause" Behaviors: A Structural Equation Analysis. Journal of Personality and Social Psychology, 40, 226–238.

Berg, N.L. (1971). Effects of Alcohol Intoxication on Self-concept: Studies of Alcoholics and Controls in Laboratory Conditions. Quarterly Journal of Studies on Alcohol, 32, 442–453.

Berglas, S. (1987). Self-handicapping Model. In H.T. Blane & K.E. Leonard (Eds.): Psychological Theories of Drinking and Alcoholism (pp. 305–345). New York: Guilford.

Berglund, M. (1984). Suicide in Alcoholism. Archives of General Psychiatry, 41, 888–891.

Berzins, J.I.; Ross, W.F. & Monroe, J.J. (1970). Crossvalidation of the Hill-Monroe Acceptability for Psychotherapy Scale for Addict Males. Journal of Clinical Psychology, 26, 199–201.

Bilitza, K.W. (Hrsg.) (1993) Suchttherapie und Sozialtherapie: Psychoanalytisches Grundwissen für die Praxis. Göttingen: Vandenhoeck & Ruprecht.

Blane, H.T. (1968). The Personality of the Alcoholic: Guises of Dependency. New York: Harper & Row.

Blane, H.T. (1970). The Alcoholic: Psychodynamics and Personality Structure. In M.E. Chafetz, H.T. Blane & M.J. Hill (Eds.): Frontiers of Alcoholism (pp. 5–29). New York: Science House.

Blane, H.T. & Leonard, K.E. (Eds.). (1987). Psychological Theories of Drinking and Alcoholism. New York: Guilford.

Botvin, G.J.; Baker, E.; Filazzola, A.D. & Botvin, E.M. (1990). Cognitive-behavioral Approach to Substance Abuse Prevention: One-Year Follow-up. Addictive Behaviors, 15, 47–63.

Brand, J. & Clotz, B. (1982). Zum Begriff der Externalität: Eine Gegenüberstellung von Schachters Adipositastheorie, Rotters Kontrollerwartungskonzept und Attributionstheorie. Psychologische Beiträge, 24, 181–198.

Brand-Jacobi, J. (1982). Die Wirkung äußerer Reize auf die Verhaltenssteuerung von Alkoholikern. Der Nervenarzt, 53, 647–653.

Brecht, B. (1967). Das epische Theater. In Gesammelte Werke, Bd. 15 (S. 262–272). Frankfurt/M.: Suhrkamp.

Brecht, B. (1968). Kleines Organon für das Theater. In Gesammelte Werke, Bd. 16 (S. 661–708). Frankfurt/M.: Suhrkamp.

Brecht, B. (1968b). Anmerkungen zur Oper „Aufstieg und Fall der Stadt Mahagony". In Gesammelte Werke, Bd. 17 (S. 1004–1016). Frankfurt/M.: Suhrkamp.

Brehm, S.S. (1980). Anwendung der Sozialpsychologie in der klinischen Praxis. Bern: Huber. (Englisches Original 1976: The Application of Social Psychology to Clinical Practicel.

Brehm, J.W. & Cohen, A.R. (1962). Explorations in Cognitive Dissonance. New York: John Wiley.

Brenk-Schulte, E. & Pfeiffer, W. (1983). Motivationsprozesse in der Kontaktphase der Therapie des Alkoholismus. In O. Schrappe (Hrsg.): Methoden der Behandlung von Alkohol-, Drogen- und Medikamentenabhängigkeit (S: 27–38). Stuttgart: Schattauer.

Brenk-Schulte, E. & Pfeiffer, W. (1987). Therapiemotivation in der Kontaktphase der Alkoholismusbehandlung – empirische Untersuchung im Rahmen einer Motivierungsgruppe. In E. Brenk-Schulte & W. Pfeiffer: Therapiemotivation in der Behandlung des Alkoholismus (S. 59–84). München: Gerhard Röttger.

Brickman, P.; Rabinowitz, V.C.; Karuza, Jr., J.; Coates, D.; Cohen, E. & Kidder, L. (1982). Models of Helping and Coping. American Psychologist, 37, 368–384.

Brown, R.A. (1979). Fear-induced Attitude Change as a Function of Conformity and Drinking Patterns in Alcoholics. Journal of Clinical Psychology, 35, 454–456.

Brown, S.A.; Christiansen, B.A. & Goldman, M.S. (1987). The Alcohol Expectancy Questionnaire: An Instrument for the Assessment for Acdolescent and Adult Alcohol Expectancies. Journal of Studies on Alcohol, 48, 483–491.

Brown, S.A.; Goldman, M.S. Inn, A. & Anderson, C.R. (1980). Expectations of Reinforcement From Alcohol: Their Domain and Relation to Drinking Patterns. Journal of Consulting and Clinical Psychology, 48, 419–426.

Brown, S.A. & Schuckit, M.A. (1988). Changes in Depression Among Abstinent Alcoholics. Journal of Studies on Alcohol, 49, 412–417.

Brown, S.A.; Stetson, B.A. & Beatty, P.A. (1989). Cognitive and Behavioral Features of Adolescent Coping in High-risk Drinking Situations. Addictive Behavior, 14, 43–52.

Budd, R.J. & Spencer, C.P. (1984). Predicting Undergraduates' Intentions to Drink. Journal of Studies on Alcohol, 45, 179–183.

Bundeszentrale für Gesundheitliche Aufklärung (Hrsg.). (1977). Alkohol und Gesundheit: Unterrichtseinheiten für das 5. und 6. Schuljahr. Stuttgart: Ernst Klett.

Bundeszentrale für Gesundheitliche Aufklärung (Hrsg.). (1980). Illegale Drogen, Arzneimittelmißbrauch, Alkohol und Rauchen: Unterrichtswerk für die Sekundarstufe 1 (5. bis 10. Schuljahr). Stuttgart: Ernst Klett.

Burling, T.A.; Reilly, P.M.; Moltzen, J.O. & Ziff, D.C. (1989). Self-efficacy and Relapse among Inpatient Drug and Alcohol Abusers: A Predictor of Outcome. Journal of Studies on Alcohol, 50, 354–360.

Burtle, V.; Whitlock, D. & Franks, V. (1974). Modification of Low Self-esteem in Women Alcoholics: A Behavior Treatment Approach. Psychotherapy, 11, 36–40.

Butts, S.V. & Chotlos, J. (1973). A Comparison of Alcoholics and Nonalcoholics on Perceived Locus of Control. Quarterly Journal of Studies on Alcohol, 34, 1327–1332.

Bynum, W.F. (1968). Chronic Alcoholism in the First Half of the 19th Century. Bulletin of the History of Medicine, 42, 160–185.

Caddy, G.R. (1978). Blood Alcohol Concentration Discrimination Training: Development and Current Status. In G.A. Marlatt & P.E. Nathan (Eds.): Behavioral Approaches to Alcoholism (pp. 114–129). New Brunswick, N.J.: Rutgers Center of Alcohol Studies.

Caddy, G.R. (1978b). Toward a Multivariate Analysis of Alcohol Abuse. In P.E. Nathan, G.A. Marlatt & T. Loberg (Eds.): Alcoholism: New Directions in Behavioral Research and Treatment (pp. 71–117). New York: Plenum.

Caetano, R. (1987). Public Opinions about Alcoholism and Its Treatment. Journal of Studies on Alcohol, 48, 153–160.

Cahalan, D. (1970). Problem Drinkers. San Francisco, Calif.: Jossey-Bass.

Cahalan, D.; Cisin, I.H. & Crossley, H.M. (1969). American Drinking Practices: A National Study of Drinking Behavior and Attitudes. New Brunswick, N.J.: Rutgers Center for Alcohol Studies.

Cannon, W.B. (1940). The Interrelation of Emotions as Suggested by Recent Physiological Research. American Journal of Psychiatry, 25, 256–282.

Cappell, H. & Greeley, J. (1987). Alcohol and Tension Reduction: An Update on Research and Theory. In H.T. Blane & K.E. Leonard (Eds.): Psychological Theories of Drinking and Alcoholism (pp. 15–54). New York: Guilford.

Cappell, H. & Herman, C.P. (1972). Alcohol and Tension Reduction: A Review. Quarterly Journal of Studies on Alcohol, 33, 33–64.

Casswell, S. & McPherson, M. (1983). Attitudes of New Zealand General Practitioners to Alcohol-related Problems. Journal of Studies on Alcohol, 44, 342–351.

Cautela, J.H. (1978). Die Behandlung des Alkoholismus durch verdeckte Sensibilisierung. In R.E. Vogler & D. Revensdorf (Hrsg.): Alkoholmißbrauch (S. 65–72). München: Urban & Schwarzenberg. (Englisches Original 1970: The Treatment of Alcoholism by Covert Sensitization).

Chafetz, M.E.; Blane, H.T.; Abram, H.S.; Golner, J.; Lacy, E.; McCourt, W.F.; Clark, E. & Meyers, W. (1962). Establishing Treatment Relations with Alcoholics. Journal of Nervous and Mental Disease, 134, 395–409.

Charalampous, K.D.; Ford, B.K. & Skinner, T.J. (1976). Self-esteem in Alcoholics and Nonalcoholics. Journal of Studies on Alcohol, 37, 990–994.

Chassin, L.; Mann, L.M. & Sher, K.J. (1988). Self-awareness Theory, Family History of Alcoholism, and Adolescent Alcohol Involvement. Journal of Abnormal Psychology, 97, 206–217.

Childress, A.R.; McLellan, A.T. & O'Brien, C.P. (1985). Behavioral Therapies for Substance Abuse. The International Journal of the Addictions, 20, 947–969.

Christiansen, B.A.; Roehling, R.V.; Smith, G.T. & Goldman, M.S. (1989). Using Alcohol Expectancies to Predict Adolescent Drinking Behavior after One Year. Journal of Consulting and Clinical Psychology, 57, 93–99.

Collins, R.L. & Marlatt, G.A. (1981). Social Modeling as a Determinant of Drinking Behavior: Implications for Prevention and Treatment. Addictive Behaviors, 6, 233–239.

Commings, B. (1984). Attribution and Alcoholism: A Review. In H.-G. Tittmar (Ed.): Advanced Concepts in Alcoholism (pp. 127–144). Oxford: Pergamon.

Condiotte, M.M. & Lichtenstein, E. (1981). Self-efficacy and Relapse in Smoking Cessation Programs. Journal of Consulting and Clinical Psychology, 49, 648–658.

Conger, J.J. (1956). Alcoholism: Theory, Problem and Challenge II: Reinforcement Theory and the Dynamics of Alcoholism. Quarterly Journal of Studies on Alcohol, 17, 296–305.

Connors, G.J.; O'Farrell, T.J. & Pelcovits, M.A. (1988). Drinking Outcome Expectancies Among Male Alcoholics During Relapse Situations. British Journal of Addiction, 83, 561–566.

Cooper, M.L.; Russell, M. & George, W.H. (1988). Coping, Expectancies, and Alcohol Abuse: A Test of Social Learning Formulations. Journal of Abnormal Psychology, 97, 218–230.

Cooper, S.E. (1983). The Influence of Self-concept on Outcome of Intensive Alcoholism Treatment. Journal of Studies on Alcohol, 44, 1087–1093.

Cox, W.M. (1987). Personality Theory and Research. In H.T. Blane & K.E. Leonard (Eds.): Psychological Theories of Drinking and Alcoholism (pp. 55–89). New York: Guilford.

Cox, W.M, Klinger, E. (1988). A Motivational Model of Alcohol Use. Journal of Abnormal Psychology 97, 168–180.

Crawford, A. (1987). Attitudes About Alcohol: A General Review. Drug and Alcohol Dependence, 19, 279–311.

Critchlow, B. (1986). The Powers of John Barleycorn: Beliefs about the Effects of Alcohol on Social Behavior. American Psychologist, 41, 751–764.

Critchlow-Leigh, B. (1989). In Search of the Seven Dwarves: Issues of Measurement and Meaning in Alcohol Expectancy Research. Psychological Bulletin, 105, 361–371.

Critchlow-Leigh, B. (1990). The Relationship of Sex-related Alcohol Expectancy to Alcohol Consumption and Sexual Behavior. British Journal of Addiction, 85, 919–928.

Curry, S.G. & Marlatt, G.A. (1987). Building Self-confidence, Self-efficacy and Self-control. In W.M. Cox (Ed.): Treatment and Prevention of Alcohol Problems (pp. 117–137). Orlando: Academic Press.

Cutter, H.S.G. & O'Farrell, T.J. (1984). Relationship between Reasons for Drinking and Customary Drinking Behavior. Journal of Studies on Alcohol, 45, 321–325.

Davies, D.L. (1962). Normal Drinking in Recovered Alcohol Addicts. Quarterly Journal of Studies on Alcohol, 23, 94–104.

Davies, P. (1979). Motivation, Responsibility and Sickness in the Psychiatric Treatment of Alcoholism. British Journal of Psychiatry, 76, 159–173.

Davies, P. (1981). Expectations and Therapeutic Practices in Outpatient Clinics for Alcohol Problems. British Journal of Addiction, 76, 159–173.

Davis, J.R. & Glaros, A.G. (1986). Relapse Prevention and Smoking Cessation. Addictive Behavior, 11, 105–114.

DiCicco, L.; Unterberger, H. & Mack, J.E. (1978). Confronting Denial: An Alcoholism Intervention Strategy. Psychiatric Annals, 8, 596–606.

DiClemente, C.C. (1981). Self-efficacy and Smoking Cessation Maintenance: A Preliminary Report. Cognitive Therapy and Research, 5, 175–187.

DiClemente, C.C.; Prochaska, J.O. & Gibertini, M. (1985). Self-efficacy and the Stages of Self-change of Smoking. Cognitive Therapy and Research, 9, 181–200.

DiClemente, C.C.; Prochaska, J.O. & Gibertini, M. (1985). Self-efficacy and the Stages of Self-change of Smoking. Cognitive Therapy and Research, 9, 181–200.

Dijk van, W.K. (1977). Vicarious Circles in Alcoholism and Drug Dependence. In M.M. Glatt (Ed.): Drug Dependence (pp. 97–104). Lancaster: MTP Press.

Donovan, D.M. & Marlatt, G.A. (1980). Assessment of Expectancies and Behaviors Associated with Alcohol Consumption: A Cognitive-Behavioral Approach. Journal of Studies on Alcohol, 41, 1153–1185.

Donovan, D.M. & O'Leary, M.R. (1978). The Drinking-related Locus of Control Scale: Reliability, Factor Structure and Validity. Journal of Studies on Alcohol, 39, 759–784.

Donovan, D.M. & O'Leary, M.R. (1983). Control Orientation, Drinking Behavior, and Alcoholism. In H.M. Lefcourt (Ed.): Research with the Locus of Control Construct, Vol. 2 (pp. 107–153). Orlando, Fl.: Academic Press.

Donovan, D.M.; Rohsenow, D.J.; Schau, E.J. & O'Leary, M.R. (1977). Defensive Style in Alcoholics and Nonalcoholics. Journal of Studies on Alcohol, 38, 465–470.

Dowd, E.T.; Lawson, G.W. & Petosa, R. (1986). Attributional Styles of Alcoholics. The International Journal of the Addictions, 21, 589–593.

Duval, S. & Wicklund, R.A. (1972). A Theory of Objektive Self-awareness. New York: Academic Press.

D'Zurilla, T.J. (1986). Problem-Solving Therapy: A Social Competence Approach to Clinical Intervention. New York: Springer.

D'Zurilla, T.J. & Goldfried, M.R. (1971). Problem Solving and Behavior Modification. Journal of Abnormal Psychology, 78, 107–126.

Edwards, G. (1985). A Later Follow-up of a Classic Case Series: D.L. Davie's 1962 Report and Its Significance for the Present. Journal of Studies on Alcohol, 46, 181–190.

Edwards, G. et al., (1994). Alcohol Policy and the Public Good. Oxford: Oxford University Press.

Efran, J.S.; Heffner, K.P. & Lukens, R.J. (1988). Alkoholismus als Auffassungssache: Struktur-Determinismus und Trinkprobleme. Zeitschrift für systemische Therapie, 6, 180–191. (Englisches Original: Alcoholism as an Option: Structure Determinism Applied to Problem Drinking).

Eiser, J.R. (1978). Discrepancy, Dissonance, and the „Dissonant" Smoker. International Journal of the Addictions, 13, 1295–1305.

Elal-Lawrence, E.G.; Scade, P.D. & Dewey, M.E. (1986). Predictors of Outcome Type in Treated Problem Drinkers. Journal of Studies on Alcohol, 47, 41–47.

Elig, T. & Frieze, I.H. (1975). A Multi-dimensional Scheme for Coding and Interpreting Perceived Causality for Success and Failure Events: The Coding Scheme of Perceived Causality (CSPC). Journal Supplement Abstract Service of American Psychological Association: Catalog of Selected Documents in Psychology, 5, 313.

Ellis, A. (1993[5]). Die rational-emotive Therapie. München: Pfeiffer. (Englisches Original 1962: Reason and Emotion in Psychotherapy).

Ellis, A.; McInerney, J.F.; DiGiuseppe, R. & Yeager, R.J. (1988). Rational-emotive Therapy with Alcoholics and Substance Abusers. New York: Pergamon.

Emery, G. & Fox, S. (1981). Cognitive Therapy of Alcohol Dependency. In G. Emery, S.D. Hollen & R.C. Bedrosian (Eds.): New Directions in Cognitive Therapy: A Casebook (pp. 181–200). New York: Guilford.

Fäh, M.; Sieber, M. & Uchtenhagen, A. (1991). Der Glaube ans Widerstehen-Können: Eine prospektive Längsschnittstudie zur Vorhersage von Abstinenz bei stationär behandelten Alkoholikern. Sucht, 37, 26–36.

Feldhege, F.-J. (1980). Selbstkontrolle bei rauschmittelabhängigen Klienten. Berlin: Springer.

Festinger, L. (1978). Theorie der Kognitiven Dissonanz. Bern: Huber. (Englisches Original 1957: A Theory of Cognitive Dissonance).

Feuerlein, W. (1989[4]). Alkoholismus – Mißbrauch und Abhängigkeit. Stuttgart: Thieme.

Fiegenbaum, W. (1982). Konfrontationsverfahren. In R. Bastine, P.A. Fiedler, K. Grawe, S. Schmidtchen & G. Sommer (Hrsg.): Grundbegriffe der Psychotherapie (S. 222–224). Weinheim: Edition Psychologie.

Fingarette, H. (1989[2]). Heavy Drinking: The Myth of Alcoholism as a Disease. Berkeley, Calif.: University of California Press.

Finney, J.W. & Moos, R.H. (1992). The Long-Term Course of Treated Alcoholism: II. Predictors and Correlates of 10-Year Functioning and Mortality. Journal of Studies on Alcohol, 53, 142–153.

Fishbein, M. & Ajzen, I. (1975). Belief, Attitude, Intention and Behavior: An Introduction to Theory and Research. Reading, Mass.: Addison-Wesley.

Fishbein, M.; Ajzen, I. & McArdle, J. (1980). Changing the Behavior of Alcoholics: Effects of Persuasive Communication. In I. Ajzen & M. Fishbein (Eds.): Understanding Attitudes and Predicting Social Behavior (pp. 218–242). Englewood Cliffs, N.J.: Prentice Hall.

Fleischmann, H. (1995). Behandlungsmotivation/Motivationsbehandlung – ein Wortspiel? Versuch einer Einführung. In: H. Fleischmann & H. E. Klein (Hrsg.): Behandlungsmotivation/Motivationsbehandlung: Suchtkranke im Psychiatrischen Krankenhaus (S. 8–19). Freiburg: Lambertus.

Försterling, F. (1986). Attributionstheorie in der Klinischen Psychologie. München: Psychologie Verlags Union.

Franks, C.M. (1976). Alkoholismus. In R.Ferstl & S. Kraemer (Hrsg.): Abhängigkeiten (S. 12–56). München: Urban & Schwarzenberg. (Englisches Original 1970: Alcoholism).

Freed, E.X. (1978). Alcohol and Mood: An Updated Review. International Journal of the Addictions, 13, 173–200.

Freud, A. (1964). Das Ich und die Abwehrmechanismen. München: Kindler. (Erstveröffentlichung 1936).

Freud, S. (1943). Zur Einleitung der Behandlung. In Gesammelte Werke, Bd. 8 (S. 154–178). London: Imago. (Erstveröffentlichung 1913).

Freud, S. (1948). Hemmung, Symptom und Angst. In Gesammelte Werke, Bd. 14 (S. 113–205). London: Imago. (Erstveröffentlichung 1926).

Frey, D. (1978). Die Theorie der kognitiven Dissonanz. In: Kognitive Theorien der Sozialpsychologie (S. 243–292) D. Frey (Hrsg.): Bern: Hans Huber.

Frieze, I.H. & McHugh, M.C. (1977). Debiliating Attributions of the Women Alcoholic Undergoing Treatment. San Francisco, Calif.: Paper Presented at the 85th Annual Meeting of the American Psychological Association.

Fritzen, R.D. & Mazer, G.E. (1975). The Effects of Fear Appeal and Communication upon Attitudes toward Alcohol Consumption. Journal of Drug Education, 5, 171–181.

Funke, W. (1990). Differentielle Psychodiagnostik des chronischen Alkoholismus: Entwicklung eines Klassifikationsmodells für die primäre Indikation psychotherapeutischer Intervention. Bad Tönissteiner Blätter, 2 (1), 5–87.

Funke, W. & Siemon, W. (1989). Phasenabfolge des Alkoholismus nach Jellinek: Gedanken zu ihrem Stellenwert im diagnostischen und therapeutischen Prozeß. Bad Tönissteiner Blätter, 1, 9–19.

Furnham, A. & Lowick, V. (1984). Lay Theories of the Causes of Alcoholism. British Journal of Medical Psychology, 57, 319–332.

Galizio, M.; Gerstenhaber, L. & Friedensen, F. (1985). Correlates of Sensation Seeking in Alcoholics. International Journal of the Addictions, 20, 1479–1493.

Gardner, E.J. (1975). History of Biology. Minneapolis, Minn.: Burgers Publishing Company.

Gardner, H. (1989). Dem Denken auf der Spur: Der Weg der Kognitionswissenschaft. Stuttgart: Klett-Cotta. (Englisches Original 1985: The Mind's New Sciences: A History of the Cognitive Revolution).

George, W.H. & Marlatt, G.A. (1983). Alcoholism: The Evolution of a Behavioral Perspective. In M. Galanter (Ed.): Recent Developments in Alcoholism, Vol. 1 (pp. 195–138). New York: Plenum.

Gerlach, R. & Schneider, W. (1991). Akzeptanz und Abstinenz? Das deutsche Abstinenzparadigma: Niederschwellige Drogenarbeit und Methadon – Problematisierung eines Zusammenhangs. Archiv für Wissenschaft und Praxis der sozialen Arbeit, 22, 203–215.

Gibbs, L. & Flanagan, J. (1977). Prognostic Indicators of Alcoholism Treatment Outcome. International Journal of the Addictions, 12, 1097–1141.

Glatt, M.M. (1958). Group Therapy in Alcoholism. British Journal of Addiction, 54, 133–148.

Gleser, G.L. & Ihilevich, D. (1969). An Objective Instrument for Measuring Defense Mechanisms. Journal of Consulting and Clinical Psychology, 33, 51–60.

Gleser, G.L. & Sacks, M. (1973). Ego Defenses and Reaction to Stress: A Validation Study of the Defense Mechanism Inventory. Journal of Consulting and Clinical Psychology, 40, 181–187.

Goldfried, M.R. & Davison, G.C. (1979). Klinische Verhaltenstherapie. Berlin: Springer. (Englisches Original 1976: Clinical Behavior Therapy).

Goldsmith, R.J. & Green, B.L. (1988). A Rating Scale for Alcoholic Denial. Journal of Nervous and Mental Disease, 176, 614–620.

Gonzali, J.G. & Sloan, J. (1971). Control Orientation as a Personality Dimension among Alcoholics. Quarterly Journal of Studies on Alcohol, 32, 159–161.

Goss, A. & Morosko, T.E. (1970). Relation Between a Dimension of Internal-External Control and the MMPI with an Alcoholic Population. Journal of Consulting and Clinical Psychology, 34, 189–192.

Grunert, S.C. (1993). Essen und Emotionen: Die Selbstregulierung von Emotionen durch das Eßverhalten. Weinheim: Psychologie Verlags Union.

Haisch, J. (1983). Attributionstheorie – Attributionstherapie: Zur Bestimmung attributionstherapeutischer Techniken aus der Attributionstheorie. In Haisch (Hrsg.): Angewandte Sozialpsychologie (S. 23–37). Bern: Huber.

Haisch, J.; Rduch, G. & Haisch, I. (1985). Längerfristige Effekte attributionstherapeutischer Maßnahmen bei Übergewichtigen: Auswirkungen eines Attributionstrainings auf Abnehmerfolg und Abbrecherquote bei einem 23wöchigen Gewichtsreduktionsprogramm. Psychotherapie, Medizinische Psychologie, 35, 133–140.

Haisch, J.; Osnabrügge, G. & Frey, D. (1983). Dissonanztheorie – Dissonanztherapie: Zur Bestimmung therapeutischer Techniken aus der Dissonanztheorie. In J. Haisch (Hrsg.): Angewandte Sozialpsychologie (S. 39–56). Bern: Huber.

Halbach, H. (1959). Possibilities of Prevention of Drug Addiction. British Journal of Addiction, 56, 27–44.

Hamburg, H. (1975). Behavior Therapy in Alcoholism: A Critical Review of Broad-spectrum Approaches. Journal of Studies on Alcohol, 36, 69–87.

Hänsel, D. (1981). Zum Verlauf der Motivation bei alkoholkranken Männern und Frauen. In E. Knischewski (Hrsg.): Alkoholismus-Therapie (S. 125–128). Kassel: Nicol.

Hänsel, D. (1983). Zur Entwicklung der Motivation bei Alkoholikern. In O. Schrappe (Hrsg.): Methoden der Behandlung von Alkohol-, Drogen- und Medikamentenabhängigkeit (S. 19–26). Stuttgart: Schattauer.

Hartig von, M. (1974[2]). Die Anwendung von Techniken der Selbstkontrolle in der Verhaltenstherapie. In C. Kraiker (Hrsg.): Handbuch der Verhaltenstherapie (S. 325–350). München: Kindler.

Hathaway, S.R. & McKinley, J.C. (1951). The Minnesota Multiphasic Personality Inventory Manual, Revised. New York: The Psychological Corporation. (Deutsche Ausgabe 1962).

Hautzinger, M.; Stark, W. & Treiber, R. (1992[2]). Kognitive Verhaltenstherapie bei Depressionen. Weinheim: Psychologie Verlags Union.

Heather, N. & Robertson, I. (1983[2]). Controlled Drinking. London: Methuen.

Heather, N. & Robertson, I. (1985). Problem Drinking: The New Approach. Hammondsworth: Penguin Books.

Heckhausen, H. (1989²). Motivation und Handeln. Berlin: Springer.

Heckmann, G. (1981). Das Sokratische Gespräch: Erfahrungen in philosophischen Hochschulseminaren. Hannover: Hermann Schroedel.

Heider, F. (1977). Psychologie der interpersonalen Beziehungen. Stuttgart: Ernst Klett. (Englisches Original 1958: The Psychology of Interpersonal Relations).

Herwig-Lempp, J. (1994). Von der Sucht zur Selbstbestimmung: Drogenkonsumenten als Subjekte. Dortmund: Borgmann.

Hesselbrock, M.N.; Hesselbrock, V.M; Tennen, H.; Meyer, R.E. & Workman, K.L. (1983). Methodological Considerations in the Assessment of Depression in Alcoholics. Journal of Consulting and Clinical Psychology, 51, 399–405.

Hingson, R.; Mangione, T.; Meyers, A. & Scotch, N. (1982). Seeking Help for Drinking Problems: A Study in the Boston Metropolitan Area. Journal of Studies on Alcohol, 43, 273–288.

Hingson, R.; Scotch, N.; Day, N. & Culbert, A. (1980). Recognising and Seeking Help for Drinking Problems: A Study in the Boston Metropolitan Area. Journal of Studies on Alcohol, 41, 1102–1117.

Hinz, B. (1984). William Hogarth Beer Street and Gin Lane: Lanes: Lehrtafeln zur britischen Volkswohlfahrt. Frankfurt/M.: Fischer Taschenbuch.

Hofstätter, P. R. (1993³). Gruppendynamik: Kritik der Massenpsychologie. Reinbek: Rowohlt Taschenbuch.

Hoffmann, S.O. & Martius, B. (1987). Zur testdiagnostischen Erfassung der Abwehrstrukturen von Patienten mit Angstneurose, paranoiden Syndromen und karzinomatösen Erkrankungen. Psychotherapie, Psychosomatik und Medizinische Psychologie, 37, 97–104.

Holder, H.; Longabaugh, R.; Miller, W.R. & Rubonis, A.V. (1991). The Cost Effectiveness of Treatment for Alcoholism: A First Approximation. Journal of Studies on Alcohol, 52, 517–540.

Homme, L.E. (1965). Perspectives in Psychology; XXIV: Control of Coverants, the Operants of the Mind. Psychological Record, 15, 501–561.

Hörmann, G. (1994). Im System gefangen: Zur Kritik systemischer Konzepte in den Sozialwissenschaften, Münster: Hans Zygowski Bessau.

Hornung, R. (1976). Furchterregung der Botschaft, Glaubwürdigkeit des Kommunikators und die Einstellung zu Haschisch. Sozial- und Präventivmedizin, 21, 221–222.

Hoyer, J. (1995). Zur Modifikation ambivalenter Kognitionen über den Begriff „gemäßigter Alkoholkonsum". Verhaltenstherapie und psychosoziale Praxis, 27, 99–112.

Hull, C.L. (1943). Principles of Behavior. New York: Appleton-Century-Croft.

Hull, J.G. (1981). A Self-awareness Model of the Causes and Effects of Alcohol Consumption. Journal of Abnormal Psychology, 90, 586–600.

Hull, J.G. (1987). Self-awareness Model. In H.T. Blane & K.E. Leonard (Eds.): Psychological Theories of Drinking and Alcoholism (pp. 272–304). New York: Guilford.

Hull, J.G. & Bond Jr., C.F. (1986). Social and Behavioral Consequences of Alcohol Consumption and Expectancy: A Meta-Analysis. Psychological Bulletin, 99, 347–360.

Huss, M. (1852). Chronische Alkoholkrankheit oder Alcoholismus chronicus. Stockholm und Leipzig: Verlag C.E. Fritze. (Schwedisches Original 1849).

Ihde, A.J. (1964). The Development of Modern Chemistry. New York: Harper & Row.

In Albon, J. (1982). Furcht als Werkzeug der Prophylaxe: Zur Verwendung furchterregender Information aus kommunikationswissenschaftlicher Sicht. Drogalkohol, 2, 3–14.

Ingram, R.E. (Ed.). (1986). Information Processing Approaches to Clinical Psychology. Orlando: Academic Press.

Ingram, R.E. & Kendall, P.C. (1986). Cognitive Clinical Psychology: Implications of an Information Processing Perspective. In R.E. Ingram (Ed.): Information Processing Approaches to Clinical Psychology (pp. 3–21). Orlando: Academic Press.

Jacobi, C. (1987). Mythen im Alkoholismus-Konzept. Ernährungs- Umschau, 34, 262–266.

Jacobson, G.R. (1971). Sensory Deprivation and Field Dependence in Alcoholics (Unpublished Doctoral Dissertation). Illinois Institut of Technology.

Jaeggi, E. (1979). Kognitive Verhaltenstherapie: Kritik und Neubestimmung eines aktuellen Konzepts. Weinheim: Beltz.

Janis, I.L. & Feshbach, S. (1953). Effects of Fear-arousing Communications. Journal of Abnormal and Social Psychology, 48, 78–92.

Janis, I.L. & Hovland, C.I. (1959). An Overview of Persuasibility Research. In C.I. Hovland & I.L. Janis (Eds.): Personality and Persuasibility (pp. 1–26). New Haven, Conn.: Yale University Press.

Janis, I.L. & Mann, L. (1977). Decision Making. New York: The Free Press.

Jellinek, E.M. (1946). Phases in the Drinking History of Alcoholics. Quarterly Journal of Studies on Alcohol, 7, 1–88.

Jellinek, E.M. (1952). Phases of Alcohol Addiction. Quarterly Journal of Studies on Alcohol, 13, 673–684.

Jellinek, E.M. (1960). The Disease Concept of Alcoholism. New Brunswick, N.J.: Hillhouse Press.

Jessor, R.; Corman, R.S. & Grossman, P.H. (1968). Expectations of Need Satisfaction and Drinking Pattern of College Students. Quarterly Journal of Studies on Alcohol, 29, 101 bis 116.

John, U. (1989). Diagnostik der Alkoholabhängigkeit und psychischer Abwehr. Wiener Zeitschrift für Suchtforschung, 12 (3/4), 3–9.

John, U. (1989b). Kognitive Bedingungen des Wandels zu Abstinenz bei Alkoholabhängigen. In H. Watzl & R. Cohen (Hrsg.): Rückfall und Rückfallprophylaxe (S. 104–112). Berlin: Springer.

John, U. (1991). Psychische Abwehr als Grundmerkmal der Abhängigkeit. In K. Wanke & G. Bühringer (Hrsg.): Grundstörungen der Sucht (S. 142–155). Berlin: Springer.

Jones, E.E. & Berglas, S. (1978). Control of Attributions about the Self through Self-handicapping Strategies: The Appeal of Alcohol and the Role of Underachievement. Personality and Social Psychology Bulletin, 4, 200–206.

Jones, E.E. & Davis, K.E. (1965). From Acts to Dispositions: The Attribution Process in Person Perception. In L. Berkowitz (Ed.): Advances in Experimental Social Psychology, Vol. 2 (pp. 219–266). New York: Academic Press.

Jones, E.E. & Nisbett, R.E. (1972). The Actor and the Observer: Divergent Perceptions of the Causes of Behavior. In E.E. Jones, D.E. Kanouse, H.H. Kelley, R.E. Nisbett, S. Valins & B. Weiner (Eds.): Attribution: Perceiving the Causes of Behavior (pp. 79–94). Morristown, N.J.: General Learning Press.

Kämmerer, A. (1983). Die Therapeutische Strategie „Problemlösen". Münster: Aschendorff.

Kämmerer, A. (1986). Die Rolle der Gruppe beim therapeutischen Problemlösen. Gruppendynamik, 17, 373–383.

Kämmerer, A. & Bastine, R. (1985). Psychotherapie als Strategie? Verhaltenstherapie und psychosoziale Praxis, 17, 531–542.

Kanfer, F.H. (1971). The Maintenance of Behavior by Self-generated Stimuli and Reinforcement. In A. Jacobs & G.L.B. Sachs (Eds.): Psychology of Private Events (pp. 39–57). New York: Academic Press.

Kanfer, F.H. (1977). The Many Faces of Self-control or Behavior Modification Changes its Focus. In R.B. Stuart (Ed.): Behavioral Self-management (pp. 1–48). New York: Brunner/Mazel.

Kanfer, F.H.; Reinecker, H. & Schmelzer, D. (1996²). Selbstmanagement-Therapie. Berlin: Springer.

Kanfer, F.H. & Saslow, G. (1965). Behavioral Analysis: An Alternative to Diagnostic Classification. Archives of General Psychiatry, 12, 529–538.

Kantorovich, N.V. (1930). An Attempt at Associative-reflex Therapy in Alcoholism. Psychological Abstracts, 4, 493. (Russisches Original 1929).

Kelley, H.H. (1972). Causal Schemata and the Attribution Process. In E.E. Jones, D.E. Kanouse, H.H. Kelley, R.E. Nisbett, S. Valins & B. Weiner (Eds.): Attribution: Perceiving the Causes of Behavior (pp. 151–174). Morristown, N.J.: General Learning Press.

Kelley, H.H. (1973). The Processes of Causal Attribution. American Psychologist, 28, 107–128.

Kern, M.F.; Kenkel, M.B.; Templer, D.I. & Newell, T.G. (1986). Drug Preference as a Function of Arousal and Stimulus Screening. International Journal of the Addictions, 21, 255–265.

Kilty, K.M. (1978). Attitudinal and Normative Variables as Predictors of Drinking Behavior. Journal of Studies on Alcohol, 39, 1178–1194.

Kilty, K.M. (1980). Situational Context and the Meaning of Drinking. International Journal of the Addictions, 15, 1021–1033.

Klein, M. (1992). Klassifikation von Alkoholikern durch Persönlichkeits- und Suchtmerkmale. Bonn: Nagel.

Kopel, S. & Arkowitz, H. (1975). The Role of Attribution and Self-perception in Behavior Change: Implications for Behavior Therapy. Genetic Psychology Monographs, 92, 175–212.

Körkel, J. & Lauer, G. (1988). Der Rückfall des Alkoholabhängigen: Einführung in die Thematik und Überblick über den Forschungsstand. In J. Körkel (Hrsg.): Der Rückfall des Suchtkranken (S. 3–122). Berlin: Springer.

Körkel, J., Lauer, G. (1995). Rückfälle Alkoholabhängiger: Ein Überblick über neuere Forschungsergebnisse und -trends. In: J. Körkel, G. Lauer & R. Scheller (Hrsg.): Sucht und Rückfall: Brennpunkte deutscher Rückfallforschung (S. 158–185). Stuttgart: Ferdinand Enke.

Koumans, A.J.R.; Muller, J.J. & Miller, G.F. (1967). Use of Telephone Calls to Increase Motivation for Treatment in Alcoholics. Psychological Reports, 21, 327–328.

Kraft, T. & Al-Issa, I. (1968). Desensitization and the Treatment of Alcoholic Addiction. British Journal of Addiction, 63, 19–23.

Krampen, G. (1979). Hoffnungslosigkeit bei stationären Patienten – Ihre Messung durch einen Kurzfragebogen (H-Skala). Medizinische Psychologie, 5, 39–49.

Krampen, G. (1980). Generalized Expectations of Alcoholics: Multidimensional Locus of Control, Hopelessness, and Machiavellianism. Journal of Clinical Psychology, 36, 1022–1023.

Krampen, G. (1982). Differentialpsychologie der Kontrollüberzeugung („Locus of Control"). Göttingen: Hogrefe.

Krampen, G. (1994). Skalen zur Erfassung von Hoffnungslosigkeit (H-Skalen). Göttingen: Hogrefe.

Krampen, G. & Fischer, M. (1988). Kontrollüberzeugungen in der Alkoholismusforschung: Literaturüberblick und theoretische Bezüge. Zeitschrift für Klinische Psychologie, Psychopathologie und Psychotherapie, 36, 100–117.

Krampen, G. & Nispel, L. (1978). Zur subjektiven Handlungsfreiheit von Alkoholikern. Zeitschrift für Klinische Psychologie, 7, 295–303.

Krampen, G. & Nispel, L. (1981). Ein Jahr danach – Selbst- und fremdkatamnestische Befunde zur Situation von Patienten einer sechswöchigen Alkohol-Entziehungskur. Zeitschrift für Klinische Psychologie, 10, 13–26.

Krampen, G. & Nispel, L. (1983). Zur Effektivität stationärer Kurzzeitbehandlungen von Alkoholikern. Suchtgefahren, 29, 345–349.

Krampen, G. (1986). Zum indikativen Wert handlungstheoretischer Persönlichkeitsvariablen für die Alkoholismusforschung. In D. Ladewig (Hrsg.): Drogen und Alkohol: Der aktuelle Stand in der Behandlung Drogen- und Alkoholabhängiger (S. 114–132). Lausanne: ISPA-Press.

Krampen, G. & Petry, J. (1987). Klinische Evaluation eines Gruppenprogramms zur Motivation und Information von Alkoholabhängigen. Zeitschrift für Klinische Psychologie, 16, 58–71.

Krasney, O.E. (1995⁷). Sozialrechtliche Vorschriften bei der Betreuung Suchtkranker. Kassel: Nicol.

Krause, M.S. (1966). A Cognitive Theory of Motivation for Treatment. Journal of General Psychology, 75, 9–19.

Krauss, G.M. (1985). Drogenkonsum als Handlung. Wiener Zeitschrift für Suchtforschung, 8, 23–31.

Kriz, J. & Lisch, R. (1988). Methodenlexikon für Mediziner, Psychologen und Soziologen. Weinheim: Psychologie Verlags Union.

Krohne, H.W. (1988). Coping Research: Current Theoretical and Methodological Developments. German Journal of Psychology, 12, 1–30.

Küfner, H. (1982). Zur Frage der Verleugnungstendenzen bei Alkoholabhängigen. Drogalkohol, 3, 21–36.

Küfner, H.; Feuerlein, W. & Flohrschütz, T. (1986). Die stationäre Behandlung von Alkoholabhängigen: Merkmale von Patienten und Behandlungseinrichtungen, katamnestische Ergebnisse. Suchtgefahren, 32, 1–86.

Küfner, H.; Feuerlein, W. & Huber, M. (1988). Die stationäre Behandlung von Alkoholabhängigen: Ergebnisse der 4-Jahreskatamnese, mögliche Konsequenzen für Indikationsstellung und Behandlung. Suchtgefahren, 34, 157–270.

Künzel, R. (1979). Therapiemotivation – eine psychologische Ergänzung des soziologischen Labelingansatzes (Unveröff. Diss.). Bochum: Universität Bochum.

Kuhl, J. (1983). Motivation, Konflikt und Handlungskontrolle. Berlin: Springer.

Lacy, W.B. (1981). The Influence of Attitudes and Current Trends on Drug Use Intentions. Journal of Social Psychology, 113, 65–76.

Lawrance, L. & Rubinson, L. (1986). Self-efficacy as a Predictor of Smoking Behavior in Young Adolescents. Addictive Behaviors, 11, 367–382.

Lazarus, A. (1965). Towards the Understanding and Effective Treatment of Alcoholism. South African Medical Journal, 39, 736–741.

Lazarus, R.S. (1966). Psychological Stress and the Coping Process. New York: McGraw-Hill.

Lazarus, R.S. & Folkman, S. (1984). Stress, Appraisal and Coping. New York: Springer.

Lazarus, R.S. & Folkman, S. (1987). Transactional Theory and Research on Emotions and Coping. European Journal of Personality, 1, 141–169.

Lazarus, R.S. & Launier, R. (1981). Streßbezogene Transaktionen zwischen Person und Umwelt. In J. Nitsch (Hrsg.): Stress: Theorien, Untersuchungen, Maßnahmen (S. 213–259). Bern: Huber. (Englisches Original 1978: Stress-related Transactions between Person and Environment).

Leake, G.J. & King, A.S. (1977). Effect of Counselor Expectations on Alcoholic Recovery. Alcohol Health and Research World, 11 (3), 16–22.

Legnaro, A. (1980). Aspekte des Rationalisierungsverhaltens bei Alkoholikern. Drogalkohol, 2, 3–15.

Legnaro, A. (1982). Alkoholkonsum und Verhaltenskontrolle – Bedeutungswandel zwischen Mittelalter und Neuzeit in Europa. In G. Völger & K. von Welck (Hrsg.): Rausch und Realität: Drogen im Kulturvergleich, Bd. 1 (S. 157–176). Reinbek: Rowohlt Taschenbuch.

Leigh, B.C. (1989). Attitudes and Expectancies as Predictors of Drinking Habits: A Comparison of Three Scales. Journal of Studies on Alcohol, 50, 432–440.

Lemere, F. & Voegtlin, W.L. (1950). An Evaluation of the Aversion Treatment of Alcoholism. Quarterly Journal of Studies on Alcohol, 11, 199–204.

Lemere, F.; O'Hollaren, P. & Maxwell, M.A. (1958). Motivation in the Treatment of Alcoholism. Quarterly Journal of Studies on Alcohol, 19, 428–431.

Lender, M.E. (1979). Jellinek's Typology of Alcoholism: Some Historical Antecedents. Journal of Studies on Alcohol, 40, 361–375.

Lender, M.E. (1987). Alcohol, Stress, and Society: The 19th-Century Origins of the Tension Reduction Hypothesis. In E. Gottheil, K.A. Druley, S. Pashko & S.P. Weinstein (Eds.): Stress and Addiction (pp. 13–23). New York: Brunner/Mazel.

Lerner, M.J. & Miller, D.T. (1978). Just World Research and the Attribution Process: Looking Back and Ahead. Psychological Bulletin, 85, 1030–1051.

Leventhal, H. (1970). Findings and Theory in the Study of Fear Communications. In L. Berkowitz (Ed.): Advances in Experimental Social Psychology, Vol. 5 (pp. 119–186). New York: Academic Press.

Lewin, K. (1922). Das Problem der Willensmessung und das Grundgesetz der Assoziation I. und II. Psychologische Forschung, 1, 191–302 und 2, 65–140.

Lewin, K. (1926). Untersuchungen zur Handlungs- und Affektpsychologie II: Vorsatz, Wille und Bedürfnis. Psychologische Forschung, 7, 330–385.

Lewin, K. (1946). Behavior and Development as a Function of the Total Situation. In L. Carmichael (Ed.): Manual of Child Psychology (pp. 791–844). New York: John Wiley.

Lewinsohn, T.M.; Munoz, R.F.; Youngren, M.A. & Zeiss, A.M. (1982). Der Weg zum seelischen Gleichgewicht: Depressionen erkennen, überwinden, vermeiden. Salzburg: Otto Müller (Englisches Original 1978: Control your Depression).

Lienert, G.A. & Raatz, U. (1994^5). Testaufbau und Testanalyse. Weinheim: Psychologie Verlags Union.

Lindner, P. (1927). Alkohol in der Natur: Eine naturwissenschaftliche Vorlesung für die Alkoholgegner. Hannover: Norddeutsches Druck- und Verlagshaus.

Linsenhoff, A.; Bastine, R. & Kommer, D. (1980). Schulübergreifende Perspektiven in der Psychotherapie. Integrative Therapie, 4, 302–322.

Litman, G.K.; Eiser, J.R.; Rawson, N.S.B. & Oppenheim, A.N. (1979). Differences in Relapse Precipitants and Coping Behaviour between Alcohol Relapsers and Survivors. Behaviour Research and Therapy, 17, 89–94.

Litman, G.K.; Stapleton, J.; Oppenheim, A.N.; Peleg, M. & Jackson, P. (1984). The Relationship between Coping Behaviours, their Effectiveness and Alcoholism Relapse and Survival. British Journal of Addiction, 79, 283–291.

Lovibond, S.H. & Caddy, G. (1976). Ein Diskriminationstraining zur Kontrolle des Trinkverhaltens. In R. Ferstl & S. Kraemer (Hrsg.): Abhängigkeiten: Ansätze zur Verhaltensmodifikation (S. 74–82). München: Urban & Schwarzenberg. (Englisches Original 1970: Discriminated Aversive Control in the Moderation of Alcoholic's Drinking Behavior).

Luderer, H.-J. & Böcker, F.M. (1983). Selbsterfahrungsbezogene Informationsvermittlung im Rahmen eines Klientzentrierten Stationskonzeptes – Modelle und erste Ergebnisse. In O. Schrappe (Hrsg.): Methoden der Behandlung von Alkohol-, Drogen- und Medikamentenabhängigkeit (S. 191–195). Stuttgart: Schattauer.

Luderer, H.-J.; Böcker, A. & Böcker, F.M. (1986). Selbsterfahrungsbezogene Informationsvermittlung bei alkoholkranken Männern in Motivationsprozeß und Entwöhnungsbehandlung. Suchtgefahren, 32, 190–203.

Lutz, R. (1978). Das verhaltensdiagnostische Interview. Stuttgart: Kohlhammer.

Lück, H.E. & Timaeus, E. (1969). Skalen zur Messung manifester Angst (MAS) und sozialer Wünschbarkeit (SDS-E und SDS-CM). Diagnostica, 15, 134–141.

Maddux, J.E. & Rogers, R.W. (1983). Protection Motivation and Self-efficacy: A Revised Theory of Fear Appeals and Attitude Change. Journal of Experimental and Social Psychology, 19, 469–479.

Mahoney, M.J. (1979^2). Kognitive Verhaltenstherapie: Neue Entwicklungen und Integrationsschritte. München: Pfeiffer (Englisches Original 1974: Cognition and Behavior Modification).

Mahoney, M.J. & Freeman, A. (Eds.). (1985). Cognition and Psychotherapy. New York: Plenum.

Mariano, A.J.; Donovan, D.M.; Walker, P.S.; Mariano, M.J. & Walker, R.D. (1989). Drinking-related Locus of Control on the Drinking Status of Urban Native Americans. Journal of Studies on Alcohol, 50, 331–338.

Marlatt, G.A. (1978). Behavioral Approaches to Alcoholism: A Look to the Future. In G.A. Marlatt & P.E. Nathan (Eds.): Behavioral Approaches to Alcoholism (pp. 183–192). New Brunswick, N.J.: Rutgers Center of Alcohol Studies.

Marlatt, G.A. (1978b). Craving for Alcohol, Loss of Control, and Relapse: A Cognitive-Behavioral Analysis. In P.E. Nathan & G.A. Marlatt (Eds.): Alcoholism: New Directions in Behavioral Research and Treatment (pp. 271–314). New York: Plenum.

Marlatt, G.A. (1983). The Controlled-Drinking Controversy: A Commentary. American Psychologist, 10, 1097–1110.

Marlatt, G.A. (1985). Relapse Prevention: General Overview. In G.A. Marlatt & J.R. Gordon (Eds.): Relapse Prevention: Maintenance Strategies in the Treatment of Addictive Behaviors (pp. 3–70). New York: Guilford.

Marlatt, G.A. (1985b). Cognitive Assessment and Intervention Procedures for Relapse Prevention. In G.A. Marlatt & J.R. Gordon (Eds.): Relapse Prevention: Maintenance Strategies in the Treatment of Addictive Behaviors (pp. 201–279). New York: Guilford.

Marlatt, G.A. (1987). Kontrolliertes Trinken: Hintergrund. Wiener Zeitschrift für Suchtforschung, 10 (3/4), 25–28.

Marlatt, G.A. (1989). Rückfallprävention: Modell, Ziele und Stadien der Verhaltensänderung. In H. Watzl & R. Cohen (Hrsg.): Rückfall und Rückfallprophylaxe (S. 16–28). Berlin: Springer.

Marlatt, G.A.; Demming, B. & Reid, J.B. (1973). Loss of Control Drinking in Alcoholics: An Experimental Analogue. Journal of Abnormal Psychology, 81, 233–241.

Marlatt, G.A. & Gordon, J.R. (1980). Determinants of Relapse: Implications for the Maintenance of Behavior Change. In P.O. Davidson & S.M. Davidson (Eds.): Behavior Medicine: Changing Health Lifestyles, Vol. 10 (pp. 410–452). New York: Brunner/Mazel.

Marlatt, G.A. & Gordon, J.R. (Eds.). (1985). Relapse Prevention: Maintenance Strategies in the Treatment of Addictive Behaviors. New York: Guilford.

Marlatt, G.A. & Rohsenow, D.J. (1980). Cognitive Processes in Alcohol Use: Expectancy and the Balanced Placebo Design. In N.K. Mello (Ed.): Advances in Substance Abuse: Behavioral and Biological Research, Vol. 1 (pp. 159–199). Greenwich, Conn.: JAI Press.

Matross, R.P. (1974). Socratic Methods in Counseling and Psychotherapy. University of Minnesota: Office for Student Affairs Research Bulletin.

Mattmüller, M. (1979). Der Kampf gegen den Alkoholismus in der Schweiz: Ein unbekanntes Kapitel der Sozialgeschichte im 19. Jahrhundert. Bern: Blaukreuz-Verlag.

Maurizio, A. (1933). Geschichte der gegorenen Getränke. Berlin: Paul Parey.

McCarty, D.; Morrison, S. & Mills, K.L. (1983). Attitudes, Beliefs and Alcohol Use. Journal of Studies on Alcohol, 44, 328–351.

McClelland, D.C.; Davis, W.N.; Kalin, R. & Wanner, E. (1972). The Drinking Man: Alcohol and Human Motivation. New York: Free Press.

McGuire, W.J. (1968). Personality and Susceptibility to Social Influence. In E.F. Borgatta & W.W. Lambert (Eds.): Handbook of Personality Theory and Research (pp. 1130–1187). Chicago: McNally.

McHugh, M.C. (1979). Causal Explanations of Alcoholics, Nonalcoholics, and College Students for Male and Female Alcoholism (Unpublished Master's Thesis). Dept. of Psychology, University of Pittsburgh.

McHugh, M.C.; Beckman, L. & Frieze, I.L. (1979). Analyzing Alcoholism. In I.H. Frieze; D. Bar-Tal & J.S. Carroll (Eds.): New Approaches to Social Problems (pp. 168–208). San Francisco: Jossey-Bass.

McHugh, M.C. & Frieze, I.H. (1979). Self Attributions of Alcoholics and Nonalcoholics for Hypothetical Achievement and Interpersonal Outcomes (Unpublished Paper). University of Pittsburgh.

McIntyre, K.O.; Lichtenstein, E. & Mermelstein, R.J. (1983). Self-efficacy and Relapse in Smoking Cessation: A Replication and Extension. Journal of Consulting and Clinical Psychology, 51, 632–633.

McMurran, M. (1994). The Psychology of Addiction. London: Taylor & Francis.

Meichenbaum, D.W. (1975). Theoretical and Treatment Implications of Developmental Research on Verbal Control of Behavior. Canadian Psychological Review, 16, 22–27.

Meichenbaum, D.W. (1995^2). Kognitive Verhaltensmodifikation. Weinheim: Psychologie Verlags Union. (Englisches Original 1977: Cognitive-Behavioral Modification).

Mello, N.K. & Mendelson, J.H. (1965). Operant Analysis of Drinking Patterns of Chronic Alcoholics. Nature, 206, 43–46.

Mendelson, J.H. (1964). Experimentally Induced Chronic Intoxication and Withdrawal in Alcoholics. Quarterly Journal of Studies on Alcohol, Suppl. No. 2.

Merkle, R. & Wolf, R. (1994^5). Ich höre auf, ehrlich: Ein praktisches Handbuch zur Selbsthilfe für Alkoholabhängige und ihre Therapeuten. Mannheim: Rationales Leben.

Mielke, R. (1984). Lernen und Erwartung: Zur Selbst-Wirksamkeits-Theorie von Albert Bandura. Bern: Huber.

Miller, P.M. (1976). Behavioral Treatment of Alcoholism. Oxford: Pergamon.

Miller, W.R. (1983). Motivational Interviewing with Problem Drinkers. Behavioural Psychotherapy, 11, 147–172.

Miller, W.R. (1985). Motivation for Treatment: A Review with Special Emphasis on Alcoholism. Psychological Bulletin, 98, 84–107.

Miller, W.R. (1989). Increasing Motivation for Change. In R.K. Hester & W.R. Miller (Eds.): Handbook of Alcoholism Treatment Approaches (pp. 67–80). New York: Pergamon.

Miller, W.R. & Sovereign, R.G. (1989). The Drinker's Checkup: A Model for Early Intervention in Addictive Behaviors. In T. Loberg, W.R. Miller, P.E. Nathan & G.A. Marlatt (Eds.): Addictive Behaviors Prevention and Early Intervention (pp. 219–231). Amsterdam/Lisse: Swets & Zeitlinger.

Miller, W.R.; Sovereign, R.G. & Krege, B. (1988). Motivational Interviewing with Problem Drinkers II: The Drinker's Checkup as a Preventive Intervention. Behavioural Psychotherapy, 16, 251–268.

Miller, W.R. & Rollnick, S. (1991). Motivational Interviewing: Preparing People to Change Addictive Behavior. New York: Guilford.

Mischel, W. (1973). Toward a Cognitive Social Learning Reconceptionalization of Personality. Psychological Review, 80, 252–283.

Mischel, W. (1984). Convergences and Challenges in the Search for Consistency. American Psychologist, 39, 351–364.

Monti, P.M.; Abrams, D.B.; Binkoff, J.A.; Zwick, W.R.; Liepman, M.R.; Niremberg, T.D. & Rohsenow, D.J. (1990). Communication Skill Training, Communication Skills Training with Family and Cognitive Behavioral Mood Management Training for Alcoholics. Journal of Studies on Alcohol, 51, 263–270.

Monti, P.M.; Abrams, D.B.; Kadden, R.M. & Cooney, N.L. (1989). Treating Alcohol Dependence: A Coping Skills Training Guide. New York: Guilford.

Moskowitz, J.M. (1989). The Primary Prevention of Alcohol Problems: A Critical Review of the Research Literature. Journal of Studies on Alcohol, 50, 54–88.

Mulford, H.A. (1972). Becoming an Ex-problem Drinker (Unpublished Paper Presented at the 30th International Congress on Alcoholism and Drug Dependence). Amsterdam.

Mulford, H.A. & Miller, D.E. (1960). Drinking in Iowa III: A Scale of Definitions of Alcohol Related to Drinking Behavior. Quarterly Journal of Studies on Alcohol, 21, 267–278.

Mulford, H.A. & Miller, D.E. (1964). Measuring Public Acceptance of the Alcoholic as a Sick Person. Quarterly Journal of Studies on Alcohol, 25, 314–323.

Murphy, G.E. & Wetzel, R.D. (1990). The Lifetime Risk of Suicide in Alcoholism. Archives of General Psychiatry, 47, 383–392.

Murray, H.A. (1943). Thematic Apperception Test Manual. Cambridge: Harvard University Press.

Narrol, H.G. (1967). Experimental Application of Reinforcement Principles to the Analysis and Treatment of Hospitalized Alcoholics. Quarterly Journal of Studies on Alcohol, 28, 105–115.

Nathan, P.E. (1982). Human Behavioral Research on Alcoholism with Special Emphasis on the Decade of the 1970s. In E.L. Gomberg, H.R. White & J.A. Carpenter (Eds.): Alcohol, Science and Society Revisited (pp. 279–294). Ann Arbor: University of Michigan Press.

Nathan, P.E. & Lisman, S.A. (1976). Behavioral and Motivational Patterns of Alcoholics. In R.E. Tarter, & A.A. Sugerman (Eds.): Alcoholism: Interdisciplinary Approaches to an Enduring Problem (pp. 479–522). London: Addison-Wesley.

Nir, Y. & Cutler, R. (1978). The Unmotivated Patient Syndrom: Survey of Therapeutic Interventions. American Journal of Psychiatry, 135, 442–447.

Nüse, R.; Groeben, N.; Freitag, B. & Schreier, M. (1991). Über die Erfindung des radikalen Konstruktivismus: Kritische Gegenargumente aus psychologischer Sicht. Weinheim: Deutscher Studien Verlag.

Oei, T.P.S. & Jackson, P.R. (1984). Some Effective Therapeutic Factors in Group Cognitive-Behavioral Therapy with Problem Drinkers. Journal of Studies on Alcohol, 45, 119–123.

Oei, T.P.S. & Baldwin, A.R. (1994). Expectancy Theory: A Two-Process Model of Alcohol Use and Abuse. Journal of Studies on Alcohol, 55, 525–534.

Oerter, R. (1973^{12}). Moderne Entwicklungspsychologie. Donauwörth: Ludwig Auer.

O'Farrell, T.J. & Langenbucher, J. (1987). Inpatient Treatment of Alcoholism. Journal of Substance Abuse Treatmant, 4, 215–231.

O'Leary, M.R.; Donovan, D.M. & Kasner, K.H. (1975). Shifts in Perceptual Differentiations and Defence Mechanism in Alcoholics. Journal of Clinical Psychology, 31, 565–567.

Orford, J. (1985). Excessive Appetites: A Psychological View of Addiction. Chichester: John Wiley.

Oziel, L.J.; Obitz, F.W. & Keyson, M. (1972). General and Specific Perceived Locus of Control in Alcoholics. Psychological Reports, 30, 957–958.

Parker, D.A.; Parer, E.S.; Harford, T.C. & Farmer, G.C. (1987). Alcohol Use and Depression Symptoms among Employed Men and Women. American Journal of Public Health, 77, 704–707.

Pawlow, I.P. (1927). Conditioned Reflexes: An Investigation of the Physiological Activity of the Cerebral Cortex. London: Oxford University Press.

Pendery, M.L.; Maltzman, J.M. & West, L.J. (1982). Controlled Drinking by Alcoholics? New Findings and a Reevaluation of a Major Affirmative Stude. Science, 217, 169–175.

Perlwitz, E. (1987). Psychologie süchtigen Verhaltens. In N. Batsch & H. Knigge-Illner (Hrsg.): Sucht und Erziehung, Bd. 1: Sucht und Schule (S. 51–66). Weinheim: Beltz.

Petry, J. (1981). Übliche Form der Informationsvermittlung über das Suchtgeschehen, Kritik und Vorschlag eines alternativen Vorgehens. Suchtgefahren, 27, 41–52.

Petry, J. (1983). Ein schematischer Überblick über die Kulturgeschichte des Alkohols. Suchtgefahren, 29, 298–301.

Petry, J. (1984). Nichtseßhaftenalkoholismus – eine Gruppenanalyse. Verhaltenstherapie und psychosoziale Praxis, 16, 19–25.

Petry, J. (1985). Alkoholismustherapie: Vom Einstellungswandel zur Kognitiven Therapie. München: Urban & Schwarzenberg

Petry, J. (1986). Zur Außen- versus Innenorientierung beim Alkoholismus: Eine Übersicht theoretischer Ansätze und empirischer Ergebnisse. Wiener Zeitschrift für Suchtforschung, 9 (3), 23–36.

Petry, J. (1987). Neuere Entwicklungstendenzen der Alkoholismusforschung. Verhaltensmodifikation und Verhaltensmedizin, 8, 334–338.

Petry, J. (1987b). Integrative psychologische Aspekte der Alkoholismusbehandlung. Ernährungs-Umschau, 34, 332–338.

Petry, J. (1989). Entstehungs-, Begründungs- und Verwertungszusammenhang des Gedankens der Trinkkontrolle. Suchtprobleme & Sozialarbeit, 57, 103–120.

Petry, J. (1989b). Das sozial-kognitive Rückfallpräventionsmodell: Ein gruppentherapeutisches Basisprogramm. In H. Watzl & R. Cohen (Hrsg.): Rückfall und Rückfallprophylaxe (S. 118–209). Berlin: Springer.

Petry, J. (1989c). Trunksucht sozialer Randgruppen: Eine kritisch-historische Betrachtung. Neue Praxis, 19, 462–470.

Petry, J. (1991). Der Alkoholrückfall als Bewältigungsprozeß: Theoretische und therapeutische Implikationen. In H. von Keyserlingk & J. Rogge (Hrsg.): Diagnostik, Erfassung und Therapie Alkoholabhängiger (S. 127–168). Gesellschaft gegen Alkohol- und Drogengefahren: Ergebnisse der 3. Arbeitstagung der Arbeitsgemeinschaft Suchtkrankheiten der DDR in Niehagen vom 23. bis 26. Oktober 1989.

Petry, J. (1992). Zwangssterilisation von Alkoholikern im Nationalsozialismus. Suchtprobleme & Sozialarbeit, 66, 78–87.

Petry, J. (1993). Behandlungsmotivation: Grundlagen und Anwendungen in der Suchttherapie. Weinheim: Psychologie Verlags Union.

Petry, J. (1993b). Alkoholismus. In M. Linden & M. Hautzinger (Hrsg.): Verhaltenstherapie: Techniken und Einzelverfahren (S. 399–410). Berlin: Springer.

Petry, J. (1993^{2}c). Alkoholismustherapie: Gruppentherapeutische Motivierungsstrategien. Weinheim: Psychologie Verlags Union.

Petry, J. (1994). Behandlungsmotivation bei Alkoholikern: Ein kognitionspsychologischer Ansatz. Sucht, 40, 394–410.

Petry, J. (1994b). Kognitive Verhaltenstherapie bei Alkoholismus. In M. Hautzinger (Hrsg.): Kognitive Verhaltenstherapie bei psychischen Erkrankungen (S. 137–157). Berlin: Quintessenz.

Petry, J. (1994c). Über Vampirischen Alkoholismus. Drogalkohol, 18, 37–48.

Pfeiffer, W.K. (1989). Therapiemotivation bei Alkoholabhängigen: Vorhersage und Modifikation. Frankfurt/M.: Peter Lang.

Pfrang, H. & Schenk, J. (1982). Nachsorge bei Alkoholabhängigen: Bedingungen der Bereitschaft zur Teilnahme an Selbsthilfegruppen. Suchtgefahren, 28, 297–301.

Polich, J.M.; Armor, D.J. & Braiker, H.B. (1981). The Course of Alcoholism: Four Years After Treatment. New York: John Wiley.

Pottenger, M.; McKernon, J.; Patrie, L.E.; Weissman, M.M.; Ruben, H.L. & Newberry, P. (1978). The Frequency and Persistance of Depressive Symptoms in the Alcohol Abuser. Journal of Nervous and Mental Disease, 166, 562–570.

Premack, D. (1965). Reinforcement Theory. In D. Levine (Ed.): Nebraska Symposium on Motivation (pp. 123–180). Lincoln: University of Nebraska Press.

Prochaska, J.O. & DiClemente, C.C. (1982). Transtheoretical Therapy: Toward a More Integrative Model of Change. Pschotherapy:Theory, Research and Practice, 19, 276–288.

Prystav, G. (1981). Psychologische Copingforschung: Konzeptbildung, Operationalisierungen und Meßinstumente. Diagnostica, 27, 189–214.

Quekelberghe von, R. (1982). Kognitive Therapien. In R. Bastine, P.A. Fiedler, K. Grawe, S. Schmidtchen & G. Sommer (Hrsg.): Grundbegriffe der Psychotherapie (S. 212–217). Weinheim: Edition Psychologie.

Query, W.T. (1983). Field Dependency, n Power and Locus of Control Variables in Alcohol Aversion. Journal of Clinical Psychology, 39, 279–281.

Rapee, R.M. (1991). The Conceptual Oberlap Between Cognition and Conditioning in Clinical Psychology. Clinical Psychology Review, 11, 193–203.

Rees, D.W. (1985). Health Beliefs and Compliance with Alcoholism Treatment, Journal of Studies on Alcohol, 46, 517–524.

Rees, D.W. (1986). Changing Patients' Health Beliefs to Improve Compliance with Alcoholism Treatment: A Controlled Trial. Journal of Studies on Alcohol, 47, 436–439.

Rees, D.W.; Beech, H.R. & Hore, B.D. (1984). Some Factors Associated with Compliance in the Treatment of Alcoholism. Alcohol and Alcoholism, 19, 303–307.

Reinecker, H. (1978). Selbstkontrolle: Verhaltenstheoretische und kognitive Grundlagen, Techniken und Therapiemethode. Salzburg: Otto Müller.

Reinecker, H. (1994²). Grundlagen der Verhaltenstherapie. München/ Weinheim: Psychologie Verlags Union.

Reinert, R.E. & Bowen, W.T. (1968). Social Drinking Following Treatment for Alcoholism. Bulletin of the Menninger Clinic, 32, 280–290.

Revenstorf, D. & Metsch, H. (1986). Lerntheoretische Grundlagen der Sucht. In W. Feuerlein (Hrsg.): Theorien der Sucht (S. 121–150). Berlin: Springer.

Riedel, P. & Ehinger, M. (1979). Therapiemotivation bei Alkoholikern (Unveröffentlichte Diplomarbeit). Tübingen: Psychologisches Institut der Universität Tübingen.

Riley, D.M.; Sobell, L.C.; Leo, G.I.; Sobell, M.B. & Klajner, F. (1987). Behavioral Treatment of Alcohol Problems: A Review and Comparison of Behavioral and Nonbehavioral Studies. In W.M. Cox (Ed.): Treatment and Prevention of Alcohol Problems (pp. 73–115). Orlando: Academic Press.

Rist, F. & Watzl, H. (1983). Self Assessment of Relapse Risk and Assertiveness in Relation to Treatment Outcome of Female Alcoholics. Addictive Behaviors, 8, 121–127.

Robinson, D. (1972). The Alcohologist's Addiction. Quarterly Journal of Studies on Alcohol, 33, 1028–1042.

Robinson, D. (1976). From Drinking to Alcoholism: A Sociological Commentary. New York: John Wiley.

Rogers, R.W. (1975). A Protection Motivation Theory of Fear Appeal and Attitude Change. Journal of Psychology, 91, 93–114.

Rogers, R.W. & Mewborn, C.R. (1976). Fear Appeals and Attitude Change: Effects of a Threat's Noxiousness, Probability of Occurence, and the Efficacy of Coping Responses. Journal of Personal and Social Psychology, 34, 54–61.

Rohsenow, D.J. (1983). Alcoholics Perceptions of Control. In W.M. Cox (Ed.): Identifying and Measuring Alcoholic Personality Characteristics (pp. 37–51). San Francisco: Jossey-Bass.

Rohsenow, D.J.; Erickson, R.C. & O'Leary, M.R. (1978). The Defense Mechanism Inventory and Alcoholics. International Journal of the Addictions, 13, 403–414.

Rohsenow, D.J. & O'Leary, M.R. (1978). Locus of Control Research on Alcoholic Populatons: A Review. I. Development, Scales and Treatment; II. Relationship to Other Measures. International Journal of the Addictions, 13, 55–78; 213–226.

Rolleston, J.D. (1927). Alcoholism in Classical Antiquity. British Journal of Inebriety, 24, 101–110.

Rollnick, S. & Heather, N. (1982). The Application of Bandura's Self-efficacy Theory to Abstinence-oriented Alcoholism Treatment. Addictive Behaviors, 7, 243–250.

Rollnick, S. (1985). The Value of a Cognitive-Behavioral Approach to the Treatment of Problem Drinkers. In N. Heather, I. Robertson & P. Davies, (Eds.): The Misuse of Alcohol (pp. 135–147). London: Crown Helm.

Roman, P.M. (1988). The Disease Concept of Alcoholism: Sociocultural and Organizational Bases of Support. Drugs and Society, 2 (3/4), 5–32.

Rosenberg, H.S. (1983). Relapsed versus Non-relapsed Alcohol Abusers: Coping Skills, Life Events, and Social Support. Addictive Behaviors, 8, 183–186.

Rosenstock, I.M. (1966). Why People Use Health Services. The Milgram Memorial Fund Quarterly, 44 (3), 94–127.

Rosenstock, I.M. (1974). The Health Belief Model and Preventive Health Behaviour. Health Education Monographs, 2, 354–386.

Rost, W.D. (1987). Psychoanalyse des Alkoholismus. Stuttgart: Klett-Cotta.

Roth, J., Gsella, T. (1995). So werde ich Heribert Faßbender: Grund- und Aufbauwortschatz Fußballreportage. Essen: Klartext.

Rotter, J.B. (1966). Gerneralized Expectencies for Internal Versus External Control of Reinforcement. Psychological Monographs, 80, 1–28.

Rotter, J.B. (1975). Some Problems and Misconceptions Related to the Construct of Internal Versus External Control of Reinforcement. Journal of Consulting and Clinical Psychology, 43, 56–67.

Rotter, J.B. (1982). Social Learning Theory. In N.T. Feather (Ed.): Expectations and Actions (pp. 241–260). Hillsdale, N.J.: Erlbaum.

Rulcovius, G. & Reinhard, H.G. (1990). Kognitive Theorien der Depression: Implikationen für die Erforschung affektiver Störungen im Kindes- und Jugendalter. Acta Paedopsychiatrica, 53, 62–70.

Sanchez-Craig, M. (1975). A Self-control Strategy for Drinking Tendencies. The Ontario Psychologist, 7, 25–29.

Sanchez-Craig, M.; Wilkinson, D.A. & Walker, K. (1987). Theory and Methods for Secondary Prevention of Alcohol Problems: A Cognitive Approach. In W.M. Cox (Ed.): Treatment and Prevention of Alcohol Problems, (pp. 287–331). Orlando, Fl.: Academic Press.

Saxe, L.; Dougherty, D. & Esty, K. (1985). The Effectiveness and Cost of Alcoholism Treatment: A Public Policy Perspective. In J.H. Mendelson & N.K. Mello (Eds.): The Diagnosis and Treatment of Alcoholism (pp. 485–539). New York: McGraw-Hill.

Schachter, S. (1964). The Interaction of Cognitive and Physiological Determinants of Emotional State. In L. Berkowitz (Ed.): Advances in Experimental Social Psychology, Vol. 1 (pp. 49–80). New York: Academic Press.

Schachter, S. (1976). Übergewicht und Essen. In R. Ferstl & S. Kraemer (Hrsg.): Abhängigkeiten: Ansätze zur Verhaltensmodifikation (S. 125–138). Urban & Schwarzenberg. (Englisches Original 1968: Obesity and Eating).

Schachter, S. & Singer, J.E. (1962). Cognitive, Social and Physiological Determinants of Emotional State. Psychological Review, 69, 379–399.

Schauenburg, H.; Schüssler, G. & Leibing, E. (1991). Empirische Erfassung von Abwehrmechanismen mit einem Selbsteinschätzungsfragebogen (nach Bond et al.). Psychotherapie, Psychosomatik und Medizinische Psychologie, 41, 392–400.

Scheele, B. (1981). Selbstkontrolle als kognitive Interventionsstrategie: Manifestationen und Konsequenzen eines Forschungsprogrammwechsels. Weinheim: Edition Psychologie.

Scheller, R.; Lemke, P. (1994). Streßbewältigungsstrategien, Kontroll- und Kompetenzerwartungen von Alkoholikern. Sucht, 40, 232–243.

Schenk, J. & Grohe, G. (1984). Die Bedeutung des Sensationseeking Konzeptes für die Beschreibung von Alkoholikern. Wiener Zeitschrift für Suchtforschung, 7 (1/3), 3–12.

Schindler, C. & Körkel, J. (1994). Selbstwirksamkeitserwartungen junger erwachsener Alkoholabhängiger: Ausprägung und Vorhersagbarkeit. Verhaltenstherapie, 4, 152–161.

Schippers, G.M. (1982). Rationaler Umgang mit Alkohol, Drogen und anderen psychotropen Stoffen. In R.F.W. Diekstra & W.F.M. Dassen (Hrsg.): Rational-Emotive Therapie (S. 167–188). Lisse: Swets und Zeitlinger. (Holländisches Original, 1976).

Schmalt, H.-D. (1986). Motivatonspsychologie. Stuttgart: Kohlhammer.

Schmidt, H.-D. (1977). Allgemeine Entwicklungspsychologie. Berlin (DDR): VEB Deutscher Verlag der Wissenschaften.

Schmidt, L.G. (1995). Diagnostische Aufgaben bei Alkoholmißbrauch und -abhängigkeit. Zeitschrift für Klinische Psychologie, 24, 98–106.

Schneider, R. (1982). Grundfragen für die Verhaltenstherapie der Abhängigkeit. In R. Schneider (Hrsg.): Stationäre Behandlung von Alkoholabhängigen (S. 1–51). München: Gerhard Röttger.

Schuckit, M.A. (1985). The Clinical Implications of Primary Diagnostic Groups among Alcoholics. Archives of General Psychiatry, 42, 1043–1049.

Schuckit, M. (1994). Alcohol Tolerance: Danger Sign. Science, 263, 1094–1095.

Schulz, W. (1990[3]). Theorien zum Alkoholtrinken. In K. Antons & W. Schulz: Normales Trinken und Suchtentwicklung, Bd. 1 (pp. 38–51). Göttingen: Hogrefe.

Schulz, W; Dörmann, K. & Schneider, W. (1992). Empirische Überprüfung der Jellinek-Typologie. Sucht, 38, 27–38.

Schwäbisch, L. & Siems, M. (1996[23]). Anleitung zum sozialen Lernen für Paare, Gruppen und Erzieher. Reinbek bei Hamburg: Rowohlt Taschenbuch.

Schwartz, R.M.; Burkhart, B.R. & Green, S.B. (1982). Sensation-seeking and Anxiety as Factors in Social Drinking Men. Journal of Studies on Alcohol, 43, 1008–1114.

Schwoon, D.R. (1990). Motivationsbehandlung bei Alkoholkranken. In D.R. Schwoon & M. Krausz (Hrsg.): Suchtkranke: Das ungeliebte Kind der Psychiatrie (S. 166–181). Stuttgart: Ferdinand Enke.

Schwoon, D.R.; Veltrup, C. & Gehlen, A. (1989). Ein mehrstufiges Behandlungsangebot für Alkoholkranke: Inanspruchnahme und Behandlungsergebnisse. Psychiatrische Praxis, 16, 161–170.

Scoufis, P. & Walker, M. (1982). Heavy Drinking and the Need for Power. Journal of Studies on Alcohol, 43, 1010–1019.

Secord, P.F. & Backman, C.W. (1964[3]). Social Psychology. New York: McGraw-Hill.

Seligman, M.E.P. (1995[5]). Erlernte Hilflosigkeit. Weinheim: Psychologie Verlags Union. (Englisches Original 1975: Helplessness: On Depression, Development and Death.)

Selye, H. (1956). The Stress of Life. New York: McGraw-Hill.

Semmer, N. (1984[4]). Streß. In R. Asanger & G. Wenninger (Hrsg.): Handwörterbuch der Psychologie (S. 744–752). München/Weinheim: Psychologie Verlags Union.

Settle, R.G. (1979). The Alcoholic's Taste Perception of Alcohol: Preliminary Findings. In M. Galanter (Ed.): Currents in Alcoholism: Biomedical Issues and Clinical Effects of Alcoholism (Vol. 5: 257–267). New York: Grune & Stratton.

Shaver, K.G. (1975). An Introduction to Attribution Process. Cambridge, Mass.: Winthorp.

Shipley Jr., T.E. (1987). Opponent Process Theory. In H.T. Blane & K.E. Leonard (Eds.): Psychological Theories of Drinking and Alkoholism (pp. 346–387). New York: Guilford.

Siegel, R.K. (1982). Suchterscheinungen bei Tieren. In G. Völger & K. von Welck (Hrsg.): Rausch und Realität: Drogen im Kulturvergleich (Bd. 1: 74–84). Reinbek: Rowohlt Taschenbuch.

Siegel, R.K. (1995). Rauschdrogen: Sehnsucht nach dem künstlichen Paradies. Frankfurt/M.: Eichhorn. (Englisches Original 1989: Intoxication).

Sifneos, P.E. (1971). Change in Patients Motivation for Psychotherapy. American Journal of Psychiatry, 128, 718–721.

Skarabis, H. (1986). Anmerkungen zum Forschungsbericht „Die stationäre Behandlung von Alkoholabhängigen". Suchtgefahren, 32, 332–338.

Skinner, B.E. (1973). Wissenschaft und menschliches Verhalten. München: Kindler. (Englisches Original 1953: Science and Human Behavior).

Slusarek, M. (1993). Streßbewältigung bei rückfälligen und nichtrückfälligen Alkoholabhängigen. In R. de Jong-Meyer & T. Heyden (Hrsg.): Rückfälle bei Alkoholabhängigen (S. 63–81). München: Gerhard Röttger.

Smart, R.G. (1968). Future Time Perspectives in Alcoholics and Social Drinkers. Journal of Abnormal Psychology, 73, 81–83.

Smart, R.G. (1983). Verfügbarkeits- und Anfälligkeitstheorie für den Mißbrauch illegaler Substanzen. In D.J. Lettieri & R.

Welz (Hrsg.): Drogenabhängigkeit: Ursachen und Verlaufsformen (S. 56–60). Weinheim: Beltz.
Sobell, M.B. & Sobell, L.C. (1973). Individualized Behavior Therapy for Alcoholics. Behavior Therapy, 4, 49–72.
Sournia, J.-C. (1990). A History of Alcoholism. Oxford: Basil Blackwell. (Französisches Original 1986: Histoire de l'alcoholisme).
Soyka, M. (1995). Anti-Craving-Substanzen in der Rückfallprophylaxe der Alkoholabhängigkeit. Sucht, 41: 265–276.
Spode, H. (1986). Das Paradigma der Trunksucht – Anmerkungen zu Genese und Struktur des Suchtbegriffs in der Moderne. Drogalkohol, 10, 178–191.
Stahlberg, D. Osnabrügge, G., Frey, D. (1993[2]). Die Theorie des Selbstwertschutzes und der Selbstwerterhöhung. In: Theorien der Sozialpsychologie Bd. III: Motivations- und Informationsverarbeitungstheorien (S. 79–124). D. Frey & M. Irle (Hrsg.): Bern: Hans Huber.
Steele, C.M. & Southwick, L.L. (1981). Effects of Fear and Causal Attribution About Alcoholism on Drinking and Related Attitudes Among Heavy and Moderate Social Drinkers. Cognitive Therapy Research, 5, 339–350.
Steer, R.A.; McElroy, M.G. & Beck, A.T. (1982). Structure of Depression in Alcoholic Men: A Partial Replication. Psychological Report, 50, 723–728.
Stein, L.I. & Bowman, R.S. (1977). Reasons for Drinking: Relationship to Social Functioning and Drinking Behavior. In F.A. Seixas (Ed.): Currents in Alcoholism: Psychiatric, Psychological, Social and Epidemiological Studies, Vol. 2 (pp. 479–482). New York: Grune & Stratton.
Steiner, C.M. (1971). Games Alcoholics Play: The Analysis of Self Scripts. New York: Glove Press.
Steller, M.; Hommers, W. (1977). Zur Diagnose der Therapiemotivation durch konfigurale Klassifikation. Diagnostica, 23, 266–280.
Sterne, M.W. & Pittman, D.J. (1965). The Concept of Motivation: A Source of Institutional and Professional Blockage in the Treatment of Alcoholics. Quarterly Journal of Studies on Alcohol, 26, 41–57.
Stetter, F., Kühnel, P., Zahres, S., Kapp, B., Mann, K. (1995). Therapiemotivation ist ein erreichbares Ziel qualifizierter Entzugsbehandlung Alkoholkranker: Bewertungen des Therapieprogramms durch die Patienten und Ergebnisse einer Katamnese nach sechs Monaten. In: H. Fleischmann & H.E. Klein (Hrsg.): Behandlungsmotivation/Motivationsbehandlung: Suchtkranke im Psychiatrischen Krankenhaus (S. 17–28). Freiburg: Lambertus.
Stoll, C.S. (1968). Images of Man and Social Control. Social Forces, 47, 119–127.
Storms, M.D. (1973). Videotape and the Attribution Process: Reversing Actors' and Observers' Points of View. Journal of Personality and Social Psychology, 27, 165–176.
Stroebe, W. (1980). Grundlagen der Sozialpsychologie I. Stuttgart: Klett-Cotta.
Stroebe, W. & Jonas, K. (1992[2]). Einstellungen II: Strategien der Einstellungsänderung. In W. Stroebe, M. Houstone, J.-P. Codol & G.M. Stephenson (Hrsg.): Sozialpsychologie. Eine Einführung (S. 171–205). Berlin: Springer. (Englisches Original 1988: Introduction to Social Psychology.).
Sugerman, A.A. & Schneider, D.U. (1976). Cognitive Styles in Alcoholism. In R.E. Tarter & A.A. Sugerman (Eds.): Alcoholism: Interdisciplinary Approaches to an Enduring Problem (pp. 395–433). London: Addison-Wesley.

Szasz, T.S. (1979). Bad Habits are not Diseases: A Reputation of the Claim that Alcoholism is a Disease. In: D. Robinson (Ed.): Alkohol Problems (pp. 74–78). London: MacMillan.
Talmon-Gros, S.; Dilling, H.; Jost, A. & Kok, H.-G. (1989). Katamnestische Ergebnisse der stationären Motivationsgruppen-Behandlung von Alkoholabhängigen. Suchtgefahren, 35, 110–114.
Tarbox, A.R. (1983). Alcoholism, Biofeedback and Internal Scanning. Journal of Studies on Alcohol, 44, 246–261.
Tarter, R.E.; Alterman, A.I. & Edwards, K.L. (1984). Alcoholic Denial: A Biopsychological Interpretation. Journal of Studies on Alcohol, 45, 214–218.
Tarter, R.E. & Edwards, K.L. (1987). Vulnerability to Alcohol and Drug Abuse. A Behavior-Genetic View. Journal of Drug Issues, 17, 67–81.
Taylor, D.W. (1982). Überprüfung des Health-Belief Model bei der Hypertonie. In. R.B. Haynes, D.W. Taylor & D.L. Sackett (Hrsg.): Compliance Handbuch (S. 123–131). München: Oldenbourg. (Englisches Original 1979: A Test of the Health Belief Model in Hypertension.).
Taylor, J.R.; Helzer, J.E. & Robins, L.N. (1986). Moderate Drinking in Ex-Alcoholics: Recent Studies. Journal of Studies on Alcohol, 47, 115–121.
Teegen, F.; Grundmann, A. & Röhrs, A. (1996[16]). Sich ändern lernen: Anleitung zur Selbsterfahrung und Verhaltensmodifikation. Reinbek: Rowohlt Taschenbuch.
Triandis, H.C. (1975). Einstellungen und Einstellungsänderungen. Weinheim: Beltz. (Englisches Original 1971: Attitude and Attitude Change.).
Tscheulin, D. (1990). Confrontation and Non-confrontation as Differential Techniques in Differential Client-centered Therapy. In G. Lietaer, J. Rombauts & R. van Balen (Eds.): Client-centered and Experiential Psychotherapie in the Nineties (pp. 327–336). Leuven: Leuwen University Press.
Tucker, J.A.; Vuchinich, R.E. & Sobell, M.B. (1981). Alcohol Consumption as a Self-handicapping Strategy. Journal of Abnormal Psychology, 90, 220–230.
Twerski, A.J. (1983). Early Intervention in Alcoholism: Confrontational Techniques. Hospital Community Psychiatry, 34, 1027–1030.
Vaillant, G.E. (1983). The Natural History of Alcoholism. Cambridge, Mass.: Harvard University Press.
Vaillant, G.E. (1989). Was können wir aus Langzeitstudien über Rückfall und Rückfallprophylaxe bei Drogen- und Alkoholabhängigen lernen? In H. Watzl & R. Cohen (Hrsg.): Rückfall und Rückfallprophylaxe (S. 29–52). Berlin: Springer.
Veltrup, C. (1995). Strukturierte Motivationstherapie bei Alkoholabhängigen: Das Lübecker Behandlungsmodell. In: H. Fleischmann & H.E. Klein (Hrsg.): Behandlungsmotivation/Motivationsbehandlung: Suchtkranke im Psychiatrischen Krankenhaus (S. 29–42). Freiburg: Lambertus.
Vogt, I. (1991). Die Suchtkrankenhilfe im Spannungsfeld zwischen traditionellen Positionen und neuen Anforderungen. Verhaltenstherapie und psychosoziale Praxis, 23, 339–347.
Vollmer, H.C. (1988). Die Behandlung Suchtkranker aus der Sicht der Verhaltenstherapie. In A. Heigl-Evers, H. Vollmer, I. Helas & E. Knischewski (Hrsg.): Psychoanalyse und Verhaltenstherapie in der Behandlung von Abhängigkeitskranken – Wege zur Kooperation? (S. 38–51). Kassel/Wuppertal: Nicol und Blaukreuz-Verlag.

Vuchinich, R.E.; Bordini,E.; Tucker, J.A. & Sullwold, A.F. (1982). A Comparison of Alcoholics' and Nonalcoholics' Causal Attribution for Drinking Behavior. American Journal of Drug and Alcohol Abuse, 9, 95–104.

Waldow, M. (1989). Theorie und Empirie des poststationären Rehabilitationsverlaufs Alkoholabhängiger. Marburg: Elwert.

Walker, R.D.; Nast, E.C.; Chaney, E.F. & O'leary, M.R. (1979). Changes in Drinking-related Locus of Control as a Function of Length of Alcoholism Treatment. Psychological Report, 44, 287–293.

Wallace, J. (1978). Working with the Preferred Defense Structure of the Recovering Alcoholic. In S. Zimberg, J. Wallace & S.B. Blume (Eds.): Practical Approaches to Alcoholism Psychotherapy (pp. 19–29). New York: Plenum.

Walster, E. (1966). Assignment of Responsibility for an Accident. Journal of Personal and Social Psychology, 3, 73–79.

Wanke, K. & Bühringer, G. (Hrsg.). (1991). Grundstörungen der Sucht. Berlin: Springer.

Watzl, H. (1991). Überlegungen zur Verhaltenstherapie der Alkoholabhängigkeit – Vorurteile, Probleme, Lösungsversuche. Verhaltenstherapie, 1, 301–306.

Watzl, H. & Cohen, R. (Hrsg.). (1989). Rückfall und Rückfallprophylaxe. Berlin: Springer.

Webb, J.A., Baer, P.E., Francis, D.J. & Caid, C.D. (1993). Relationship Among Social and Intrapersonal Risk, Alcohol Expectancies, and Alcohol Usage Among Early Adolescents. Addictive Behaviors, 18, 127–134.

Weiner, B. (1976). Theorien der Motivation. Stuttgart: Klett. (Englisches Original 1972: Theories of Motivation: From Mechanism to Cognition.).

Weiner, B. (1984). Motivationspsychologie. Weinheim: Psychologie Verlags Union (Englisches Original 1980: Human Motivation.).

Weisner, C. (1987). The Social Ecology of Alcohol Treatment in the United States. In M. Galanter (Ed.): Recent Developments in Alcoholism, Vol. 5 (pp. 203–243). New York: Plenum.

White, T.G. & Wartburg von, J.P. (1972). Models, Addiction and a Model of Addiction (Unveröffentlichtes Referat auf dem 30. Internationalen Kongreß über Alkoholismus und Drogenabhängigkeit). Amsterdam.

Wienberg, G. (1980). Problemtrinken und Kontrollerwartung: Empirische Untersuchungen zur Validität des Konstrukts „Locus of Control" in einer Stichprobe stationär behandelter Alkoholabhängiger (Unveröffentlichte Diplomarbeit.). Göttingen: Universität Göttingen.

Wieser, S. (1966). Alkoholismus III: Katamnesen und Prognose. Fortschritte der Neurologie-Psychiatrie, 34, 565–588.

Williams, J.M.G.; Watts, F.N.; Macleod & Mathews, A. (Eds.). (1988). Cognitive Psychology and Emotional Disorders. Chichester: John Wiley.

Williams, R.E.; Ward, D.A. & Gray, L.N. (1985). The Persistance of Experimentally Induced Cognitive Change: A Neglected Dimension in the Assessment of Drug Prevention Programs. Journal of Drug Education, 15, 33–42.

Wills, T.A. & Shiffman, S. (1985). Coping and Substance Use: A Conceptual Framework. In S. Shiffman & T.A. Wills (Eds.): Coping and Substance Use (pp. 3–24). Orlando, Fl.: Academic Press.

Wilson, G.T. (1978). Alcoholism and Aversion Therapy: Issues, Ethics and Evidence. In G.A. Marlatt & P.E. Nathan (Eds.): Behavioral Approaches to Alcoholism (pp. 90–113). New Brunswick, N.J.: Rutgers Center of Alcohol Studies.

Wilson, G.T. (1983). Self-awareness, Self-regulation and Alcohol Consumption: An Analysis of J. Hull's Model. Journal of Abnormal Psychology, 92, 505–513.

Windle, M. & Miller, G.A. (1989). Alcoholism and Depressive Symptomatology Among Convicted DWI Men and Women. Journal of Studies on Alcohol, 50, 406–413.

Witkin, H.A. (1969). Manual for the Embedded Figures Test. Palo Alto, Calif.: Consulting Psychology Press.

Witkin, H.A.; Dyk, R.B. & Faterson, H.F.; Goodenough, D.R. & Karp, S.A. (1962). Psychological Differentiation Studies of Development. New York: John Wiley.

Wolpe, J. (1958). Psychotherapy by Reciprocal Inhibition. Palo Alto, Calif.: Stanford University Press.

Zimmer, D. (1978). Kommunikationstherapeutische Formen der Therapeut-Klient-Beziehung in der Verhaltenstherapie. Partnerberatung, 1, 1–10.

Zuckerman, M. (1971). Dimensions of Sensation Seeking. Journal of Consulting and Clinical Psychology, 36, 45–52.

Zuckerman, M. (1976). Sensation Seeking and Anxiety, Traits and States, as Determinants of Behavior in Novel Situations. In I.G. Savason & C.D. Spielberger (Eds.): Stress and Anxiety, Vol. 3 (pp. 141–170). New York: John Wiley.

Zuckerman, M. (1979). Sensation Seeking: Beyond the Optimal Level of Arousal. Hillsdale, N.J.: Erlbaum.

Zuckerman, M. (1994). Behavioral Expressions and Biosocial Bases of Sensation Seeking.

Materialien für die psychosoziale Praxis

Herausgegeben von Prof. Dr. Martin Hautzinger
und Prof. Dr. Franz Petermann

Dieter Betz, Helga Breuninger
Teufelskreis Lernstörungen
Theoretische Grundlegung und Standardprogramm
4. Aufl. 1996. ISBN 3-621-27167-8

Peter Fiedler, Thomas Niedermeier, Christoph Mundt
Gruppenarbeit mit Angehörigen schizophrener Patienten
Materialien für die therapeutische Gruppenarbeit mit Angehörigen und Familien
1986. ISBN 3-621-27021-3

Alexa Franke
Gruppentraining gegen psychosomatische Störungen
2., überarb. Aufl. 1991. ISBN 3-621-27101-5

Siegfried Grosse
Bettnässen
Diagnostik und Therapie
2., veränd. Aufl. 1991. ISBN 3-621-27007-8

Kurt Hahlweg, Heijo Dürr, Ursula Müller
Familienbetreuung schizophrener Patienten
Ein verhaltenstherapeutischer Ansatz zur Rückfallprophylaxe
Konzepte, Behandlungsanleitung und Materialien
1995. ISBN 3-621-27153-8

Martin Hautzinger, Wolfgang Stark, Renate Treiber
Kognitive Verhaltenstherapie bei Depressionen
Behandlungsanleitungen und Materialien
3. Aufl. 1994. ISBN 3-621-27061-2

Johannes Herrle, Christine Kühner (Hrsg.)
Depression bewältigen
Ein kognitiv-verhaltenstherapeutisches Gruppenprogramm nach P.M. Lewinsohn
1994. ISBN 3-621-27224-0
Übungsbuch für Kursteilnehmer
Je 5 Exemplare. ISBN 3-6221-27239-9

Stephan Hoyndorf, Marion Reinhold, Fred Christmann
Behandlung sexueller Störungen
Ätiologie, Diagnostik, Therapie: Sexuelle Dysfunktionen, Mißbrauch, Delinquenz
1995. ISBN 3-621-27269-0

Corinna Jacobi, Andreas Thiel, Thomas Paul
Kognitive Verhaltenstherapie bei Anorexia und Bulimia nervosa
1996. ISBN 3-621-27283-6

Wolfgang Jaede, Jürgen Wolf, Barbara Zeller-König
Gruppentraining mit Kindern aus Trennungs- und Scheidungsfamilien
1996. ISBN 3-621-27312-3

Gerhard W. Lauth, Peter F. Schlottke
Training mit aufmerksamkeitsgestörten Kindern
Diagnostik und Therapie
3., überarb. Aufl. 1996. ISBN 3-621-27337-9

Birgit Lehner, Franz X. Eich
Neuropsychologisches Funktionstraining für hirnverletzte Patienten (NFT)
Therapiemanual zur Förderung kognitiver Funktionen
1990. ISBN 3-621-27091-4

Franz Petermann, Ulrike Petermann
Training mit aggressiven Kindern
Einzeltraining, Kindergruppen, Elternberatung
7. Aufl. 1995. ISBN 3-621-27157-0

Franz Petermann, Ulrike Petermann
Training mit Jugendlichen
Förderung von Arbeits- und Sozialverhalten
5., überarb. Aufl. 1996. ISBN 3-621-27199-6

Franz Petermann, Ulrike Petermann
Training mit sozial unsicheren Kindern
Einzeltraining, Kindergruppen, Elternberatung
6., überarb. Aufl. 1996. ISBN 3-621-27341-7

Jörg Petry
Alkoholismustherapie
Gruppentherapeutische Motivierungsstrategien
3., erw. u. aktual. Aufl. 1996. ISBN 3-621-27317-4

Ulrich Pfingsten, Rüdiger Hinsch
Gruppentraining sozialer Kompetenzen (GSK)
Grundlagen, Durchführung, Materialien
2., überarb. Aufl. 1991. ISBN 3-621-27112-0

Dieter Riemann, Jutta Backhaus
Behandlung von Schlafstörungen
Ein psychologisches Gruppenprogramm
1996. ISBN 3-621-27320-4

Volker Roder, Hans D. Brenner, Norbert Kienzle, Bettina Hodel
**IPT • Integriertes psychologisches Therapieprogramm
für schizophrene Patienten**
3., korr. Aufl. 1995. ISBN 3-621-27275-5

Ute Strehl, Niels Birbaumer
Verhaltensmedizinische Intervention bei Morbus Parkinson
1996. ISBN 3-621-27322-0